| 개정판 |

현대 중국정치 제도와 과정

Contemporary Chinese Politics : Institutions & Processes

| 개정판 |

현대 중국정치 제도와 과정

Contemporary Chinese Politics : Institutions & Processes

발행일 2019년 7월 5일 **발행인** 오덕성 **지은이** 이계희
펴낸곳 충남대학교출판문화원 **주소** 대전광역시 유성구 대학로 99
전화 042-821-6045 **홈페이지** www.cnupress.co.kr **E-mail** cnupress@cnu.ac.kr

ISBN 978-89-7599-464-7 93340
정가 17,000원

개정판 I

현대 중국정치 제도와 과정

이계희

충남대학교출판문화원

| 개정판을 내며 |

초판이 나온 지 6년이 지나는 동안 중국에서는 정치체제 개혁을 추진하는 과정에서 적지 않은 정치제도의 변경이 이루어졌다. 특히 2017년에 개최된 19차 중국공산당 전국대표대회와 2018년에 개최된 13기 전국인민대표대회 1차 회의를 통해서 당 장정과 국가 헌법의 많은 부분 수정이 이루어졌다. 이 개정판에서는 그러한 변화된 내용들을 반영하여 관련된 내용을 수정하고 첨가했다. 4장은 도시지역 거민자치 문제를 보완하여 다시 썼다. 부록의 중국공산당 장정과 중화인민공화국 헌법은 2017년 2018년에 각각 수정된 전문의 번역으로 대치했다.

2019년 봄

세종시 호단재에서

| 머리말 |

이 책의 내용은 중국의 정치제도와 정치과정에 관한 여러 주제들을 포함하고 있는데 일관된 관점은 중국정치에 대한 제도적 접근의 중요성을 강조하는 것이다. 흔히 정치발전을 논의할 때 '안정적 발전' 또는 '질서 있는 진보'라는 표현을 쓰는데, 급격한 변혁 과정과 과격한 변경 방식을 회피하는 보수적 견해가 반영된 그러한 안정과 질서의 개념 속에는 '제도화' 또는 '제도'의 중요성에 대한 인식이 자리 잡고 있다.

중국은 특히 '현대화'라는 국가건설 목표를 내걸고 개혁개방정책을 채택한 1970년대 말 이래 획기적인 경제적 성취와 더불어 많은 사회적 변화를 경험해오고 있다. 그러한 성취를 이끌고 변화를 관리해온 정치리더십은 동시에 정치체제의 정상적인 작동과 운영을 보장하는 제도적 틀을 확립하려는 노력도 병행해오고 있음을 볼 수 있다. 최근에 와서 중국 정치지도자들과 정치학자들은 정치발전과 정치체제개혁을 언급하면서 '법치' 또는 '법제건설'을 특히 강조하고 있는데, 이것 역시 중국정치가 체제안정과 제도화의 단계로 진행하고 있음을 보여주는 증거라고 여겨진다. 2012년 가을과 2013년 봄에 각각 열린 18차 중국공산당 전국대표대회와 12기 전국인민대표대회는 예측 가능한 중국정치과정을 확인하는 기회가 되었으며, 또 중국정치 제도화를 전진시키는 또 하나의 전기가 되었다.

이 책의 각 장은 현대 중국 정치제도의 형성발전 과정, 정치과정의 특징, 선거제도의 개혁과 적용, 기층군중자치제도 발전, 군사제도와 운용, 연방제 논의. 통일문제와 제도적 방안, 초기 정치학 도입과 학문 제도화, 그리고 정치학자의 정치참여 등과 같은 주제와 내용으로 구성돼 있다. 특히 부록으로 최근의 중국공산당 장정과 중화인민공화국 헌법 전문을 완역하여 실었다. 각각 다른 시점에 쓴 소주제의 글들을 한 권의 책으로 재편집하면서 극히 작은 일부분 내용의 중복이 있고 또 최근 사실자료의 보충이 필요한 점이 발견되었지만, 기본적 관점을 유지하면서 각 장별로 읽는데 도움이 될 수 있기 때문에 그대로 두었음을 밝혀둔다.

저자는 그동안의 대학생활과 중국공부를 회고하고 정리하는 뜻에서 감회도 많고 감사드려야 할 사람도 많다. 이 좁은 지면에 그것을 어찌 다 말할 수 있겠는가. 다만 이 책을 예쁜 모습으로 꾸미고 만드는데 수고한 충남대학교출판문화원 여러분께 감사하는 말로 가름할 뿐이다.

2013년 여름

이계희

| 차 례 |

제6장 연방제 논의와 제안

제7장 통일문제와 통일국가 구상

제8장 정치학 도입과 학문 제도화

제9장 정치학자의 삶과 참정

부록

제1장

정치제도의 형성과 변화

1. 중국 정치와 정치제도

일반적으로 중국정치는 '법치(法治)'보다는 '인치(人治)'를 특징으로 하며 그러한 특징이 중국의 고유한 정치문화적 전통에서 비롯된다고 이해되고 있다. 따라서 중국정치를 이해하기 위해서는 정치제도 보다는 정치지도자의 개성 또는 리더십 요인이 더욱 중요하다고 여겨지고 있다. 심지어 정치제도의 취약성과 낮은 제도화 수준의 정치과정이 중국 정치의 특징인 것처럼 주장되어지고, 따라서 중국정치 연구에서 제도 요인에 대한 분석이 무시되거나 관심을 끌지 못했다. 물론 현대 중국정치사에 있어서 정치제도가 우여곡절을 겪으며 발전돼 왔고 매우 불안정한 모습을 보여 왔던 것이 사실이지만 그러한 제도의 불안전성이나 취약성은 역사적 · 문화적 전통이기 보다는 급격한 사회정치적 변화를 추구하는 혁명 수행 과정의 상황적 특수성 때문에 초래되었다고 본다. 정치제도의 변경이 많았다는 것은 오히려 정치과정에서 정치제도 요인이 중요시 됐다는 반증이 될 수도 있다. 정치제도는 정치권력 투쟁의 수단이고 또 정치 리더십을 강화하는 방식이 돼왔다. 정치제도는 정치과정의 한계를 규정해주고 또 동태적인 정권변동 과정은 정치제도에 반영돼왔던 것이다.

따라서 중국의 정권변동 과정과 정치과정을 이해하기 위해서는 정치제도의 형성과 변화 과정에 대한 고찰이 중요하다. 중국은 1980년대 이후 혁명과 계급투쟁으로부터 개혁과 현대화 발전으로 획기적인 노선 전환을 추구하는 개혁개방정책을 추진해오면서 정치리더십의 안정과 사회적 질서를 달성했다. 또 통치기능의 제도화와 당 및 국가기구 조직 형식의 안정화가 진전됨에 따라 정치제도의 정상적인 기능이 확립되고 있다. 특히 정치체제 개혁과 법치의 발전이 강조되면서 정치제도는 중국정치에서 더욱 중요한 비중을 갖게 되었다. 중국 정치의 발전과 정치적 민주화의 과제와 연관시켜 중국 정치를 전망하는데 있어서도 정치제도 요인은 그 중요성이 더욱 증대될 것이 분명하다.

현대 중국 정치제도는 중국공산당이 혁명을 통해서 정치권력을 장악하고 국가 정권을 건설하고 그를 통해서 이른바 사회주의 혁명과 건설의 과제를 추구해 온 과정의 산물이다. 중국의 정치제도는 공산당의 지도(영도)체제와 국가 정권의 조직 형태를 근간으로 하는 정치체제의 형식이라고 말할 수 있다.[1] 따라서 중국 정치제도의 특징은 공산당의 '영도적' 지위와 국가 정권의 계급적 성격을 반영하고 있다. 즉 현대 중국 정치제도는 노동자 · 농민 계급을 대표하고 사회주의와 공산주의 실현이라는 목표를 추구하는 '계급정당'으로서의 공산당의 성격과 동시에 '이당치국(以黨治國)'의 전통에 따라 '1당주의'의 당 국가 체제 즉, '인민민주주의 독재정권(人民民主專政)' 형식을 구현하고 있다는 것이다.

1949년 10월 '중화인민공화국' 수립 이전까지는 현대 중국 정치제도의 '잉태기'라고 볼 수 있다. 1921년 7월에 창당된 중국공산당은 1945년 7차 당 전국대표대회에서 채택된 당 장정의 '총강'에서 비로소 처음으로 당의 계급적 성격과 목표, 그리고 지도이념을 명문화하고 지도체제를 체계적으로 규정했다. 국가 정권 조직 형식의 기본 틀이 만들어진 1949년 임시헌법 '중국인민정치협상회의 공동강령'과 1954년 헌법 이전에는 실험적 형식의 붕아 형태의 정권 조직이 등장했다. 예컨대, ① 1927년 무장봉기 전술로 전환하면서 공산당 혁명 근거지에 건설된 '소비에트 정부', ② 항일 전쟁 시기에 공산당 근거지에 수립했던 '연합정권' 조직 형식의 공산당원, 비당원 좌파(소 자산계급 대표), 그리고 중간파(중등 자산계급 및 개명 신사 대표)가 각

---

1) 遲福林, 田夫,『中華人民共和國政治體制史』(北京: 中共中央黨校出版社, 1998), p.41.

각 ⅓씩 참여하는 이른바 '삼삼제(三三制)'의 '참의회(參議會)', ③ 2차 대전 후 국공내전기에 해방구에서 성립했던 '각계인민대표회의' 등이 그것이다.[2)]

현대 중국의 정치제도로서 '인민민주주의독재정권' 설립을 처음으로 체계화한 것은 1949년 6월에 발표된 마오쩌둥의 논문, "인민민주주의독재정권을 논함(論人民民主專政)"이다.[3)] 원래 마르크스는 '프로레타리아독재정권(無産階級專政)' 개념만을 언급했는데 레닌은 이를 러시아 혁명에 적용하여 '프로레타리아 및 농민의 혁명 민주 독재정권' 개념으로 발전시켰고 마오쩌둥은 이를 중국 혁명에 적용하여 '인민민주주의 독재정권'으로 개념화한 것이다. 그에 따르면 인민민주주의 독재정권은 두 발전 단계로 구분된다. 즉, '신민주주의' 단계와 '사회주의' 단계가 그것이다. 신민주주의 단계의 정권은 민족자본가 계급을 포함하는 '연합 정권'의 형태를 취하지만 실질적으로는 '노동자 농민 민주 독재정권'이며, 사회주의 단계의 정권은 '노동자 농민 민주 독재정권'의 형태를 취하지만 실질적으로는 '무산계급 독재정권',즉 프로레타리아 독재정권이라는 설명이다. '인민민주주의 독재정권' 개념은 1949년 임시 헌법(정협공동강령)에서 처음으로 '인민민주주의 국가'로 법규화 되고 1954년 헌법에서는 '인민민주국가', 인민민주의 독재정권(人民民主專政)으로 표현되었는데, 정권 조직 형식은 각각 '인민정치협상회의' 제도와 '인민대표대회' 제도로 구체화되었다. 현대 중국의 국가적 성격을 헌법상 최초로 '사회주의 국가'로 규정한 것은 1975년 헌법이었다.

인민공화국 수립 이후 정치제도의 발전 과정은 일반적으로 네 단계로 설명되고 있다. 예컨대 치푸린(遲福林)과 티엔푸(田夫)는[4)], ① 신민주주의 정치체제 시기(1949. 10~1954. 9), ② 사회주의 정치체제 확립 및 조정 시기(1954. 9~1966. 6), ③ 정치체제 파괴 및 기형 발전 시기(1966. 6~1976. 10), ④ 정치

2) 위의 책, pp.32-36.
3) 『毛澤東選集』, 第2版 第4卷, p.1480, 위의 책, p.27에서 재인용.
4) 위의 책, p.64.

체제 회복 및 개혁 시기(1976. 10 이후)로 구분했다. 푸싱주(浦興祖)도 역시 똑같은 시기로 나누고 각각, ① 점진적 정치제도 확립단계, ② 정치제도의 곡절발전(曲折發展) 단계, ③ 정치제도의 엄중한 좌절(挫折) 단계, ④ 정치제도의 개혁 단계로 표현하고 있다.[5] 위의 단계 구분에 따르면서, '법치(法治)'를 강조하기 시작한 1997년 15차 당 전국대표대회 또는 그러한 취지를 반영한 1999년 헌법 개정 이후를 '정치체제의 제도화' 또는 '정치제도의 안정화' 단계로 구분해 볼 수 있을 것이다. 여기서는 중국 공산당의 지도체제와 중앙 조직 그리고 국가(정권)기관의 형성과 변천 과정을 나누어 살펴보고 당 · 국가(정) 관계에 초점을 맞추어 정치제도의 동태를 고찰해보기로 한다.

5) 浦興祖 主編,『中華人民共和國政治制度史』(上海 : 上海人民出版社, 1999), pp.16-25.

2. 공산당 지도체제의 변화

1) 지도 체제의 형성

중국공산당의 지도체제와 중앙 조직은 혁명 활동의 경험과 당의 성장 과정에 따라 형성되고 발전되어 왔다. 공산당의 지도체제와 중앙조직 형식은 매기 당 전국 대표대회에서 채택하는 당 장정의 규정으로 제도화되었다. 중국공산당은 1921년 7월 상하이(上海)에서(최종일은 저장성 자싱(嘉興)으로 자리를 옮겨 회를 열었다) 창당을 위한 1차 당 전국대표대회를 개최했는데, 당시 회의에는 전국의 당원 50여 명을 대표한 12명이 참석했다. 당시만 해도 당은 소규모 조직이었기 때문에 당강(黨綱)에는 '중앙집행위원회'를 구성하도록 규정했지만 임시 중앙지도부로 한 사람의 '서기(書記)'와 조직과 선전의 업무를 각각 담당하는 두 사람의 위원으로 '중앙국(中央局)'을 설립했다. 이후 1928년 6월에 개최된 6차 당 전국대표대회 때까지 공산당은 매년 전국대표대회를 열어 지도부를 구성했다. 이 시기는 당원의 규모도 작고 조직도 안정되지 않았기 때문에 지도체제나 중앙 조직이 제도적으로 확립되지는 못했지만 새로운 제도의 창설과 발전이 진행되었다.

1922년 7월에 전국 당원 195명을 대표하는 12명의 대표가 참석하여 열린 2차 당 전국대표대회에서 채택된 당 장정은 전국대표대회에서 선출하는 임기 1년의 '중앙집행위원회'를 위원 5명과 후보 위원 3명으로 구성하도록 하고 '위원장'이 당무를 총괄하도록 규정하였다. 1923년 7월에 열린

3차 당 전국대표대회의 당 장정은 중앙집행위원의 수를 9명으로 후보위원을 5명으로 확대하도록 규정했다. 1925년 2월에 열린 4차 전국대표대회 당장에서는 처음으로 '총서기'제를 신설하고 중앙집행위원회에서 호선으로 '총서기'를 선임하여 당무를 총괄하도록 했다.

1927년 4월에 열린 5차 당 전국대표대회에서 채택한 당 장정은 당 지도체제와 중앙조직에 관한 규정을 보다 구체화하여 제도화를 진전시켰다. 이때는 당원의 규모도 5~6만 명 수준으로 증대되었기 때문에 전국 대표수도 80명으로 늘어났다. 5차 당 대회의 당 장정에서는 처음으로 '중앙위원회'와 '중앙정치국'을 제도화했다. 즉, '전국대표대회'의 성격을 당의 '최고기관'으로 규정하고 중앙집행위원회를 '중앙위원회'로 개칭하여 매 3개월마다 한 차례 회의를 소집하도록 했다. 5차 대회의 당 장정은 또 전국적인 모든 정치공작을 지도하는 '중앙정치국' 설립을 처음으로 규정하고 약간 명의 '정식위원'과 '후보위원'으로 조직하도록 했다. 중앙정치국은 호선으로 '중앙상무위원회'를 조직하여 일상 업무를 처리하도록 하였는데 일종의 서기처 역할을 담당하도록 한 것이다. 중앙상무위원회와는 별도로 중앙위원회가 '총서기' 1인을 선출하도록 했다. 중앙 정치국 위원회 후보위원, 중앙상무위원회 위원, 총서기는 모두 정식 중앙위원 중에서 선임하도록 규정했다.

1927년 8월 7일 한코우(漢口)에서 열린 '중앙긴급회의'(중앙위원 과반수 미달로 정식 중앙위원회는 성립되지 못했다) 이른바 '87회의'에서는 총서기 천더슈(陳獨秀)의 '우경투항주의'를 비판하고 임시 지도부를 구성했는데, 이는 공산당이 무장혁명투쟁 노선으로 전환하는 전기가 됐다. 1928년 7월에 열린 6차 당 전국대표대회는 중앙정치국 상무위원의 직접 지도하에 '중앙군사부'를 설립하기로 결정했다. 1930년 2월 임시 중앙정치국 회의는 9인으로 구성되는 '중앙군사위원회'를 구성하여 전국의 '홍군(紅軍)'을 통일적으로 지휘하도록 조치를 취했는데, 1931년 이후에는 그것이 '중앙혁명군사위원

회'로 개칭되어 실질적인 당 지도부의 역할을 하게 되었다.[6]

2) 지도체제의 확립

6차 당 전국대표대회 이후 1945년 4월 7차 당 전국대표대회가 개최될 때까지 17년 간 공산당은 전국대표대회를 열지 않았다. 항일전쟁 및 2차 세계대전 종전 후 국공 내전 기간은 공산당의 유일적 지도체제와 권력집중이 촉진된 시기였다. 1943년 3월 30일에 열린 중앙정치국회의는 중앙당 조직에 관한 중요한 결정을 했다. 이 결정은 중앙정치국은 사상, 정치, 군사, 정책, 조직 등에 관한 중대한 문제를 토론하고 결정하는 권한을 갖고 중앙서기처는 정치국에 복종하여 일상적인 업무를 처리하는 사무기구(辦事機構)의 역할을 하는 것으로 직책을 명확히 했다. 동 결정은 또 중앙위원회, 중앙정치국, 중앙서기처의 수장을 겸하는 '주석(主席)'직을 두고 주석 직을 담당하는 마오쩌둥(毛澤東)에게 모든 '최후의 결정권'을 부여했다.[7]

1945년 6월에 열린 7차 당 전국대표대회는 당원이 121만 명으로 확대되어 대표수도 544명(후보대표 208명)으로 늘어났다. 7차 당 전국대표대회에서 채택한 당 장정은 전문으로 처음 '총강'을 규정하고 당의 성격, 목표 그리고 업무수행의 사상적 지침을 명시하였다. 당의 성격을 '중국 노동자 계급의 선진적, 조직적 부대', 그리고 '중국 민족과 중국 인민의 이익 대표'로 규정하고, '신민주주의 제도 실현'을 당면 목표, '공산주의 제도 실현'을 최종 목표로 명시했다. 7차 당 대회의 당 장정은 또 처음으로 당이 마르크스 레닌주의와 더불어 '마오쩌둥 사상'을 자기 업무의 지침으로 삼는다고 규정했다. 7차 당 대회에서 채택한 당 장정은 당의 지도체제와 중앙 조직의 기본 틀을 마련하고 당 운영을 제도화하는 보다 구체적인 규정으로

6) 陳麗鳳,『中國共産黨領導體制的歷史的考察』(上海: 上海人民出版社, 2008), pp.51-56.
7) 위의 책, pp.121-122.

발전했다. 전국대표회의는 매 3년마다 한 번 소집되며(중앙위원회의 결정으로 연기도 가능), 중앙위원회 전체회의는 반년 마다 한 번 소집(중앙정치국이 소집)되도록 규정했다. 중앙정치국은 당의 '중앙지도기관'으로 표현되고 중앙서기처는 중앙정치국 결의 에 따라 일상 업무를 처리하는 역할을 하도록 규정됐다. 중앙위원회 전체회의에서 선출되는 '중앙위원회 주석'은 중앙정치국과 중앙서기처의 주석직도 겸하도록 명시됐다.

1956년 9월에 열린 8차 당 전국대표대회에서 채택된 당 장정은 '집정당(執政黨)'으로서의 조직을 강조하고 집단적 지도체제를 확립하는 내용으로 수정됐다. 8차 전국대표대회에서는 당원이 1,073만 명으로 대폭 확대됨에 따라 대표도 1,026명으로 크게 늘어났다. 당의 성격에 관한 규정은 '중국 노동자 계급의 선진 부대'로 표현이 간략해졌고, 당의 목표 규정도 '사회주의 및 공산주의 실현'으로 바뀌었다. 당 활동의 사상적 지침 표현도 '마오쩌둥 사상'이 빠지고 마르크스 레닌주의만 언급됐다. 당 중앙 조직에 관한 규정은 보다 구체화되고 명확해졌는데 대표 상임제의 실시, 중앙서기처와 총서기 설치, 그리고 중앙위원회 부주석제의 확대를 규정한 것이 특징이었다. 8차 당 전국대표대회의 당 장정에서는 대표대회를 상임제로 하여 전국대표대회는 5년, 성급 대표대회는 3년, 현급 대표대회는 2년으로 임기를 규정했다. 각 급 대표대회는 매년 한번 회의를 열도록 했다. 중앙위원회의 임기도 5년으로 규정하고 매년 적어도 두 차례 회의를 열도록 했다. 중앙위원회는 당의 중앙지도부(중앙위원회 주석, 부주석, 중앙정치국, 중앙정치국 상무위원회, 중앙서기처, 총서기)를 선거하고, 중앙 국가기관, 인민단체, 인민해방군 내의 당 조직을 지도하는 임무를 수행하도록 규정됐다. 8차 당 전국대표대회의 당 장정에서는 또 중앙정치국 상무위원회를 부활시켜 일상적인 업무를 담당하도록 하고 그 밑에 '중앙서기처'를 신설하여 '총서기'직을 규정했다. 중앙서기처와 총서기 규정은 원래 1954년 4월 중앙정치국 확대회의 결정에 의해서 과도기적 조치로 설치됐던 '비서장공작회의'와 '중앙비서장'을 제도화한 것인데 중앙정치국 및 중앙정치국 상무위원회 지도하에 위치하여 일상적인 사무기구 기능을 수행하는 것으로 당 최고 지도자를 지칭하게 된 후의 총서기와는 성격이 다르다.[8] 8차 당 전국대표대회의 당 장정은 또 중앙위원회 주석 밑에 4인의 부주석을 증설하도록 하고 중앙위원회 주석 및 부주석은 동시에 정치국 주석 및 부주석을 겸하도록 했다. 이 때 필요한 경우 중앙위원회에 1인의 '명예주석'직을 설치할 수 있도록 규정한 점은 특이하다.

3) 지도체제의 기형적 발전

1950년대 말 '반우파운동', '대약진운동'의 실패에 따른 정치불안의 계속, 1960년대 중반부터 1970년대 중반까지의 10년에 걸친 '문화대혁명(文化大革命)'의 혼란은 공산당 지도체제의 타락과 정치제도의 큰 동요를 초래했다. 지도체제 내부의 동요는 최고 지도자 마오쩌둥의 1인지배, 개인숭배를 조장했고 당정을 일치시키는(黨政不分) 비정상적인 유일적 지도체제(一元化領導)와 개인통치(大權獨攬)는 집단지도체제를 타락시켰다.[9] 문화대혁명 기간에는 특히 당의 지도체제가 비정상적으로 왜곡되고 당 조직이 와해되었다. 당의 중앙은 집단지도체제 대신 마오쩌둥 1인 지배하에 설치된 '중앙문혁소조(中央文革小組)'가 중앙정치국과 중앙서기처의 직무를 대행하고, 각 지방에서는 혁명군중 조직 책임자(조반파(造返派) 대표), 당지 주둔 인민해방군 대표, 그리고 혁명지도 간부 3자로 구성되는(三結合) '혁명위원회'가 당과 정권기관를 대신하는 현상이 나타났다.

---

8) 당시 총서기 직을 맡은 사람은 덩샤오핑(鄧小平)이었다. 당 총서기 직과 중앙위원회 부주석 직을 당 장정에 규정하게된 것은 마오쩌둥의 지시에 따른 것이다. 마오쩌둥은 당시 '총서기'는 중국어의 '비서장'을 국제적 용어로 바꾼 것일 뿐이라고 언급했다. 毛澤東, "關于設中共中央副主席和總書記問題," 『黨的文獻』(1999年 第3期), pp.9-10. 위의 책, p.157에서 재인용.

9) 위의 책, pp.208-258.

문화대혁명의 와중인 1969년 4월에 개최된 9차 당 전국대표대회의 당 장정에서는 당의 성격을 '무산계급 선진분자로 구성되어, 무산계급 및 혁명군중의 계급적 적들에 대한 전투 진행을 영도하는 패기발랄한 선봉대 조직'으로 규정하고, 사상적 지침으로 '마오쩌둥 사상'을 다시 언급했다. 9차 당 전국대표대회의 당 장정은 린비아오(林彪)를 '마오쩌둥의 친밀한 전우이며 후계자(接班人')라고 규정하여, 후계자를 명문화한 것이 특징이다. 9차 당 대회의 당 장정에서는 총서기직과 중앙서기처를 폐지하고 주석, 부주석 및 중앙정치국 상무위원회 지도하에 소규모 기구를 설립하여 당 · 정 · 군의 일상적 업무를 통일적으로 처리하도록 했다. 1973년 8월에 개최된 10차 당 전국대표대회에서 채택된 당 장정은 당의 성격을 '무산계급의 선봉대'로 간결하게 표현하고 린비아오의 후계자 규정이 제거된 것 외에 다른 수정은 이루어지지 않았다.

4) 지도체제 개혁

공산당은 1976년 마오쩌둥과 조우은라이(周恩來)의 사망 등 혁명 1세대 지도자들의 퇴거로 새로운 리더십 승계와 정권교체의 위기를 맞게 됐다. 1977년 8월에 열린 11차 당 전국대표대회에서 채택된 당 장정은 당의 성격을 9차 당 전국대표대회의 당 장정 표현을 회복하여 '무산계급의 선봉대 조직'으로 규정했다. 중앙 조직에서 당 · 정 · 군의 일상 업무를 통일적으로 처리하는 기구 규정은 폐지됐다. 1978년 12월 당 11차 3중전회의는 덩샤오핑을 정점으로 하는 개혁파가 정권을 장악하고 개혁개방정책으로 대전환하는 결정적 계기가 되었다. 덩샤오핑이 당 및 국가 지도체제의 개혁을 강조함에 따라 당 조직과 지도체제의 기능 회복 및 초보적인 개혁이 이루어지게 됐다. 당 조직의 회복과 조직개편의 우선적 과제는 서기처를 복구하는 것이었다. 1978년 12월 중앙정치국 회의의 결정에 따라 '중앙 일상 공작기구'로 '중앙비서장 및 부비서장'제가 만들어졌다. 1980년 2월 당 11차 5중전회의에서는 '중앙서기처 성립에 관한 결의'를 통해서 일상적 업무 기구로 '총서기' 1인, '서기' 약간 인 및 '후보서기' 약간 인으로 구성하는(중앙위원회에서 선출) '중앙서기처'를 신설하고 '중앙비서장' 직을 맡고 있던 후야오방(胡耀邦)을 총서기로 선출했다. 1981년 6월 당 11차 6중전회의에서 후야오방이 중앙위원회 주석에 선출됨에 따라 한 사람이 중앙위원회 주석과 총서기를 겸직하게 되었다.[10)]

1981년 9월에 열린 12차 당 전국대표대회는 당 지도체제와 조직의 기능을 회복하고 새로운 개혁적 리더십세대의 등장을 알리는 의미 있는 대회였다. 12차 당 전국대표대회에서 채택된 당 장정은 지도체제의 쇄신과 조직 기능의 부활을 반영했다. 공산당의 성격은 '노동자 계급의 선봉대', '중국 각 민족 이익의 충실한 대표', 그리고 '중국 사회주의사업의 영도핵심'으로 규정되고, '공산주의적 사회제도의 실현'을 당의 최종 목표로 제시했다. 12차 당 전국대표대회 당 장정의 특징은 당의 지도체제 및 중앙 조직과 관련하여 중앙위원회 주석(부주석)제를 폐지하고 '중앙서기처'와 '총서기'를 새롭게 규정한 점이었다. 새롭게 규정된 '총서기'는 중앙서기처 업무를 주관할 뿐만 아니라 정치국 상무위원을 겸하면서 정치국과 정치국 상무위원회를 소집하는 책임이 부여되어 사실상 당의 최고 지도자의 위상을 갖게 되었다. 12차 당 전국대표대회의 당 장정에서는 '중앙군사위원회 주석'에게 중앙정치국 상임위원을 겸하도록 하는 특별한 지위를 부여했다. 실질적인 당의 최고지도자인 덩샤오핑의 역할을 위한 배려였다. 12차 당 전국대표대회 당 장정의 또 하나의 특징은 지도세대 교체를 구현하는 '중앙고문위원회'를 신설한 점이다. 신설된 '중앙고문위원회'의 역할은 '정치적 조수(助手) 및 참모(參謀)'로 규정됐는데 그 위원은 40년 이상 당령(黨齡)을 갖고 당에 큰 공헌을 한 풍부한 경험자로 자격을 제한했

10) 위의 책, pp.292-293.

다. 중앙고문위원회 상무위원회 '주임'은 중앙정치국 상임위원 중에서 선임하도록 하였다. 중앙고문위원회 상무위원회 '부주임'은 중앙정치국 전체회의에 배석(列席)할 수 있고, 또 중앙정치국이 필요하다고 인정할 때 중앙고문위원회 '상무위원'도 중앙정치국 전체회의에 '배석'할 수 있도록 했다. 이 중앙고문위원회 제도는 원로 간부의 퇴임과 지도부 교체를 추진하기 위한 과도적 조치였다.

1987년 11월에 개최된 13차 당 전국대표대회에서 채택된 당 장정은 중앙 당 조직에 관한 규정을 부분적으로 수정했다. '중앙서기처'의 성원(서기)을 중앙정치국 상무위원회가 지명(提名)하여 중앙위원회 전체회의에서 결정하는 방식으로 선임하도록 함으로써 중앙서기처의 지위를 변화시켰다. 이는 중앙서기처를 중앙정치국 및 중앙정치국 상무위원회의 사무기구(事務機構)로 격하시킴으로써 총서기 1인에게 권력을 집중시키는 것을 방지하려는 조치였다.[11] 13차 당 전국대표대회의 당 장정은 또 중앙군사위원회 주석과 중앙고문위원회 상무위원회 주임이 '반드시 중앙정치국 상무위원 중에서' 선출돼야한다는 표현을 삭제했다. 1980년대 및 1990년대 초는 중국의 정치지도 세대 교체기였다. 중앙위원회의 총서기가 두 번이나 교체되는 지도부 내의 갈등과 불안, 그리고 천안문(天安門) 사태와 같은 정치적 동요와 위기 수습 후에 열린 1989년 6월의 당 13차 4중전회의는 새로운 세대 지도자 장쩌민(江澤民)을 '총서기'로 선출했다. 이어 11월에 열린 당 13차 5중전회의에서는 덩샤오핑이 중앙군사위원회 주석을 사임하고 그 직책을 총서기인 장쩌민이 승계하는 조치가 이루어졌는데 이는 당의 조직을 정상화하고 신 · 구 리더십의 교체를 확정하는 것을 의미했다. 1992년 10월에 개최된 14차 당 전국대표대회에서 채택한 당 장정에서는 '중앙고문위원회'제도가 폐지됐다.

11) 위의 책, p.293

5) 지도체제의 제도화

1997년 9월에 열린 15차 당 전국대표대회 이후부터는 당의 조직과 운영이 안정되고 지도체제의 제도화가 진전되었다. 중앙 및 지방 당 조직에 대한 당 장정의 규정도 변화 없이 지속되고 당 회의 개최 등 당 활동도 규정에 따라 정례적으로 이루어지게 되었다. 지도부의 세대교체와 권력승계도 안정된 절차와 관행에 따라 진행돼오고 있다. 15차 당 전국대표대회에서 채택된 당 장정은 당의 사상적 지침으로 '덩샤오핑 이론(鄧小平 理論)'을 추가 규정했을 뿐 중앙 및 지방 조직에 관한 규정은 거의 수정되지 않았다. 다만, 특이한 것은 간부 규정에서 각급 지도 간부의 직책이 '종신제'가 아님을 환기시키고 나이와 건강상태가 업무담당에 부적합한 간부의 퇴직을 명문화했다는 점이다.

2002년 11월에 개최된 16차 당 전국대표대회에서는 중앙위원회 총서기의 변경을 포함한 신·구세대 간의 지도부 교체가 이루어져 질서 있는 권력승계를 실현했다. 또한 16차 당 전국대표대회에서 채택된 당 장정은 당의 성격과 사상적 지침 규정에서 다소의 표현 수정이 이루어진 외에는 변화가 없었다. 16차 당 전국대표대회의 당 장정에서는 공산당의 성격을 '노동자 계급의 선봉대', '중국인민 및 중화민족의 선봉대' 그리고 '중국특색 사회주의사업의 영도핵심'으로 수정하고 사상적 지침에 "'세 가지 대표(三個代表)' 중요사상"을 추가 규정했다. 당 장정에 새로 추가된 '세 가지 대표'의 의미는 '중국 선진 생산력의 발전요구 대표(代表中國先進生產力的發展要求)', '중국 선진 문화의 전진 방향 대표(代表中國先進文化的前進方向)', 그리고 '중국 최광대 인민의 근본이익 대표(代表中國最廣大人民的根本利益)'로 풀이되었다. 2007년 10월 개최된 17차 당 전국대표대회에서 채택된 당 장정은 전문 '총강' 부분의 내용 보완에 그치고 당 조직 및 지도체제에 관한 규정은 수정 없이 유지됐다.

당 중앙조직과 운영의 실태는 지도체제의 제도화 발전을 보여주는 증거가 된다. 공산당의 규모는 이미 14차 당 전국대표대회에서 당원 5,000만 명을 넘어섰으며 15차 당 전국대표대회시 5,800만 명, 16차 당 전국대표대회시 6,600만 명, 그리고 17차 당 전국대표대회시 7,300만이 되었다. 2010년 현재 중국공산당원의 수는 8,026만 명이라고 발표되었다.[12] 중앙위원회의 규모는 200명 내외(후보위원은 150명 내외)로, 정치국 정치위원 규모는 25명(상무위원 9~10명 포함), 중앙 서기처 서기는 5~6명, 중앙군사위원회 위원은 11명(주석 1인, 부주석 2~3인, 위원 8인) 내외로 유지되고 있다. 정치국 후보위원은 14차 15차 당 전국대표대회 시 각각 2명, 16차 당 전국대표대회 시 1명이었는데, 17차 당 전국대표대회에서는 임명된 정치국 후보위원이 없다.[13] 17차 당 전국대표대회의 경우를 보면 중앙위원회위원이 204명, 후보위원이 167명이었다. 중앙위원회 전원회의는 매년 1회 이상 개최하도록 규정돼있는데 16차 당 전국대표대회와 17차 당 전국대표대회 중간기간에 5년간 7회 개최되었다.

중앙위원회 전체회의에서 선거하는 중앙정치국 위원은 25명(그 중 중앙정치국 상무위원회 위원은 9명)이었다. 중앙정치국 위원들은 당 또는 국가의 고위영도 직책을 겸직하고 있음을 볼 수 있다. 중앙정치국 상무위원회 위원들의 면면을 보면 국가 주석직과 중앙군사위원회 주석을 겸하는 중앙위원회 총서기를 비롯하여 전국인민대표대회 상무위원회 위원장, 국무원 총리, 인민정치협상회의 전국위원회 주석, 중앙군사위원회 부주석과 중앙서기처 서기를 겸하는 국가 부주석, 부총리(1인), 중앙기율검사위원회 서기, 그리고 중앙정법위원회 서기가 포함됐다. 일반 정치국위원도 당 중앙서기처 서기(각각 조직 부장과 선전 부장을 겸직하는 2인), 중앙군사위원회 부주석

12) 2011년 6월 24일 중국공산당 중앙조직부의 발표. (http://news.xinhuanet.com/politics/2011-06/24/c-/121579014htm)

13) 정치국 후보위원은 5차 당 대회의 당 장정에서 처음으로 규정되었다가 그 후의 당 장정에는 언급이 없었으나 실제로 임명되어 왔다. 17차 당 대회를 계기로 사실상 폐지된 것으로 보인다.

(2인), 국무원 부총리(3인), 국무원 국무위원(1인), 전국인민대표대회 상임위원회 부위원장(1인), 인민정치협상회의 전국위원회 부주석(1인), 중앙정법위원회 부서기(1인), 그리고 주요 성 · 시(베이징시, 상하이시, 티엔진시, 충칭시, 광동성) 당 위원회 서기 등이 포함됐다. 정치국 회의는 16차 당 전국대표대회와 17차 당 전국대표대회 중간 기간 5년간 모두 56회 개최되어 연평균 10회 이상 열린 기록을 보여주고 있다.

2012년 11월에 열린 18차 당 전국대표대회에서는 리더십의 세대교체와 지도부의 승계가 이루어졌다. 후진타오(胡錦濤)체제에서 시진핑(習近平)체제로 바뀐 지도부 승계 과정에서는 총서기 직과 중앙군사위원회 주석 직을 동시에 승계함으로써 과도적인 권력 이원화의 폐단을 해결했다. 새 지도부에서 중앙정치국 위원 수는 25명을 유지했고 그중 15명이 교체되어 새로 선임되었다. 중앙 정치국 상무위원회는 종래의 9명에서 2명이 준 7명으로 구성됐다.

중앙위원회는 당 중앙과 중앙 정부의 부장급, 지방 성급의 당과 정부 수위, 중앙군위원회 위원 및 군구 사령관, 인민단체 장급 등 200여명으로 구성되었다. 새로 구성된 18차 당대회 중앙위원회는 정치리더십 5세대와 6세대의 등장을 반영했는데, 인문 사회과학 전공자가 80%를 차지하여 이공계 전공자가 절대 다수를 차지했던 3세대 4세대 리더십과 대조되었다. 이러한 리더십의 교체는 중국의 사회경제적 발전 단계에서 요구되는 새로운 정치적 과제를 제시하는 의미로 해석되었다.

18차 당 전국대표대회에서 개정된 당 장정은 총강에 규정하는 당 행동지침으로 '과학적 발전관'을 추가하고 당 활동과제로 '생태문명 건설'을 규정했다. 당 조직과 지도체제에 관한 규정에는 변화가 없었다.

2013년 11월에 개최된 당 18차 3중전회의에서는 '전면적 개혁 심화에 관한 중대 문제 결정'을 통과시켜, 중국특색 사회주의 정치체계 개혁 과제를 제시하고 '국가치리체계(國家治理體系)'와 치리능력의 현대화 과제를 제시했다. 사회통합과 관리를 위한 개혁의 일환으로 사회안전과 시민사회 통제 문제를 관장하는 중국식 '국가안전위원회'의 신설이 이루어졌다.

2017년 11월에 열린 19차 당 전국대표대회에서 이루어진 지도부 구성은 종래의 방식에 따랐다. 중앙 정치국 상무위원은 7인으로 유지되고 국가 주석, 국무원 총리, 전인대 상무위원회 위원장, 정협 전국위원회 주석, 중앙정책연구실 주임 겸 중앙서기처 서기, 중앙기율검사위원회 서기, 그리고 부총리 1인이 포함됐다. 중앙 정치국 위원 25명 중 상무위원 외의 18명은 중앙 당 기구의 4명(당 중앙 판공청 주임 겸 국가주석 판공실 주임, 조직부장 겸 중앙당교 교장, 선전부장 겸 중앙정신문명건설지도위원회 판공실 주임, 중앙기율검사위원회 부서기), 국가기관의 6명(부총리 3인, 국무위원 겸 중앙외사공작영도소조 판공실 주임, 국무위원 겸 중앙정법위원회 서기, 전인대 상무위원회 부위원장 1인), 지방(성급) 당서기의 6명(베이징, 상하이, 톈진, 충칭, 광둥, 신장), 중앙군사위원회 부주석 2명이었다. 중앙군사위원회 위원은 국방부장을 포함한 4명이 선임됐다.

19차 당 전국대표대회에서 개정된 당 장정에서는 총강의 당 행동 지침으로 '시진핑 신시대 중국특색 사회주의사상'이 추가되고, 전면적 개혁 심화와 국가치리체계 및 치리능력 현대화 과제를 명시했다. 개정된 당 장정에서는 당 조직 부분에서 순시제도 규정의 보완, 중앙군사위원회 주석 책임제 규정, 그리고 기율검사위원회 규정의 보완이 이루어졌다.

3. 국가 정권 기관 조직의 변천

1) '신민주주의' 국가 수립

2차 세계대전이 종식된 후 4년간에 걸친 국공내전이 공산당의 승리로 결말나면서 중국공산당은 새로운 국가 정권기관의 수립을 추진했다. 새로 수립한 국가 정권을 준비하기 위한 모체로서 1949년 6월에 성립된 '신정치협상회의주비회'는 정치협상회의 공동강령 초안 작성에 착수했는데 가장 먼저 제기된 문제가 국가의 명칭, 즉 국호를 정하는 것이었다. 당시 국호 토론 과정에서는 '중화인민공화국'이외에도 '중화인민국'과 '중화인민민주공화국'이 거론됐으나 중복되고 길다는 이유로 '민주'라는 단어는 빠지게 됐다. 국호에 들어간 '인민'이란 용어는 '인민민주주의독재' 개념에 부합하는 계급적 성격을 함축하는 의미를 지니고 있다. 그리고 '공화국'이라는 용어는 국가체제의 성격을 나타내는 뜻으로 해석되었다.[14] 새로 수립된 국가정권, 즉 '신중국(新中國)'의 국가 정권 조직 형태는 1949년 9월 개최된 '중국인민정치협상회의'(정협으로 약칭) 1차 회의에서 채택된 '중국인민정치협상회의 공동강령', '중화인민공화국중앙인민정부조직법', '중국인민정치협상회의조직법'의 규정으로 확정되었다.

정협 공동강령은 새로운 국가정권의 기본을 규정한 '임시 헌법'으로

---

14) 당시 초안 준비 회의에서 '중화인민공화국'안을 제안한 것은 정치학자 장시루오(張奚若)였다. 당시 국호 작명 시 신해혁명 이래 사용돼온 '중화민국'을 간칭으로 병기하자는 의견이 제시되기도 했으나 혼란의 우려 때문에 채택되지 않았다. 許崇德, 『中華人民共和國憲法史』(福州 : 福建人民出版社, 2003), p.52.

1954년 정식 헌법이 제정 될 때까지 국가 기본법이 되었다. 정협 공동강령은 새로 수립된 국가의 성격을 '신민주주의 국가', '인민민주주의 국가'로 규정하고, '인민민주주의 독재정권'을 구현하는 국가 정권기관 조직을 구체적으로 제도화 했다. 국가 정권 조직은 '정권기관(政權機關)'과 '인민정부(人民政府)'로 구분된다. 정권기관이란 '전국인민대표대회'(약칭 '전인대')와 지방 각급 인민대표대회로 조직되는 '인민대표대회'를 지칭한다. 이때는 '국가기관'이나 '국가권력기관'이라는 용어 대신 '정권기관'이라는 용어로 규정했는데 중국 헌법학자들의 설명에 따르면 '정권기관'이란 국가의 정권조직 형식, 즉 '정체' 개념으로 '인민이 국가 정권을 행사하는 기관'을 뜻한다는 것이다.[15]

중앙 정권기관인 전국인민대표대회는 1954년 헌법 시행 후에 선거를 통해 성립되었기 때문에 당시에는 과도적으로 정협 전국위원회가 '전국인민대표대회'를 대신하여 중앙 정권기관의 역할을 하도록 조치되었다. 중앙 인민정부는 대정부 개념으로 '중앙인민정부위원회', '정무원', '인민혁명군사위원회', '최고인민법원', '최고인민검찰서'를 포괄했다. 1952년에 신설된 '국가계획위원회'도 여기에 포함된다. 중국의 국가 정권 조직은 처음부터 부르주아 국가 제도의 '3권분립' 원칙을 거부하여 의회와 행정을 일치시키는 '의행합일(議行合一)'의 제도로 고안되었고 사법기관을 정부 밖에 두어 독립기관화 하지 않았다. '중앙인민정부위원회'는 중앙인민정부의 '수뇌 부분'으로 주석(1인), 부주석(6인), 비서장(1인) 그리고 위원(56인)으로 구성되었으며 매 2개월마다 한 차례 회의를 개최하도록 했다. 실제로는 1954년까지 5년간 35차례 회의를 개최했다.

'정무원(政務院)'은 '국가 정무의 최고 집행기관'으로 규정되었다. 정무원의 명칭에 관해서는 당시에 '국무원(國務院)', '행정위원회', '부장회의(部長會議)' 등의 안이 논의되었으나 국무원으로 하는 것은 군사위원회가 별도로 있기 때문에 타당하지 않다고 여겨지고 또 명칭에 위원회나 회의 등의

15) 위의 책, pp.94-95

표현이 들어가면 조직상 하위의 위원회들과 혼동될 우려가 있다는 이유로 거부되어 정무원으로 확정되었던 것이다. '총리(總理)'의 호칭도 '원장(院長)'으로 하자는 제안이 있었으나 다른 부서의 원장과 혼동될 수도 있고, 국민당 정부 시기의 '행정원장'이 연상된다는 이유로 거부되었다.[16] 정무원은 총리, 약간 명의 부총리, 약간 명의 정무위원 그리고 비서장으로 구성되도록 했다. 최초의 정무원 구성은 총리, 부총리 4명, 정무위원 15명으로 구성되었다. 최초의 정무원 산하 부서는 '부(部)', '위원회', '원(院)', '서(署)' 그리고 '행(行)'(인민은행) 37개가 설치됐으나 1953년까지 42개로 늘어났다. 정무원 외에 '군사의 최고 통할기관'으로, '인민혁명군사위원회'가, '최고재판기관'으로 '최고인민법원'이, 그리고 '최고검찰기관'으로 '최고인민검찰서'가 설치되었다. 또 정권수립 초기에는 전국을 6개의 '대행정구(大行政區)'로 나누어(동북, 화북, 화동, 중남, 서남, 서북) 각각 '군정위원회'를 수립하도록 했는데 이는 성(省)급보다 상위의 지방정권기관인 동시에 중앙정부의 파견기관 또는 중앙정부의 대행기관으로서의 성격을 가지고 있다. 대행정구 '군정위원회'는 각각 주석과 약간 명의 부주석 그리고 의원으로 구성되었는데, 1952년 말부터 '행정위원회'로 개칭되었다가 1954년 6월 폐지됐다.

2) '인민민주국가' 체제 확립

1954년 9월 개최된 제1기 전국인민대표대회 1차 회의에서는 최초의 정식 헌법을 채택했다. 새 헌법에서는 국가의 성격을 '인민민주국가'로 규정하고 '정권기관'이란 용어를 '국가기구'로 바꾸었다. 중국 헌법학자의 설명에 따르면 '국가기구'의 개념은 국가기관을 총칭하는 것이다.[17] 제 1

16) 위의 책, p.103.

17) 당시 헌법 기초 과정에서는 헌법 2장의 제목을 어떻게 표현하느냐 하는 문제를 둘러싸고 '국가조직 계통', '국가권력 조직', '국가기관' 등의 제안이 있었으나 정치학자 첸두안성(錢端升)의 제안인 '국가기구'가 채택됐다. 위의 책, pp.306-307.

기 전국인민대표대회는 성 · 자치구 · 직할시 대표 1,136명과 군인 대표 60명, 그리고 화교대표 30명으로 구성되었다. 새 헌법에서는 전국인민대표대회를 '국가의 최고 권력기관', 그리고 "국가 입법권을 행사하는 유일한 기관"으로 표현했다. 전인대의 임기는 4년으로 규정되었고 상설기구로 '상무위원회'를 설치하도록 했다.

새 헌법에는 국가주석제를 채택하고 주석과 부주석은 전인대에서 선거하도록 했다. 주석의 피선거권은 '35세 이상의 중국 공민'으로 제한되었다. 국가 주석의 지위에 관해서는 마오쩌둥의 주장에 따라 헌법에 '국가원수' 표현이 배제되었지만 상징적으로 국가원수의 역할을 하는 것으로 이해되었다.[18] 국가주석은 법령의 공포, 국무원 총리 지명(최종적으로는 전인대의 결정), 부총리 및 각 부장의 임명, 사면, 전쟁선포, 훈장 명예의 수여, 외교사절 파견 및 접수, 조약 비준, 전국 무장 역량의 통솔 등의 직권을 갖고 '최고국무회의'의 주석과 '국방위원회' 주석을 겸임하도록 했다. 그러나 국가주석의 그러한 권한들은 군통수권을 제외하면 형식적 권한에 불과했고 국가 사무를 관장하는 실질적 권한은 전인대 상무위원회와 국무원이 갖도록 했다. 마오쩌둥이 국가주석 직을 맡고 있던 시기에는 그가 사실상 공산당 중앙위원회 주석 직을 가지고 통치권을 행사할 수 있었기 때문에 별문제가 되지 않았으나 1959년 제2기 전인대 이후 류샤오치(劉少奇)가 주석을 맡게 되면서 제도와 실제 간의 모순이 들어나게 됐던 것이다.

새 헌법은 '정무원'을 '국무원'으로 명칭을 바꾸고 새롭게 성격을 규정하여 국가기구 체계 중 국무원의 지위를 명확히 했다. 국무원의 명칭에 관해서는 헌법 기초 과정에서 '중앙 인민정부'와 '국무원'이라는 두 안을 놓고 토론하다가 두 가지 표현을 다 살리는 절충이 이루어졌다. 따라서 새 헌법에서 국무원의 성격을 규정하는 표현 속에는 세 가지 의미 내용이 포함되었다. 즉 '중앙 인민정부'. '국가권력기관의 최고 집행기관', 그리고 '최고 국가행정기관'이 그것이다. '국가권력기관의 최고 집행기관'이

18) 위의 책, pp.322-323.

란 규정은 국무원이 전인대 상무위원회의 결정에 따르도록 하여 주권기관으로서의 전인대의 우위를 인정한 것이다. '최고 국가행정기관'이라는 표현을 둘러싸고도 '관리기관', '호령기관(號令機關)' 등의 제안이 있었으나 일반적인 '관리'와 구별되는 정부업무의 의미를 살려 '행정기관'으로 결정했다.[19] '국무원 회의'는 '전체회의'와 '상무회의'로 구별되고 전체회의는 매월 적어도 한 차례 열고 총리가 주재하도록 했다.[20] 국무원 상무회의는 총리, 부총리, 비서장으로 구성됐다.

3) 국가기구의 파괴와 재건

1960년대 중반 '문화대혁명'의 개시로 10여 년 간 모든 국가기구는 파괴되어 기능마비 상태가 초래되었다. 류사오치가 숙청 처형됨에 따라 국가주석 직은 사실상 폐지됐고 전인대의 지도부가 비판받으면서 국가 최고 권력기관도 무력화됐다. 1964년 12월에 개최한 3기 전인대는 1차 회의 단 한 차례 열린 후 임기가 끝날 때까지 폐회되었으며, 1975년 1월 10년 만에 제4기 1차 전인대 회의가 열렸다. 국무원의 각 부서도 지방정부도 '조반파(造反派)' 혁명위원회에 의해 접수되어 권한을 빼앗겼다.

문화대혁명 중 1970년대 초에는 마오쩌둥 이후의 정권승계 준비를 의식하고 공산당 지도부 내의 정파 간에 국가주석제의 부활 논쟁이 제기됐다. 1970년 초 마오쩌둥은 헌법 개정 준비와 국가주석제 폐지를 지시했다. 그러나 1969년 당 9차 전국대표대회에서 후계자로 확정된 린비아오는 국가주석제를 유지하고 마오쩌둥이 '국가원수'가 되어 그 직책을 담당해야한다고 주장했다. 린비아오의 주석제 유지 주장은 마오쩌둥을 내세워 권력 경쟁자인 장칭(江青)집단을 견제하고 자신의 후계 지위를 확고히

19) 위의 책, pp.332-339.
20) 국무원 회의는 국가주석이 주재하는 '최고국무회의'와는 다른 것이다.

하려는 의도를 갖고 있었다. 국가주석제 문제를 둘러싼 마오쩌둥과 린비아오 간의 갈등은 1970년 8월 당 9기 2중권회의(노산회의)에서 절정에 달했다. 이 회의에서 린비아오는 '천재(天才)'론을 제기하며 마오쩌둥 같은 위대한 영수가 국가원수가 돼야 한다고 거듭 주장했지만 마오쩌둥은 주석제 부활을 반대하며 린비아오가 권력투쟁을 위해 자신을 이용하려 한다고 비판했다.[21] 결국은 주석제를 폐지하는 헌법 초안이 결정됐고 이듬해인 1971년 9월 린비아오는 쿠데타 의도가 발각되어 탈출하다가 몽고 영내에 비행기가 추락하여 사망했다.

제3기 전국인민대표대회 폐회 후 10년 만인 1975년 1월에 열린 제4기 전국인민대표대회에서 이루어진 헌법 수정은 헌정을 퇴보시키고 국가질서를 혼란케 하는 개악이었다. 이른 바 4인방(四人幇)이 주도한 1975년 수정 헌법에서는 국가의 성격을 '무산계급독재의 사회주의국가'로 규정했다. 1975년 수정 헌법의 특징은 국가주석제를 폐지하고 인민대표대회의 지위와 권한을 약화 축소시킨 것이었다. 국가주석제의 폐지는 국가원수의 직무를 분산시켰으며 혼란을 초래하는 문제를 만들었다. 우선 법령공포권에 대한 명백한 규정이 미비하다는 것이 들어났다. 국가주석의 국무원총리 제청권과 국무원총리의 국무원 성원 제청권이 삭제되고 전인대의 결정권도 폐지됨에 따라 당 중앙위원회가 결정하는 것으로 바뀌었다. '전국 무장역량을 통솔하는 군 통수권은 공산당 중앙위원회 주석에게로 넘어가고 '국방위원회'는 폐지됐다. 외교사절을 파견 접수하고 명예와 훈장을 수여하는 등의 국가대표 직무는 전인대 상무위원장이 수행하도록 했다. 전인대의 지위도 '공산당 영도하의 최고 국가권력기관'으로 약화되고 직권도 대폭 축소됐다. 전인대의 대표 선임 방식은 '민주협상 선거'로 하도록 하고 '특별초청(特邀)' 방식을 추가하여 민주성을 크게 약화했다. 전인대의 임기는 인민경제 5개년 계획 기간과 일치시킨다는 취지에

---

21) 마오쩌둥은 삼국시대 손권(孫權)이 조조(曹操)에게 황제 즉위를 권고할 때 조조가 "손권이 나를 화로 불에 올려놓고 구우려 한다."고 말했다는 고사를 인용하기도 했다고 한다. 위의 책, pp.450-451.

서 4년에서 5년으로 변경되었다.[22] 국무원의 성격을 규정했던 '최고 국가행정기관'이란 표현도 삭제되고 직권도 크게 축소됐다. 1976년 10월 '4인방'이 처형되고 1977년 8월 당 11차 전국대표대회에서 문화대혁명이 종결됨에 따라 국가 정권기관의 조직은 점차 회복되고 기능도 정상화되기 시작했다.

1978년 3월 제5기 전인대 1차 회의에서는 국가기구의 조직과 기능을 부분적으로 회복시키는 수정 헌법을 통과시켰다. 1978년 수정 헌법은 전인대에 대한 '공산당의 영도' 규정을 삭제하여 '최고 국가권력기관'으로서의 지위를 회복시켰다. 전인대의 '헌법실시 감독', 최고인민법원장 및 최고인민검찰장 선거. 그리고 국무원 각부와 법원 및 검찰원에 대한 질문 등의 권한을 다시 규정했다. 국무원의 성격을 다시 '최고 국가권력기관의 집행기관', 그리고 '최고 국가행정기관'으로 규정하여 그 지위와 직권을 회복시켰다. 그러나 1978년 헌법은 아직 국가주석제를 부활시키지 않았고 지방정부의 명칭도 '혁명위원회'로 유지하는 등 완전한 국가기구와 정부 기능의 정상화를 달성하지는 못했다. 1978년 12월 당 11차 3중권회의에서 덩샤오핑을 중심으로 하는 개혁파가 정권을 장악하고 개혁개방정책으로의 대전환을 결의함에 따라 국가기구의 정상화가 촉진되어 전인대와 국무원이 개편되고 지방 각 급 정부조직과 선거제도의 개혁 조치가 이루어졌다. 문화대혁명 기간 중 취해졌던 '당 · 정 · 군 합일의' 혁명위원회가 폐지되고 지방정부 기능이 회복되었다.[23]

22) 위의 책, p.480.
23) 遲福林 · 田夫, 앞의 책, pp.393-395.

4) 국가기구의 개혁

1980년 9월에 열린 전인대 제5기 3차 회의에서는 헌법개정을 위한 위원회의 설립을 결의했다. 헌법개정을 위한 준비 작업은 국가주석제의 부활과 전인대의 기능을 강화하는 개혁에 초점이 맞추어졌다. 새로운 헌법 수정안 토의 과정에는 1954년 헌법 제정 당시처럼 많은 전문가들이 참여하였고 창의적인 제안들이 제시되는 가운데 국가기구의 전면적인 개편이 검토되었다. '협법수개위원회'는 국가주석제 문제를 놓고 두 가지 입장이 대립됐다. 즉 주석제를 부활하지 않고 전인대 상무위원장(부위원장들)이 그 직권을 행사하도록 하자는 안과 국가주석제를 부활하여 대외적으로 국가를 대표하고 대내적으로는 군을 통솔하게 함으로써 국가기구에 대한 당의 영도를 구현할 수 있도록 하자는 안이 논쟁을 벌였다.[24] 동 위원회에서는 또 전인대 개혁을 논의하는 과정에서 '양원제(兩院制)' 구상이 제시되었다. 즉 기존의 전인대를 하원으로 하고 정협을 개편하여 상원으로 만들자는 제안이었다. 양원 명칭은 '지방원'과 '사회원', '지방민족원'과 '사회직업원', '지역원'과 '산업원'(혹은 경제원) 등의 안이 제시됐으며 '지방원'과 '사회원'으로 의견이 모아졌다.[25]

헌법 수정안 토론 과정에서는 중국정치학회의 의견도 제시되었다. 중국정치학회는 국가주석제 문제에 관해서 다음과 같은 세 가지 대안을 제시했다.

① 대외적인 국가의 대표와 대내적인 군 통수, 그리고 당정 간 업무분담(黨政分開)과 당정관계의 안전을 위해서 국가주석제를 설치하는 안.
② 전인대 상무위원회 위원장과 국무원 총리가 국가원수의 직권을 행사할 수 있도록 하는 안.

24) 許崇德, 앞의 책, p.587.
25) 위의 책, pp.567-568.

③ 전인대 상무위원회를 '상무주석단'으로 개칭하여 집단지도체제(集體領導)를 구현하는 안.[26]

중국정치학회는 또 양원제의 채택문제에 대해서도 세 가지 방안을 제시했다.

① '지방원'과 '전업원(專業院)' 양원으로 하는 안.
② 전인대에 '민족부', '노동부', '고문위원회'를 설치하여 '1원 2부 1위원회'제로 하는 안.
③ 지역대표로 구성하는 '제1원', 각계 사회단체 대표로 구성하는 '제2원', 소수민족 대표로 구성하는 '제3원' 그리고 당파 대표로 구성하는 '제4원'으로 하는 안.[27]

헌법 수정안 초안 토론 과정에서는 국가주석의 지위를 논의하면서 권력집중을 우려하여 단순한 상징적 권한으로 제한하도록 정부업무 불간섭 및 행정책임 배제를 규정하도록 하자는 의견도 제시되었다. 초안 논의과정에서는 '중앙군사위원회'를 국가제도화하면서 그 명칭을 '국가군사위원회'로 바꾸자는 의견도 제시됐다.[28] 최종적으로 국가주석제의 회복은 채택되었으나 양원제는 채택되지 않았다. 새로 수정된 헌법안에는 다음과 같은 국가기구 개혁 방향이 반영됐다. 즉, ① 국가주석제 회복 성립, ② '인민대표대회 제도 강화 및 전인대 상무위원회 직권 확대, ③ 전국무장역량을 '영도'하는 중앙군사위원회 설립, ④ 국무원 행정업무 효율화를 위한 '국무원 총리 책임제' 및 부장 · 위원장 책임제 실시, ⑤ 중앙 정부와 지방 정부 간의 적당한 분권과 지방정부 직권 강화, ⑥ 민족구역 자치 강

26) 위의 책, pp.602-603.
27) 위의 책, p.599.
28) 위의 책, p.686.

화, ⑦ 기층정권 강화 등이 그것이다.

헌법수개위원회에서 확정된 수정 헌법 초안은 공포되어 4개월간의 '전국 각족 인민토론(全民討論)'이라는 여론수렴 과정을 거쳐 1982년 12월 전인대 5기 5차 전체회의에서 통과되었다. 1982년 수정 헌법은 국가기구를 개혁하고 정치제도를 안정화하는 기초를 마련했다. 1982년 헌법에서는 국가의 성격을 '인민민주주의독재의 사회주의국가'로 규정하여 종래의 '프로레타리아독재'라는 표현을 삭제했다. 1982년 헌법은 또 '단일제(單一制)' 국가구조의 기본 형식을 확인하면서 '민족구역자치'와 '특별행정구' 규정을 신설했다. 1982년 수정 헌법은 전인대의 직권과 전인대 상무위원회의 권한을 크게 확대했다. 헌법상 전인대는 다음과 같은 직권을 갖는 것으로 규정했다.

① 헌법 개정, 헌법 실시 감독 및 기본법률 제정 개정의 입법권.
② 국가주석(부주석), 중앙군사위원회 주석, 최고인민법원장, 최고인민검찰장의 선거 및 파면, 그리고 국무원 총리, 국무원 성원, 중앙군사위원회 성원의 인선 결정(인준).
③ 중대한 국가사무(사회경제발전계획, 국가예산 결산, 자치구, 직할시, 특별행정구 설치 등)의 결정.

전인대 상무위원회는 전인대 폐회 기간 중 위의 입법권, 인사권을 행사하도록 그 역할이 강화되었다. 1982년 헌법은 국가주석제를 부활하고 명시적 표현은 없지만 사실상의 '국가원수' 지위를 부여한 것이 특징이다. 국가주석은 전인대 전체회의에서 선거 또는 면직될 수 있도록 했는데, 자격은 '선거 및 피선거권을 갖고 있는 45세 이상의 중화인민공화국 공민으로 규정하여 피선거권 연령을 종래의 35세에서 45세로 변경했다. 국가주석의 직권은 다음과 같이 규정했다.

① 전인대 및 전인대 상무위원회의 결정에 따라 법령 공포.
② 국무원 총리, 부총리, 국무위원, 각 부 부장 및 각 위원회 주임 임명.
③ 국가훈장 및 명예 칭호 수여.
④ 특사령, 계엄령 발표.
⑤ 전쟁상태 선포 및 동원령 발표
⑥ 국가를 대표하여 외교사절 접수.
⑦ 전인대 상무위원회 결정을 근거로 외국에 주재할 전권 대표 파견 및 소환.
⑧ 외국과 체결한 조약과 중요 협정 비준 및 폐기.

그러나 국가주석의 이러한 직권은 국가를 대표하는 상징적인 권한이며 국가주석의 정부 업무 관련 직무에 관해서는 형식적 임명권 외에 구체적인 규정이 없었다. 이는 국가주석의 실제 권한이 매우 제한적이었다는 것을 의미한다. 국가 부주석은 주석의 업무를 돕고 주석이 위탁한 직무를 대행하도록 규정했다. 1982년 헌법은 국가주석 궐위 시 승계 방식을 규정했다. 즉, 주석 궐위 시에는 부주석이 승계하며 부주석 궐위 시는 전인대 전체회의에서 보선하도록 했다. 주석과 부주석의 동시 궐위 시에는 전인대 상무위원회 위원장이 잠시 직무대리하고 전인대에서 보선하도록 했다.

1982년 헌법은 국무원의 '총리책임제'를 규정하여 국무원 총리의 책임과 권한을 강화하고 '국무위원제'를 신설했다. 따라서 국무원 상무회의는 총리, 부총리, 국무위원, 비서장으로 구성하도록 규정됐다. 1982년 헌법은 또 국가기관으로 중앙군사위원회를 설치하여 전국 무장 역량을 '영도'하도록 규정하고 중앙군사위원회 주석의 '주석책임제'도 채택했다. 중앙군사위원회는 주석을 비롯해서 약간 명의 부주석과 의원으로 구성하도록 했다. 중앙군사위원회의 주석은 전인대 전체회의에서 따로 선거하기 때문에 국가주석이 자동으로 겸직토록 하는 규정은 없으며 따라서 국가

주석과 군 통수권이 분리되는 문제점이 제기됐다.

1982년 헌법의 특징 중 하나는 국가 정부의 지도적 직위에 대한 임기 제한을 규정한 점이다. 즉, 국가주석과 부주석, 전인대 상무위원회 위원장과 부위원장, 국무원 총리와 부총리 및 국무위원, 최고인민법원 원장, 최고인민검찰원 검찰장의 임기는 전인대와 같이 5년으로 하고 연속하여 2기를 초과하여 임명될 수 없도록 했다. 중앙군사위원회 주석, 부주석, 위원은 그러한 연임제한 규정에서 제외됐다. 이 밖에 1982년 헌법은 지방 정부의 강화, 농촌의 '인민공사(人民公社)'체제 개편에 따른 향(鄉)정부의 설립, '기층군중성 자치'조직 '촌민위원회'와 '거민위원회' 신설 등을 규정했다.

5) 헌정의 안정과 제도화

1982년 헌법 개정 이후에는 국가기구와 정부 조직의 큰 변화 없이 비교적 안정된 헌정체제를 유지해오고 있다. 1988년, 1993년, 1999년, 그리고 2004년에 부분적인 헌법 수정이 이루어졌지만 경제제도에 관한 부분이 주로 바뀌었을 뿐 정치제도 부분은 별 다른 수정 없이 지속돼왔고, 국가기구의 운영과 정치과정은 절차가 확립되고 상당한 정도로 제도화 된 모습을 보여주고 있다.

1993년 3월 제8기 전인대 1차 회의에서 채택한 수정 헌법은 서문에서 국가의 기본임무를 규정하면서 '사회주의 초급단계'에 처한 국가적 상황을 처음으로 언급하고 '중국특색 사회주의전설 이론'에 근거해서 현대화 건설 추진에 국가 역량을 집중하도록 했다. 동 헌법 서문은 '사회주의민주' 발전과 '부강 · 민주 · 문명의 사회주의국가 건설' 목표를 제시했다. 1993년 수정헌법은 또 서문에 '중국공산당 영도 다당합작 및 정치협상 제도의 장기존재 및 발전' 표현을 추가함으로써 다당합작 및 정치협상 제도의 헌법적 지위를 확립했다. 또 현 급(현, 시, 구로 나누어진 시의 구)인민대표대회 임기를 3년에서 5년으로 연장했다.

1999년 3월 전인대 제9기 2차 회의에서 채택된 헌법은 서문의 일부 표현을 바꾸는 최소한의 수정만 가했다. 1999년 수정 헌법은 서문에 국가의 지도이념으로서 '덩샤오핑 이론'을 추가하여 규정하고 '사회주의 초급단계'의 장기화를 언급했다. 또한 수정 헌법은 1997년 공산당 5차 전국대표대회 이래 강조해온 법치를 헌법 서문에 반영하여 '의법치국(依法治國)'을 실행하여 법치국가를 건설한다'는 표현을 추가함으로써 헌정의 안정과 제도화의 의지를 확인했다.[29]

2002년 11월 공산당 16차 전국대표대회와 2003년 3월의 전인대 10기 1차 회의를 통해서 순조롭게 당 및 국가기구의 최고 지도자 교체를 포함한 지도부 교체가 이루어진 후 2004년 3월 전인대 10기 2차 회의에서 채택된 수정 헌법 역시 최소한의 수정으로 제한됐다. 2004년 수정 헌법은 서문에서 국가 지도이념으로 "'세 가지 대표(三個代表)' 중요사상"을 추가했다. 2004년 수정 헌법에서 주목되는 것은 국가주석의 직무 규정에 '국사활동의 진행'을 추가한 점이었다. 이는 국가주석의 실질적 권한 확대를 인정하는 것으로 이해된다. 수정 헌법은 향 급(향, 민족향, 진) 인민대표대회의 임기를 3년에서 5년으로 연장하여 각 급 인민대표대회의 임기를 5년으로 통일시키는 것으로 수정했다.

지금까지 중국의 헌법 상 국가기구와 정부 조직은 1982년 헌법의 틀을 그대로 유지해오면서 안정적인 운영과 제도적 절차가 확립돼오고 있다. 장저민(江澤民)집권 시기부터 국가주석이 당 총서기와 중앙군사위원회주석 직을 겸임함으로써 제도상의 군 통수권과 국가원수 직 분리의 문제점을 실질적으로 해결하였다. 후진타오(胡錦濤)의 정권승계 과정에서 후계자로 내정된 국가 부주석이 중앙군사위원회 부주석 직을 겸임토록 함으로써 승계 준비를 순조롭게 하기위한 절차도 관행으로 확립되었다. 전인대

29) 위의 책, p.871.

의 대표 수는 6기 대회부터 3000명을 초과하지 않도록 한 결정이 지켜지고 있고 전인대 상무위원회 위원수도 6기 대회 이후 9기까지 155명으로 유지돼왔으나 10기에 160명, 11기에는 175명으로 늘어났다. 전인대 대표 구성은 지역대표성을 기본으로 하면서 군 대표를 별도로 선출하고 소수 민족 및 여성 대표를 배려하는 원칙을 적용해오고 있다. 참고로 10기 전인대 대표 구성을 보면 노동자 농민 출신이 18.46%, 지식분자 대표가 21.14%, 당정기관 간부 대표가 32.4%, 민주당파 및 무당파 인사 대표가 16%, 인민해방군 대표가 8.98%, 샹강특별행정구 및 오민특별행정구 대표가 1.26%, 귀국화교 대표가 1.27%를 각각 차지했다. 전체적으로 공산당원이 72.99%, 소수민족 대표가 13.91%, 여성 대표가 20.24%였다.[30] 11기 전인대 대표의 경우에는 노동자 농민 대표를 배려한다는 취지로 농민공(農民工)대표를 3명 선출하기도 했다. 전인대 상무위원회 구성은 제 1기의 경우 공산당원과 민주당파 및 무당파 인사 비중이 거의 같도록 구성되었으나(공산당원 50.6%, 민주당파 · 무당파 인사 49.4%) 점차 공산당원의 비중이 증대되어 지금은 대체로 70 : 30의 비율로 변했다.[31]

전인대의 운영은 정례화 되어 전체회의는 임기 5년 동안 매년마다 열려 총 5회 개최되고 있고 상무위원회 회의는(10기 전인대의 경우) 평균 매년 6회 이상 열려 5년 간 총 32회 개최되고 있다. 2003년 3월에 개회한 10기 전인대 부터는 매년 전체회의 개최 시 동기의 정협 전국위원회를 동시에 열어 연례적으로 이른 바 '양회(兩會)'를 개최하는 관행을 만들어오고 있다. 정협 전국위원회는 국가기구가 아닌 '통일전선 조직'이며 '다당합작 정치협상회의의 중요 기구'로 공산당, 민주당파 및 무당파 인사, 인민단체, 각 소수민족 및 각계 대표, 샹강 및 아오먼특별행정구 인사 그리고 대민 '동포' 및 귀국 교포 대표로 구성된다. 정협 전국위원의 수는 1978년 5기 때 2000명 수준으로 증가했는데 2008년 11기의 경우 2237명으로 구성됐다.

---

30) http://news.xinhaunet.com/newscenter/2003-02/28/content_751616.htm (2011년 11월 18일 검색)

31) 蔡定劍,『中國人民代表大會制度』(北京: 法律出版社, 1998), p.241.

정협 전국위원회 상무위원회 위원 수는 300명 수준인데 11기의 경우 298명으로 구성됐다. 정협 전국위원회 위원의 구성은 11기의 경우 공산당원과 비공산당원의 비율이 40:60정도이며, 여성위원이 17.7%를 차지했다. 정협 전국위원회 상무위원회의 구성은 공산당원이 34.6%, 비공산당원이 65.4%, 여성은 10%이다.[32] 정협 전국위원회 전체회의는 전인대와 같은 기간에 매년 1회 열려 임기 5년간 총 다섯 차례 개최돼오고 있고 상무회의는 10기의 경우 매 계절마다 1회, 년 평균 4회 열려 5년 임기 중 총 20차례 개최됐다.

국무원 전체회의는 10기 전인대 기간의 국무원의 경우 매년 2회 이상 열려 5년 간 총 11차례 개최되었다. 총리, 부총리(4명), 국무위원(5명), 비서장으로 구성되는 국무원 상무회의는 매주 한 차례 열리는 것으로 정례화되고 있다. 중앙군사위원회 주석은 공산당 총서기와 국가주석을 겸직하는 것이 관행으로 정착됐지만 정권 교체기에 국가주석과 중앙군사위원회 주석이 병존하는 사태가 나타나고 있다. 예컨대 장쩌민은 2002년 11월, 2003년 3월 각각 후계자 후진타오에게 공산당 총서기 직과 국가주석 직을 물려주었지만 중앙군사위원회 직은 2년 후인 2005년 3월에 물려줌으로써 당분간 국가주석이 중앙군사위원회 부주석이 되는 기현상이 야기됐었다. 중앙군사위원회 부주석은 군을 대표하는 2명의 공산당 중앙정치국 위원이 겸직한다. 중앙군사위원회 위원 구성을 보면 국무위원 겸 국방부장, 인민해방군의 총참모장, 총정치부 주임, 총후근부 부장, 총장비부 부장, 해군사령원, 공군사령원 그리고 제2포병사령원이 포함되었다.

12기 전인대에서는 헌법상 국가기구와 정부 조직의 변경은 없었지만 선출된 국가기관 지도부의 당직 겸직에는 다소 변화가 있었다. 국가 부주석은 중앙 정치국 위원을 겸했으나 상무위원회와 중앙군사위원회에서 배제됐다. 국무원의 국무위원 5인은 외교부장, 국방부장, 공안부장, 국유

---

32) http://news.xinhuanet.com/video/2008-03/02/content_7702577.htm (2011년 11월 18일 검색)

재산감독관리위원회 주임, 국무원 비서장을 포함했는데 모두 당 중앙위원을 겸했다.

중앙군사위원회 주석은 국가주석이 겸직하고 2명의 부주석은 군부 인사로 선임되었으며 위원은 국방부장을 포함한 6명으로 구성됐다.

13기 전인대에서 선임된 국가기관 지도부의 당직 겸직은 국가 부주석이 중앙 정치국 위원은 물론 중앙위원 직에서도 배제된 점 외에는 변화가 없다.

13기 전인대 1차 회의에서는 14년 만에 헌법을 개정하고 국가기관 조직을 부분적으로 변경하는 개혁 조치를 제도화했다. 개정된 헌법에서는 서언에서 '과학적 발전관'과 '시진핑 신시대 중국특색 사회주의 사상'을 삽입하고, 현대화 강국 건설을 통한 '중화민족의 위대한 부흥' 실현이라는 국정 목표를 제시했다. 개정 헌법에서는 국가주석과 부주석의 2기 초과 연임 금지 규정을 삭제하여 장기집권의 길을 연 것이 큰 특징이다. 새 헌법에서는 또 국가기관으로 기존의 행정, 재판, 검찰 기관과 별도의 '감찰기관'을 신설하고 국가감찰위원회 주임을 전인대에서 선출하도록 규정했다.

4. 정치발전과 제도개혁

1) 당 · 국가 관계의 동태성

국가, 정치사회, 시민사회는 정치체제의 특징을 형성하는 세 개의 제도적 요소 또는 행위의 주체이다. 여기서 국가란 구체적으로 정부 관료제와 행정기구, 사법기구 및 군을 의미한다. 정치사회는 국가와 시민사회를 매개하면서 국가 기구에 대한 통제권 또는 공권력의 장악을 위한 경합이 이루어지는 영역을 의미한다. 시민사회는 다양한 사회단체와 민간 조직 등을 총칭한다. 이 세 가지 제도적 요소 또는 행위 주체 간의 세력 관계와 힘의 균형 상태에 따라서 정치체제의 지속과 변화의 방향이 결정된다고 볼 수 있다. 중국의 정치체제 동태에 위와 같은 세 개의 제도적 요소와 행위 주체 개념을 적용 할 때 우리는 정치체제 동인의 세 측면 즉 공산당과 국가(정부)의 관계, 국가와 시민 사회의 관계, 그리고 공산당과 시민 사회의 관계를 고려해 볼 수 있을 것이다. 중국의 정치체제는 기본적으로 공산당이 국가를 통제(영도)하며, 국가가 사회를 통제(주도)하고, 또 공산당이 자체의 조직 또는 국가 기구를 통해서 사회를 통제(주도)하는 '당 지배체제'를 발전시켜 왔다. 즉, 공산당의 국가(군을 포함하여)와 사회 조직에 대한 통제(영도)를 제도화함으로써 권위주의적인 집권적 동원 체제를 확립했다. 이러한 당 지배체제 그리고 집권적 동원체제 하에서는 정치사회의 기능이 공산당에 의해 독점되고 시민사회의 역할 또한 매우 취약하기 때문에 사실상 공산당과 국가(정부)의 관계가 정치체제 동태의 핵심이다. 당 · 국가(정부)관계의 기본 형식은 '당의 국가 영도'이다.

공산당이 국가(정부)를 '영도'하는 방식은 두 가지, 즉 '체제내 영도(體制內領導)' 방식과 '체제외 영도(體制外 領導)' 방식이 있다.[33] '체제 내 영도'란 당이 국가(정부) 기구 내 당 조직을 통해서 직접 권력을 장악하고 직권을 행사하는 것을 의미한다. '체제외 영도'란 당이 집단 지도체제(集體領導)의 조직적 지도 또는 국가(정부) 주요 간부 선발 기제, 즉 임면의 인사권을 통해서 간접적으로 지배하는 것을 의미한다. 그러나 실제로 이 두 가지 영도 방식이 엄격히 구별되는 것은 아니며 결합되어 적용될 수밖에 없다. 결국 당의 지도체제가 강화됨에 따라 당의 '영도'는 '당정일치' 또는 '당정일체화(黨政不分)'와 '당에 의한 정부 대체(以黨代政)' 등 권력집중의 폐단을 낳게 되었다. 권력집중 현상은 또 개인통치를 탄생시켰고, 문화대혁명 기간 중 당 조직 및 국가 기구의 파괴와 정치제도의 '변태현상(變態現象)'은 그 극치를 보여주었다.

1970년대 말 이후 정치제도의 정상적인 기능이 회복되고 '현대화' 정책과 경제발전 과제에 집중하면서 그에 상응하는 정치체제 개혁 과제가 등장했다. 경제체제 개혁과 시장경제의 발전은 시민사회의 성장을 초래함으로써 국가 · 시민사회 관계의 질적 변화를 가져오고 정치체제의 제도적 적응을 필요로 하게 되었던 것이다. 정치체제 개혁 과제의 핵심은 역시 당의 '영도' 방식 전환과 국가(정부)기구의 강화였다. 당 · 국가(정부) 관계의 새로운 전환을 모색하기 위한 정치체제 개혁은 우선 당과 국가(정부)의 직능을 명확히 구분하는 '당정분별(黨政分開)'을 추진하면서 점차 당의 국가 영도 방식을 '집정(執政)' 방식으로 전환하여 '중국특색 사회주의 민주

33) 林尙立,『當代中國政治形態硏究』(天津: 天津人民出版社, 2000), p.317.

주의(中國特色社會主義民主)' 정치발전의 길을 탐색하는 방향으로 추진돼왔다.

개혁개방정책을 채택한 이후 중국의 정치제도 개혁 또는 정치발전 노력은 1980년대의 '당정분별' 추구, 1990년대의 당의 집정능력 강화 강조, 21세기 진입 이후 '중국특색' 사회주의 민주정치 제도화 추구 등의 단계로 진행돼왔다고 볼 수 있다.[34] 공산당 15차 전국대표대회부터는 공산당의 역할을 '집정당(執政黨)'으로 규정함으로써 새로운 형태의 당 · 국가(정부) 관계의 방향이 제시됐다. 즉, 공산당은 '집정'을 통해 국가에 대한 '영도'를 실현한다는 것이다.[35] 집정이란 '체제 내 영도'나 '체제외 영도'의 어느 하나의 방식을 선택하는 것이 아니라 두 방식을 결합하되 기왕의 '당정일치' 또는 '당에 대한 정부 대체'의 폐단을 지양하고 당과 국가(정부)의 직능을 분별하는 것(黨政職能分開)을 의미한다. 이는 공산당의 영도적 역할을 '법제화'함으로써 구현된다고 본다.

21세기 들어서 중국적 특징을 갖는(中國特色) 정치발전과 정치제도 건설의 성과와 과제를 집약한 두 개의 중국 정부 백서가 발표되었는데, 2005년 10월에 발표된 '중국의 민주정치 건설(中國的民主政治建設)'과 2007년 11월에 발표된 '중국의 정당제도(中國的政黨制度)'가 그것이다.[36] 2005년 백서는 중국의 민주정치 건설 원칙으로 공산당의 영도적 역할 견지를 확인하면서 사회주의적 민주정치의 '제도화', '규범화', '절차화(程序化)'를 강조하고 있다. 2007년 백서는 중국 정당제도의 특징을 '공산당의 영도와 다당파의 협조, 공산당의 집정과 다당파의 참정(共産黨領導 · 多黨派合作, 共産黨執政 · 多黨派參政)'으로 요약하고 있다. 요컨대 공산당은 '집정당', 민주당파들은 '참정당'으로 규정되고 있는 것이다. 일부 전문가들이 창조적인 정치체제 개혁을 주장하면서 점진적인 새로운 제도창안(制度創新)을 건의하는 가운데

---

34) 楊光斌, "中國政治30年: 變遷與反思,"『探索與爭鳴』(2008年 第12期), pp.4-10.

35) 林尙立, 앞의 책, p.428.

36) 中華人民共和國國務院新聞辦公室, "中國的民主政治建設". http:llnews.xinhuanet.com/politics/2005_10/19/content_3645697.htm 中華人民共和國國務院新聞辦公室, "中國的政黨制度". http:llnews.xinhuanet.com/politics/2007_11/15/content_7078834.htm

새삼 다당합작제도와 정치협상 제도를 '새로운 형태의 정당정치 제도', 그리고 '사회주의 민주 형식'으로 강조하고 있는 것은 주목해봐야 할 점이다. 동 백서에서는 공산당과 민주당파 간의 관계를 '친밀한 우당관계(友黨關係)'로 표현하고, 공산당의 집정을 전제로 민주당파의 '감독' 역할 필요성을 강조하고 있음을 볼 수 있다. 그러나 민주당파에게는 공산당의 영도하에서 협력과 감독의 방식에 의한 참정만이 허용될 뿐 공산당에 대한 '반대'나 '교대집정(輪流執政)'을 기도할 수 없다. 따라서 중국의 민주당파는 반대당이 아니다. 2007년 백서는 또 다당합작제도의 중요한 내용인 '협상민주' 제도(인민정치협상회의)가 '선거민주' 제도(인민대표회의)를 보완하는 또 하나의 중요한 사회주의적 민주정치 제도임을 강조하고 있다. 이러한 정치협상제도는 제한된 선거와 대의 기능을 보완하는 제도로서, 그리고 '정치참여', '이익표현', '사회통합', '민주감독', 그리고 '안정유지'와 같은 정치체제 기능을 부분적으로 담당하는 '협의민주주의' 기제로서 발전시켜 갈 수 있는 가능성이 열려 있다.

중국의 정치학자 위커핑(兪可平)은 '신 중국' 정권 수립 이후 중국정치의 발전과정을 '혁명으로부터 개혁으로, 투쟁에서 화해로, 독재에서 민주로, 인치에서 법치로, 집권에서 분권으로, 그리고 국가에서 시민사회로' 라고 요약했다.[37] 중국 정치 과제는 개혁, 화해, 민주, 법치, 분권, 시민사회의 시대에 알맞은 정치제도를 창안하고 확립하는 것이다. 급진적인 민주화를 추구하는 반체제파는 민주적 선거제도의 전면 실시와 민선 정부를 보장하는 헌법개정, 사법독립을 포함한 3권분립, '군대의 국가화', 정치적 자유 보장 그리고 연방제의 실시 등을 요구하고 있다.[38] 그러나 중국의 정치지도자들은 '다당의 교대집정', '지도사상 다원화', '3권 정립' 및 양원제, 연방제, 그리고 사유화를 거부하는 이른바 '다섯 가지 안 되는 것(五

37) 兪可平, "中華人民共和國六十年政治發展的邏輯," 『馬克思主義與現實』(2010年 第1期), pp.21-35.
38) 국내외 반체제 지식인과 인권운동가들을 중심으로 전개된 2008년 말 '08헌장(零八憲章)' 운동이 그 예이다. http://www.newcenturynews.com/Article/china/2008.12/20081209130019.htm

不搞)을 강조했다.[39] 이러한 두 입장 사이에서 창조적고 제도적인 대응 방법을 찾아내는 일이 바로 중국의 정치체제 개혁이 당면한 과제라고 말할 수 있을 것이다.

2) 정치제도 개혁의 심화

2018년 2월에 열린 당 19차 3중전회의에서는 당과 국가기구의 개혁을 심화하는 결정을 채택하고, 이어 열린 13기 전인대 1차 회의에서 구체적인 당정 기구 개혁방안을 헌법에 반영하여 입법화하는 조치를 취했다. 개혁의 큰 방향은 당의 전면적인 영도 강화를 제도적으로 보완하고, 정부기구의 설치와 직능배치를 개선하는 한편 전인대와 정협 그리고 군과 대중단체 및 지방 조직을 합리적으로 개선하는 것이었다. 그에 따라 이루어진 구체적인 개혁조치들은 직책이 유사한 당정기관의 합병과 사무 통합으로 추진됐는데 그 중요한 내용들은 다음과 같다.

① 새로 신설된 국가감찰위원회 조직을 당 기율검사위원회와 통합하여 '하나의 업무 기구, 두 개의 기관 명칭'으로 운영.
② 당에 중앙전면의법치국위원회(中央全面依法治國委員會)를 설치하고 국무원 사법부에 판공실을 둠.
③ 당에 중앙심계위원회(中央審計委員會)를 설치하고 국무원 심계처에 판공실을 둠.
④ 당에 중앙교육공작영도소조를 설치하고 국무원 교육부에 비서처를 둠.
⑤ 중앙 및 국가기관공작위원회를 설치하여 당 중앙 직속기관과 국가

39) 2011년 3월 10일 전인대 11기 4차 전체회의에서 한 전인대 상무위원회 위원장 우방궈(吳邦國)의 보고. http://nes.xinhuanet.com/politics/2011_3/10/c_121173360.htm

기관 공작위원회를 통합.

⑥ 중앙당교(中央黨校)와 국가행정학원을 통합하여 당 중앙 직속단위로 하고 '하나의 기구, 두 개의 문패'로 운영.

⑦ 국가공무원국을 당 중앙 조직부에 합병.

⑧ 국가신문출판방송총국을 당 중앙 선전부에 합병.

⑨ 국무원 부서인 국가민족사무위원회를 당 중앙 통일전선부가 영도하도록 하고 국가종교사무국과 국무원 교포업무판공실을 당 중앙 통일전선부에 합병.

⑩ 당 중앙 정법위원회의 기능 강화.

위와 같은 당정 기구 개혁 조치와 더불어 당정협조를 원활하게 하고 당의 영도 기능을 강화하기 위한 제도로 발전시켜왔던 '영도소조(領導小組)' 제도를[40] 확대 강화하는 조치를 취했다. 즉 종래까지 '소조'로 운영돼왔던 중앙개혁심화영도소조, 중앙네트워크안전정보화영도소조, 중앙재정영도소조, 중앙외사공작영도소조를 '위원회'로 승격시켰다.

당 기구 개혁과 동시에 전인대, 국무원, 그리고 정협의 기구 개혁도 이루어졌다. 특히 정치협상회의 제도는 중국의 독특한 정치제도로 진화하고 있다. 정협은 원래 사회주의 정권 수립초기 임시적 과도기 정권기관의 역할을 하고, 통일전선 조직으로서 정치적 동원 기능을 수행하면서 점차 정치적 포섭과 사회통합을 위한 자문과 참정의 역할을 확대하여 민주적 과정을 보완하는 정치사회제도의 성격을 강화하게 되었다. 중국의 정협은 공식적으로 '공산당이 영도하는 다당합작 정치협상기구'이며 동시에 '사회주의적 민주주의의 중요 형식'이라고 정의되고 있다. 2018년 3월 정협 전국위원회 13기 1차 회의에서 개정된 '중국인민정치협상회의 장정'에

40) 賴靜萍, "當代中國黨政關係的演進與現代國家的成長: 以領導小組的歷史變遷爲觀察点," 『政治學研究』(2009年 第2期), pp.109-115.

서는 정협이 '국가치리체계의 중요한 구성 부분'임을 명시했다.[41] 중국의 정협은 당의 기구도 국가의 기구도 아닌 '정치성 사회조직'으로서 당 또는 국가와 시민사회를 매개하는 영역의 정치제도로 진화하고 있다.

중국의 지도자들이나 학자들은 정협을 대의민주주의(또는 선거민주주의)를 보완해주는 '협상민주주의' 또는 협의민주주의를 위한 제도로 정당화하면서 중국식 정치제도의 우월성으로 선전하고 있다. 그들은 더 나아가 협상민주주의 제도가 자유민주주의적 대의민주주의 제도보다 더 인민의 실질적인 정치적 권리와 정치참여를 구체적으로 보장해주는 민주적 제도라고 주장한다.[42]

중국의 정협이 다당합작 정당제도로서 뿐만이 아니라 국가치리체계의 중요 부분으로 강조된 점에도 주목해볼 필요가 있다.[43] 정협에는 8개의 민주당파 외에도 각계 대표와 이른바 '애국인사'가 참여한다. 정협은 인민단체, 소수민족, 특별행정구, 타이완, 해외 교포의 대표와 종교계인사, 비공유경제계 인사, '새로운 사회계층 인사', '중화민족의 위대한 부흥에 진력하는 애국자' 등을 포함하는 '애국통일전선'으로 확대됐다. 중국의 정협은 당의 영도와 국가의 통치 기능을 보완하는 거버넌스의 영역을 담당하는 제도로 확립되었다. 일부에서는 정협을 국가기관화 하여 전인대와 더불어 양원제로 제도화하자는 건의가 제기되기도 했으나 그러한 제안이 실현되기에는 아직 시기상조이며, 당분간은 정협을 국가와 사회, 계획과 시장, 공공부문과 사적 부문을 매개 결합하는 영역에서 그 기능을 확대하는 방향에서 제도 발전을 모색할 것으로 보인다.

---

41) "中國人民政治協商會議章程"(http://www.cppcc.gov.cn/zxww/2018/27).

42) 馬德普 · 黃徐强, "論協商民主對代議民主的超越," 『政治學研究』(2016年 第1期), pp. 52-60.

43) 浦興祖, "國家治理現代化視覺下的人民政協及其制度," 『中國政協理論研究』(2015年 第2期), pp. 36-40.

제2장

정치과정과 정치적 반대

1. 권위주의 정권과 반대

덩샤오핑(鄧小平)을 중심으로 하는 중국의 지도층이 개혁개방 정책을 추진하기 시작한 1980년대 이래 중국의 정치지도자들은 줄곧 정치체제 개혁의 필요성을 역설해왔고 중국의 정치학자들도 정치발전 문제를 학문적 주제로 발전시켜왔다.[1] 그런데 그들이 말하는 정치체제 개혁 또는 정치발전의 목표는 '중국특색의 사회주의 민주'라고 규정되고 있고[2], 또 그것은 서방의 정치제도 모델을 모방하는 것이 돼서는 안 된다는 것이다. 다시 말해서 중국식의 정치체제 개혁이나 정치발전은 통치구조의 3권분립제나 복수정당제를 거부하며 현존하는 공산당의 정치독점 즉 당국가체제의 유지를 전제로 하는 제한된 변화를 의미하는 것이다.

1990년대 이후 중국정치는 비교적 안정적인 기조를 유지해왔고, 리더십 교체(또는 승계)도 제도적 절차에 따라 질서 있게 이루어지고 있다. 새로운 지도층은 제도화된 정치과정과 법치, 그리고 당의 '집정능력 강화'를 강조하고 있다. 중국의 학계에서도 중국 정치체제 변화의 과도기적 성격을 '권위주의 체제' 개념으로 설명하면서 중국의 특수한 국가적 상황(國情)을 고려하는 독자적인 정치발전의 길과 전략을 선택할 것을 제의하고 급진적 이상주의적인 정치민주화 주장보다는 안정성과 점진성을 강조하는 온건한 현실주의적인 정치체제개혁론이 주류를 이루고 있다.[3]

---

1) 이계희,『중국정치학과 중국정치』(서울: 풀빛, 2002), pp.65-80.
2) 吳大英 · 楊海蛟,『有中國特色社會主義民主政治』(北京: 社會科學文獻出版社 1999).
3) 그 대표적인 예가 캉샤오광(康曉光)과 쉬샹린(徐湘林)이다. 康曉光, "中國: 改革時代的政治發展與政治穩定,"『當代中國研究』(2002年 第3期); 徐湘林, "以政治穩定爲基礎的中國漸

반면 외국 특히 서방의 중국정치를 관찰하는 비교정치학자들은 궁극적인 민주화의 기대를 가지고 다양한 정권변동 이론의 관점과 개념들을 적용해왔다. 이들은 특히 정권교체기에 나타나는 승계위기에 주목하고 중국 정치체제의 취약성과 위기 요인들, 그리고 체제변화 과정과 정권변동 가능성을 분석하는데 초점을 맞추어 왔다.[4] 다수 비교정치학자들은 서로 관점은 다소 차이가 있지만 변화하고 있는 중국 정치체제의 특징을 권위주의 정권(authoritarian regime)으로 규정하는데 대체로 동의하고 있다. 혁명 이후 체제의 변화를 사회변화에 대한 정권적 대응이라는 관점에서 보면 '적응(adaptation)' 또는 '포용(inclusion)'의 전략으로 이해할 수 있다.[5] 권위주의 정권은 제한된 참여와 경쟁을 특징으로 한다. 따라서 권위주의 체제하의 정치과정은 상대적인 투입 구조의 취약성과 지지 투입 위주, 그리고 제도적 과정과 비제도적 과정의 이중구조를 초래한다. 그러나 시장경제의 발전에 따른 사회적 다원화는 정치적인 영역의 자율성을 증대시키게 되고 이는 보다 더 다원적인 정치구조로의 전환을 요구하게 된다. 다시 말해

進政治改革,"『戰略與管理』(2000年 第5期).

4) 이를테면 중국 정권 내부의 동태성과 체제변동 과정의 분석에 파벌정치 모델, 이익집단론, 시민사회론, 조합주의 모델, 정치발전론, 탈공산주의 민주화 이행론 등 다양한 이론적 관점과 개념들이 응용되었다. 예컨대 Baogang He, *The Democratization of China* (New York: Routledge, 1996); Barret L. McComick and Jonathan Unger (eds.), *China After Socialism: In the Footsteps of Eastern Europe and East Asia* (Armonk, NY: M. E. Sharp, 1996); Timothy Brook and B. Michael Frolic (eds.), *Civil Society in China* (Armonk, NY: M. E. Sharp, 1997); Shaohua Hu, *Explaining Chinese Democratization* (Westport, CT: Praeger, 2000); Suisheng Zhao (ed.), *China and Democracy: Reconsidering the Prospects for a Democratic China*(London: Routledge, 2000); Thomas G. Lum, *Problems of Democratization in China*(New York: Garland, 2000); Jonathan Unger (ed.), *The Nature of Chinese Politics: From Mao to JIang*(Armonk, NY: M. E. Sharp, 2002); Larry Diamond and Marc F. Plattner (eds.), *Democracy after Communism*(Baltimore: The Johns Hopkins University Press, 2002); Bruce Gilley, *China's Democratic Future: How It Will Happen and How It Will Lead* (New York: Columbia University Press, 2004); Peter Hays Gries and Stanley Rosen (eds.), *State and Society in 21-st Century China: Crisis, Contention, and Legitimation*(New York: Routledge Curzon, 2005); 그리고 중국정치 특집을 실은 *Journal of Democracy, Vol. 9, no. 1*(January 1998); *Vol. 14, no. 1*(January 2003) 등을 들 수 있다.

5) Samuel P. Huntington, "Social and Institutional Dynamics of One-Party Systems," in Samuel P. Huntington and Cement H. Moore (eds.), *Authoritarian Politics in Modern Society: The Dynamics of Established One-Party Systems*(New York: Basic Books, 1970, pp.3-47; Ken Jowitt, "Inclusion and Mobilization in European Leninist Regimes," *World Politics, Vol. 28, no. 1*(October 1975), pp.69-97.

서 사회의 발전은 권위주의 정권에 대해서 당통제의 합리화, 참여의 확대와 제도화, 그리고 자율성과 경쟁 개념의 도입 필요성을 제기한다는 것이다.[6)]

중국의 권위주의 정권 또는 정치체제의 과도기적 성격과 그 변화 방향을 이해하기 위해서는 '정치적 반대' 요인에 주목할 필요가 있다. 권위주의 정권의 안정성과 제도화 전망, 그리고 권위주의 정권의 붕궤와 민주화 가능성을 해명하려면 정권(또는 국가)의 측면과 동시에 정치적 반대(시민사회 또는 정치사회의)의 측면을 보아야 한다. 정권의 전략과 정치적 반대의 존재 방식은 다 같이 체제를 규정하는 요인이며, 따라서 정치과정의 특징과 개혁의 한계를 이해하는 관건적 요인이다. 정권과 정치적 반대는 상호 영향과 인과의 관계가 있다고 볼 수 있다. 즉 정치적 반대는 정권의 성격과 전략에 의해 규정되며, 다른 한편에서 보면 정권은 반대의 존재와 전략에 따라 규정된다고 말할 수 있다.[7)] 여기서는 기존의 연구들에서 제시된 개

6) 중국정치 분석가들은 개혁개방정책의 추진 이후 경제사회적 발전과 변화에 따른 권위주의 체제의 변화 특징을 다양한 시각으로 관찰하고 있지만 대체로 체제의 유연성과 정권의 적응 전략으로 이해하는 경향이 있다. 예컨대 로이(Denny Roy)의 '연성 권위주의(soft authoritarianism)', 네이산(Andrew J. Nathan)의 '탄성 권위주의(resilient authoritarianism)', 딕슨의 '자유화 권위주의(liberalizing authoritarianism)' 또는 '조합주의적 권위주의(corporatist authoritarianism)', 샤오공친(蕭功秦, Gongqin Xiao)의 '기술관료적 권위주의(technocratic authoritarianism)' 또는 '제한 권위주의(limited authoritarianism)' 발쩌(Harley Balzer)의 '관리 다원주의(managed pluralism)' 등과 같은 개념들이 그것이다. Denny Roy, "Singapore, China, and the 'Soft-Authoritarian' Challenge," *Asian Survey, Vol. 34, no. 3* (1994), pp.231-242; Andrew J. Nathan, "Authoritarian Resilience," *Journal of Democracy, Vol. 14, no. 1*(January 2003), pp.6-17; Bruce J. Dickson, *Red Capitalists in China: The Party, Private Entrepreneurs, and Prospects for Change*(Cambridge: Cambridge University Press, 2003); 蕭功秦, "後全能體制與21世紀中國的政治發展,"『戰略與管理』(2000年 第6期); Gongqin Xiao, "The Rise of Technocrats," *Journal of Democracy, Vol. 14, no. 1*(January 2993), pp.60-65; Harry Balzer, "State and Society in Transitions from Communism: China in Comparative Perspective," in Peter Hays Gries and Stanley Rosen (eds.), 앞의 책, pp.235-256.

7) 정치적 반대의 존재 방식과 정치체제의 성격을 연관시키는 연구는 정치학의 오랜 주제가 돼왔다. 비교정치학자들은 권위주의 정권의 체제적 특징을 설명하는 요인으로서의 정치적 반대의 존재방식, 그리고 정권변동 요인으로서의 정치적 반대의 역할을 확인하는데 관심을 갖게 되었고, 권위주의 정권의 퇴장과 민주화 이행과정에서 볼 수 있는 '민주적 반대(democratic opposition)'와 정권의 대안이나 경쟁자가 아니라 정권의 잠재적인 동반자로 인식되며 권위주의 정권의 안정과 강화에 기여하는 '권위주의적 반대(authoritarian opposition)'의 존재에 주목했다. Robert A. Dahl (ed.),

념들을 적용하여 비교적 관점에서 중국 정치과정의 특징과 정치적 반대의 존재를 살펴보면서 권위주의 정권의 변화 방향과 정치체제 개혁의 한계를 확인하려고 한다. 중국에서 정치적 반대는 체제전환 또는 정권변동의 잠재적 요인으로서 '민주화의 씨앗'[8] 인가 아니면 권위주의 정권(체제)의 안정과 제도화에 기여하는 권위주의 정권의 '동반자'인가? 권위주의 정권하에서 '민주적 반대'와 '권위주의적 반대'는 양날의 칼이다. 즉 정치적 반대는 상황에 따라서 권위주의 정권의 안정화 요인이 될 수도 있고 동시에 정권변동의 촉진 요인으로 발전할 수도 있다는 것이다. 여기서 세 가지 문제를 제기할 수 있다. 정치적 반대에 대한 정권의 관용과 억압의 한계는 어디인가? 반대파는 무엇을 어떻게 반대하는가? 반대파의 존재이유와 역할은 무엇인가? 이러한 질문들은 정권 차원의 대응과 전략, 정치적 반대의 구조와 유형, 그리고 정치적 반대의 체제적 기능에 관한 것이다.

Regimes and Oppositions(New Haven: Yale University Press, 1973); Robert A. Dahl, Poliarchy: Participation and Opposition(New Haven: Yale University Press, 1971); Juan J. Linz, "Opposition To and Under an Authoritarian Regime: The Case of Spain," Robert A. Dahl (ed.), 1973, 앞의 책, pp.171-259; Holger Albrecht, "How Can Opposition Support Authoritarianism?: Lesson from Egypt," *Democratization, Vol. 12, no. 3* (June 2005), pp.378-397.

8) Gerle Goldman, *Sowing the Seeds of Democracy in China: Political Reform in the Deng Xiaping Era*(Cambridge: Harvard University Press, 1994).

2. 정치적 반대의 구조와 유형

개혁개방정책 이후 비정부 사회조직의 급속한 증가에 따라 서방 학자들은 중국에서의 새로운 '시민사회(civil society)'의 등장에 주목하게 됐다. 그들은 그러한 시민사회가 권위주의 정권에 대한 반대세력, 즉 공산당의 정치적 독점 또는 당국가 체제에 대한 도전 또는 위험 요소로 발전할 수 있는 가능성을 분석하는데 관심을 기울였다. 따라서 '시민사회'라는 용어는 국가 또는 정권에 대한 대립의 의미를 함축하는 것이었다. 권위주의 정권의 일반적 속성의 하나는 시민사회와 국가를 매개하는 영역으로서 정당정치 선거정치와 같은 정권경쟁이 이루어지는 '정치사회(political society)'가 매우 협소하며 위축돼있다는 것이다. 따라서 민주화가 진행되는 과정에서 '시민사회의 정치화' 현상을 보여주기도 한다. 중국의 경우는 특히 정치사회의 영역이 폐쇄 또는 억압되어 있는 체제이기 때문에 그러한 시민사회의 정치화 가능성이 더 많이 열려있다고도 볼 수 있다.

중국의 시민사회는 아직 '발생기의(nascent)' '미숙한(embryonic)'수준에 있으며 자율성이나 영향력, 그리고 조직적 지속성에 있어서 한계가 있다는 평가를 받고 있다. 그러므로 중국의 시민사회 등장 가능성과 역할에 대한 서방 학자들의 기대와 낙관은 중국 체제나 정치문화의 특징에 대한 이해 부족 또는 피상적인 관찰에서 비롯된 오해라는 지적도 있다.[9] 중국의 정치학자 위커핑(俞可平)은 중국 시민사회의 특징을, 1) 뚜렷이 '관민 이중

9) Alan P. L. Liu, *Mass Politics in the People's Republic: State and Society in Contemporary China*(Boulder: Westview Press, 1996), p.227.

성'을 띄는 정부주도형, 2) 형성 단계의 '과도성', 3) 제도화, 규범화의 미흡, 4) 부문별 민간조직들 간의 불균형 발전으로 설명하면서 아직 시민사회의 자주성, 독립성, 자발성이 높지 않다는 점을 인정한다.[10] 그는 영어 'civil society'의 중국어 번역으로 혼용되고 있는 '시민사회', '민간사회', '공민사회' 간의 의미 차이를 지적하면서 정치학자들이 선호하는 '공민사회'라는 용어는 정치참여와 국가권력 제한의 의미를 함축하는 것이라고 이해하고 있다.[11] 그에 의하면 개혁개방정책 이전에는 민간사회, 시민사회, 또는 공민사회라는 용어를 사용하는 것조차도 매우 민감한 문제로, 시민사회란 말은 곧 부르주아계급사회를 의미하며 공민사회란 말은 정부와 대립되는 의미로 이해되었다는 것이다. 중국에서 시민사회란 말이 공식적인 용어로 인정된 것도 1998년 6월 중앙정부 민정부(民政部)의 사회단체관리부서인 '사단관리사(社團管理司)'가 '민간조직관리국(民間組織管理局)'으로 개편된 때부터라고 한다. 그는 중국 시민사회의 민간조직들은 한편으로 당이나 정부의 지도에 복종하면서 다른 한편으로 당과 국가 정책에 영향력을 기도하는 이중성을 지니고 있지만 장차 시민사회의 발전은 정치참여 확대, 정치 공개화, 정부의 청렴성과 효율성 제고 , 그리고 정책결정의 민주화에 기여할 것이라고 긍정적 기대와 평가를 하고 있다.[12] 그러나 중국 시민사회의 등장을 '집정당'으로서의 공산당에 대한 도전으로 평가하는 견해도 있다. 예컨대 장정즈(張正之)는 시민사회의 등장은 체제 내 또는 제도화된 통로나 체제 밖 또는 비 제도화된 통로를 통해서 당이나 정부에 영향력을 증대시킴으로써 당이나 정부의 관리능력과 권위의 약화를 가져오고 공식적 이데올로기에 중대한 도전을 초래한다고 본다.[13]

중국의 시민사회 등장에 관심을 갖는 외국 학자들 또한 그러한 시민사

10) 俞可平, "中國公民社會的興起及其對治理的意義," 俞可平『中國公民社會的興起及其對治理的變遷』(北京: 社會科學文獻出版社, 2003), pp.189-223.

11) 위의 글, p.190.

12) 위의 글, p.208.

13) 張正之, "社會組織的擴張與挑戰: 執政黨面臨的重大政治課題,"『領導文萃』(2004年 第1期).

회의 이중성을 확인하고 있다. 예컨대 정권에 대해서 직접적으로 도전하지 않으며 따라서 정권의 보호와 지원을 받는 '중요하지 않은 영역(non-critical realm)'과 국가의 정책결정에 대한 영향력을 추구하거나 국가권력을 나누어 가지려고 함으로써 정권의 권력 독점에 위협이 되며, 따라서 억압의 대상이 되는 '중요한 영역(critical realm)'을 구별한 앤치 통(Yanqi Tong)이나[14] 정치체제 자체의 변경보다는 집단적 재화와 서비스의 관리와 규제에 더욱 관심을 갖고 '시장적 동기(market dynamic)'에서 등장한 시민사회와 국가의 통제에 대한 저항과 정치체제의 변경 등 정치적 의제의 제기와 같은 '정치적 동기(political dynamic)'에서 등장한 시민사회를 구별하는 화이트(Gordon White) 등의 연구가 그것이다.[15]

중국 권위주의체제하의 정치적 반대를 다룬 기존의 연구는 많지 않다. 몇 편의 예를 들자면 덩샤오핑 집권이후 통치 엘리트 구조의 변화와 정치적 반대의 등장을 분석한 아니타 챈(Anita Chan)의 연구와 중국의 해외 반정부 민주화운동을 분석한 허 바오강(He Baogang)의 연구, 그리고 합법적 반대당 창당 운동인 '중국민주당' 조직 사건과 독립노조 운동의 '중국노공통신(中國勞工通訊, China Labour Bulletin)'을 분석한 라이트(Teresa Wright)의 연구 등이 있다. 아니타 챈은 덩샤오핑 집권이후의 정치적 반대 발전을 제한된 자유화 조치와 개혁개방정책 추진 과정에서 엘리트에 대한 포용과 호선 그리고 대중에 대한 배제의 정책 결과로 설명하고 있다. 그는 정치적 반대를 '정권 안의 반대' 즉 '민주당파(民主黨派)'와 '중국전국공상업연합회(약칭 全國工商聯)'와 같이 정권 내로 포용되는 지식인과 기업가, 그리고 '정권 밖의 반대' 즉 집단적 불만을 표출하는 농민 노동자들과 반정부 활동을 하는 '정치적 이견자들(political dissidents)'를 구분해서 다루고 있다.[16] 허 바오강은

14) Yanqi Tong, "State. Society, and Political Change in China and Hungary," *Comparative Politics, Vol. 26, no. 3*(April 1994), pp.333-353.

15) Gordon White, Jude Howell, and Shan Xiaoyuan, *In Search of Civil Society: Market Reform and Social Change in Contemporary China*(Oxford: Oxford University Press, 1996).

16) Anita Chan, "The Changing Ruling Elite and Political Opposition in China," in Gary Rodan (ed.), *Political Opposition in Industrializing Asia*(New York: Routlege, 1996), pp.161-187.

주로 1989년 천안문사태 이후 해외에서 조직되어 활동해오고 있는 반정부 민주화운동 단체들의 활동과 역할, 그리고 조직상의 문제점들을 분석하고 있다.[17] 라이트는 1998년 중국의 민주화 운동가들이 추진했던 '중국민주당' 창당 운동의 배경과 경위, 그리고 샹강(香港)을 근거지로 하여 인터넷을 이용하여 독립노조 운동을 펼치고 있는 '중국노공통신'의 활동을 분석하면서 1990년대 이후 중국 정치체제 내의 반대 활동이 '친체제적 반대(loyal opposition)'로부터 실질적인 반대로 전환하고 있다고 평가했다.[18]

권위주의 정권하에서의 정치적 반대의 다양한 존재 방식과 역할을 이해하기 위해서는 반대의 목적과 반대의 공간 그리고 반대의 수단에 따라 반대를 유형화하는 개념 지도가 필요하다. 우선 반대의 목적과 차원을 기준으로 할 때, 공식적 이데올로기를 부인하거나 체제의 변경을 추구하는 '원칙적 반대'로서의 '반체제 반대', 정권 경쟁과 교체를 추구하는 '구조적 반대'로서의 '정권적 반대' 그리고 특정 정책이나 인사문제 또는 집권자의 잘못을 비판하고 반대하는 '비구조적 반대'로서의 '정책적 반대'와 '리더십 반대'를 구분해 볼 수 있을 것이다. 반대의 공간과 수단을 기준으로 한다면, 사회적 불만과 요구 또는 집단적 항의나 권익 추구 활동과 같은 '시민사회의 반대'와 정책결정 과정에서의 압력 행사나 정치적 영향력을 추구하는 '정치사회의 반대', 그리고 법제도적 틀 내에서 활동하는 '합법적 반대'와 법제도의 틀 밖에서 활동하는 '불법적 반대' 등으로 구분해 볼 수 있다. 또 정권에의 참여 여부에 따라 '정권 안의 반대' 와 '정권 밖의 반대'로 구분해 볼 수도 있다. 이러한 기준들을 종합하여 정치적 반대를 유형화하는 다음과 같은 다차원적 반대 개념을 중국정치에 적용해 보려고 한다.

17) He Baogang, "Chinese Political Opposition in Exile," in Garry Rodan (ed.), 앞의 책, pp.188-214.
18) Teresa Wright, "The China Democracy Party and the Politics of Protest in the 1980's-1990's," *The China Quarterly, Vol. 172*(December 2002); Teresa Wright, "Contending State Legitimacy in the 1990's: The China Democracy Party and the China Labour Bulletin," in Peter Hays Gries and Stanley Rosen (eds.), 앞의 책, pp.123-140.

① 당내의 파벌이나 정부 내부의 '충간(remonstration)'[19]과 같은 '정권 내 이견(異見)'

② 공산당과의 '합작' 및 '정치협상'의 대상이 되는 '민주당파'와 '통일전선' 공작의 대상이 되는 친정권적 기업가, 종교인, 지식인 집단과 같은 비정부조직을 포함하는 '친체제 반대(loyal opposition)' 또는 '준반대(semi-opposition)'

③ 이른바 '민운인사(民運人士)'가 주도하는 정치민주화 운동 단체들과 국내의 합법정당건설 운동, 그리고 정치적 반대의 잠재세력으로서의 정치화된 민권운동(維權運動)과 같은 '정권 밖의 반대' 또는 '준체제 반대(semi-loyal oppositon)'

④ 옥중 투쟁 또는 해외망명 반공 민주화운동을 통하여 정권변동이나 체제전환을 기도하는 세력들과 소수민족의 분리 독립 운동과 저항 활동 등과 같은 '반체제 반대(disloyal opposition)'[20]

19) 네이산(Andrew J. Nathan)은 중국의 전통적인 정치문화 특징 중 하나로 공식적인 이데올로기나 집권자의 지위에 도전하지 않으면서 집권자의 탈선을 경고하고 직언으로 자문하는 이른바 '충간' 현상을 언급한 바 있다. Andrew J. Nathan, *Chinese Democracy*(Berkeley: University of California Press, 1985), pp.24-25.

20) 이러한 반대 유형의 개념화를 위해서 반대의 차원을 '이견(dissent)', '반대(opposition)', 그리고 '저항(resistance)'으로 구분한 샤피로(Leonardo Schapiro)와 '준반대'와 '준체제 반대'의 개념을 제시한 린츠(Juan J. Linz), 그리고 그러한 개념들을 탈공산주의 민주화 과정에 있는 러시아에서의 정치적 반대 분석에 적용한 겔만(V. Ia Gel'man)의 개념을 참고했다. Leonardo Schapiro, "Putting the Lid on Leninism: Opposition and Dissent in the One-Party States," *Government and Opposition, Vol. 2, no. 2*(1967), pp.181-203; Juan J. Linz, *The Breakdown of Democratic Regimes: Crisis, Breakdown, and Re-equilibrium*(Baltimore: The Johns Hopkins University Press, 1978), pp.27-38; V. Ia. Gel'man, "Political Opposition in Russia: Is It Becoming Extinct?," *Russian Politics and Law, Vol. 43, no. 3*(May-June 2005), pp.25-50.

3. 정권 안의 반대

1) 정권 내 이견

서방의 중국정치 연구자들은 일찍이 중국 정치과정의 제도화 수준이 낮은 점에 착안하고 다양한 '파벌(factions)', '의견집단(opinion group)', 또는 '정책집단(policy group)'과 같은 '비공식적인 집단(informal group)'이 존재하고 있다는 것을 확인했다. 네이산(Andrew J. Nathan)은 그가 중국정치 분석에 적용한 '파벌' 개념을 '관계(關系)'로 연결된 수직적 조직적인 후원 추종 관계의 네트워크라고 정의한 바 있다.[21] 의견집단이란 권력추구와는 무관하게 한정된 결정 영역에서 연합하여 이의를 제기하는 한시적 활동이며 견해 차이를 토론을 통해서 해결하려고 한다는 점에서 파벌과는 구별된다. 탕 쪼우(Tang Tsou)는 네이산의 파벌주의 모델을 비판하면서 보다 포괄적인 '비공식 집단'이라는 용어를 사용했다.[22] 디트머(Lowell Dittmer)는 중국정치의 그러한 비공식적 과정에서 정책 이슈에 따라 지지 또는 반대의 입장을 추구하는 응집력 있는 집단 활동이 공식적인 관료제 정치로 발전할 수 있는 가능성을 제기하면서 정치적 압력단체로서의 '정책집단'을 언급했다.[23]

정권 내부의 이러한 비공식 집단 또는 파벌은 정책이나 인사 문제에 관

---

21) Andrew J. Nathan, "A Factional Model for CCP Politics," *The China Quarterly, No. 53*(1973), pp.33-66.

22) Tang Tsou, "Prolegomenon to the Study of Informal Groups in CCP Politics," *The China Quarterly, No. 65*(1976), pp.98-114.

23) Lowell Dittmer, "Modernizing Chinese Informal Politics," in Jonathan Unger (ed.), 앞의 책, pp.3-37.

해서 이견을 가지고 있다고 하더라도 공산당의 지배를 인정하고 정권 차원에서는 정치적 협력관계를 이탈하지 않는다는 점에서 '체제내 반대'라고 말할 수 있다. 개혁개방정책 이후 중국에서는 정치체제 개혁 과제로서 '당내 민주주의' 주장이 제기돼왔다. 일찍이 '당내민주'론을 제기한 대표적 이론가의 한 사람인 후웨이(胡偉)는 공산당의 영도와 민주적 정치발전을 조화시키는 '체제 내 개혁노선'을 주장했다.[24] 그러나 중국의 지도층은 그러한 당내 민주주의를 중국식 정당정치의 틀 내에서 당원의 참여를 확대하고 정책결정 과정을 합리화하는 제한된 의미로 이해하고 있다. 즉 당내 민주주의가 당내 파벌의 허용을 의미하는 것은 아니라는 것이다. 당내 민주주의에 관한 다른 두 중국 학자의 견해를 보기로 한다. 린상리(林尙立)는 중국의 당내민주주의는 다당제 하에서의 당내 파벌과는 다른 것이라고 하면서 당내 민주주의의 한계를 언급하고 있다. 그는 일본의 자민당을 예로 들면서 다당제 하에서는 당내 파벌이 장기집권을 위한 조직적 기반으로 기여할 수 있지만 중국의 공산당영도 다당합작제도 하에서는 그것이 오히려 '종파주의'를 조장하고 당의 집정능력과 지도력에 저해가 된다고 주장한다.[25] 샤오공친(蕭功秦)은 급진파와 온건파 두 유형의 당내민주론을 언급하고 있다. 그에 의하면 급진파 당내 민주론은 당내의 이견집단이나 파벌의 존재를 합법적으로 인정하는 제도개혁을 주장하는 부류이고 온건파 당내 민주론은 제한된 당내 정치생활의 민주화를 주장하는 부류이다. 그는 일부 지식인 학자들이 주장하는 급진적 당내 민주론은 역시 일본 자민당 모델을 염두에 두고 있는 '당내다파론(黨內多派論)'이며, 따라서 정권 측에서는 결코 수용할 수 없는 것이기에 실현성이 적다고 본다.[26]

24) 胡偉, "黨內民主與政治發展: 開發中國民主的體制內資源,"『複旦學報(社會科學版)』(1990年 第1期), pp.1-11.
25) 林尙立,『黨內民主: 中國共產黨的理論與實踐』(上海: 上海社會科學出版社, 2002), p.265.
26) 蕭功秦, "從政治發展角度看'黨內民主化'論,"『浙江學刊』(2004年 第2期), pp.29-37.

2) 친체제 반대(준 반대)

친체제 반대는 공산당 지배와 당 국가 체제를 부인하지 않는다는 점에서 '체제내 반대'이며, 또 부분적으로는 정권 또는 정부 내에 존재하며 부분적으로는 정권 또는 정부 밖에 존재한다는 점에서 '준 반대'라고 말할 수 있다. 중국의 지도자들이나 학자들은 '다당합작 정치협상제도'가 마르크스주의 정당이론과 통일전선이론을 중국의 실제에 적용한 중국적 사회주의 정당제도이며 중국의 기본적 정치제도라고 주장한다. 중국은 이러한 다당합작 정치협상제도를 제도화, 규범화하면서 이른바 '민주당파'를 정권의 한 주체인 '참정당'으로 규정했다. 민주당파란 현재 참정당의 지위로 정권에 참여하고 있는 '중국국민당혁명위원회(약칭 民革)', '중국민주동맹(약칭 民盟)', '중국민주건국회(약칭 民建)', '중국민주촉진회(약칭 民進)', '중국농공민주당(약칭 農工黨)', '중국치공당(약칭 致公黨)', '구삼학사(九三學社)', '타이완민주자치동맹(약칭 台盟)' 8개 정당 단체를 총칭하는 용어이다.

민주당파의 기원은 항일혁명투쟁기까지 거슬러 올라가지만 실질적인 참정당으로 역할하게 된 것은중국공산당과 더불어 11개 정파가 1949년 9월 사회주의 정권 수립을 위한 '인민정치협상회의'에 참가하면서 시작됐다. 당시의 참여했던 11개 당파 중 '삼민주의동지연합회'와 '중국국민당민주촉진회'는 '중국국민당혁명위원회'로 통합되고 '중국인민구국회'는 해산되어 8개 정파만 남게 되었던 것이다. 민주당파의 조직적 특성을 보면 '민혁'은 이전 국민당 출신 인사들이 중심이 됐고, '민맹'은 문인 대학교수 등 고급 지식인, '민건'은 공상계 인사 '민진'은 중학 및 소학교 교사, '농공당'은 의약계 인사, '치공당'은 해외에서 귀국한 인사, '구삼학사'는 과학기술 분야 지식인, '대맹'은 타이완 교포 인사가 중심이 됐다. 사회주의 정권 수립 당시의 민주당파는 총 회원 수가 2만 명에도 못 미치는 엘리트 중심 조직이었는데, 예컨대 그 중 가장 회원 수가 많았던 민맹의 회원이

5-6천명 수준이었고 구삼학사의 회원은 수백 명에 불과했다.[27] 정권 수립 당시 민주당파의 정권참여는 형식적 상징적인 것 이었지만 큰 비중을 차지했다. 즉 중앙인민정부위원회 부주석 6명 중 3명, 전국인민정협 부주석 5명 중 4명, 동 위원 180명 중 60명, 인민혁명군군사위원회 부주석 5명 중 1명, 정무원 부총리 4명 중 2명, 정무원 부장 및 부부장급, 16명, 그리고 지방 각급 인민정부의 책임 있는 직책에 다수 민주당파 인사가 임명됐던 것이다.[28] 또 1954년 9월 1기 전국인민대표대회 대의원 1,226명 중 비 공산당원은 558명으로 45.5%를 차지했다.

민주당파는 점차 조직을 확대하여 1956년에는 회원이 10만 명까지 증가했다. 그러나 1957년 이른바 '반우파투쟁' 등 좌경화 정세 속에서 다수의 민주당파 인사들이 '우파분자'로 몰려 박해를 받았고 1960년대 말 이후 이른바 '문화대혁명' 기간 중에는 많은 민주당파 인사들이 '반혁명 수정주의 분자'로 몰려 박해와 처벌을 받는 등 조직이 크게 위축되었다. 개혁개방정책 이후에는 민주당파가 다시 조직을 보강하여 1988년에 회원이 32만 7천 명으로 늘었고 1998년에는 47만 명, 그리고 2003년에는 60만 명으로 크게 신장되었다. 현재 민주당파는 회원 중 95%가 1980년대 이후에 새로 가입한 회원으로 조직상의 세대교체와 '청년화(年輕化)'가 이루어졌다.[29]

공산당과 민주당파 간 '당제관계'의 기본원칙은 1956년 중국공산당 8차 전국대표대회에서 규정한 '장기공존 호상감독(長期共存 互相監督)'의 8자 방침을 보완하여 1982년 중국공산당 12차 전국대표대회에서 확정한 '장기공존 상호감독 간담상조 영욕여공(長期共存 互相監督 肝膽相照 榮辱與共)'으로 규정되고 있다. 개혁개방 이후 민주당파의 역할이 확대되면서 그 정치적 지위와 역할에 관한 새로운 이론적 정치적 논의가 제기되었는데, 민주당파

27) 鄭憲 · 王桂玲 · 孫瑞華,『中國參政黨運行機制』(北京: 學苑出版社, 2002), pp.53-54.
28) 楊愛珍,『當代中國政黨制度研究』(北京: 學林出版社, 2004), p.93.
29) 위의 책, p.167.

의 성격을 '차집정당(次執政黨)', '아집정당(亞執政黨)', '의정당(議政黨)', 또는 '자정당(資政黨)'등으로 부르자는 논의들이 있었으나 결국 '참정당'으로 결정됐던 것이다.[30] 참정당으로서의 지위가 제도화된 민주당파의 역할은 '1개 참가 3개 참여'로 요약되었는데, 즉 1) 국가정권에의 참가, 2) 국가 대정방침과 국가 지도자 인선 협상에의 참여, 3) 국가 사무관리에의 참여, 4) 국가 방침 정책 법률 법규 제정 및 집행에의 참여가 그것이다.[31] 민주당파의 국가 정권 참여는 예컨대 전국인민대표대회의 경우 1970년대(4기, 5기)에는 대의원의 22-27% 상임위원의 22-23%, 1980년대(6기, 7기)는 대의원의 33-37% 상임위원의 25-30%, 그리고 1990년대(8기, 9기)는 대의원의 15-19%, 상임위원의 36-37% 수준이었다. 전국인민정치협상회의는 6기 이후 위원의 60% 정도가 민주당파로 구성됐다. 물론 양회의 상임위원회 부위원장과 부주석에 다수 민주당파 인사가 임명되었다. 국무원 각부서의 부부장 급 직책, 최고법원의 부원장, 최고검찰원 부검찰장, 그리고 각급 지방정부의 부책임자 급 직책과 각급 지방인민대표대회 대의원의 일정비율에 민주당파 인사가 임명 또는 선출되었다.[32]

민주당파의 이러한 형식적 참정 확대에도 불구하고 실제로 그 역할은 제한돼 있다. 심지어 민주당파를 폄하하여 '정치적 꽃병(政治花瓶)'이라고까지 표현하고 있다.[33] 참정당 으로서의 민주당파는 정권 내의 정파라는 점에서 '준반대'의 성격을 갖고 있다고 하겠다. 민주당파 역할의 한계는 중국의 정치지도자들이 분명하게 민주당파는 반대당이 아니라고 규정하고 있는 점만 보아도 분명하다.[34] 그러나 일부 민주적 개혁을 주장하는 사람들 중에는 공산당에 대한 민주당파의 '민주적 감독' 기능을 강화하여 반

30) 위의 책, p.151.
31) 鄭憲 · 王桂玲 · 孫瑞華, 앞의 책, p.10; 餘科傑, "試論我國民主黨派的政黨屬性,"『當代世界與社會主義』(2004年 第4期), pp.9-13.
32) 楊愛珍, 앞의 책, pp.168-170; 楊緒盟, "中國特色政黨制度的基本功能及其實現狀況,"『當代世界與社會主義』92005年 第 2 期), pp.56-57.
33) 敖峰, "正在凋零的民主黨派,"『動向』(2003年 3月號).
34) 江澤民,『論有中國特色社會主義』(北京: 中央文獻出版社, 2002), p.309.

대당의 역할과 유사한 '예보경계 기능(預警功能)'을 보완할 필요성을 제기하기도 한다.[35]

민주당파는 주로 '당외 지식분자', 즉 친정권 친정부 지식인 전문가들을 정권 내부로 포섭하는 통로이다. 이밖에도 정권의 외연을 건설하기위한 '통일전선' 공작의 주요 대상으로 이른바 '비공유경제 대표 인사', 즉 신흥 민영 기업인들과 종교계 인사들이 있다. 대표적인 기업인 단체인 '중국전국공상업연합회(약칭 全國工商聯)'는 민주당파 보다도 더 많은 회원을 가지고 있고 재정적으로도 독립적인 조직적 강점이 있는 중요한 정치협상의 대상이다. 그러나 '붉은 자본가(red capitalists)'로 불리는 이들 신흥 기업가들은 개혁개방정책을 지지하기는 하지만 정치적 민주화를 바라지는 않는 태도 때문에 권위주의 정권과의 관계에서 '자율과 의존의 균형'을 유지하고 있다.[36] 한편 중국에 있는 각종 종교단체의 신도는 약 1억 명에 달하며 교역자가 약 30만 명이라고 한다. 전국적인 종교단체 조직인 '중국불교협회', '중국도교협회', '중국이슬람교협회', '중국천주교애국회', '중국천주교주교단', '중국기독교3자애국운동위원회', '중국기독교협회' 등을 비롯해서 종교단체가 약 300여개가 있다. 중국에서는 1990년대 이후 정권의 공식적인 통제정책에도 불구하고 종교 활동의 부활 현상이 두드러지게 증대되었다. 그러나 권위주의 정권과의 관계에 있어서 종교단체 역시 기본적으로 '자율과 순종의 균형'을 추구한다.[37]

35) 楊愛珍, 앞의 책, pp.268-269.
36) Bruce J. Dickson, 2003, 앞의 책, pp.157-171.
37) Pitman B. Potter, "Belief in Control: Regulation of Religion in China," in Daniel L. Overmyer (ed.), *Religion in China*(New York: Cambridge University Press, 2003), pp.11-31.

4. 정권 밖의 반대

1) 준체제 반대

준체제 반대는 정권에 참여하지 않는다는 점에서 정권 밖의 반대이며, 또한 때로는 체제 내에서 정권을 비판하며 반정부 활동을 벌이기도 하지만 급진적인 개혁과 체제전환을 도모한다는 점에서 친체제와 반체제의 경계선에 위치한다고 말할 수 있을 것이다. 아니타 챈은 정권 밖의 반대를 '정치적 이견자(political dissents)'의 활동과 같은 엘리트 수준의 반대파와 농민 노동자들의 반정부 불만 표출 현상과 같은 대중 수준의 반대를 구분했다.

엘리트 수준의 준체제 반대 속에는 민주화운동으로 투옥되는 등 정권에 의해서 탄압받은 경험을 갖고 있는 이른바 '민운인사(民運人士)'나 농민 노동자들의 '민권항쟁(維權抗爭)'을 후원하는 민권 변호사(維權律師), 국내외의 다양한 언론 매체 등을 통하여 여론을 형성하고 정치개혁 사상을 전파하는데 앞장서는 비판적인 '공공지식분자(公共知識分子)', 그리고 이전에 정권 내에서 역할 하다가 권력투쟁 과정에서 탈락한 일부 개혁파 정치인 등을 망라 할 수 있다. 이들은 대학교수, 민간학자, 언론인, 문화활동가, 작가, 기업인 등 다양한 신분을 가지고 있다. 이러한 정권 밖의 반대파들은 그들의 활동이 '체제내 이견' 또는 '체제내 개혁 주장'의 한계에 머물고 정권에 대한 직접적인 도전으로 발전하지 않는 한 정권에 의해서 적대세력으로 간주되는 것을 회피하면서 체제내의 활동 공간을 묵인 받을 수 있다.[38] 왜냐하면 그러한 체제 내의 정치적 이견자들은 그들의 전문적 지위나 사회적 명성과 영향력, 그리고 국제적 연계나 정권 내의 개인적 관계망을 활용할 수 있는 신분상의 이점이있기 때문이다. 정권 측은 그들의 존재를 체제의 포용성과 정권의 민주적 외양을 과시하는 수단으로 활용한다는 것이다. 그러나 중국의 지식인들은 기본적으로 체제변혁을 기도하거나 대안체제를 위해서 노력하는 혁명가가 되려고 하기보다는 '체제내 개혁가'가 되려고 한다는 점에서 정권과 지식인 간의 관계는 이중적이며 '복합적인 관계(complex relationship)'라고 말할 수 있다.[39] 천안문사태 이후 많은 개혁파 지식인들이 권위주의 정권의 박해와 회유정책 때문에 해외로 망명하거나 사업가로 진출하는 길(下海經商)로 나아가든가 정권에 의해 포섭됨에 따라 일부 반대파 지식인들은 '반체제 반대'로 '주변화' 즉 고립화 되는 경향도[40] 나타났다.

한편으로는 권위주의 정권에 복종 순종함으로써 참여의 기회를 추구하면서 다른 한편으로는 자유 독립적인 비판정신으로 사회개혁에 헌신하고자 하는 지식인 사회의 이중성은 '체제내 지식인'과 '체제 밖 지식인'의 이중구조를 낳았다. 최근 중국 내에서는 이른바 '공공 지식분자' 즉 공공 지식인(public intellectuals)의 역할을 둘러싼 논쟁이 제기된 바 있다. 지식인의 개혁적 역할을 강조하는 주장은 공공 지식인들은 시민사회의 가장 활력있는 요소이며 공공 지식인이 없는 시민사회를 생각할 수 없다고 말하고 있는데[41] 반해서 공공 지식인의 역할을 부정적으로 평가하는 주장은 공공 지식인들을 수입한 외래적 사상과 이론으로 당과 인민을 이간시키는 존재요 '여론의 지도자'를 자임하며 '언론패권'을 기도하는 세력이라고 비

38) 劉曉波, "體制內異見力量不再沉默,"『民主中國』(2004年 7月號); 江迅, "體制內改革者是中國的希望,"「亞洲週刊」(2005年 1月23日).
39) Bruce J. Dickson, 앞의 책, p. 21; Merle Goldman, *Chinese Intellectuals: Advise and Dissent* (Cambridge: Harvard University Press, 1981).
40) 康曉光, 2002, 앞의 글.
41) 杜光, "應當怎樣認識公共知識分子,"『當代中國研究』(2002年 第 3期).

판한다.[42] 쉬요우위(徐友漁)는 권위주의체제하에서의 공공 지식인들의 활동은 체제적 제약이 존재한다는 것을 인정하면서 지식인들의 역할과 구조의 변화에 관한 재미있는 관찰을 보여주고 있다. 즉 1990년대 이후에는 전환기에 나타나는 새로운 사회적 모순을 해결하는 전환과정의 제도적 과제들을 풀기 위해서 지식인들의 역할이 중시되는데, 시장경제로의 개혁 성공, 헌정민주주의의 가능성, 사회정의의 이상과 현실, 그리고 특정 정책문제 등에 관한 해답을 구하려는 노력과 더불어 사회과학적인 이론적 도구들이 필요하게 됐고, 따라서 공공 지식인 구성이 종래의 인문학자 위주로부터 사회과학자 위주로 변모하고 있다는 것이다.[43]

한편 개혁개방정책 이후 농민 노동자들의 집단적 불만 표출과 항의 활동 등 대중 수준의 반대가 점차 증대돼왔다. 이러한 대중의 집단행동은 단순한 생존권적 요구나 불만 표현으로부터 정부 청사의 점거, 방화, 공공건물 파괴, 도로나 철로의 점거 농성 등과 같은 과격한 항의 행동으로 때로는 저지하는 경찰과의 충돌을 빚는 사태로 발전하기도 한다. 최근에는 이러한 집단행동의 빈도, 규모, 범위, 그리고 과격성이 점차 증대되고 있는 추세를 보여준다. 최근 중국에서 사회적 소요가 확대되고 있다는 사실을 말해주는 통계자료도 있다. 당국의 공식적인 발표에 근거했다는 한 자료에 의하면 2003년의 경우 1년간 전국적으로 약 58,000건의 집단적 소요가 있었는데 그것은 전년보다 15%가 증가한 것으로 1일 평균 169건에 달한다는 것이다. 또 2004년 9월 한 달 동안에는 전국에서 발생한 520여 차례의 시위에 310만 명이 참가했다고 한다.[44] 또 다른 자료는 중국에서 집단성 항의 집회가 1994년 1만여 건에서 2003년 6만여 건으로 증가했다고 한다.[45]

---

42) 吉方平, "透過表象看實質: 折'公共知識分子'論,"「解放日報」(2004年 1月 15日).
43) 徐友漁, "當代中國公共知識分子的生成,"『當代中國研究』(2002年 第 4期).
44) 劉曉波, "宏觀穩定, 微視動蕩,"『民主中國』(2004年 12月)에서 재인용.
45) 曾鵬 · 戴利朝 · 羅觀翠, "在集體抗議的背後: 論中國轉型期沖突性集體行動的社會情境,"『當代中國研究』(2006年 第 2期).

이러한 집단적 항의가 증가하고 있는 것은 시장경제로의 개혁 추진과 경제발전에 따른 사회적 이해관계의 다양화 등과 같은 근본적인 원인 때문이지만 체제의 문제와 정권의 실책에서 기인한 측면도 적지 않다. 도시 노동자들과 농촌 농민들의 집단항의 현상은 그 원인과 형태가 다르다.[46] 도시지역의 집단항의 원인은 주로 국유기업 개혁에 따라 퇴직한 노동자(下崗工人)들이 보상조치에 대한 불만, 권리침해에 대한 불만, 당정기관 공안 사법부문의 부패와 권력 남용에 대한 반발, 정부의 불공정한 사회문제 처리에 대한 반발, 그리고 빈부양극화에 따른 불만 등이라면, 농촌지역의 집단항의 원인은 지방정부의 농민 토지 이익 침해에 대한 불만, 관에 의한 잡역 동원과 핍박에 대한 반항, 기업의 '농민공(農民工)'[47] 급료 편취 행위에 대한 항의, 비료 농기구 종자 등의 가격 인상에 대한 불만, 건설공사 등에의 강제노동 동원에 대한 반발 등이다. 최근에는 사회적 불만을 해결하기 위한 제도적 통로로 마련된 '신방제도'가 오히려 집단행동의 공간을 제공하는 역기능을 하고 있고 상급 정부나 중앙정부에 건의와 진정 등의 민원을 제기하는 이른바 '상방(上訪)'활동이 공개적인 집단항의와 민권항쟁으로 변모하고 있다. 이를테면 '중앙신방판공처'가 위치한 베이징 남역 부근에는 전국 각지에서 상경한 농민 노동자들 20여만 명이 거주하는 '상방촌(上訪村)'이 형성되고 있어 큰 사회적 불안 요인이 되고 있다고 한다.[48]

이러한 집단항의 활동은 대부분 정치적 성향을 띄기보다는 경제적 불만의 표출과 권익 수호 운동에 머물고 체제나 정권에 대한 반대라기보다는 지방정부 관리들을 겨냥하는 활동이 대부분이었다.[49] 그러나 이들은 점차 정치적 성격의 반대 활동으로 발전하고 있다. 최근 중국 농민 민권

46) 劉曉波, 2004, 앞의 글.

47) 중국의 농촌인구는 전체 인구의 2/3을 차지한다. 산업노동자의 수는 개혁개방정책 초기 약 1억 명에서 현재 약 3억 명으로 증가했는데 그중 '향진기업'이나 도시에 진출해 있는 '농민공'은 약 2억 명에 이른다고 한다. 中國社會科學院課題組, "努力構建社會主義和諧社會," 『中國社會科學』(2005年 第3期), pp.4-16.

48) 許行, "上訪潮: 中國社會的火藥庫," 『開放』(2004年 9月號). http://www.open.com.hk/2004-8p26.html.

49) *Tong Saich, Governance and Politics of China*(New York: Palgrave, 2001), pp.185-187.

항쟁 운동의 발전과정을 분석한 한 연구에 의하면 1992년 이전에는 농민들의 민권항쟁이 약자의 일상적인 반항으로 간헐적으로 발생하는 기회주의적 개인적 행동이었는데 이후에는 그러한 항쟁이 점차 제도적 절차에 따르는 지방정부의 유관 부서에 대한 집단적인 항의나 '상방' 등과 같은 '합법적 항쟁(依法抗爭)'의 방식으로 발전하고, 1998년 이후에는 핵심적 지도부와 동원망을 갖춘 보다 조직적인 권리투쟁과 정치적 항쟁의 형태 즉 '합법적 참정(依法參政)' 형태로 변모하고 있다는 것이다.[50)]

대중적 수준의 반대가 단순한 불만의 표출이나 일시적 국부적인 항의 수준에 머물 때는 정권에 대한 위협으로 인식되지 않는다. 그러나 그것이 엘리트 수준의 반대와 연결될 때는 정권에 의한 용인의 한계 문제를 제기하게 된다. 정권 밖의 반대에 대한 정권의 용인 한계를 시험한 좋은 사례의 하나가 1998년 국내에서 합법적 반대당 창당을 시도한 '중국민주당 창당(中國民主黨組黨)'사건이었다. 중국민주당 창당사건은 국내 민주화운동가들과 민권운동가들이 해외의 반체제 민주화운동가들의 지원을 받아 정당 창당을 기도한 사건으로 사회주의정권 이래 최초로 시도된 합법적 반대당 창당 운동이라는 점에서 주목을 받았다. 중국민주당은 1998년 6월 저장성 항조우(浙江省 杭州)에서 창당을 선언한 이후 그 해 겨울까지 전국 24개 성시에서 지방당 조직준비위원회가 결성되고 베이징에서 전국당 대회준비활동단이 조직되었었다. 창당 주역들은 처음 저장성 민정국에 정식으로 지방당 창당준비위원회의 등록을 시도하였고, 이어 산뚱성, 허베이성, 스촨성, 꾸이조우성, 허난성 등에서 창당준비위원회 등록을 시도하였으며 지린성, 야오닝성, 헤이롱쟝성의 당조직 활동가들은 중앙정부 민정부에 '동북당준비위원회' 등록을 시도하였다.[51)] 중국민주당의 초기 ← 창당을 주도한 당원들은 1970년대 1980년대 학생운동과 민주화운

50) 於建嶸,"當代中國農民的維權活動與政治," 『北京之春』(2004年 7月號), http://bjzc.org/bjs/bc/134/55.txt; 於建嶸, "轉型期中國社會沖突-對當代工農維權抗爭活動的觀察和分析," 「鳳凰周刊」(2005年 第 7期).

51) 金楓, "評中國大陸民主黨組黨事件," 『北京之春』(1998年 9月號). http://bjzc.org/bjs/bc/64/44.

동 출신 인사들이 주류를 이루었는데 '민운인사'와 노동자들이 각각 40%와 50%를 차지했다.[52] 창당 주역들은 공개적으로 헌정민주체제를 추구하는 당의 목표를 밝히고 공산당과 경쟁하는 반대당의 성격을 분명히 했다. 즉 중국민주당은 '비폭력 평화적 이성적인 방식으로 정치적 목적을 실현할 것이라고 선언하고 '직접민주선거의 실현, 헌정민주정치체제의 수립, 그리고 정치분권 기제의 건립'이 당의 주된 취지라고 말하면서, 공산당과 경쟁하여 집권을 추구할 수 있는 건설적 반대당으로서 대안 역량을 과시할 필요가 있다고 주장했다.[53] 그러나 권위주의 정권은 반대당의 창당을 불허했을 뿐만 아니라 창당운동 주동자들을 체포하여 재판에 부쳤고 법원은 그들의 활동을 '국가정권전복선동죄'로 규정 징역형을 선고했다. 이 사건을 계기로 지도층이 직접 반대당의 출현을 결코 용납하지 않겠다는 소신을 공개적으로 언급하기도 했다.[54]

2) 반체제 반대

반체제 반대는 공산당의 지배와 당 국가체제를 전면적으로 거부하고 체제 그 자체의 변경을 기도한다는 점에서 체제 밖의 반대이며 또한 정권의 용인 한계 밖에 존재하는 불법화 된 반대라고 말할 수 있다. 중국의 반체제 반대는 과격한 본질적 반대이지만 모두가 다 폭력적 혁명적 방식을 취하는 것은 아니다. 오늘날 중국의 반체제 반대 활동은 이전 구소련 공산주의 정권하에서 볼 수 있었던 반체제 반대처럼 국내에서의 비밀결사, 지하출판 등과 같은 비공개적 방식 위주의 활동을 하기보다는 주로 국외에 근거지를 가지고 공개적 방식 위주의 활동을 하고 있는 점이 특징이

---

52) Teresa Wright, 2002, 앞의 글, pp.922-923.
53) 徐水良, "關於'中國民主黨'事件," 『北京之春』(1998年 9月號). http://bjzc.org/bjs/bc/64/05. 李進進, "論組建反對黨," 『北京之春』(1999年 1月號). http://bjzc.org/bjs/bc/68/78.
54) 金楓, "中國民主黨組黨運動被鎮壓紀實," 『北京之春』(1999年 2月號). http://bjzc.org/bjs/bc/69/08

다. 반체제 반대는 주로 국외나 샹강에 활동 근거지를 두고 새로운 선전과 통신 또는 조직 수단으로 인터넷을 적극 활용하고 있다. 국내에서의 탄압을 피하여 국외로 망명한 지식인 중심의 이른바 '해외민운(海外民運)' 활동은 중국공산당 권위주의 정권에 대한 상징적인 반대 운동이 되고 있는데 이는 1989년 천안문사태 이후 국외로 망명한 정치인 지식인들과 유학생이 중심이 되어 조직화되기 시작했다.[55]

1990년대 중국의 해외 반대파 활동을 분석한 허 바오강은 중국의 해외 반대운동이 대중노선 보다는 엘리트주의적 활동 방식을 취하는 한계를 언급했다.[56] 그러나 그러한 해외 반대파 정치조직들은 교민과 유학생을 회원으로 포섭하여 조직을 확대하면서 외국 정부나 비정부단체들의 후원을 얻으려고 노력한다. 해외 반대파들은 공산당의 실정을 비판하고 민주화운동을 촉지하기위한 선전 계몽 활동과 국내 민주화운동이나 민권운동을 지원하는 조직 활동을 전개해오고 있는데 유리한 여건을 갖춘 미국이 역시 활동의 중심 무대가 되고 있다. 해외 반대 활동은 민주화운동 연합체, 인권운동 조직, 학술연구 단체 등의 조직 형태로 이루어지고 있는데, 중국 국내정치 문제나 외교정책 또는 중국 민주화 문제에 관한 토론회의 개최 등과 같이 대학 캠퍼스의 활동 공간을 활용하는 지식인 네트워크의 형성도 눈에 띈다. 2000년대 이후에는 국내에서 불법단체로 탄압받은 후 해외 조직을 확장해오고 있는 '파룬공(法輪功)' 단체가 해외 반대 활동의 중요한 세력으로 등장했다.[57] 인터넷은 해외 반체제 반대운동에게

55) He Baogang, 1996, 앞의 글, p.188.

56) 위의 글, p.193.

57) 伍凡, "法輪功與中共鬥爭的由來及其發展," 『北京之春』(2001年 6月號). http://bjzc.org/bjs/bc/97/13; 파룬공은 1992년 5월에 창립된 불교 도교 유교 등의 원리를 종합하여 고안한 심신수련 운동 조직이었는데 199년 4월 중국 정권 지도부가 밀집해 있는 종난하이(中南海)에서 1만여 명의 회원을 동원한 시위를 벌여 정권을 경악케 했고, 따라서 그 해 7월 이후 정권에 의해 '사교'로 규정되어 대대적인 탄압을 받게 되었다. 파룬공 조직에 대한 평가는 편차가 있는데 정권 당국은 공식적으로 회원이 230만 명이라고 했지만 자체 주장은 7,000만 내지 8,000만 명의 회원을 가지고 있다는 것이고 언론 보도에 따르면 회원이 2,000만 내지 4,000만 정도라고 한다. James Tong, "Anatomy of Regime Repression in China," *Asian Survey, Vol. 42, no. 6*(2002), pp.759-820.

새로운 선전과 조직 수단을 제공해주고 있다. 자유로운 정보 획득과 의견 표현 수단 의사전달 방식은 반대운동의 조직 활동에 적극적으로 활용되기도 하고 권위주의 정권에 대한 압력과 반대운동에 대한 국제사회에서의 여론 형성과 지지 획득을 추구하는 수단으로도 이용된다.[58]

해외 반체제 반대 활동은 대중적 기반이 취약한 엘리트 집단이라는 한계와 조직내부의 분열이라는 약점이 있다. 또한 최근 중국 정부의 적극적인 회유 포섭 정책과 이간 공작, 그리고 재정적 애로 등과 같은 제약 때문에 활력을 잃고 점차 쇠퇴하는 추세에 있다. 해외 반대파는 내부적으로 진로를 놓고 비타협적인 '체제 밖의 반대' 노선과 공산당과의 대화와 타협을 주장하는 '체제 내 개혁' 노선 간의 경쟁과 갈등이 잠복해 있고 타이완과 시장(西藏)의 독립 문제 대한 입장 등 딜레마를 않고 있다.[59] 이러한 노선갈등과 딜레마는 조직적 분파주의, 중국정부의 회유정책, 그리고 재정문제와 복잡하게 연관되어 더욱 심화되고 있다. 중국 정부는 해외 반대파의 조직을 약화시키기 위해서 주요 인사들의 귀국을 종용하고 주선하는 이른바 귀순공작을 벌여 이간을 꾀하고 있지만 온건한 체제 내 개혁 노선은 유학생이나 교민의 지지를 얻기 어렵다는 한계가 있다. 타이완이나 시장 독립 문제에 대해서도 지원역량을 강화하기 위해서는 타이완 정부와 정파들이나 시장 망명정부와의 연계가 중요하지만 유학생이나 지식인들의 지지 기반을 저해할 수도 있다는 우려 때문에 공개적으로 분리 독립을 지지할 수 없는 한계가 있다는 것이다. 해외 반대 활동 지도자들도 그러한 한계를 인정한다.

---

58) 현재 중국의 해외 반체제 단체들이 운영하는 대표적인 웹 사이트 몇 개를 소개한다면 '북경지춘(北京之春)'(http://bjzc.org), '민주중국(民主中國)'(http://www.chinamz.org), '중국인권(中國人權, Human Right in China)'(http://hrichna.org), '유권망(維權網, Chinese Human Rights Defenders)'(http://crd-net.org), '민주논단(民主論壇)'(http://asiademo.org), '신세기(新世紀, New Century Net)'(http://www.ncn.org), '의보(議報)'(http://www.chinaweekly.com), '대기원(大紀元)'(http://www.epochtimes.com) 등을 들 수 있다. 반체제 반대파들이 운영하고 있는 웹 사이트와 그에 대응하는 중국 정부 당국의 활동을 분석한 보고서로 Michael Chase and James Mulvenon, *You've Got Dissent !: Chinese Dissent Use Of the Internet and Beijing's Counter-Strategies* (RAND, 2002)가 있다.

59) He Baogang, 1996, 앞의 글, pp.193-194.

예컨대 현재의 중국 해외 민주화 운동의 형세와 당면한 문제점을 설명하는 한 보고서는 중국 정부가 해외 반대파 와해 파괴 공작 수단으로 재정수입 차단하기(斷糧道), 귀순공작(招安), 그리고 지도력을 고립시키고 조직을 파괴하는 기치 찍기(砍旗幟) 등을 이용하고 있다고 분석하고 있다.[60] 그러나 해외 반대파는 그 활동의 한계와 조직적 약점에도 불구하고 존재 그 자체가 정권에 대한 부담과 압력이 되며 국내 반대파에게 지원과 고무의 영향을 주는 상징적 역할을 한다고 볼 수 있다.

60) 魏京生基金會, "中國民主運動海外聯席會議2005年會議簡報," 「新世紀」(2005年 4月 15日) http://www.ncn.org/asp/zwginfo/da.asp?ID-63361&ad=4/15/2005.

5. 정권의 전략과 반대의 기능

중국공산당의 대응 방식은 경제적 요구에 대해서는 관용하면서 정치적 자유화 요구에 대해서는 억압으로 대처하는 이중 전략으로 나타나고 있다. 즉 중국의 권위주의 정권은 한편으로 기업가들의 집단인 상공 단체나 지식인들의 전문적 직업 단체에 대해서는 조합주의적 통제와 '호선(co-optation)' 방식에 의한 새로운 당내 충원을 통하여 '재정당화(re-legitimation)' 노력을 기울이면서 다른 한편으로는 진정한 의미의 자율적 이익집단의 발전이나 반대당의 등장 또는 독립노조 운동의 확산을 탄압함으로써 공산당의 정치독점을 유지하려한다. 요컨대 중국의 권위주의 정권은 정권의 유지를 위해서는 정당성의 강화도 중요하지만 다른 유력한 정치적 대안이 등장하는 것을 저지하는 것이 더욱 중요하다는 것을 잘 인식하고 있기 때문에 정권에 협조적인 요소는 포섭 또는 포용하지만 정권에 위협적인 요소는 배제하는 전략을 택하게 된다는 것이다.[61]

사회경제적 변화에 대응하는 권위주의 정권의 전략은 배제로부터 포용, 동원으로부터 참여, 그리고 억압으로부터 자율을 지향하는 것이라고 말 할 수 있다. 중국의 경우 이러한 정권의 전략은 공산당의 성격과 역할을 재규정하여 '집정능력'을 제고하면서 정권의 외연을 구축하는 '통일전선 공작'을 강화하는 새로운 제도적 조치, 그리고 정치참여와 투입 과정

61) Bruce J. Dickson, "Dilemmas of Party Adaptation: The CCP's Strategies for Survival," in Peter Hays Gries and Stanley Rosen (eds.), 앞의 책, pp.141-158; Bruce J. Dickson, "Threats to Party Spremacy," *Journal of Democracy, Vol. 14, no. 1* (January 2003), pp.27-35

을 발전시키는 제도적 조치로 나타나고 있다.

정권의 전략과 관련하여 우리는 1990년대 이후 중국의 지도층이 강조해오고 있는 '집정당(執政黨)'론과 쟝쩌민에 의한 새로운 이론적 발전이라고 칭송되고 있는 이른바 '세 가지 대표(三個代表)' 중요사상의 전개과정을 중국공산당의 성격과 역할을 재규정하고 그를 규범화하려는 시도로 주목해 볼 필요가 있다. 1987년 10월 개최된 중국공산당 13차 전국대표대회에서는 정치개혁 과제를 강조하는 가운데 다당합작 정치협상제도의 제도화와 규범화 문제가 제기되었는데 그것은 천안문사태가 수습되고 쟝쩌민을 중심으로 하는 이른바 '제 3영도세대'로의 지도층 교체가 이루어지는 과정에서 당의 공식 문서로 구체화 되었다. 중국공산당은 1989년 말 이른바 '14호 문건'을 통해서 새로운 다당합작 정치협상제도를 중국식 정당제도로 제도화하는 조치를 취했는데 그 내용의 요지는 중국공산당의 '영도적' 지위와 민주당파들의 '참정당'적 지위를 규정하는 것이었다.[62] 그 문건은 이듬해 2월 8일 '인민일보'를 통해 정식으로 공표되었는데 중국의 이론가들은 동 문건이 중국의 실정에 부합하는 사회주의 정당제도를 제도화하는 중국정당제도사의 일대 사건이라고 평가하고 있다. 동 문건은 중국공산당을 '영도핵심', '집정당'으로 그리고 민주당파를 중국공산당의 영도를 받고 중국공산당과 협력하는 '친밀한 우당', '참정당'으로 명시했다. 이러한 중국 정당제도의 특징은 2000년 12월에 열린 19차 전국통일전선공작회의에서 행한 쟝쩌민의 강화에서 '공산당영도, 다당합작, 공산당집정, 다당참정'이라는 '20자정의'로 더욱 명백해졌다.[63] 집정당론은 중국공산당과 민주당파의 정치적 지위를 명확히 규정했다는 점에서 중요한 의미가 있지만 사회발전과 정치구조의 변화에 부응하는 공산당의 성격과 역할의 변화를 '혁명당으로부터 집정당으로' 재규정했

62) "中共中央關於堅持和完善中國共産黨領導的多黨合作和政治協商制度的意見" http://news.xinhuanet.com/zliao/2005-2/21/content26500060htm.
63) 權偉太,『執政黨論』(北京: 中共黨史出版社, 2005), p.400.

다는 점에 더 중요한 의미가 있다고 하겠다.[64] 그 후 중국 지도층은 1993년 3월 전국인민대표대회 8기 1차 회의에서 통과된 개정 헌법에 공산당 영도 다당합작 정치협상제도의 '장기존속과 발전'을 명문화 하는 조치를 취하였다.

공산당의 성격과 역할을 새롭게 재정의 하려는 중요한 또 하나의 이론적 시도가 '세 가지 대표'론이다. '세 가지 대표'론은 2001년 7월 1일 중국공산당 성립 80주년 대회에서 한 장쩌민의 강화에서 구체적으로 언급되었다. 그 요지는 공산당의 창조력, 적응력, 그리고 전투력을 부단히 증강시키고 생기와 활력을 유지하기 위해서 당은 '선진생산력의 발전요구'(先進生產力的發展要求), '선진문화의 전진방향'(先進文化的前進方向), 그리고 '가장 광범한 인민대중의 근본이익'(最廣大人民的根本利益)을 대표하고 당의 이론과 노선, 강령과 방침, 그리고 정책과 각종 활동 지침들이 그러한 필요에 부합해야 한다는 것이다. 그는 강화에서 중국공산당은 경제발전과 사회적 진보의 실제에 근거하여 당의 계급적 기초를 강화하고 당의 대중적(군중적) 기초를 확대함으로써 부단히 당의 사회적 영향력을 제고해야한다고 강조하면서 개혁개방이래 사회계층 구성의 새로운 변화에 따라 출현한 계층(기업가, 관리자, 자유직업인 등)의 '사회 우수분자'를 당내로 흡수할 필요가 있다고 주장했다.[65] '세 가지 대표'론은 그 후 '중요사상'으로 지칭되고, 당 16차 전국대표대회에서 채택된 새 당 장정 속에 마르크스 레닌주의, 마오쩌둥 사상, 덩샤오핑 이론과 더불어 중국공산당의 활동 지침으로 명문화 되었다. 당 장정에는 세 가지 대표 사상이 '당의 존립근거요, 집정의 기초이며, 역량의 원천'(立黨之本, 執政之本, 力量之源)이라고 규정됐다.[66]

세 가지 대표론은 새로운 사회계층으로 등장한 기업가와 지식인들을

64) 楊愛珍, 앞의 책, p.154.
65) 江澤民 "中國共產黨80周年大會上講話" (2001년 7월 1일) http://news.xinhuanet.com/ziliao/2001_12/03/content_499021.htm.
66) '中國共產黨章程' 전문 참조. http://news.xixhuanet.com/newscenter/2006_06/18/content_4712410.htm.

당내로 '호선'하기 위한 명분 찾기였다. 중국공산당은 실제로 프로레타리아 정당의 정체성 문제를 제기하는 당내 일부 좌파들의 반발을 무릅쓰고 당 16차 전국대표자대회를 계기로 많은 기업가와 지식인의 입당을 추진했다. 최근 발표된 중국공산당 조직부 통계에 따르면 당 15차 전국대표대회 시 6,041만 7천명이었던 당원 수가 2005년 말 현재 7,080만 명으로 증가했는데, 그중에는 민간 기업 관리자 및 전문가 기술자(비공유경제 단위 관리인 및 전업기술자) 131만 6천 명, 자유직업인 316만 명이 포함됐다. 약 7%의 비중이다. 또 2005년 1년 동안 신규로 가입한 당원이 247만 명인데 그중에서 기업 경영인 및 전문기술자가 57만 명, 학생이 73만 명, 그리고 자유직업인 등이 3만 6천 명으로 각각 신규가입 당원 총계의 23%, 29.7%, 3.6%를 차지했다.[67]

이 밖에 참여구조를 개선하기위한 제도적 조치들로, 1) 각급 인민대표대회 및 정치협상회의의 기능과 역할을 강화하는 조치, 2) 부분적으로 경쟁 개념을 도입하는 선거제도 개혁[68], 3) '기층직접민주주의 형식'의 '촌민자치(村民自治)'의 전국적 실시[69], 그리고 4) 정책과정의 과학화 민주화의 명분으로 지식인 전문가들의 참여를 확대하는 정책연구기관(이른바 智囊機構)을 설립한다든지 당정 지도층이 전문가들을 초빙하여 의견을 듣는 '집체학습(集體學習)'을 실시하는 등 정책자문의 확대[70] 등이 이루어 졌다.

권위주의 정권이 반대파를 용인하는 이유는 무엇인가? 반대파의 존재는 권위주의 정권이 대외적으로 민주적 외양과 관용성을 과시하는 수단이며 동시에 권위주의적 통치의 명분을 제공해주는 이유이기도 하다. 보

67) 人民日報(2006년 7월 1일자) http://news.xinhuanet.com/ziliao/2002_11/18/content_633225_1.htm.
68) 이전의 중국 선거제도는 후보자와 선출자의 숫자가 동일한 비경쟁 선거 즉 '등액선거(等額選擧)'였는데 1979년 선거법 개정으로 후보자의 수를 선출자의 수보다 일정 비율 더 많게(많게는 2배 적게는 1/10) 추천하는 '차액선거(差額選擧)' 제도를 채택 실시해오고 있다. 李凡, 『中國選擧制度改革』(上海: 上海交通大學出版社, 2005).
69) 중국의 정치학자 쉬용은 촌민자치의 특징을 설명하면서 '촌자치' 즉 지방자치와 구별할 것을 강조한다. 徐勇, 『中國農村村民自治』(武漢: 華中師範大學出版社, 1997), pp.15-16.
70) 永治, "中南海: 專家問政漸趨制度化," 『領導文萃』(2005年 第1期).

다 실질적인 이유로 반대파는 권위주의 정권의 유지와 정책 수행에 저해가 되지 않는 한계 내에서 사회정치적 불만이나 비판의 통로로 기능함으로써 정권의 안전판 역할을 한다는 점도 중요하다. 또 정권은 반대파들 간의 분열을 이용하거나 반대파들을 분리 통제하는 방식으로 정권에 대한 도전을 약화시키고 정권의 정당성 강화를 도모할 수 있다. 즉 권위주의 정권은 사회적 이익을 대표하는 온건한 반대파 엘리트를 제도화된 구조로 포섭하는 한편 과격한 반대파를 배제 고립시키는 전략을 활용할 수 있다는 것이다.[71] 그러나 권위주의 정권하에서 정치적 반대는 단순히 '장식품이나 위험물'로만 존재하는 것은 아니다. 또 정치적 반대가 정권의 완전한 통제 내에서만 존재하는 것도 아니다. 정치적 반대의 역할은 정권의 변동 과정에서 가변적일 수 있다.

최근 정권변동 과정과 민주화 문제를 다루는 비교정치학자들은 권위주의 정권으로부터 민주적 정권으로의 이행 과정을 설명하면서 '혼성정권(hybrid regime)'의 개념을 고안했다. 비교정치학자들이 개념화한 혼성정권이란 권위주의 정권으로부터 민주적 정권으로의 이행뿐만 아니라 민주화의 역행, 즉 민주화 정권의 재권위주의화 과정에도 적용될 수 있는 과도적 정권 형태를 말한다. 요컨대 혼성정권이란 민주적이지도 않고 권위주의적이지도 않은 정권 형태, 다원주의적 정치와 권위주의적 통치 요소가 공존하는 체제를 의미하는데 라틴아메리카 국가들의 민주화 과정과 구소련 및 동 유럽 국가들의 탈공산주의 민주화 과정을 설명하는데 적용되었다.[72] 다이아몬드(Larry Diamond)는 그러한 혼성정권의 개념을 분석하면서 그 유형을 세분하여 '경쟁적 권위주의 정권', '패권적 권위주의 정권', '정

71) Ellen Luster-Oklar, "Divided They Rule: The Management and manipulation of Political Oppositions," *Comparative Politics, Vol. 36, no. 2*(2004), pp.159-179.

72) '혼성정권' 개념을 처음 제기한 것은 칼(Terry Karl)인데 그는 이 개념을 라틴아메리카 국가들의 민주화 과정에 적용했다. 쉐브쵸바(Lilia Shevtsova)는 이 개념을 러시아 민주화 과정에 적용하고 있다. Terry Karl, "The Hybrid Regimes of Central America," *Journal of Democracy, Vol. 6, no. 3*(July 1995), pp.72-86; Lilia Shevtsova, "Russia's Hybrid Regime," in Larry Diamond and Marc F. Plattner (eds.), 앞의 책, pp.240-245.

치적 폐쇄 정권', 그리고 그중 어디에도 해당되지 않는 잔여의 '애매한 정권'으로 나누었는데,[73] 중국을 '정치적 폐쇄 정권(politically closed regime)'의 유형으로 규정했다. 중국 권위주의 정권은 혼성정권 중에서도 특히 비경쟁적이고 패권적인 체제이다. 중국의 정치과정에서 관찰되는 '다차원적인 반대'의 존재 방식은 그러한 폐쇄적 혼성정권의 결과라고 이해할 수 있을 것이다. 그러므로 당분간은 중국 권위주의 정권하에서 '민주적 반대'가 정권경쟁이나 체제전환을 이끌 수 있는 동인으로 발전할 가능성은 희박해 보인다. 그러나 그러한 정치적 폐쇄성은 불가피하게 시민사회의 정치화를 촉진하게 되고, 결국 정권에 의한 반대 엘리트 호선이나 시민사회에 대한 국가 조합주의적 통제 방식도 한계에 봉착할 수밖에 없을 것이다. 그렇게 될 때 권위주의 정권은 체제 유지와 정권의 정당성 문제에 대처하기 위해서 불가피하게 선거정치의 기능을 확대하고 궁극적으로는 합법적 반대당의 존재를 허용하는 등의 정치사회를 재구조화 하는 과제에 대비하지 않을 수 없을 것이다. 그렇기 때문에 정치적 반대는 체제 내 변화를 감지할 수 있는 하나의 징후이며, 또한 궁극적으로는 중국이 보다 민주적인 체제로 지향해 갈 수 있는 희망의 지표이기도 하다.

73) Larry Diamond, "Thinking about Hybrid Regimes," *Journal of Democracy, Vol. 13, no. 2* (April 2002), pp.21-35.

제3장

정치발전과 선거제도 개혁

1. 정치발전과 정치체제개혁

중국학자들이 정치발전 문제를 연구 주제로 다루기 시작한 것은 개혁개방정책이 본격화된 1980년대 후반부터라고 말할 수 있다. 중국에서의 정치발전 논의는 시장경제로의 이행을 도모하는 경제체제 개혁의 진전에 따라 그에 상응하는 정치체제 개혁의 필요성이 제기된 정치적 논쟁을 배경으로 하여 상황에 따라 부침해왔다. 1982년 중국공산당 12차 전국대표대회에서 '사회주의 민주 건설' 문제가, 그리고 1987년 중국공산당 13차 전국대표대회에서 '정치체제 개혁 추진' 문제가 제기되면서 1980년대 후반 학계의 정치발전 논의도 활발했다. 그러나 1989년 천안문사태 이후 경색된 국내정치 상황과 소련, 동구 사회주의체제 붕괴 등 국제정세의 영향으로 정치체제 개혁은 중단되고, 따라서 1990년대 전반에는 정치발전 논의도 침체를 면치 못했다. 1997년 중국공산당 15차 전국대표대회에서 다시 정치체제 개혁 문제가 제기되면서 정치발전 논의도 다시 부활되었고 이후 계속 정치체제개혁의 계속과 심화가 강조되면서 학계의 정치발전 논의도 중국적인 정치발전관과 발전전략을 탐구하는 보다 현실주의적인 방향으로 진행돼오고 있다.

중국공산당 15차 전국대표대회에서는 정치체제 개혁의 구체적 과제로 법치, 민주제도(특히 기층 민주선거의 확대), 그리고 민주감독 제도의 완비를 언급했다. 이어 중국공산당 16차 전국대표대회에서는 '계속 적극적으로 온당하게 정치체제 개혁을 추진할 것'을 확인하였고, 2007년 중국공산당 17

차 전국대표대회에서도 역시 '사회주의 민주정치 발전'을 위한 정치체제 개혁 과제를 강조했다. 2005년에는 정치발전에 관한 중요한 문건으로 정부백서 '중국의 민주정치 건설'을 발표했는데 여기서도 역시 '중국특색 사회주의 민주정치 건설'의 계속 추진을 다짐하고 있다.[1)]

중국의 정치발전 또는 정치체제 개혁 논의와 관련하여 몇 가지 개념 문제에 대한 이해가 필요하다. 우선 '발전'과 '개혁'의 의미상 차이이다. '정치발전'이라는 말은 중국 학자들이 서방 정치학의 정치발전론을 소개, 원용하면서 학술적 용어로 먼저 사용되기 시작했고 따라서 정치적 논의나 문서에서는 자주 사용되지 않는 용어이며 '정치개혁'이라는 말이 정치적 용어로 더욱 일반화 돼있다. 한 중국 학자는 정치발전의 방도가 '정치혁명'과 '정치개혁'으로 크게 구분될 수 있다고 말한다. 그의 설명에 따르면 정치혁명은 정치형태의 질적인 변화를 의미하며 통치계급의 교체에 의한 근본적이고 급격한 정치체제(정치제도)의 변경인데 반해서, 정치개혁이란 정치형태의 양적 또는 부분적으로 질적인 변화를 의미하며 통치계급이 자신의 지위나 이익을 유지하기위해서 추진하는 자각적 행위로 정치형식의 내부적 조정과 자기완성에 국한되는 정치제도(정치체제) 변화라는 것이다.[2)]

또한 '정치체제'와 '정치제도'에 관한 중국적 용어법과 의미 차이도 주의할 필요가 있다. 중국에서 '정치체제'라는 말이 공식적인 정치적 용어로 등장하기 시작한 것은 1982년 중국공산당 12차 전국대표대회 때부터이며 '정치제도'라는 말과 구별되는 학술적 용어로 정립된 것은 1980년대 후반부터이다.[3)] 정치체제라는 용어의 도입은 1970년대 소련에서 정치개혁의 정당성을 주장하기위한 방법으로 사용되었던 것과 마찬가지로 '사회주의 정치제도'의 근본적인 변경 없이 운영방식만을 개선하는 이른바 '체

---

1) 中華人民共和國國務院新聞辦公室, "中國的民主政治建設"(白皮書)(2005年 10月 19日). http ://news.xinhuanet.com/politics/2005/10/19/content-3645619,htm
2) 關海庭, 主編, 『中國現代政治發展史論』(北京: 北京大學出版社, 2000), pp.17-19.
3) 浦興祖, 『中華人民共和國政治制度』(上海: 上海人民出版社, 1999), pp.2-9.

제 내 개혁' 주장을 정당화하고 개혁 논의의 합법적 공간을 마련하려는 고려가 배경이 됐던 것이다.[4] 중국에서 논의되고 있는 '정치체제 개혁'이란 그들이 말하는 '정치제도' 즉 정치체제의 변경이 아니라 정치체제의 유지 또는 강화를 위한 '운영체제의 완비와 개선' 즉 제도개혁을 의미한다.

중국의 정치발전 논의는 특수한 '국정(國情)'을 고려하는 독자적인(特色) 발전의 길과 점진성, 안정성을 강조하고 개혁주의적인 방식을 탐색하는 정치체제 개혁론으로 전개돼왔다.[5] 중국에서 논의되고 있는 '정치체제개혁'은 그들이 말하는 '사회주의 정치제도'의 변경 즉 정치체제의 변경이 아니라 정치체제를 유지 또는 강화시키기 위한 '체제 내' 제도 개혁을 의미한다.[6] 선거제도 개혁은 중국 정치체제 개혁의 핵심적인 과제의 하나로 인식되고 있다.

일반적으로 선거제도는 민주주의 정치제도의 실질적인 내용이며 핵심적인 절차로 여겨지고 있다. 비민주적인 정권 하에서도 선거와 선거제도는 존재하지만 그러한 선거나 선거제도는 진정한 민주적 참여와 경쟁 또는 선택의 의미가 배제되거나 제한된 형식적인 것으로 경시되어왔다. 한마디로 그러한 선거는 민주적 정치참여라기보다는 민주를 위장하기위한 정치적 동원이며, 그러므로 '가짜 선거' 또는 '위장 선거' 라고 무시돼왔다. 중국에서는 1980년대 이후 개혁개방 정책의 추진과 더불어 선거의 의미와 선거제도의 중요성에 대한 인식이 높아지고 다양한 방식으로 제도개혁 노력이 진행돼오고 있다. 선거제도 개혁은 중국에서 중요한 정치개혁 과제의 하나로 제시되고 있다. 개혁개방정책 실시 이후 추진돼온 선거제도 개혁은 참여와 경쟁을 확대하려는 노력을 반영해왔다.[7]

이 장의 목적은 개혁개방 정책 이후 중국에서 정치체제 개혁 과제의 일

---

4) 이계희, 『중국정치학과 중국정치』(서울: 풀빛, 2002), pp.70-72.

5) 鄭言, "中國近20年的政治發展: 爲紀念十一屆三中全會議召開20年而作," 『政治學研究』(1998年 第4期), pp.1-12; 徐相林, "以政治穩定基礎的中國漸進政治改革," 『戰略與管理』(2000年 第5期).

6) 浦興祖, 1999, 앞의 책, p.9.

7) 李凡, 主編, 『中國選擧制度改革』(上海: 上海交通大學出版社, 2005).

환으로 추진돼온 선거제도 개혁의 진행과정과 선거제도 개혁에 관한 논의들을 살펴봄으로써 선거의 일반적 의미와 기능이 중국의 정치과정에서 어떻게 독특하게 적용되고 있는가를 확인하려는 것이다. 따라서 여기에서는 중국정치에 있어서 선거는 어떤 의미를 갖고 있으며 어떤 기능을 수행하는 것인가, 중국에서는 선거제도가 어떻게 바뀌어 왔으며 실제로 선거가 어떻게 이루어지고 있는가, 그리고 선거제도와 실제 간에는 어떤 모순이 제기되고 있으며 그러한 문제를 어떻게 해결하고 있는가를 살펴보는 것이 주요 착안점이 될 것이다.

중국의 선거제도 개혁 논의는 단지 선거절차의 개선과 같은 기술적인 문제에 머무는 것만이 아니라 선거의 민주화 문제 즉 정치발전의 과제와 연관될 수밖에 없다. 이런 관점은 선거제도 개혁을 강조하고 있는 중국학자들의 주장 속에서도 암시되고 있음을 볼 수 있다. 예컨대 중국 선거제도 개혁을 '진정한 변혁'의 계기로 이해하고 있다든가[8], 선거제도 개혁을 '헌정건설(憲政建設)' 또는 민주정치 건설의 중요한 촉발 요인으로 보고 있는 것,[9] 그리고 선거제도 개혁이 장차 중국 정치체제에 중대한 변화를 가져와 민주화의 방향으로 발전시킬 수 있는 가능성을 내다보고 있는 것[10] 등이 그 예이다. 따라서 여기서는 최근 중국에서 진행되고 있는 선거제도 개혁 과정에서 의도하지 않는 결과로 나타나고 있는 민주선거의 요구 표출과 같은 일탈현상들이 체제 내 개혁의 한계를 넘어 체제전환적 민주화 전망과 관련하여 어떤 시사를 주고 있는가에 관해서도 관심을 둘 것이다.

중국의 선거제도 개혁은 간접선거로부터 직접선거의 확대로, 등액선거에서 차액선거의 제도화로[11], 그리고 선거관리의 질서화와 규범화 방

8) 吳國光, "中國大陸的選擧制度及其變革,"『當代中國硏究』(2000年 第1期).
9) 鄒平學, "憲政視野下的選擧制度改革之必要性和思路,"『人大硏究』(2007年 第3期).
10) 李凡 主編,『中國選擧制度改革』(上海: 上海交通大學出版社, 2005), p.330.
11) '등액선거(等額選擧)'란 후보자(候選人)의 수와 선출돼야하는 정원(應選人) 수가 같은, 즉 단일후보 선거 또는 무경쟁 선거를 말하며 '차액선거(差額選擧)'란 후보자의 수를 선출돼야하는 정원 수 보다 많게 하는 선거를 말한다. 1953년 선거법에는 차액선거 규정이 없었으나 1979년 선거법에서 차액선거 규정이 처음 채택됐다.

향으로 점차 진행하는 모습을 보여주고 있다. 그러나 개혁은 민주적 경험을 쌓는 기회가 되기도 하지만 제도와 실제 간의 모순을 들어내고 의도하지 않은 부작용과 문제를 야기하기도 한다. 여기서는 중국에서의 선거제도 개혁을 직접선거의 확대 실시와 차액선거의 제도화 문제를 중심으로 살펴보기로 한다. 중국의 정치체제 개혁 과제로서 선거제도의 개혁, 특히 정치참여의 제도화를 보강하는 조치로서 직접선거의 확대 실시 사례와 경쟁과 선택권의 의미를 도입한 차액선거의 제도화를 검토함으로서 그것이 정치발전 또는 정치 민주화의 전망과 관련하여 어떠한 의미를 갖는 것인가를 평가해보고자 한다.

2. 정치과정과 선거제도

중국의 정치과정에서 선거나 선거제도가 실질적인 의미를 갖게 된 것은 1970년대 말 개혁개방정책이 실시되기 시작한 이후부터라고 말 할 수 있다. 1978년 중국공산당 11차 3중전회의는 개혁개방 정책으로 전환하는 획기적인 계기였다. 1979년 7월 제5기 전국인민대표대회(전인대로 간칭) 2차 회의는 1978년 개정된 헌법에 따라 '중화인민공화국 전국인민대표대회 및 지방 각급 인민대표대회 선거법'(선거법으로 간칭)과 '중화인민공화국 지방 각급 인민대표대회 및 지방 각급 인민정부 조직법'(지방조직법으로 간칭)을 통과시켰다. 이 두 법의 통과는 선거 및 선거제도 개혁의 획기적인 전기를 마련했다. 물론 중국에는 이전에도 형식적으로 보통선거나 비밀선거의 원칙을 규정한 선거법이 존재했고 선거가 실시되기도 했지만[12] 법규의 실효성이 거의 없었고 선거도 민주적 정치참여의 의미보다는 체제에 대한 정치적 지지 동원 수단으로 이용되었을 뿐이었기 때문에 정치적으로 큰 의미를 갖지 못했다. 개혁개방 정책 실시 이전의 선거는 경쟁이나 선택의 여지가 없는 '확인형 선거'에[13] 불과했다. 개혁개방 정책 이후 선거제도 개혁은 선거의 필요성과 선거의 실질적 의미에 대한 인식의 변화를 반영하여 참여와 경쟁의 의미를 확대하려는 노력으로 표현돼왔다. 그

12) 사회주의 정권 수립 이후 만들어진 중국 최초의 '선거법'은 1953년 중앙정부위원회 22차 회의에서 통과된 '중화인민공화국전국인민대표대회 및 지방각급인민대표대회선거법'이다. 따라서 1953년 선거법을 '제1부 선거법', 1979년 선거법을 '제2부 선거법'이라고 부른다. 史衛民 · 雷競璇, 『直接選擧:制度與過程』(北京: 中國社會科學出版社, 1999), pp.8-9.

13) 王怡, "從'確認型選擧'向'競爭型選擧'邁進," http://www.blogchina.com(2008년 2월 4일 검색).

동안 중국에서는 1982년, 1986년, 1995년, 그리고 최근 2004년 모두 네 차례 '선거법' 및 '지방조직법' 개정이 이루어졌다.

여기서는 선거제도란 말을 넓은 의미의 선거법을 의미하는 개념으로 사용한다. 흔히 선거법이란 각급 인민대표대회(인대로 간칭) 대표 선거와 관련된 법규만을 지칭하는 좁은 의미로 쓰여 지기도 한다. 넓은 의미의 선거법은 인대 대표 선거는 물론 각급 국가권력기관(정부, 사법 검찰기관, 그리고 군사기관 포함) 지도인원 선거와 관련된 법규까지 총칭하는 선거제도를 뜻한다.[14] 중국의 선거제도는 우선 헌법상 '국가권력기관'으로 정의되고 있는 인민대표대회 제도와 관련이 많다. 인대 대표 선거와 관련된 법규정들은 헌법을 비롯하여 '선거법', '지방조직법' 이외에도 '중화인민공화국인민대표대회조직법'(대표법으로 간칭), '중화인민공화국민족구역자치법'(민족자치법으로 간칭), 인민해방군과 특별행정구의 전인대 대표 선거법규, 각 성(직할시, 자치구)별로 마련하고 있는 선거법 및 지방조직법 등에 관한 시행령과 세칙들, 그리고 선거실시에 관한 당이나 전인대 또는정부의 문건 등 다양한 형태로 존재한다.[15]

중국에서는 인대 대표 선거 외에도 '기층자치(基層自治)' 선거와 각급 국가기관 지도인원(領導人員) 선거가 있다. 기층자치는 농촌지역에서는 '촌민위원회(村民委員會)'(촌위로 간칭) 도시지역에서는 '사구 거민위원회(社區 居民委員會)'(거민위로 간칭)를 주민 유권자들이 직접 선거하는 제도인데 1982년 헌법에 처음으로 기층자치가 규정되고 그를 제도화 하기위한 시범적 실시 규정으로 '중화인민공화국 촌민위원회조직법'(촌위조직법으로 간칭)이 공포되고, 1989년에는 '중화인민공화국 성시거민위원회조직법'(거민위조직법으로 간칭)이 제정 공포되었다. 10여년에 걸친 농촌지역에서의 기층자치 실

14) 한 중국 학자는 선거제도의 의미를 '협의', '중의', '광의' 세 차원에서 정의하고 있다. 즉 협의적 의미는 대의기관 구성원 선거와 관련된 법규만을, 중의적 의미는 대의기관과 각급 국가기관(행정기관 사법 검찰기관 포함) 구성원 선거와 관련된 법규, 그리고 광의적 의미는 모든 공직자 선거와 관련된 법규 및 당 장정, 규칙, 준칙, 지시, 지침문건 등 규범의 총화를 뜻한다는 것이다. 浦興祖, 앞의 책, p.218.

15) 史衛民 · 劉智, 『間接選擧(上)』(北京: 中國社會科學出版社, 2004), pp.3-39.

험을 반영하여 1998년에 정식으로 '촌위조직법'이 제정 공포되었다.[16] 중앙 및 지방 각급 국가기관 지도인원 선거는 법규상으로는 인대에서 대표들이 간접선거로 실시하는 것을 원칙으로 하고 있지만 실제로는 일부 기층 지방 정부 지도인원 선거에 직접선거의 방식을 도입하려는 시도가 이루어지고 있다.

중국에서의 선거는 크게 나누면 직접선거와 간접선거로 구분 되는데 개혁은 간접선거로부터 직접선거를 확대해 가는 방향으로 진행되고 있다. 중앙 및 지방의 각급 국가기관 지도인원 선거와 성(직할시, 자치구)급 및 시(자치주)급 인대 대표 선거는 간접선거의 방식으로 하는 것을 원칙으로 하고 있다. 헌법 규정에 따르면 국가주석과 부주석, 중앙군사위원회 주석, 최고인민법원 원장, 그리고 최고인민검찰원 검찰장을 전인대에서 간접선거로 뽑도록 돼있고, 지방조직법상 지방의 각급 국가기관 지도인원, 즉 성장과 부성장, 시(주)장과 부시(주)장, 현장과 부현장, 향장과 부향장, 진장과 부진장, 그리고 현급 이상의 각급 법원장과 검찰장 선출 또한 동급 인대에서 간접선거로 하도록 되어있다. 성, 직할시, 구가 설치되지 않은 시, 또는 자치주의 인대 대표는 한 급 아래의 인대에서 간접선거 방식으로 선출한다. 전인대 상무위원회(상위로 간칭) 위원장, 부위원장, 위원과 현급 이상의 각급 지방 인대 상무위원회 주임, 부주임 및 위원은 동급의 인대에서 간접선거로 선출한다. 한편 현, 구가 설치되지 않는 시, 향, 민족향, 진의 인대 대표 선출은 유권자(選民)의 직접선거 방식으로 하도록 돼있다. 촌위나 거민위와 같은 기층자치 선거는 물론 직접선거이다. 법률상 간접선거 규정에도 불구하고 기층 지방 정부 수준에서 점진적으로 직접선거를 확대 적용하기위한 시범적 또는 실험적 시도들이 이루어지고 있기도 하다.

중국의 선거나 선거제도를 이해하는데 있어서 선거법규의 내용과 그 변화 과정도 중요하지만 실제로 선거가 이루어지는 진행 과정, 특히 선

16) 李凡, 主編, 앞의 책, pp.4-58.

거관리상의 절차적 문제, 이를테면 투표자 등록제도, 후보자 추천(提名)방식, 선거운동(競選活動), 투개표 방식, 선거감독제도 등과 같은 것이 실제로 어떻게 적용되고 있는가가 중요하다.

3. 직접선거의 확대 실시

중국에서는 1979년 5기 전국인민대표대회(전인대로 간칭) 2차 회의에서 1978년 개정된 헌법에 의거하여 1953년에 제정됐던 전국 및 각급 인민대표대회선거법(선거법으로 간칭)을 개정하여 선거제도 개혁의 전기를 마련했다. 이후 중국에서는 1982년, 1986년, 1995년, 그리고 2004년에 선거법 개정이 이루어졌다. 중국에서는 또 1982년 헌법에서 처음 규정한 '기층자치'를 실시하기 위하여 1988년에 시범적 실시규정으로 촌민위원회조직법(촌위조직법으로 간칭)(1998년에 정식으로 제정 공포됨), 1989년에 성시거민위원회조직법(거민위조직법으로 간칭)을 제정 시행해오고 있다.

중국에서 직접선거의 실시는 먼저 기초 인대 대표 선거로부터 기층자치 선거, 그리고 향(진)급 또는 현 급 국가기관 지도인원 선거로 확대 적용돼오고 있다. 1979년부터 1981년까지 전국적으로 현, 향 인대 대표 선거가 직접선거로 실시된 이후 지금까지 여덟 차례의 인대 대표 직접선거가 실시돼왔다. 한편 1988년 시범 촌위조직법과 1998년 정식 촌위조직법에 따라 전국적으로 농촌지역의 촌위 직접선거가 진행돼왔고, 1989년 거민위조직법에 따라 전국적으로 도시지역에서 거민위 직접선거가 확대 실시돼왔다. 1998년부터는 일부 지역에서 향, 진장 또는 현장 선거에 직접선거 방식을 적용하는 시범적 시도가 이루어졌다.

1) 기층 인대 대표 선거

법규상으로는 1953년 선거법에서도 기초 인대 대표 선거를 직접선거 방식으로 하도록 돼있었다. 즉 당시 선거법에는 향, 진, 시 관할의 구, 구를 설치하지 않는 시의 인대 대표 선거는 직접선거로, 현 급 이상의 각급 인대 대표 선거는 간접선거 방식으로 한다고 규정했다. 이러한 규정을 1979년 선거법에서는 구를 설치하지 않는 시, 시 관할의 구, 현, 자치현, 인민공사, 진의 인대 대표 선거는 직접선거로 하도록 바꾸었다. 즉 직접선거 방식을 현, 자치현의 인대 대표 선거에 까지 확대하였던 시다.[17] 그 후 1982년 개정 선거법에서는 '인민공사' 대신 '향, 민족향' 이라는 표현을 삽입했다.[18] 1978년 이후 지금까지 실시된 기층 인대 대표 선거는 1979-1981, 1983-1984, 1986-1987, 1989-1990, 1992-1994 년에 실시된 다섯 차례의 현, 향 인대 대표 선거와 1995-1996년의 향 급 인대 대표 선거, 1997-1998년의 현 급 인대 대표 선거, 1998-1999년의 향 급 인대 대표 선거, 2002-2003년의 현 급 인대 대표 선거, 그리고 2006-2007년의 현, 향 급 인대 대표 선거 등 여덟 번이다.[19] 2006년 7월부터 2007년 말까지 전국적으로 실시된 현, 향 인대 대표 선거 결과 35,400여개의 향 급 인대와 2,800여 개의 현 급 인대 대표 200여 만 명의 대표를 직접선거로 뽑았다.[20]

학계 일부에서는 장차 시(구가 설치된) 급 인대 나아가 성(직할시) 급 인대 대표 선거에서도 직접선거를 실시하도록 개혁해야 한다는 건의가 제시되

17) 이전에도 구가 설치되지 않는 시나 시 관할의 구와 같은 현 급 인대 대표 선거는 직접선거로 실시되고 있었기 때문에 일반적으로 현 급 인대 대표 선거로 확대 됐다고 말하는 것은 정확한 표현이 아니다. 浦興祖, 위의 책, p.231.

18) 史衛民 · 雷競璇,『間接選擧(上)』(北京: 中國社會科學出版社, 2004), pp.8-9.

19) 위의 책, pp.44-45: 全國人大常委會法制工作委員會國家法室, 編,『縣鄕兩級人大代表換屆選擧工作問答』(北京: 民主法制出版社, 2006), pp.18-19.

20) 위의 책, p.18: 중국에서 선거로 뽑는 인대 대표의 총수는 약 280만 명이다. 각급 인대 대표 법정 정원 기준은 전국인대가 3,000 명 미만, 성급 인대가, 350-1,000 명, 시(자치주) 급 인대가 240-650명, 현 급 인대가 120-450명, 향 급 인대가 40-100명, 그리고 진 급 인대가 40-130명 선이다. (http://news.xinhuanet.com/ziliao/2004-08/01)

고 있다.[21] 이를 위한 단계적인 직접선거 확대 제안의 한 예로 여건이 마련되는대로 우선 4개 직할시에서 먼저 실시하고 다음으로 연해지역의 구가 설치되는 시의 인대 대표 선거로 점차 확대해나가는 것이 바람직하다는 구체적인 제안도 나오고 있다.[22]

2) 기층 자치조직 선거

촌민자치는 1982년 헌법에서 처음으로 촌위를 농촌의 '기층 군중성 자치조직'으로 규정함으로써 법제화되었다. 촌위 건설은 1983년부터 시작되어 1985년 까지 전국적으로 전개됐는데 이전의 '인민공사' 체제를 폐지하고 새로운 농촌 관리체제로 개편하는 작업의 일환으로 추진되기 시작했다. 1987년 11월 제 6기 전국인대 상위 23차 회의에서 시범적 실시 법령으로써 촌위조직법(試行)을 제정 공포함에 따라 이듬해 6월부터 촌위 선거가 추진되고 각 성(직할시, 자치구) 별로 촌위 선거를 위한 법규와 시행세칙을 마련하게 되었다.[23] 그중 모범적인 사례는 1990년 푸지앤성(福建省) 인대 상위가 제정한 촌위 선거 방법(辦法), 1992년 장수성(江蘇省) 인대 상위가 제정한 촌위 선거 공작규정(工作規定), 그리고 허베이성(河北省) 인대 상위가 제정한 촌위 선거 실시방법(實施方法) 등이다.

이후 여러 성(직할시, 자치구)에서 촌위 선거에 관한 법 규정들을 마련하고 시범적인 선거 활동이 전개되었는데 특히 경선기제를 도입하는 민주적인 후보자 추천(候選人提名) 제도의 다양한 실험이 전개되었다. 예컨대 '양표제(兩票制)', '해선(海選)', '3륜선거(三輪選擧)', '연명추천(聯名提名)', '3상3하(三

21) 周曉東, "選擧制度民主化改革研究: 擴大代表直選," 蔡定劍, 『中國選擧狀況的報告』(北京: 法律出版社, 2002), pp.370-413.
22) 浦興祖, 앞의 책, p.261.
23) 白鋼 等, 編, 『選擧與治理』(北京: 中國社會科學出版社, 2001); 趙秀玲, 『村民自治通論』(北京: 中國社會科學出版社, 2004).

上三下)' 선거, '연선제(聯選制)' 등과 같은 것들이다. '양표제(兩票制)'는 1991년 산시성 허취현(山西省 河曲縣)에서 시범 실시한 방식으로 촌위 주임, 부주임, 그리고 위원의 초보 후보자(初步候選人)를 추천하는 백지투표와 정식 후보자(正式候選人)에 대해 투표하는 정식 투표 등 두 번의 투표권을 행사하도록 하는 것을 의미한다.

'해선(海選)'은 1991-2년간에 지린성 리수현(吉林省 梨樹縣)에서 시범 실시된 방식인데 촌민 유권자가 직접 초보 후보자를 추천한 후 '협상(協商)'과 '온양(醞釀)'의 과정을 거치거나 무기명투표(비밀투표)로 '예선(豫選)'을 실시하여 정식 후보자를 결정하는 민주적인 후보자 추천 방식으로 시작되어 후에는(1998년 4기 촌위 선거에서) 후보자 추천 과정을 생략하고 공백 투표지에다 직접 촌위 구성원의 이름을 써넣도록 하는 '후보자 없는 선거(無候選人選擧)'로 제도화 됐다.

'3륜선거(三輪選擧)'는 지린성의 사례를 지칭하는데 초보 후보자를 추천하는 '해선' 투표, 초보 후보자 중에서 정식 후보자를 결정하는 예선의 '사선(篩選)' 투표, 그리고 정식 투표 등 세 차례 투표를 하는 것을 의미한다. 여러 차례의 투표를 하는 것은 낭비적이며 또 유권자의 선거 염증을 유발하여 소극적인 투표참여의 원인이 된다는 이유로 이 제도의 개선 문제가 제기되기도 했다. 촌민 '연명추천(聯名提名)'은 1989년 푸지앤성 롱이앤시(福建省 龍岩市)에서 처음 시도된 방식으로 조직추천과 더불어 촌민 유권자 5인 이상의 연명으로 초보 후보자의 추천이 가능하도록 했다. 후에는 조직추천을 배제하고 촌민 유권자 추천만이 가능하도록 바꾸었다. '3상3하(三上三下)' 선거는 1990년 허난성 주디앤지구(河南省 駐店地區)에서 시범삼아 실시된 방식인데 선거위원회와 촌민 유권자들 간에 정식 투표 전 후보자의 추천과 정식 후보자의 선정을 위한 토론과 협상의 과정으로 위로부터의 협의 3회 아래로부터의 건의 3회씩 시행하는 것을 의미한다. '연선제(聯選制)'는 1989년 안후이성 위에시현(安徽省 岳西縣)에서 시범적으로 실시된 방식으로 촌위 주임 후보자가 선거대회에서 촌위 구성원 조각 명단을 공개하고 경선에 임하는 것을 의미하며 '경선조각제(競選組閣制)'라고도 불린다.[24)]

1998년 11월 9기 전국인대 상위 15차 회의에서는 10여 년 간의 촌민자치 실험을 종합 반영한 촌위조직법을 정식으로 통과시켰고 그에 따라 전국의 각 성(직할시, 자치구)에서 새로운 촌위 선거 법규가 만들어졌다. 중국 정부백서 '중국의 민주정치 건설'에 의하면 2004년 말 까지 전국적으로 64만 4천 개의 촌위가 평균 투표율 80% 이상인 직접선거로 건설되었고 5-6회의 개선을 성공적으로 치렀다고 한다.[25)] 무후보 투표의 '해선' 방식도 점차 보편화 되는 추세로 상하이시(上海市), 저장성(浙江省), 광둥성(廣東省), 총칭시(重慶市) 등에서 널리 확대 적용되게 되었다. 촌민자치 촌위 직접선거는 9억 중국 농민에게 민주정치 훈련의 기회를 제공한 '민주학교'의 역할을 해왔다는 평가다.[26)]

1982년 헌법에는 농촌지역의 촌위와 더불어 도시지역의 기층자치 조직으로 거민위를 건설하도록 규정했다. 이를 근거로 1989년 7기 전인대 상위 11차 회의에서 거민위조직법이통과되었는데 이에 따라 각 성(직할시, 자치구)별로 실시방법을 만들어 도시지역 기층조직 개혁을 추진했다. 1998년부터는 국무원 민정부(民政部) 지도하에 전국적으로 거민위 조직을 위한 직접선거 시범사업을 확대했다. 법규정상으로는 거민위 선거는 주민 유권자가 모두 참여하는 '주민 직접선거'로 하거나 매 가구(戶)의 대표 또는 주민 소조(小組)의 대표 2-3명씩 참여하는 '대표 간접선거'로 할 수 있도록 즉 두 가지 방법을 병용하도록 되어있다.

도시지역의 거민위 조직 선거를 추진하게 된 배경은 개혁개방정책 추진과 경제체제 개혁에 따르는 도시의 사회적 변화에 대응하기위한 이른바 새로운 '사구건설(社區建設)' 정책이었다. 1980년대 이후 중국에서는 급

24) 위의 책, pp.185-202.
25) 中華人民共和國國務院新聞辦公室, "中國的民主政治建設"(白皮書), 앞의 글.
26) "中國村官選擧'常態化", 「人民日報」(2008년 1월 9일자).

속한 경제발전에 따라 도시화가 촉진되고 도시인구가 급격히 증가하였다. 이에 따라 중, 대급 시의 규모가 크게 확대되고 새로운 소급 시와 진(鎭)의 수가 획기적으로 증가했다.[27] 이러한 급격한 도시화에 따른 농촌에서 도시로의 이주 유동인구 증가와 도시 주민의 인구 구성 변화는 도시 기층 정권의 새로운 관리문제를 제기하였다. 한편 경제체제 개혁에 따른 직업 유동성 증대와 도시 지역사회의 변화는 종래의 직장 중심의 생활환경 즉 '단위체제(單位體制)'가 점차 해체되고 거주지 중심의 생활환경 즉 '사구체제(社區體制)'로 변모하게 됐다. 도시 주민의 성격도 '단위인'에서 '사회인'으로 변화했다.[28]

도시지역 거민위 직접선거가 최초로 실시된 것은 1998년 산둥성 칭다오시 스방구(山東省 靑道市 四方區) 의 루이창루가도(瑞昌路街道) 제6 거민위원회와 핑안루가도(平安路街道)의 제4 거민위원회 선거였다. 이어서 1999년 4월-5월에는 상하이의 루만구(盧灣區)와 푸둥구(浦東區)에서, 1999년말 2000년 1월에는 베이징시 스징산구(石景山區)에서, 2000년 2월부터 4월에는 난징시 바이샤구(白下區)에서, 2000년 말부터 2001년 말까지 광시장족자치추(廣西壯族自治區)의 난닝시(南寧市), 류조우시(柳州市) 등에서, 2002년 5월에서 6월 까지 광둥성 광조우시(廣州市)에서, 2002년 8월에는 광시장족자치주의 구이린시(桂林市)에서, 2002년 6월에서 8월 까지 베이징시 둥청구(東城區)에서 거민위 직접선거가 실시됐다. 2003년에는 전국의 10여개 대도시 즉 베이징시, 상하이시, 난징시, 우한시(武漢市), 창사시(長沙市), 닝보시(寧波市), 지난시(濟南市), 정조우시(鄭州市), 수조우시(蘇州市), 이창시(宜昌市) 등에서 일제히 거민위 직접선거가 실시되었다.[29] 도시지역 거민위 직접선거가 확대 실시되면서 선거제도도 점점 규범화되고 역시 후보자 추천 방법

27) 예컨대 1980년에는 전국적으로 직할시 3개, 구가 설치되는 시 107개, 현 급 시 113개, 시 할할 구가 467개이었던 것이 2002년에는 각각 4개, 275개, 381개, 830개로 증가했고, 1978년에 2,176개였던 진은 2002년에 20,601개가 됐다. 潘小娟 · 史衛民 等,『城市基層權力重組』(北京: 中國社會科學出版社, 2006), p.202.

28) 위의 책, pp.201-206.

29) 위의 책, pp.304-315; 李凡, 主編,『中國選擧制度改革』, 2005, 앞의 책, pp.38-42.

을 민주화하려는 다양한 실험이 시도되었다. 중국 정부백서 '중국의 민주정치 건설'에 따르면 2004년 말까지 전국적으로 7만여 개의 거민위가 선거로 조직됐고, 이러한 도시지역 거민위 조직 선거는 대도시로부터 중소도시로, 그리고 동부지역으로부터 서부지역으로 확대 추진돼가고 있다는 것이다.[30]

3) 지방 국가기관 선거

향, 진 정부를 포함하여 지방의 각급 국가기관 지도인원의 선거는 법규상으로는 동급 인대에서 대표들이 간접선거 하도록 되어 있으며 그러한 간접선거도 사실상 당 조직이나 차상위 정부가 추천하는 후보자에 대한 형식적인 확인 투표로 실시돼왔다. 그러나 선거제도 개혁에 따라 인대대표의 선택권과 경쟁기제를 부분적으로 도입하는 차액선거의 제도화와 후보자 대표 추천제 실시와 같은 개혁 조치와 더불어 향, 진장을 주민 유권자가 직접선거하는 시범적 실험 사례가 확대돼오고 있다. 이러한 향, 진장 직접선거 사례는 간부임용 과정의 개방을 통해서 기층 지방정부의 부패를 막고 관리들의 '위민복무(爲民服務)' 태도를 고취한다는 명분으로 '간부제도' 즉 인사제도 개혁의 일환으로 시도되고 있지만[31] 제도와 현실 간의 모순을 들어내고 있고, 한편으로는 정치체제 개혁 과제와 관련하여 논쟁을 불러일으키고 있다. 왜냐하면 향, 진장 선거는 선거구 또는 선거 단위의 유권자 수가 수백 명에서 2-3천 명 수준인 촌위 선거나 거민위 선거, 인대 대표 선거와는 달리 유권자 수가 적어도 5-6천 명 아주 많은 경우는 10만 명에 가까운 광범위한 선거이기 때문에 제도적인 준비가 더욱 복잡할 수 있고 파급효과가 클 것이기 때문이다.

30) 中華人民共和國國務院新聞辦公室, "中國的民主政治建設"(白皮書), 앞의 글.
31) 李凡, 主編,『中國選擧制度改革』, 2005, 앞의 책, p.298.

향, 진장 직접선거는 스촨성, 광둥성, 산시성, 후베이성, 광시장족자치구 등에서 시범적 실시가 확대됐다. 지금까지 실시된 대표적 사례로는 1998년 12월에 있었던 스촨성 수이닝시 스종구 부윈향(四川省 遂寧市 市中區 步雲鄉)의 향장 선거, 1998년 광둥성 선전시(深圳市) 바오안구 시향진(寶安區 西鄉鎭)과 롱강구 부취진(龍崗區 布去鎭) 진장 선거, 1999년 4월 산시성 린이현 주오리진(山西省 臨猗縣 卓里鎭) 진장 선거, 1999년 1월부터 4월까지의 광둥성 선전시 롱강구 다펑진(大鵬鎭) 진장 선거, 2002년 후베이성 징먼시 징산현 양즈진(湖北省 荊門市 京山縣 楊集鎭) 진장 선거, 2003년 8월 총칭시 청고우현 핑바진(城口縣 坪壩鎭) 진장 선거 등이 있다. 한 비공식적인 추계에 의하면 2001-2년 까지 중국 전국의 향, 진급 정부 중 약 5% 정도인 2,000여 개의 향, 진에서 직접선거 또는 경쟁적 선거로 향, 진장을 선출했다고 한다.[32]

향, 진장 선거제도 개혁 실험과 제도적 고안은 크게 '직접선거'와 '직접선거에 가까운(接近直選)' 방식 두 가지 유형으로 나누어 볼 수 있다.[33] 직접선거는 선거단위의 전체 유권자가 직접 투표로 당선자를 결정하는 방식인데 이 경우도 최종적으로는 인대의 확인 과정을 필요로 한다. '직접선거에 가까운' 방식이란 현직 향, 진장의 재선임에 관한 '민의조사 투표(民意測驗投票)' 또는 '후보자 추천 투표(推薦候選人投票)'의 방식으로 후보자 추천 과정에서 전체 유권자가 투표 참여하는 것으로 '준직선'이라고도 말할 수 있다. 다시 말해서 이러한 실험들은 간접선거의 형식 내에서 실질적인 직선의 의미를 도입하려는 시도로 후보자 추천 과정과 투표 참여 범위를 다양하게 응용하는 방식으로 시도되고 있다.

향, 진장 직접선거 시범실시 최초의 사례는 1998년 11월 스촨성 수이닝시 스종구 부윈향 향장 선거다. 부윈향은 시 구역에서 떨어져 있는 비교적 외딴 10개 촌으로 구성된 농촌지역으로 인구가 약 1만 6천 명 정도 되

32) John L. Thornton, "Long time Coming: the Prospects for Democracy in China," *Foreign Affairs* (January-February 2008), p.7.
33) 史衛民 · 劉智, 『間接選擧(下)』(北京: 中國社會科學出版社, 2004), pp.372-385.

는 비교적 소규모의 향이다. 당시 시범적 향장 직선은 상급(구) 당위원회와 인대 그리고 동급(향) 당위원회의 직접지도 하에 추진되었는데 그 진행 과정은 다음과 같다.

공개적인 신청을 통해서 15명의 초보 후보자가 입후보(參政)했는데 그 내용을 보면 당, 정 간부 4명, 학교 교사 4명, 사영기업인 2명을 포함한 기업 관리인 4명, 촌위 간부 2명이었고, 그 중에는 최연소 후보자인 26세의 중학교 여교사 등 여성 후보자 3명이 포함됐다. 각 촌 당지부 서기, 촌민위 주임, 촌민 소조 조장들이, 그리고 매 촌 대표 3명씩 총 161명이 참여하는 '연석회의'를 구성하여 초보 후보자들과의 질의 응답식 토론을 한 후 무기명투표로 2명의 정식 후보자를 선출하고 당에서 추천한 후보자 1명과 같이 3명의 정식 후보자를 확정했다. 정식 후보자들의 순회강연, 답변회 등 총 13회의 공개적인 경선활동을 전개했다. 향 주민 전체 유권자가 참가하고 54.9%의 투표율을 보인 직접선거에서(낮은 투표율의 원인은 임시 취업을 위해 도시지역에 나가 있는 많은 사람들이 불참했기 때문인데 재가자의 투표율은 81%였다.) 이전의 향정부 간부였던 후보자가 50.9%의 득표율로 당선되었다. 낙선자들의 득표율은 31.99%, 16.03%였다. 선거위원회는 선거결과를 향 인대 주석단에 보고하고 향 인대는 심의 후 거수표결 방식으로 승인을 의결했다.[34]

이상과 같은 '부원방식' 외에도 '양표제(兩票制)'(또는 양표선임제(兩票選任制)), '3륜양표제(三輪兩票制)'(또는 해선형 3표제), '양추1선(兩推一選)' 등으로 불리는 다양한 향, 진장 직접선거 응용 사례들이 나타났다. '양표제(兩票制)' 또는 '양표선임제(兩票選任制)'는 1999년 4월 산시성 린이현 주오리진 진장 선거 사례가 대표적인 것인데 전체 유권자가 투표에 참가하는 진 인대 대표 선거 시에 진장 후보자에 관한 '민의조사 투표'를 실시하여 50% 이상 득표한 사람을 후보자로 결정한 다음 진 인대에서 '등액선거'로 진장을 선거하는

34) 中共遂寧市市中區委, "關于步雲鄉直接選擧鄉長工作的情況報告" http://www.chinaelections.com/printnews.asp?/NewsID-75262 (2008년 2월 4일 검색)

방식이다.[35]

'3륜양표제(三輪兩票制)' 또는 '해선형 3표제'는 1999년 1월부터 4월까지 실시된 광둥성 선전시 룽강구 다펑진 진장 선거가 대표적인 사례인데 촌위 선거의 무후보자 직선 방식, 즉 해선 방식을 진장선거에 응용한 것으로 다음과 같은 절차로 진행됐다. 우선 전체 유권자가 참가하여(5,284명 중 5,048명 참가) 해선 방식으로 76명의 후보자를 추천받아 심사를 거쳐 후보자를 5명으로 압축한다. 2차로 전체 유권자의 20%(진의 전체 공산당원, 기관단체의 간부, 기업단위 책임자, 각 촌위 간부, 직공 대표, 주민 대표 호별 대표 등 1,068명)가 참가하는 경선 연설대회 개최 후 민의측정 투표를 실시하여 득표순으로 5명의 후보자를 당위원회에 보고하면 당위는 그 중 최고 득표자 한 사람을 정식 후보자로 결정, 진 인대 주석단에 추천한다. 최종적으로 인대 대표(45명)는 등액선거로 진장을 선거한다.[36]

'양추1선(兩推一選)'은 2002년 후베이성 징먼시 징산현 양즈진 진상선거가 대표적인 사례로 민의조사 투표와 해선 방식을 결합하는 것으로 다음과 같은 절차로 진행됐다. 선거구별로(23개 선거구로 분구) '유권자회의'를 개최하여 비밀 무기명투표 방식으로 현임 진장 등 진 정부 간부들에 대한 '평가투표', 그리고 새로운 진장 후보자의 '추천투표'를 실시하여 초보 후보자 17명을 추천받아 자격심사를 거쳐 특표 순위에 따라 3배수 후보자를 선정한다. 각 선거구별로 '촌민대표회의'(443명 참가)에서 득표순위에 따라 두 명의 진장 후보자와 부진장 후보자를 인선하여 현 당위 상위에 보고하면 최종적으로 정식 후보자를 확정하여 진 인대에 추천한다. 진 인대에서 진장 후보자 2명과 부진장 후보자 4명을 놓고 차액선거를 실시하여 진장과 부진장 3명을 선출한다.[37]

개혁 추진 과정에서 이러한 향, 진장 직접선거나 준직접선거의 실험은

35) 史衛民,『公選與直選: 鄉鎮人大選擧制度硏究』(北京: 中國社會科學出版社, 2000), pp.350-383.
36) 위의 책, pp.411-427.
37) 李凡, 主編,『中國基層民主發展報告, 2002』(西安: 西北大學出版社, 2003), pp.358-373.

현행 법규와의 모순, 집정당인 공산당의 권위를 훼손할지도 모른다는 우려 심리, 기왕의 간부인사제도나 민주집중제의 전통과의 갈등 등과 같은 저항과 장애 요소를 가지고 있다.[38] 일부에서는 공식적으로 향, 진장 직접선거가 헌법이나 지방조직법 및 유관 규정에 위반된다는 의견이 제시되기도 했다. 예컨대 2001년 7월 중국공산당 전인대 상위 당조가 낸 문건 '전국 향급 인민대표대회 개선 선거공작과 관련된 문제에 관한 의견'에서는 향, 진장 직접선거의 위법성을 분명히 지적하고 있다.[39] 따라서 2001년 부원향 향장 선거 때에는 '향장 직선 방식'에서 '향장 후보자 직선' 방식으로 형식을 바꾸게 되었던 것이다. 즉 우선 공개적인 후보자 신청을 받아 10명의 입후보(參選)를 결정하고, 선거구 연석회의에서 초보 후보자 2명을 확정하여 여섯 차례의 강연회, 답변회 등 공개적 경선활동을 벌인 후, 유권자 전체 투표로 1명의 정식 후보자를 뽑아 그 사람을 당의 조직 추천 후보자로 확정하여 인대에 추천하면 인대 대표가 등액선거로 향장을 선출하는 것이다. 이러한 방식은 형식적인 차이에도 불구하고 사실상 전체 유권자에 의한 직접선거의 취지를 살린 것이었다.[40]

2003년 8월 총칭시 청고우현 핑바진 진장 직접선거 중도 포기는 실패 사례의 하나이다. 당시 진 당위의 지도하에 추진됐던 진장 직선은 후보자 결정, 경선활동 등을 마치고 투표를 실시하기 하루 전에 현 인대와 현 당위가 선거를 중지시킴으로써 성공을 거두지 못한 경우이다.[41] 향, 진장 직접선거를 위한 선거제도 개혁 실험은 당분간 모색 단계가 계속되겠지만 상당기간 간접선거와 직접선거 방식의 병행이 계속될 것으로 보인다. 그러므로 현 단계에서는 인사제도의 보완, 개선 차원에서 도입된 향, 진장

---

38) 黃衛平, "中國鄉鎭長選擧方式改革的意義及困境辨析," 黃衛平, 主編, 『當代中國政治硏究報告 I』(北京: 社會科學文獻出版社, 2002), pp.136-146.
39) 全國人大常委辦公廳聯絡局, 編, 『縣鄉人大換屆選擧工作資料選編』(北京: 中國法制出版社, 2001), pp.3-7.
40) 史衛民 · 劉智, 『間接選擧(下)』, 앞의 책, p.383.
41) 위의 책, pp.384-385.

직선제 또는 준직선제 실험의 정치적 의미를 과장할 필요가 없다.[42]

지방 국가기관 지도인원 직접선거 확대와 관련하여 주목되는 것은 2003년 이후부터 현급(현, 구, 구가 설치되지 않는 시) 정부의 장(長)이나 부장(副長)의 선거에서 민주적인 후보자 추천 과정과 경쟁선거의 요소를 도입하는 이른바 '공추공선(公推公選)'. '공추경선(公推競選)', 또는 '표결제(票決制)' 실험 사례가 나타나고 있다는 점이다. 예컨대 2003년 10월부터 2004년 1월까지 장수성 난징시의 바이샤구(白下區)와 위화타이구(雨花臺區)에서 시범 실시된 구장 선거와 장수성 쉬조우시 페이현(徐州市 沛縣) 현장 선거, 2003년 10월부터 12월간에 실시된 장수성 창조우시 진탄시(常州市 金壇市) 시장 선거, 2004년 2월부터 3월간에 실시된 저장성 취조우시(衢州市) 롱요우현(龍游縣), 창산현(常山縣), 카이화현(開化縣)의 부현장 선거[43], 그리고 2006년 3월부터 5월 까지 실시된 장수성 쉬조우시 지아왕구(賈汪區), 롱윈구(龍雲區), 촨산구(泉山區)에서 실시된 구장 선거 등은 간접선거를 보완하는 준직선제 제도개혁 노력의 일환이라고 볼 수 있다.[44]

이러한 민주적 선거제도 개혁 실험은 '당내민주(黨內民主)' 개혁에도 응용되고 있는데 향, 진급 당위원회 서기를 전체 당원이 참가하는 직접선거로 선출하는 시범적 사례들도 나타나고 있다. 예컨대 2003년 12월 스촨성 청두시 신두구 무란진(成都市 新都區 木蘭鎮) 당위원회는 당원 639명 중 80%가 참가하여 '공추직선' 방식으로 서기를 선출하였다.[45] 2006-7년간에는 전국 16개 성(지할시, 자치구)의 296개 향, 진에서 당위 서기를 직접선거로 선출하였고 일부 현급 당위 서기도 직접선거로 선출하는 사례가 있었다.[46]

중국 선거제도 개혁의 큰 방향은 물론 직접선거를 확대하는 것이며 장

42) 王怡, "鄉鎮的自治和限政: 四川省步雲鄉長直選以後," 『當代中國研究』(2003年 第4期).
43) 史衛民 · 劉智, 『間接選擧(下)』, 앞의 책, pp.356-371.
44) 王勇兵, "縣(市)長候選人推薦人選産生方式創新: 以四川, 江蘇爲例," 『學習時報』(2006年 8月 12日).
45) 何忠平, "中國第一例直選鎮黨委書記," 「21世紀經濟報道」(2003年 12月 30日). http://www.chinaelections,com/PrintNews.asp?NewsID=6776 (2008년 2월 4일 검색).
46) John L. Thornton, 앞의 글, p.9.

기적 목표는 성급 인대 대표와 전인대 대표도 직접선거로 선출하고 나아가 각급 국가기관 의 지도인원의 직접선거까지 실현하는 것이다. 그러기 위해서는 여건과 준비가 갖추어지는 대로 시범적 실시를 통한 교훈을 반영하여 점진적으로 확대해가는 방식이 바람직하다는 의견도 제시되고 있다.[47]

47) 李凡, 主編, 2005, 앞의 책, p.249; 浦興祖, 앞의 책, pp.260-261.

4. 차액선거의 제도화와 적용

1) 차액선거의 제도화

차액선거란 각종 선거에서 선출직 정원 수보다 후보자 수가 더 많도록 함으로써 유권자의 의지 즉 선택권을 구현할 수 있도록 개혁한다는 취지에서 도입된 제도이다. 차액선거는 직접선거나 간접선거에 모두 적용될 수 있으며 각급 인대 대표 선거와 각급 국가기관 지도인원 선거, 그리고 기층자치 선거 나아가 당내 선거 등 모든 선거에 적용되는 것이다. 중국에서 차액선거 제도를 처음 선거법에 규정한 것은 1979년 선거법부터다. 당시 선거법은 직접선거하는 지방 인대 대표 선거에서 선출해야하는 정원 수와 후보자 수의 '차액비례'(선출해야 하는 정원 수보다 후보자 수가 더 많아야 하는 범위)를 1/2 내지 1배로 규정했다. 이어 제정된 지방조직법에서는 해당 지방 인대에서 지방 각급 국가기관 지도인원을 간접선거 할 때 후보자 수가 선출해야 하는 정원 수 보다 더 많아야 한다고 차액선거의 일반적 원칙을 규정했다. 이러한 차액선거 규정은 1982년 수정 선거법에서 후보자 수가 선출해야 하는 정원 수 보다 많은 방법을 '채택할 수 있다(可以採用)'는 임의 규정으로 후퇴했다가 다시 1986년 수정 선거법과 지방조직법에서 보다 명확한 차액선거 원칙을 제도화했다.[48]

1986년 선거법에서는 직선 인대 대표 선거의 차액비례 한계를 1/3내

48) 史衛民 · 劉智,『間接選擧(上)』, 앞의 책, pp.75-77.

지 1배로 축소하고[49] 간접선거 하는 인대 대표 선거의 차액비례의 한계는 1/5내지 1/2로 하도록 규정했다. 한편 수정 지방조직법은 지방 각급 국가기관 지도인원 간접선거 시에 차액선거와 등액선거를 병행할 수 있도록 규정하고 선거직의 유형에 따라 다음과 같이 차액비례의 한계를 다르게 정했다.[50]

① 현급 이상 인대 상위 주임 및 비서장, 성장, 자치구 주석, 시장, 주장, 현장, 구장, 향장, 진장, 인민법원 원장, 인민검찰원 검찰장의 선거에서는 후보자 수가 일반적으로 1명 더 많아야 하며 차액선거로 진행한다. 만약 추천된 후보자가 1인뿐이면 등액선거도 가하다.
② 현급 이상 인대 상위 부주임, 부성장, 자치구 부주석, 부시장, 부주장, 부현장, 부구장, 부향장, 부진장의 선거에서 후보자 수는 선출해야하는 정원 수 보다 1내지 3인 더 많게 하여 차액선거로 진행한다.
③ 현급 이상 인대 상위 위원 선거에서는 후보자 수를 선출해야하는 정원 수보다 1/10 내지 1/5 더 많게 하여 차액선거로 진행한다.

그 후 1995년 수정 선거법과 지방조직법, 그리고 2004년 수정 선거법과 지방조직법에서는 현급 이상 선거의 경우 차액비례는 변경하지 않았으나 선거직의 표현을 '인민정부 정직(正職)' 그리고 '인민정부 부직(副職)' 등으로 간결화 하고, 향, 민족향, 진 인대 주석 및 부주석의 차액선거 규정을 추가했다.[51]

차액선거의 응용은 후보자의 추천 방식과 밀접한 관계가 있다. 후보자 추천에 관해서는 각종 선거 관련 법규에 다양하게 규정하고 있는데 크게 나누면 '조직추천(組織推薦)'과 '유권자 추천(選民推薦)'(직접선거의 경우), 또는 '대

49) 史衛民 · 雷競璇, 1999, 앞의 책, p.12.
50) 史衛民 · 劉智, 『間接選擧(上)』, 앞의 책, p.75.
51) 위의 책, p.76.

표 추천(代表推薦)'(인대에서의 간접선거 경우), 그리고 '자천(自薦)' 세 가지 형태가 있다. 조직추천이란 공산당, 민주당파, 인민단체가 연합 또는 단독으로 후보자를 추천하는 것을 말하는데 실제로 공산당이 결정하여 형식적으로는 인대 주석단의 명의로 추천하는 것이 관례이다. 유권자 추천 또는 대표 추천이란 선거구의 일정한 수 이상의 유권자들이나 선거 단위 인대 대표들이 '연명(聯名)'으로 후보자를 추천하는 것을 말한다. '자천'이란 개인이 독자적으로 입후보(參選)하는 예외적 현상인데 '독립후보' 현상이라고도 한다. 자천 입후보는 제도화 돼있는 것이 아니지만 기층 인대 대표 선거와 기층자치 조직 직접선거에서 돌출하는 사례가 늘어나고 있고 간접선거에서도 개인이 스스로 인대 대표 후보자로 나서는 경우가 있다.[52)]

후보자 추천 과정은 초보 후보자 추천 과정과 차액비례에 맞게 정식 후보자를 확정하는 두 단계로 나누어진다. 정식 후보자의 확정 단계는 이른바 '온양'과 '협상'의 내부적 조정을 거치든가 '민의측평'에 따라 당에서 결정하거나 유권자의 일부 또는 전체가 참여하는 '예선'을 실시하여 표결한다.[53)] 실제로 각급 인대 대표 선거에서의 후보자 추천은 직접선거의 경우 유권자 추천이 간접선거의 경우 조직 추천이 주요한 방식으로 자리 잡아가고 있다.

유권자 추천이나 대표 추천 방식은 선출직의 유형에 따라 성(직할시, 자치구) 별로 다양한 규정을 마련하고 있다. 인대 대표 선거에서의 후보자 추천은 직접선거의 경우 '유권자 10인 이상의 연명'으로, 그리고 간접선거의 경우는 '대표 10인 이상의 연명'으로 가능하게 했다. 촌민위 선거에서는 많은 경우에 '촌민 5인 이상의 연명'으로 초보 후보자 추천이 가능하도

52) 위의 책, p.434.

53) 예선제도는 1979년 선거법과 지방조직법에서 후보자가 많을 경우 예선을 할 수 있도록(可以進行豫選) 규정했다가 1982년 선거법에서는 예선을 통해 후보자를 산출할 수 있도록(可以經過豫選産生候選人) 수정했고 1986년 선거법에서는 예선 규정 자체를 삭제했다. 1995년 선거법 개정 시 간접선거의 경우 예선제도를 부활시켰고 2004년 선거법 개정 시 직선제의 경우에도 조정이 안 될때 최후적으로 예선을 실시하도록 후보추천 과정을 보다 투명화했다. 위의 책, pp.81-82; 周梅燕, "中國選擧法第四次修正的背景及內容," 李 凡,主編 ,『中國基層民主發展報告, 2004』,北京, 知識産權出版社, 2005, pp.42-46.

록 규정했다. 지방 각급 국가기관 지도인원선거 후보자 추천의 경우 대표 연합 추천방식은 1986 수정 지방조직법에서 대표 10인 이상의 연명으로 추천할 수 있도록 규정했던 것을 1995년 개정 지방 조직법에서는 성급 인대의 경우 대표 30인 이상의 연명으로, 구가 설치된 시와 자치주 인대의 경우는 대표 20인 이상의 연명으로, 그리고 현급 및 향급의 인대의 경우는 대표 10인 이상의 연명으로 추천할 수 있도록 규정했다.[54]

이와 같은 차액 선거 규정에도 불구하고 실제 선거 과정에서의 차액 선거 적용은 규정과 일반적 인습 관행 간의 모순이 발생하고 진정한 의미의 선택권 보장과는 거리가 있는 형식적인 운영 사례가 나타나고 있다. 조직 추천의 초보 후보자 수는 선출직 정원수를 초과할 수 없기 때문에 조직 추천 후보자가 대부분 정식후보 추천자가 된다고 할 때, 차액은 바로 유권자 추천이나 대표 연합 추천 몫이라고 볼 수 있다. 따라서 실제 선거에서는 정식 후보자의 차액 비례나 차액 수 적용을 최소화 하려는 경향이 있고, 국가기관 '정직' 지도 인원 선거에서는 차액선거를 기피하고 사실상 등액선거를 실시하는 것이 일반화돼 있다.[55]

2) 차액선거의 적용

각종 선거에서의 차액선거 적용 사례를 보기로 한다.

(1) 인대 대표 차액선거

역대 선거 통계에 의하면 직접선거의 경우 추천된 초보 후보자의 수는 향급 인대 대표 선거의 경우(1996년부터 2000년간 선거 종합) 일반적으로 선출 정원 수의 1.8-3배 현급 인대 대표 선거의 경우(1997년부터 1998년간 선거 종합)

54) 史衛民 · 劉智, 『間接選擧(上)』, 앞의 책, pp.79-80.
55) 蔡定劍, "選擧發展中的矛盾與選擧制度改革的探索," 『戰略與管理』(2004年 第1期).

3-6배가 되는 것으로 분석됐다.[56] 성급 인대 대표 선거의 경우(2002년부터 2003년간 선거 종합) 추천된 초보 후보자가 선출 정원 수의 1.2-1.3배, 전인대 대표 선거의 경우(2002년부터 2003년간 선거 종합) 1.2-1.6배였다. 후보자의 추천 유형을 보면 초보 후보자의 추천에서는 현, 향급 인대 대표 선거(직접선거)의 경우 유권자 추천이 50%이상을 차지하여 조직 추천 보다 훨씬 많았고 성급 인대와 전인대 선거(간접선거)의 경우는 대표 추천이 3% 이하로 조직 추천이 압도적이었다. 정식 후보자 중 유권자 추천 또는 대표연합 추천 후보자가 차지하는 비중은 크게 떨어지며, 당선자 중 유권자 추천 또는 대표연합 추천 후보자가 차지하는 비중은 더욱 낮아진다. 정식 후보자를 확정하는 과정에서 조직 추천 후보자가 선출직 정원 수를 차지하고 결국은 차액 수만큼만 유권자 추천이나 대표 추천 후보자 몫이 된다고 볼 수 있다. 정식 후보자의 선출 인원 정수 대비는 향급 인대 대표 선거의 경우는 1.4-1.7배(법규상으로는 최저 1.33배), 현급 인대 대표 선거의 경우는 1.5-1.7배(법규상으로는 최저 1.33배), 그리고 성급 인대 및 전인대 대표 선거의 경우는 1.2-1.3배(법규상으로는 최저 1.2배)를 보여주었다. 향급 인대 대표 선거에서 유권자 추천 후보자의 당선율은 약 50% 수준이었으나 현급 인대 대표 선거에서는 유권자 추천 후보자 당선율은 3%에 불과했고 전인대 대표 선거에서는 조직 추천 후보자가 모두 당선되었다.[57]

최근에는 매우 예외적인 현상이기는 하지만 현, 향급 인대 대표선거에서 자천 방식으로 입후보하는 '독립후보' 즉, '비정식 후보자'의 당선 사례도 나타나고 있어 새로운 선거 참여 방식으로 주목되고 있다.[58] 비공식적인 추계이지만 지방 인대 대표 직선에서의 독립후보 현상은 전국적으로

56) 劉智 · 史衛民 · 周曉東 · 吳運浩, 『數据選擧: 人大代表選擧統計硏究』, 北京, 中國社會科學出版社, 2001, pp.123-138; 史衛民 · 劉智, 主編, 『規範選擧: 2001-2002年 鄕級人民代表大會代表選擧硏究』, 北京, 中國社會科學出版社, 2003, pp.312-313.

57) 史衛民 · 劉智, 『間接選擧(上)』, 앞의 책, pp.429-431.

58) 이른바 '비정식 후보자'의 당선 비율은 1996년 북경시 선거의 경우 0.29%, 1999년 산동성 선거의 경우 0.52%, 2002년 텐진시 선거의 경우 0.43%, 2002년 허베이성 선거의 경우 0.32%였으며, 역대 전국 선거 통계 종합 분석 결과는 0.37%였다. 위의 책, p.432.

2003년 100명 수준에서 2006-2007년에는 4만 명 수준으로 늘어났다.[59]

중국의 선거에서 독특한 제도의 하나로 '영선타인(另選他人)' 투표방식과 '영행선거(另行選擧)' 제도가 있다. '영선타인' 투표방식이란 투표지에 기재된 정식 후보자 명단에는 없지만 유권자가 '따로 선출하고 싶은 사람(另選人)'의 이름을 적어 넣는 것을 말하는데,[60] 현 제도 내에서는 정식 후보자가 되지 못한 사람이 선거에 참여할 수 있는 유일한 통로가 됐고, 실제로 일종의 독립후보자 추천 방식으로 활용되고 있다.[61]

(2) 지방 국가기관 차액선거

향(진)급 국가기관 지도 인원 선거에서 실제로 적용된 차액 비례를 2001-2002년간 실시된 선거의 13개 성(직할시, 자치구) 통계 평균을 예로 해서 살펴보기로 한다. 우선 후보자 추천방식을 보면, 인대 주석, 향(진)장 선거의 경우 후보자는 대부분 주석단 추천이 차지하며 대표추천은 1-2% 수준에 불과했다. 인대 부주석. 부향(진)장 선거의 경우는 대표 추천이 20-50%를 차지하였다. 그러나 대표 추천 후보자의 당선율은 1% 미만이었다.[62]

현급 국가기관 지도 인원 차액선거 사례로 2002-2003년간 실시된 요녕성과 강소성의 선거를 보면 우선 후보자 추천 방식에 있어서 인대 주임, 현(시)장, 법원장, 검찰장 후보자는 공히 100% 주석단 추천으로 등액선거를 실시하였다. 부현(시)장 후보자는 대표 추천이 10-20%이었으나 당선율은 3%이하였다.[63]

시(구가 설치된 시 및 자치주) 국가기관 지도 인원 차액선거의 실제 사례를 보

59) John L.Thornton, "Long time Coming: the Prospects for Democracy in China," *Foreign Affairs* (January-February 2008), p.8.

60) 陳斯喜, 主編, 『縣鄕兩級人大代表選擧流程(修正版)』, 北京, 中國民主法制出版社, 2006, pp.96-97.

61) 2003년 5월 심천시의 현급 인대 대표선거에서는 2명이 영선타인 방식을 통해 당선된 사례가 있다 李凡,主編,『中國選擧制度改革』, 2005, 앞의 책, pp.158.

62) 위의 책, pp.277-283.

63) 위의 책, pp.191-192.

기로 한다. 시급 이상의 정직 국가기관 지도인원 선거는 거의 등액선거로 실시되고 있으며, 부직 국가기관 지도인원 선거와 인대 상위 위원 선거에서도 차액 비례가 1/8-1/10 수준으로 가능한 차액을 최소화 하려는 경향을 볼 수 있다. 인대 상위 부주임과 위원 그리고 부 시(주)장 후보자 추천방식을 보면 주석단 추천이 90%, 대표단 추천이 10% 수준이었으나, 대부분 주석단 추천 후보자가 당선되고 대표 추천 후보자는 극소수만 당선됐을 뿐이다.[64] 2002-2003년간 전국의 각 성별로 실시된 시급 국가기관 지도인원 간접선거 통계분석에 따르면, 역시 대부분이 주석단 추천 후보자가 당선되었음을 알 수 있다. 대표 추천 후보자가 인대 상위 부주임 및 위원, 부시장 선거에서 당선되는 경우도 있었으나 극소수에 불과했다.[65]

성급 국가기관 지도 인원 차액선거의 경우도 가능한 한 법정 차액 수나 차액 비례의 최저 기준을 적용하려는 경향을 볼 수 있다. 일반적으로 인대 상위 부주임이나 부성(시)장 후보자는 선출직 정원 수 보다 한명 더 많게, 그리고 인대 상위 위원 후보자의 차액 비례는 1/9-1/10 선을 채택하고 있다.[66] 성급 인대 상위 주임 선거는 주석단 추천 단일 후보자에 투표하는 등액선거로 이루어진다. 당의 방침에 따라 2003년부터는 성급 인대 상위 주임에는 동급 당위원회 서기를 추천하도록 했다(북경, 상해, 천진, 호북성, 광동성, 신강 자치구와 같이 당위 서기가 중앙 정치국원을 겸임하는 경우 등은 당위 부서기를 추천).[67] 인대 상위 부주임 및 인대 상위 위원 선거에서는 정식 후보자 중 주석단 추천 후보가 90%, 대표연합 추천 후보자가 10% 수준인데 선거 결과를 보면 주석단 추천 후보자가 거의 모두 당선되고 대표 추천 후보자가 당선되는 것은 극소수였다.[68]

성급 정직 지도인원(성장, 직할시장, 자치구 주석) 선거에서는 모두 주석단 추

64) 위의 책, pp.124-126.
65) 위의 책, p.132.
66) 위의 책, pp.46-48.
67) 위의 책, pp.60-63.
68) 위의 책, p.65.

천의 단독 후보자에 대한 등액선거로 진행됐는데 31개 성(시, 자치구) 중 15개 성(시, 자치구)에서 현직자 재추천이 80.64%였고, 그 밖의 19.36%는 현직 성 당위 부서기 겸 부성(시, 자치구)장이 추천됐다.[69] 성(시, 자치구)급 지도인원(부성장, 부시장, 자치구 부주석) 선거에서는 총 234개 직에 264명의 후보자가 추천됐는데 그중 주석단 추천 후보자가 234명, 대표 추천 후보자가 30명이었다. 이 경우도 현직자의 재추천이 약 50%정도였고, 그 밖에 추천된 후보자는 중앙정부의 청장이나 국장급 인사, 시(주)급 당위 서기, 성(시, 자치구)급 당위나 정부기관의 책임자 중에서 선발되는 경우가 많았다.[70]

(3) 중앙 국가 및 당 기관 차액선거

전인대 상위 위원 선거는 7기 이후부터 차액선거로 진행돼왔다. 7기 전인대의 경우 선출직 정원이 135명이었는데 후보자는 144명으로 차액수가 9명이었고, 8기에는 정원 134명에 후보자 141명으로 차액수가 7명, 9기에는 정원 134명에 후보자 차액비례가 5%, 10기에는 정원 159명에 후보자 167명으로 차액수 8명, 차액비례 5%였다.[71] 11기에는 정원 161명에 후보자 173명으로 차액수 12명, 차액비례 7%로 확대됐다.[72]

일부에서는 장기적으로 성급의 인대 상위 주임과 정부의 정직 지도 인원 선거, 전인대 상위 위원장 및 부위원장, 비서장, 그리고 국가 주석과 부주석, 중앙군사위원회 주석, 최고인민법원 원장, 최고인민검찰원 검찰장 선거도 '후보자를 1인 더 많게 하는' 차액선거로 진행하되 후보자가 1명뿐이면 등액선거도 가능하도록 하는 정도의 개혁이 필요하다는 건의도 제기되고 있다. 또, 전인대 상위 위원 후보자 차액비례도 1/5로 확대할 것을 제안하기도 한다.[73]

---

69) 위의 책, pp.74-76.
70) 위의 책, pp.77-80.
71) 위의 책, pp.6-7.
72) http://news.xinhuanet.com/misc/2008-03/16/content-7799699.htm (2008년 3월 17일 검색).
73) 史衛民 · 劉智, 『間接選擧(下)』, 北京, 中國社會科學出版社, 2004, p.412. 전인대에서의 중앙 국가기관 선거와 관련하여 흥미로운 것은 지난 10기 전인대에서 국가기관 선거

차액선거는 당내 선거에서도 점차 확대 적용되고 있다. 중국공산당은 1987년 13기 전국대표대회 때 중앙위원 및 후보위원, 중앙기율검사위원회 위원 선거에서 차액선거를 실시한 이래 계속 실시돼오고 있다. 13기 전국 대표 대회 시 중앙위원 및 후보 위원 선거에 최초로 적용됐던 차액비례는 각각 5%와 12%였다. 2007년 17기 전국 대표대회 시 중앙위원회 중앙위원 선거에서는 위원 정수 204명에 후보자 수 221명으로 차액수가 17명(8.3%), 후보위원 선거에서는 후보위원 정수 167명에 후보자 수 183명으로 차액수가 16명(9.6%)이었다. 중앙 기율검사위원회 위원 선거에서는 정원 127명에 후보자 수 138명으로 차액수가 11명(8.7%)이었다. 중국공산당 전국대표대회 대표의 선거도 역시 차액선거로 이루어지는데 17기 전국대표대회 대표 선거에서는 일반적으로 16기 때 보다 5% 확대된 15% 차액비례가 적용됐다고 한다.[74)]

투표 결과가 공개된 사례가 있었다. 당시 국가 주석, 부주석, 그리고 중앙군사위원회 주석 선거에서 단일후보자였던 후진타오(胡錦濤), 쩡징훙(曾慶紅), 쟝저민(江澤民)은 각각 99.8%, 87.2%, 92.5%를 득표했다. New York Times (2003년 3월 25일자).

74) http://new.xinhuanet.com/newscenter/2007-10/21/content-6918629 (2008년 4월 8일 검색).

5. 제도개혁의 한계와 민주화

1) 선거제도 개혁의 한계

민주주의 이론가들은 정치 리더십을 산출하는 경쟁적 선거를 보장하는 제도적 장치를 실질적인 민주주의를 규정하는 관건적 요인으로 보고 있다. 제도화된 참여와 공정한 경쟁이 이루어지는 민주적 선거는 민주주의 절차의 필수적 조건이라고 말할 수 있다. 민주화론을 대표하는 헌팅톤(Samuel P. Huntington)은 민주적 정치체제 또는 민주적 정부를 판별하는 기준으로 '공정하며 정직하고 정기적으로 실시되는 경쟁적인 선거'의 존재 여부를 꼽았다.[75] 중국의 선거제도 개혁은 민주성, 경쟁성, 공정성의 기준에서는 아직 국제적 표준에 크게 못 미치는 것이 사실이고 또 시행 상 많은 착오와 문제점을 낳고 있지만 어찌됐든 민주화의 방향으로 개혁이 진행되고 있다는 점만은 평가할 수 있을 것이다.

우선 선거의 민주성과 관련하여 후보자 추천 또는 입후보 제도는 매우 중요한 의미를 갖는다. 후보자 추천 방식에 있어서 부분적으로 유권자 추천이나 대표 추천 등과 같은 민주적 추천 제도가 도입되고 있으나 이른바 '주석단 추천'의 형식을 빌은 사실상의 공산당 추천 즉, 조직 추천 방식이 여전히 절대적 다수를 점하고 있는 현실을 부인할 수 없다. 직접 선거를 확대하려는 제도개혁이 지연되고 차액선거 제도의 소극적 적용이 일반

75) Samuel P. Huntington, *The Third Wave: Democratization in the Late Twentieth Century* ,Norman, University of Oklahoma Press, 1991, p.7.

화되어 있는 것은 공산당이 민주적 선거의 요구를 당의 간부정책(인사정책) 독점권에 대한 도전 또는 위협으로 인식하고 있기 때문이며 나아가 그러한 도전으로 집정당의 영도적 지위가 흔들리게 되고 정치적 혼란을 초래할지 모른다는 우려가 작용하기 때문이다.[76] 추천 과정에서 초보 후보자 중 법정 차액비례에 맞게 정식 후보자를 선정하는 방식도 매우 중요한데 사실상 이 과정에서도 공산당의 내부 공작, 조정, 지도의 역할이 결정적인 작용을 한다. 물론 이 과정에서도 예선제도와 민의조사 방식 등 민주적 요소를 도입하려고 시도하고 있고 의견 수렴과 조정 등의 과정을 거치도록 돼있지만[77] 당이 결코 최종적인 결정권을 포기하지 않고 있다. 오히려 그러한 투명하지 못한 비제도적 과정이 당의 개입 공간을 제공하고 '암상조작(暗箱操作)'의 가능성을 열어준다는 것이다.[78] 법규로 후보자의 자격요건을 제한한다든지 법규적 자격 요건 이외에도 실제 후보자 추천 기준으로 민족, 성별, 연령, 교육정도 등과 같은 자격 기준을 정하여 안배하는 이른바 '모자 씌우기(戴帽)'[79] 방식을 적용하는 것도 당의 의도를 관철시키는 수단이며 민주적 참여를 제한하는 요인이 될 수 있다. 민주적 선거로의 개혁 요구는 2003년 지방 인대 대표 선거에서 나타난 이른바 '북경 경선 현상' 또는 '심천 경선 현상' 등과 같은[80] 자천 독립 후보자의 속출과 당의 의도에 저항하는 비공식 후보자의 돌출 현상으로 나타나고 있으며 이 또한 민주적 선거제도 개혁의 과제를 제기하고 있는 것이다.

다음으로 선거의 경쟁성을 보장하는 문제이다. 경쟁적 선거의 문제는

76) 예컨대 향(진)장의 직접선거 시범 실시에 대해서 대부분의 지방 당 간부들은 그것이 위헌임을 이유로 반대 거부하는 태도를 보이고 있다고 한다. Lianjang Li, "Direct Township Election," Elizabeth J. Perry & Merle Goldman (eds.), *Grasroots Political Reform in Contemporary China*,Cambridge, Harvard University Press, 2007, pp.97-116.

77) 2004년 개정 선거법에서는 '반복 온양'이라는 표현은 빠졌으나 '토론, 협상'이라는 표현은 그대로 유지됐다.

78) 李凡, 主編,『中國選擧制度改革』, 2005, 앞의 책, p.70.

79) '戴帽' 방식은 비례대표적 정원 배분 성격을 띠는 응용 방식이라고도 볼 수 있다. 吳光國, "中國大陸的選擧制度及其改革,"『當代中國硏究』(2000年 第 1期).

80) 閱唐娟 · 鄒樹彬, 主編『2003年深圳競選實錄』(西安: 西北工業大學出版社, 2003); 鄒樹彬, 主編,『2003年 北京市區縣人大代表競選實錄』(西安: 西北工業大學出版社, 2003).

차액비례의 적용과 경선활동, 선거운동 기회의 확대가 핵심이다. 차액선거 제도도 진정한 의미의 경쟁이나 선택권을 확대하기 보다는 차액비례의 소극적인 적용으로 차액선거를 형식화 하거나 후보자 추천 과정에서의 당의 개입으로 부작용을 낳는 사례가 발생하기도 한다. 당 조직에서 압력을 행사하여 인대 대표들이 후보자 추천을 못하게 하거나 추천된 후보자의 추천 철회 또는 수락 거부를 유도하기도 하고 어떤 경우는 법 규정상의 차액비례에 맞추기 위해서 당 조직이 안배하는 들러리 후보자 세우기 즉 '배선(陪選)' 현상이 나타나기도 한다. 또 인대 대표들이 반발심 때문에 주석단 추천의 후보자를 낙선시키고 비정식 후보자를 당선시키는 경우도 있다. 중국의 차액선거 제도는 후보자들 간의 또는 정당들 간의 경쟁과 민주적 선택을 보장하는 복수 후보제와는 그 의미나 취지가 크게 다르며 일종의 제한된 여론(民意) 수렴 장치 또는 인사추천 기재로써 기능한다고 말할 수 있을 것이다. 따라서 중국의 선거에서는 '경선활동' 즉, 선거운동이 매우 제한돼있다. 선거 관련 법규에도 경선에 관한 규정은 극히 간략하게 표현돼있고 경선이라는 용어 자체도 회피하고 있다. 선거 법규상에는 선거 과정에서 직접선거의 경우는 후보자와 유권자 간, 간접선거의 경우는 후보자와 선거인인 인대 대표 간의 접촉을 '만나보기(見面)', '소개(介紹)', 그리고 '질문회답(回答問題)' 등과 같은 용어로 모호하게 규정하고 있을 뿐이다. '만나보기'란 후보자 주도로, '소개'란 추천자(정당이나 인민 단체 또는 연합 추천인)나 선거관리 기구 주도로 하는 활동을 말하는데 대체로 그 형식이 단순하고 횟수나 시간이 매우 제한적이며 내용도 매우 간단한 것이다. 질문회답 방식은 2004년 개정 선거법에서 새로 규정한 선거운동 방식이다.[81] 실제로 이러한 선거활동은 선거관리기구 주도로 이루어지며 당이나 정부의 선전 위주로 진행되기 때문에 후보자들 간의 차별화된 활동이나 경쟁이 이루어지기는 매우 어렵게 돼있다. 후보자들이 독자적으로 선거운동을 할 수 있는 이른바 '자아소개(自我紹介)'에 관한 법규상의 명

81) 李凡, 主編,『中國基層民主政治發展報告』, 2003, 위의 책, pp.42-46.

백한 규정은 없다. 직접선거의 경우 특히 일부 촌민위 선거에서는 호별방문, 향응제공, 선물 돌리기 등과 같은 이른바 '득표(拉票)' 활동이 벌어지기도 하고, 강연회나 거리집회 또는 선전활동이나 조직적인 선거운동이 시도되기도 하고, 심지어 벽보를 부착하거나 선전, 소개 자료를 발송하는 등의 사례도 나타나고 있다. 이러한 일탈현상은 선거운동 방식의 다양화, 유권자와 후보자 간의 소통 기회 확대, 그리고 후보자 간의 경쟁기재 도입 등과 같은 선거제도 개혁의 과제와 개혁의 필요성을 제기하는 것이라고 볼 수 있다. 선거운동 방법에 관한 제도화의 미흡, 경선기재의 부재는 결국 은밀한 형태의 선거 부정을 유발하고 유권자들의 선거에 대한 무관심과 냉담한 태도를 초래하게 된다. 예컨대 촌민위 선거에서 흔히 나타나는 금품을 제공하거나 향응을 베풀어 득표를 꾀하는 이른바 '회선(賄選)' 등과 같은 선거부정 사례가 그것이다.[82] 선거에 대한 무관심이나 냉담한 태도는 유권자와 후보자 간의 소통 부재 즉, '조격현상(阻隔現象)'으로 유권자의 알 권리를 충족시켜주지 못하는 것이 직접적인 원인이지만[83] 더 근본적인 원인은 유권자의 이익동기 결여, 낮은 참여 만족감, 그리고 동원식 선거에 따른 선거에 대한 염증(厭選情緒)에 있다고 본다.[84] 더 나아가서 이러한 문제들은 중국의 정치체제나 정당 제도의 본질적 성격과 중국 정치에서 선거가 갖는 의미의 근본적인 한계와 관련되는 것이다.

선거제도의 공정성을 보장하는 문제 역시 중요하다. 우선 선거의 공정성을 보장하기 위한 선거 관리 차원의 과제들이 제시되고 있다. 예컨대 투, 개표제도의 개선 선거관찰제도 수립, 선거위법 감독제도 강화 등과 같은 제도 개선과 선거 절차의 질서화를 위한 통일된 선거 법규의 제정 등

82) 徐延山, "村委會直選中的賄選現象," 『中共浙江省委黨校學報』(2006年 第6期). http://www.chinaelections.com/printnews.asp?NewsID=112373 (2008년 2월 4일 검색)

83) 周世亮, "從'選擧阻隔'到雙方互動: 對直接選擧中'迷茫的選民'和'陌生的代表候選人'的思考," 『人大硏究』(2007年 第8期). http://www.rdyj.com.cn/2007/rdgk-08-2.html (2008년 2월 4일 검색)

84) 趙穎, "簡論選民權利與厭選情緒," 『人大硏究』(2007年 第4期). http://www.rdyj.com.cn/2007/rdgk-04-06.html (2008년 2월 4일 검색)

과 같은 것들이 그것이다. 비밀투표를 보장하기 위해서는 구획된 기표소 설치를 완비해야 하며 투표율을 높이기 위해서 관행화 되어온 이동 투표함(流動票箱) 방식이나 '위탁투표' 또는 '대리투표(代票)' 방식의 문제점을 개선해야한다.[85] 선거참관제도는 선거관리의 투명성과 공정성을 높이고 제도개선을 위한 아이디어를 구하기 위해서 시도되고 있는데 유관 인대 대표나 정협 위원 등으로 구성되는 관방조직의 참관 지도, 비정부단체나 전문가 단체 언론 매체 등 민간단체의 참관, 후보자가 조직한 개별적 참관, 그리고 외국의 인권단체나 학자들의 참관연구 등 다양한 유형을 보여주고 있다.

선거제도 개혁의 정치적 효과에 관해서는 평가가 엇갈리고 있다. 선거제도 개혁의 긍정적 효과를 강조하는 측은 그것이 간부임용 인사 과정의 개방, 관료제의 부패 방지, 책임행정의 발전, 그리고 당내 민주주의 발전 추동이라는 효과를 가져왔다고 평가하고,[86] 특히 기층자치선거는 제한적인 민주실험을 통해서 농민들의 정치적 각성과 민주의식 함양에 기여했다고 인정한다.[87] 그러나 다른 한편으로 중국 선거제도의 개혁은 기층자치 발전이나 정치 민주화의 긍정적 효과보다는 하급 지방 관리들과 새로운 당 정책 변화에 따라 당에 영입되는 기업가들 간에, 즉 구 정치엘리트와 신 경제엘리트 간에 유착을 증대시키게 되고 이러한 엘리트 통합의 촉진은 오히려 일반 대중의 정치적 소외를 초래하고 부패의 억제 보다는 부패의 조장, 만연을 초래할 위험성이 있다는 지적도 있다.[88]

중국에서의 선거는 공직자를 선출하는 절차로써 부분적으로 정치 엘

85) 촌민위 선거법 규정에는 한 사람이 위탁서를 지참하고 3장까지 대리 투표를 할 수 있다고 돼있으나 실제로 이러한 규정은 잘 지켜지지 않고 있으며 한 사람이 20~30매의 대리투표를 하는 사례까지도 있어 부정선거에 악용되고 있다고 한다. 李凡, 『中國選擧制度改革』, 위의 책, p.55.

86) 앞의 책, p.298.

87) Kevin O'brien & Lianjian Li, "Accommodating 'Democracy' in One-Party State: Intro ducing Village Elections in China," *China Quarterly*, no.162(2000), pp.456-489.

88) Richard Levy, "Village Elections, Transparency, and Anti-corruption: Henan and Guangdong Provinces," Elizabeth J. Perry & Merle Goldman (eds.), 위의 책, p.47.

리트를 충원하는 기능을 가지고 있긴 하지만 정당들 간에 정권이나 정책을 추구하기 위해 경쟁하는 기재로써 보다는 정치적 의사소통의 과정으로 더 큰 의미를 갖는다고 볼 수 있다. 즉, 중국에서의 선거는 일종의 소통(溝通) 과정이며 선거제도는 정치적 정보의 전달 통로로써 작용한다.[89] 실제로 중국의 선거에서는 선거방침의 결정, 선거관리, 후보자의 추천 소개, 투개표, 선거일정 진행 등 모든 선거 과정이 집정당인 공산당과 정부의 지도하에 이루어지며 대체로 '동원된 참여'의 형태를 띠는 것이 특징이다. 선거에의 참여 동원은 선거 선전활동, 참여를 유도하기 위한 물질적 수단 제공, 그리고 압력형 설득과 강제 형태로 이루어진다. 이를테면 농촌 지역에서는 투표 참여율을 높이기 위해서 수당을 지급한다거나 농약, 비료, 종자 등을 제공하는 사례도 있다.[90] 중국 정치와 선거제도의 근본적인 문제는 중국 정치체제의 특징적인 성격 특히 중국의 '다당합작 정치협상제도(多黨合作政治協商制度)'와 관련되는 것이다. 다시 말해서 중국의 선거제도 개혁은 집정당으로서의 중국 공산당의 초월적 지위, 영도적 지위를 전제로 하는 것이며, 그러한 일당 지배체제의 변경 가능성은 고려조차 될 수 없는 것이다. 중국의 정당제도는 복수정당제도가 아니며 지금은 그러한 정당제도의 개혁 가능성도 배제되고 있다. 따라서 우리는 중국식의 민주적 선거 또는 선거 민주주의의 한계를 분명히 이해할 필요가 있다.

2) 정치민주화의 전망

1990년대 후반 이후 중국에서의 정치발전 논의는 '중국특색' 정치발전 전략과 과제를 심화시키는 방향으로 전개돼왔다. 예컨대 1997년 중국공

89) 謝岳, 『當代中國政治溝通』(上海: 上海人民出版社, 2006), pp.68-89. 謝岳는 선거를 통한 정치적 소통은 '영도, 동원, 협상, 호동'의 네 가지 형태로 이루어진다고 분석하고 있다.
90) 蔡定劍, 위의 글, p.155.

산당 15기 전국대표대회에서 제시된 '사회주의 법치국가 건설', 2002년 중국공산당 16기 전국대표대회에서 제시된 '중국 특색 사회주의 민주', 그리고 2007년 중국 공산당 17기 전국대표대회에서 제시된 '중국 특색 사회주의의 정치 발전 도로'가 그러한 흐름과 방향을 잘 표현해주고 있다. 중국이 추구하고 있는 정치체제개혁은 한마디로 중국식 사회주의 정치체제의 완비와 발전이다.[91]

중국의 이론가들은 중국이 추구하는 '민주화'는 정치발전의 경로선택이나 정치발전의 순차에 있어서 서구의 경험과는 차이가 있다고 주장한다. 즉 서방 자본주의 국가들은 경제가 발전된 조건하에서 우선 '전국민주'를 실시하고 '지방민주'로, 다시 말해서 '위로부터 아래로의 과정으로' 민주화가 추진됐지만 중국의 경우는 반식민, 반봉건 사회의 낙후된 경제, 문화적 조건에서 사회주의 체제를 건설해야했기 때문에 전국적인 보통선거를 실시할 여건이 되지못하며 따라서 '기층민주'로부터 점차 '중층민주', '고층민주'로 가는 즉, '아래로부터 위로의 과정으로' 발전해가는 것이 타당하다는 것이다. 또 서방 국가들에서는 의회민주주의가 수립된 후에 정당 건설이 이루어져 '사회민주'로부터 '당내민주'로 발전했으나 중국의 경우는 우선 '당대민주' 발전 후에 '사회민주' 또는 '인민민주'로 나아가는 것(以發展黨內民主帶動人民民主)이 타당하다는 것이다.[92] 그러나 중국의 이론가들은 정치발전의 과제로서 민주화를 부인하지는 않고 있다. 다만 내부적으로 민주화를 궁극적인 정치발전 목표 즉 '당위'로 인정하느냐 혹은 시급한 정치개혁 과제 즉 '필요'로 인식하느냐하는 제한된 논쟁이 제기될 뿐이다. 전자는 '민주주의가 나쁜 것은 아니다(民主是個不壞東西)라는 입장이고 후자는 '민주주의는 좋은 것이다(民主是個好東西')라는 입장이다.[93]

---

91) 王一程, "政治體制改革是社會主義政治制度的自我完善和發展,"『政治學研究』(2006年 第2期).

92) 許耀桐, "中國民主發展模式五大特色" http://news.xinhua.com/politics/2007-04/26/content-6032396.htm

93) 閻健, 編,『民主是個好東西: 兪可平放談錄』(北京: 社會科學文獻出版社, 2006), p.93.

선거제도 개혁과 직접선거의 확대가 중국정치의 민주화에 어떤 효과를 가져다 줄 것인가에 대해서는 다양한 평가와 전망이 있을 수 있다. 중국의 선거나 선거제도는 아직 민주성, 경쟁성, 그리고 공정성의 기준으로 볼 때 국제적, 보편적 민주주의의 수준에는 미치지 못하는 것이 사실이며 많은 문제점과 제도적 한계를 가지고 있다. 다만 그러한 선거제도 개혁 노력과 민주적 선거의 실험은 제한적이지만 '민주정치 학습' 과정으로서 그리고 정치적 민주주의 발전의 추동 효과로서 큰 의미를 갖는다고 말할 수 있을 것이다. 중국에서의 선거제도 개혁과 민주선거의 문제는 중국의 기본적인 정치제도의 특징적 성격과 관련시켜 이해해야한다. 중국의 정치개혁은 '집정당'으로서의 중국공상당의 초월적, 영도적 지위와 역할을 전제로 하며, 선거민주주의 또는 대의민주주의의 한계를 명백히 전제하고 있다. 중국의 대표적인 정치체제개혁 이론가라고 할 수 있는 리쥔루(李君如)는 중국 민주정치 발전은 민주제도의 두 기본 방식인 '선거민주'와 '협상민주'의 결합을 통해서 달성될 수 있다고 주장한다. 그는 중국에서의 선거민주주의 즉 '표결민주주의'는 공민자치조직(촌민위, 거민위 등) 범위 내에서의 직접선거 발전, 간접선거를 실시하는 지방정권 및 부문에서의 차액선거 확대 및 후보자 추천방식 개선, 그리고 기층 당 조직 지도요원의 직접선거 범위 확대를 통해서 완비, 개선해가야한다고 주장한다. 동시에 그는 공산당 영도하의 다당합작 및 정치협상제도(인민정치협상회의)야말로 중국에서 반세기 이상 실천 경험을 쌓은 '협상민주' 제도이기 때문에 선거민주주의의 약점을 보완하는 대안이 될 수 있다고 주장한다.[94)]

2007년 7월 중국의 상해 푸단대학(復旦大學)의 '중국정부 및 정치연구중심'과 '선거 및 인대제도연구중심' 주최로 중국 국내외 선거 전문가 학자들의 학술토론회가 열렸는데 중국의 정치 발전과 관련한 '선거 민주주의'

94) 李君如, "怎樣看待當前中國政治體制改革和民主政治發展的走勢,"『戰線』 http://theory.people.com.cn/GB/49150/49152/7103154.html

와 '협상 민주주의'의 문제를 둘러싸고 흥미 있는 논의가 있었다.[95] 참석자들은 일부 중국학자들이 서방의 심의민주주의(deliberative democracy) 또는 협의 민주주의 개념을 빌어 중국의 다당합작제, 정치협상제도를 옹호하려는 시도에 대해서 이의를 제기하고 중국의 다당합작제나 정치협상제도는 단지 공산당의 집정당적 지위를 강화시키기 위한 제도일 뿐 서방의 심의민주주의 개념과는 거리가 멀다는 점을 지적하면서 오히려 그러한 '협상민주'를 '선거민주'에 대체하려는 반민주적 시도를 경계해야 한다고 주장했다. 중국의 정치제도는 선거의 형식으로 조직되는 대의제도 국가권력기관으로서의 인민대표대회와 협상의 형식으로 조직되는 자문제도, 통일전선조직으로서의 인민정치협상회의를 두고 있고, 이 두 제도가 보완적으로 발전할 수 있는 길을 모색하는 것 또한 정치제도 개혁의 중요한 과제의 하나이다. 대체로 선거 민주주의 확대를 통한 인대 제도의 완성이 우선돼야하며 '협상민주'는 보완적 역할로 고려돼야한다는 의견이 지배적이었다.

중국의 민주화 전망과 관련하여 중국의 이론가들이나 서방 학자들 간에 다소의 시각차이가 있을 수 있다. 그러나 중국이 추구하고 있는 새로운 민주주의 실험이 성공한다면 민주주의의 핵심적 정치제도로서 그리고 정치 민주주의의 인증표로서 선거가 갖는 위상과 의미는 후퇴할 수밖에 없을 것이다.[96] 중국 정치발전 과제 중 핵심적인 문제의 하나는 참여 요구는 높아지는데 참여의 통로가 적고 참여의 제도화 수준이 낮은 불균형을 어떻게 해결하느냐 하는 것이다. 정치 참여와 제도화 간의 그러한 긴장관계를 체제 내에서 관리하는데 성공할 수 있느냐의 여부는 역시 선거제도 개혁의 성패에 달려 있다고 하겠다. 점증주의적 정치개혁의 양적 성

95) 邱家軍, "選擧民主與協商民主：技術路線的沿革及協同-'中國民主政治的發展路徑：選擧與協商'學術研討會綜述", 『人大研究』(2008年 第3期). http://www.rdyj.com.cn/2007/rdgk-03-10.html (2008년 2월 4일 검색)
96) Bruce Gilley, *China's Democratic Future: How It Will Happen and Where It Will Lead* (New York: Columbia University Press, 2004), p.247.

과(增量民主)[97]가 권의주의 체제 강화에 기여할지 혹은 민주화 방향의 질적인 체제 전환으로 이어지는 계기를 마련하게 될지는 더 두고 볼 일이다.

97) 兪可平, 〈增量民主與善治〉 (北京: 社會科學文獻出版社, 2005), pp.137-145.

제4장

주민자치와 기층거버넌스

1. 기층 군중자치

중국에서 주민자치는 농촌지역의 '촌민자치(村民自治)'와 도시지역의 '거민자치(居民自治)''로 제도화되어 발전해오고 있다. 1982년에 개정된 중국 헌법은 농촌지역의 '촌민위원회'와 더불어 도시지역의 '거민위원회'를 '기층 군중성 자치조직'으로 규정함으로써 그에 대해 헌법적 정치제도로서의 지위를 부여했다. 2007년에 개최된 중국공산당 17차 전국대표대회에서 채택된 당 장정 전문에는 주민자치제도를 중국적 특징을 갖는 사회주의 민주정치발전의 성과 중 하나로 규정했다. 당 17차 전국대표대회에서 행한 총서기 보고에서도 주민자치제도가 인민대표대회, 다당합작 정치협상제도, 그리고 민족구역 자치제도와 더불어 4대 주요 정치제도의 하나로 언급되어 정치발전을 상징하는 정치제도로 선전되고 있다.[1] 중국 정부의 보고서에 의하면 2007년 말에 이미 전국적으로 촌민위원회 64만여 개와 거민위원회 8만여 개가 조직되었고 주민의 직접선거로 410만 명 이상의 자치 조직 성원을 선출하여 활동하고 있다.[2]

중국의 주민자치는 그 법적 정치적 규정에서 볼 수 있듯이 '기층자치', '대중자치', 그리고 '사회자치'로서의 의미를 포함하고 있다. 중국에서 '기층'이라는 개념은 각종 조직의 최저 계층으로서 대중과 직접 접촉하는 부분을 의미한다.[3] 당이나 정부의 조직체계는 '중앙', '지방', '기층'으로 단계

1) 國務院新聞辦公室, "中國的民主政治建設"(白皮書)(2005).
2) 民政部, 『中國民政事業發展報告』(2009).
3) 肖立輝, 『中國基層民主創新研究』(北京: 人民出版社, 2009), pp. 19-20.

화되는데 헌법상 최하위급의 지방정부인 향(鄕)과 진(鎭)을 '기층정권'으로 규정한다. '기층자치'란 기층정권 즉 최하위급 정부와 대중을 매개하는 기층 거버넌스의 영역에 속한다고 말할 수 있다. 중국의 주민자치는 '지방'의 자치가 아니라 '거민' 또는 '촌민'의 차치이다. 즉 자치의 주체가 지방이 아니라 주민 대중이라는 것이다. 따라서 주민자치는 지방정부와 기층 자치조직 간의 분권보다는 주민의 참여 확대가 강조되는 직접민주주의의 형식이라고 말할 수 있다.[4] 또 중국의 주민자치는 '사회자치'를 의미한다. 주민자치는 중앙과 지방간의, 또는 지방 각급 정부 간의 수직적인 분권과는 달리 정부와 사회 간의 역할 분담 즉 '정사 간 분권(政社間分權)'을 의미하며 시장경제의 확대와 시민사회의 성장을 반영하는 국가-사회 간의 수평적 권력관계 조정을 특징으로 한다.[5]

이와 같이 기층 거버넌스, 직접 참여민주주의, 그리고 국가와 사회 간 수평적 분업의 의미를 포함하는 주민자치가 중요한 정치적 과제로 등장하여 강조되기 시작한 것은 개혁개방정책 채택에 따른 새로운 사회관리 체제의 강화 필요성 때문이었다. 즉 중국의 주민자치 문제는 시장경제로의 개혁에 따른 사회경제적 변화에 대응하기 위한 기층정권의 강화와 더불어 지역사회 관리를 위한 주민 조직화, 이른바 '사구건설(社區建設)'의 핵심적 과제로 등장했던 것이다. 중국의 촌민자치 제도는 지금까지 30여 년간 실험적 실행과 전국적인 확대 실시를 진행해오는 과정에서 많은 중국 국내 및 외국 학자들의 관심과 주목을 받아왔고 그 발전 과정과 실태 그리고 정치적 의의와 전망에 관해서 많은 연구가 이루어져 왔다. 촌민자치 제도를 중국정치 민주화의 '단초' 또는 '희망'으로 이해하려는 긍정적 평가와 낙관적인 인식 태도가 그 배경을 이루고 있다. 중국 인구의 큰 비중을 차지하고 있는 농민은 사회주의 정권 수립이후 추진된 산업화 과정의 최대 피해 집단이라고 할 수 있다. 낙후된 농촌경제는 농민들을 더욱 심각한 상대

4) 徐勇,『中國農村村民自治』(武漢: 華中師範大學出版社, 1997), pp. 44-45.
5) 燕繼榮, "中國的社會自治,"『中國治理評論』, I 輯(2012), pp. 79-112.

적 박탈감을 갖는 불만 집단으로 만들었다. 따라서 높아진 중국 농민의 자아정체성과 집단의식은 국가-사회 관계의 긴장감을 초래하는 중요한 요인이며, 다른 한편으로는 중국 정치민주화의 '잠재적 동력'으로 주목되는 것이다.[6] 촌민자치는 농촌 기층으로부터 시작하여 상향식으로 추진되는 중국식 민주화의 정치실험이라는 점에서 민주화 정치 비교연구의 흥미 있는 주제가 될 수 있다.

1980년대 이후 중국에서는 경제발전과 도시화가 촉진되면서 도시인구가 획기적으로 증가했다. 중국의 인구 통계에 의하면 2011년 말 기준으로 총인구 중 도시인구가 51.27%를 차지하게 됐다.[7] 이것은 중국의 사회경제가 '향촌형'에서 '도시형'으로 전환되고 있다는 것을 의미한다. 중국 인구의 도시화율은 지역적 격차를 보이고 있는데 발전된 동부지역의 경우는 62.2%, 상대적으로 낙후된 중부지역은 48.5%, 서부지역은 44.8%로 나타났다.[8] 급격한 도시화는 농촌에서 도시로 이주하여 생활하는 대규모의 유동인구를 유발하여 그 규모가 2억 이상으로 추산되고 있는데 이를 합하면 실제 중국의 도시거주 인구는 총인구의 60%를 넘는다고 볼 수 있다. 도시인구의 급격한 팽창과 더불어 시장경제 발전은 도시 지역사회의 성격을 근본적으로 바꾸고 있다. 종래까지의 직장 즉 '단위(單位)'중심의 생활환경이 새로운 지역사회 즉 '사구(社區)'중심의 생활환경으로 바뀌면서 주민의 성격도 '단위인'에서 '사회인'으로 변했다.[9]

여기서는 이러한 사회경제적 변화에 대응하는 새로운 사회관리 체제를 구축하기위한 '사구건설'을 추진하면서 시도된 주민자치의 발전과정을 '촌민위원회'와 '거민위원회'의 제도화와 창안을 중심으로 고찰하고, 기층 정부 하위 수준에서 행정과 자치 간의 새로운 관계를 모색하기위한 '

6) 鄭永年, 『中國模式: 經驗與困局』(杭州: 浙江人民出版社, 2010), pp. 191-192.
7) 中國社會科學院, 『中國城市發展報告』(2012).
8) 『國家新型城鎮化規劃(2014-2020年』http://news.xinhuanet.com/ziliao/2015-12/17/c-128541770-4.htm
9) 潘小娟, 『城市基層權力重組』(北京: 中國社會科學出版社, 2006), pp. 201-206.

기층 거버넌스'의 문제점과 과제를 분석해보려 한다. 더불어 기층으로부터 민주주의를 제도화하려는 주민자치의 실험이 정치발전을 위한 전략과 관련하여 어떤 함의를 갖는 것이지도 확인해 보려한다.

2. 농촌 촌민자치의 제도화

중국의 촌민자치 발전 배경에는 중국의 전통적인 '향촌자치'의 전통과 더불어 사회주의 혁명에 따른 농촌지역 사회계급 구조의 변화와 농민의 문화의식 향상 등과 같은 사회문화적 조건의 개선이 촉진 요인이 되었다고 볼 수 있다.[10] 그러나 1980년대 초 촌민자치 등장의 직접적 계기는 개혁개방 정책의 추진 특히 경제체제의 개혁 조치와 밀접한 관련이 있다. 생산 경영권을 농민에게 내려주고 농민을 생산의 주체로 만드는 내용을 핵심으로 하는 '가정연산승포책임제(家庭聯産承包責任制)'의 도입과 '인민공사(人民公社)' 제도의 해체는 농촌 경제관리와 행정체제의 큰 전환을 가져왔다. 촌민자치는 경제체제 개혁에 따르는 정치체제 개혁의 과제로 등장했다고 볼 수 있다. 가정연산승포책임제가 농촌 경제체제 개혁을 상징하듯이 촌민자치는 농촌 정치체제 개혁을 상징한다.[11]

촌민자치제도는 정부(국가)와 지역공동체(사회)가 결합된 경제단위 또는 생산 공동체로써의 인민공사 체제를 개편하면서 새로운 기층 지방정권 또는 기층 지방정부 '향'체제의 건설과 병행하여 지역사회 공동체 '사구'의 건설을 추진하는 이른바 '정사분리(政社分開)'의 산물로 등장하였다. 중국의 촌민자치 등장과 발전 과정을 분석하고 있는 많은 연구들은 각자의 관점에 따라서 발전단계를 개념화하고 있는데 대체로 1980년대 초를 '발생' 또

10) 趙秀玲, 『村民自治通論』(北京: 中國社會科學出版社, 2004), pp. 3-31.
11) 위의 책, p. 35.

는 '붕아'의 시기로, 1980년대 후반부터 1990대 중반까지를 '건설', '추진', '시험'의 시기로, 그리고 1990년대 말 이후를 '제도화', '규범화', '심화', '보급'의 시기로 구분하고 있다. 중국 촌민자치 발전 과정의 중요한 전기가 된 세 시점이 있다. 즉, 촌민자치를 헌법에 규정한 1982년, '시행(試行)' 촌민위원회 조직법을 제정한 1987년, 그리고 정식으로 촌민위원회 조직법을 제정한 1998년이 그것이다. 이 세 법적 조치들은 촌민자치의 제도화 과정에서 큰 전환점이 되었다. 촌민자치의 제도화 관점에서 보면 1987년 이전은 '시도기', 1980년부터 1998년까지는 '실험기', 그리고 1998년 이후는 '확대기'로 규정해볼 수 있을 것이다.

중국 촌민자치의 제도화 과정은 긴 기간에 걸쳐 모범의 창조와 시범적 실시, 지역사회의 특성에 따른 실험, 경험과 시행착오를 반영하는 규범의 수립, 그리고 그러한 규범의 확대 적용과 심화 등과 같은 단계를 거치면서 신중하게 추진되고 있음을 볼 수 있다. 인민공사체제가 해체됨에 따라 농촌에서는 '집체소유(集體所有)'의 토지나 재산을 관리하는 문제, 생산계획과 협동 노력 등 집체경제를 조직화하는 문제, 그리고 치안, 가족계획, 사회복지, 생태환경 등 지역사회 공동사무를 조직 지도하는 문제가 대두 되었다. 새로운 촌민자치 제도인 '촌민위원회'는 인민공사 체제의 해체에 따라 기층정권인 향(鄉)정부 건설을 추진하는 과정에서 향 정부 단위 아래의 촌 단위에서 자생적인 촌민 자기관리의 조직 형식으로 등장했다. 중국에서 최초로 촌민위원회가 조직된 것은 1980년 광시장족자치구(廣西壯族自治區) 이산현(宜山縣) (현제의 宜州市) 빙난향(屛南鄉)의 과작촌(果作村) (현제의 合寨村)에서였다.[12] 초기의 촌민위원회는 아직 촌민자치에 관한 법 규정이 미비했기 때문에 명칭이 통일되지 않은 채 '촌관위(村管委)', '촌민의사회(村民議事會)', 또는 '치안영도소조(治安領導小組)' 등 다양한 형태로 출발했다.[13]

1982년 개정된 헌법 제111조는 "도시와 농촌 주민 거주 지역에 설립하

12) 위의 책, pp. 32.
13) 徐勇, 앞의 책, p. 27.

는 거민위원회 또는 촌민위원회는 기층 군중성 자치조직이다. 거민위원회, 촌민위원회의 주임, 부주임 및 위원은 주민이 선거한다. 거민위원회, 촌민위원회와 기층정권의 상호관계는 법으로 정한다."라고 규정했다. 이러한 규정에 따라 촌민위원회는 헌법적 지위를 부여받게 되었을 뿐만 아니라 자치조직으로써의 성격이 확인되었고 정권에 대한 상대적 독립성을 보장받게 되었던 것이다.[14] 이어 1983년 10월 중국공산당 중앙위원회는 제35호 문건 '정사분리와 향정부의 건설실행에 관한 통지(關于實行政社分開建立鄕政府的通知)'를 발령하여 기층정권 향 정부 건설을 추진하면서 자치조직으로써의 촌민위원회조직 문제를 제기했으나 아직 구체적 기준과 지침이 미비했다. 또 초기의 촌민위원회 조직은 흔히 민주적인 직접선거 방식을 적용하는데 한계가 있었고 따라서 상급 당 또는 정부 기관의 지도 및 간접선거 방식을 통해서 이루어졌다.

1984년부터 국가 민정부가 제정한 '촌민위원회조직조례'를 기초로 전국적인 토론을 거쳐 1987년 6기 인민대표대회에서 '촌민위원회조직법(시행)'을 통과시켜 촌민자치 발전의 법적 장치를 마련하게 되었다. 당시 인민대표대회의 입법 논의 과정에서는 촌민위원회의 성격을 둘러싸고 치열한 논쟁이 벌어지기도 했는데 일부에서는 헌법 규정을 고쳐 촌민위원회를 향(진) 아래의 행정관리 기능을 갖는 '준 정권 조직' 또는 '기층 정권 조직'으로 규정해야한다는 주장도 제기되었지만 새로운 군중자치제도와 직접민주제도로써의 성격을 분명히 하게 되었다.[15] '시행' 촌민위원회 조직법이 마련됨에 따라 전국적으로 각 성, 시 별로 '촌민자치장정'이 제정되고 촌민위원회 선거 법규가 마련되어 촌민위원회 선거가 실시되었다. 촌민위원회의 건설은 이전의 인민공사 대대(大隊)에 기초해서 주민 인구 1000-3000명 정도 단위로 (인구가 많은 경우는 8000-9000명의 경우도 드물게 있었다.) 이루어 졌는데 매 촌마다 촌민위원회는 인구의 다수에 따라 직접 선출한 3-7명의

14) 위의 책, p. 29.
15) 肖立輝, 앞의 책, pp. 29-30.

위원 (주임, 부주임 포함)으로 구성되며 위원회 임기는 3년으로 규정되었다. 촌민위원회의 조직과 더불어 촌 수준의 '의사조직(議事組織)' 또는 의사제도로써 '촌민대표회'가 등장하였는데 초기에는 농촌의 영향력 있는 인사들 예컨대 원로 간부, 원로 당원, 지식인, 신흥 사업가 등으로 구성되는 '촌민의사회', '촌민대표대회', '연호대표회(聯戶代表會)', '촌민대표회의' 등 다양한 명칭을 갖는 대의성 조직으로 나타났다.[16] 이러한 촌민대표회의 제도는 '시행' 촌민위원회 조직법에서는 명확히 규정되지 않았으나 시행과정에서 촌민자치의 의결기구 또는 감독기구로 발전하였다.

촌민자치에 대한 학술적 연구가 장려되고 외국인 참관단의 초청과 방문연구도 허용되었다. 1989년 1월에는 촌민자치와 농촌 기층민주 정치제도 건설 문제를 다루는 최초의 학술지 『향진논단(鄕鎭論壇)』이 창간되고 7월에는 민정부 기층정권건설사(民政部 基層政權建設司)의 지원 하에 '중국기층정권건설연구회'가 성립되기도 했다. 1990년 9월 민정부는 '전국 농촌 촌민자치 시범 활동에 관한 통지'를 하달하여 전국적으로 촌민자치 시범 실시를 촉진했다. 이를 통해서 다양한 선거 방식의 탐색, 제도적 고안, 성과와 효과 평가가 이루어졌다. 촌민자치 시범 활동은 촌민자치를 더욱 심화, 확대하는 한편 규범화, 제도화를 촉진하는 전기가 되었다. 특히 이 기간에는 '촌무공개(村務公開)'를 통한 민주관리와 민주감독을 규범화하는 활동에 집중되었다. 이러한 시범적 실시 경험을 통하여 촌민자치는 직접민주주의 제도로 정립되기에 이르렀다. 1998년 11월 9기 전국인민대표대회 상무위원회 5차 회의는 그러한 시범적 실시 경험을 반영한 '중화인민공화국 촌민위원회조직법'을 정식으로 공포했는데 그 주요 내용은 다음과 같다.[17]

첫째, 촌민자치의 개념을 더욱 명확히 하여 '자아관리', '자아교육', '자아복무' 등 기층군중자치의 조직적 성격과 '민주선거', '민주결책(民主決策)', '민주관리', '민주감독' 등 민주제도의 내용을 구체적으로 규정했다.

16) 趙秀玲, 앞의 책, p. 51.
17) 위의 책, pp. 280-290.

둘째, 촌민위원회와 촌 당(공산당) 조직과의 관계에 관해 당의 '영도적' 역할과 더불어 촌민자치 활동에 대한 지지를 규정함으로써 촌민위원회의 독립성과 민주적 자치 권리를 보장했다.

셋째, 선거제도의 민주성을 확대하여 '촌민 연명추천(村民聯名提名)' 방식의 후보자 추천, 무 후보 투표(無候補投票), '차액선거(差額選擧)'의 의무화, 비밀투표, 공개개표, 등을 규정했다.

넷째, 촌민유권자 1/5 이상의 발의로 촌민위원회의 파면을 요구할 수 있고 촌민회의 표결로 파면을 결정할 수 있는 일종의 주민소환 제도를 규정했다.

다섯째, 촌민대표회의를 합법화 하고 촌민회의와 촌민대표회의 간의 권한 범위를 규정했다.

여섯째, 촌무 공개제도를 규정했다.

이러한 촌민위원회 조직법이 정식으로 공포됨에 따라 이를 근거로 전국의 각 성, 자치구, 직할시 별로 각각 동 법의 시행 규정으로 촌민위원회 조직법 '시행규정(實施辦法)' 또는 '촌민위원회 선거 시행규정' 등을 제정하여 구체적 법 규정을 보완했다. 법체제가 완비됨에 따라 촌민자치를 확대 보급하는 한편 민주적 자치를 내실화 하고 실천 과정의 문제점을 해결하기 위한 제도적 창안과 규범화 노력이 계속돼오고 있다.

3. 도시 거민자치의 제도화

중국의 '도시(城市)' 개념은 행정급별 구분과 법정 규모 개념이 있다. 행정급별 또는 지방정부 급별 구분으로는 직할시, 부성급시(副省級市), 지급시(地級市), 현급시(縣級市)로 구분되고, 법정 규모 개념구분은 특대도시, 대도시, 중등도시, 소도시로 나뉜다. 특대도시는 비농업인구가 100만 이상인 도시, 대도시는 비농업인구가 50만 이상인 도시, 중등도시는 비농업인구가 20-50만인 도시, 소도시는 비농업 인구가 20만 이하인 도시를 의미하는데, 인구 10만이하의 도시는 진(鎭)으로 분류된다. 최근 통계에 따르면 중국에는 660여개의 시가 있는데 그중 직할시 4개, 부성급시 15개, 지급시 207개, 현급시가 442개 이며, 특대도시 34개, 대도시47개, 중등도시 203개, 그리고 소도시가 384개이다.[18] 현급이상 정부의 소재지로 상주인구 중 비농업인구가 50%이상인 지역 또는 상공업이 비교적 집중돼있는 지역에 설치하는 진(鎭)은 약 2만여 개가 된다.

도시지역의 행정계층 구조는 크게 구(區)를 설치한 중대도시와 구를 설치하지 않은 소도시로 나뉘는데 구가 설치된 도시의 경우는 구 정부, 그렇지 않은 경우는 시정부의 파견기관인 '가도판사처(街道辦事處)'가 주민과 접촉하는 최하위 행정기관이 된다. '사구'란 일정한 지역적 범위내의 주민들로 이루어지는 사회생활공동체라고 말할 수 있는데 지역에 따라서 그 규모가 다양하여 하나의 구내에 수십 개 많게는 100여 개의 사구가 있고, 하

18) "城市行政區劃體系", http://news.xinhuanet.com/ziliao/2004-10/28/content-2148140.htm (2012. 7. 6 검색)

나의 가도도 여러 개의 많게는 10여개의 사구로 나뉜다. 법규정상으로는 사구 거민위원회의 규모를 100-700호 범위에서 설립하도록 되어있지만 실제로는 400-3000호 범위에서 다양하게 적용되고 있다고 한다.[19]

1989년 말 천안문사태가 수습된 후 제 7기 전국인민대표대회 상무위원회 11차 회의에서는 기존의 '성시거민위원회조직조례'(1954년 제정)를 대폭 수정한 '중화인민공화국성시거민위원회조직법'('거민위조직법'으로 약칭)을 통과시키고, 동법은 1990년 1월 1일부터 발효되었다. 이후 도시지역에서의 사구건설은 세 단계, 즉 1990년대 전반의 초창개시, 1990년대 후반의 실험탐색, 그리고 21세기에 들어선 확충보급의 단계로 진행돼오고 있다.[20] 1990년대 전반은 민정부(民政部) '기층정권건설사'를 중심으로 사구건설 문제를 제기하고 준비하는 기간이었다.1990년대 후반에는 기층정권건설사를 '기층정권 및 사구건설사(基層政權和社區建設司)'로 개편하고, 상하이시(上海市)에서의 시범실시를 거쳐 1999년부터 전국적으로 19개의 성, 차치구, 직할시에서 26개의 '사구건설 실험구'를 선정하여 탐색작업을 전개했다. 21세기 들어서는 거민위원회의 조직을 전면적으로 확대하여 2004년까지 전국적으로 71375개의 새로운 형태의 사구 거민위원회를 조직하는 성과를 올렸다. 이렇게 하여 도시지역 사구건설과 주민자치는 대도시에서 중소도시로, 그리고 동부지역에서 서부지역으로 확산되고 있다.[21]

도시 사구 거민위원회 조직과 제도화의 기틀을 마련한 '거민위조직법'은 거민위원회의 성격과 임무 그리고 구성과 운영에 관한 규정을 담고 있는데 그 주요 내용을 요약하면 다음과 같다.[22]

---

19) 潘小娟, 앞의 책, pp. 85-86.
20) 위의 책, pp. 207-220.
21) 國務院新聞辦公室, "中國的民主政治建設"(白皮書) http://news.xinhuanet.com/politics/2005-10/19/content-364519.htm(2012. 7. 10 검색).
22) '中華人民共和國城市居民委員會組織法' http://www.mca.gov.cn/sys/print.shtl?atitle(2012. 7. 10 검색).

첫째, 거민위원회와 시나 구 인민정부 또는 그 파견기관(가도판사처)과의 관계를 업무상 '지도와 협조'의 관계로 표현하고 있다. 즉 정부는 거민위원회의 업무를 '지도, 지지, 방조'하고 거민위원회는 정부의 업무에 '협조' 한다는 것이다.

둘째, 거민위원회의 임무는 다음과 같이 여섯 가지로 규정했다.

① 헌법 법률 법규 국가정책의 선전, 주민의 합법적 이익 수호, 주민의 법적 의무이행 교육, 공공재산 보호, 사회주의정신문명건설 활동 전개.

② 주민의 공공사무와 공익사업의 처리.

③ 민간 분규의 조정과 해결.

④ 사회치안 유지 협조.

⑤ 인민정부 또는 그 파견기관의 공공위생, 계획생육, 보훈구제, 청소년 교육 등에 협조.

⑥ 인민정부 또는 그 파견기관에 대하여 주민의 의견과 요구를 반영하고 건의를 제출.

셋째, 거민위원회는 주임, 부주임, 위원 등 5-9인으로 구성되는데, 거민위원회 성원의 선거는 직접선거 또는 간접선거의 방법으로 할 수 있도록 했다. 즉 전체 유권자 주민(18세 이상) 또는 매호의 대표자가 참가하여 직접 선거할 수도 있고, 주민의 의견에 따라 매 '거민소조'가 2-3명의 대표를 선출하고 그 대표들이 거민위원회 성원을 선거하는 간접선거 방식을 택할 수도 있다. 거민위원회 성원의 임기는 3년이다.

넷째, 거민위조직법은 또 '거민회의'를 규정하고 있는데, 거민위원회는 '거민회의'에게 책임지며 업무를 보고한다. 거민회의는 거민위원회 성원의 소환과 보선의 권한을 갖는다. 거민회의는 전체 18세 이상 주민, 매호의 대표, 또는 매 거민소조가 선출하는 2-3인의 대표들로 구성되는데, 과반수 출석과 출석인 과반수 찬성으로 결의할 수 있다. 거민회의는 거민위원회가 소집하고 주재하는데, 주민 1/5이상이나 매호 대표 1/5이상, 또는 매 거민소조 1/3이상의 제의로 회의소집을 요구할 수 있다.

다섯째, 거민위원회는 공익사업에 필요한 경비를 마련하기 위하여 자원(自願)원칙에 따라 주민으로부터 또는 당해지역 수익단위로부터 모금할 수 있다. 거민위원회 성원의 생활 보조비 등 업무상의 경비는 시나 구 인민정부의 규정에 따라 지불하며 주민의 동의를 받아 자체 수입 중에서 충당할 수도 있다. 사무실 등 업무공간은 인민정부가 주선한다.

2010년 8월에는 중국공산당 중앙판공청과 국무원 판공청 공동명의로 '도시 사구 거민위원회 건설업무 강화 추진에 관한 의견' 문건을 하달하여 2020년까지 도시 거민위원회 조직체계를 완성한다는 목표를 설정하고 거민위원회 건설 엽무의 개선 지침을 제시했다. 그 내용을 요약하면 다음과 같다.[23)]

① 거민위원회의 주요 임무(역할) 명시:

-주민자치활동의 전개 조직.

-기층 인민정부 및 그 파견기관 업무 추진 협조(예컨대 노동취업, 주거보장, 소비자 권리 보호, 노령인 장애인 미성년자 유동인구의 권익 보호 등과 같은 새로운 업무 제시).

-민주감독 활동의 조직(지역 내 사회조직 용역기업 업무 지도감독, 주민 권익 보호 등).

23) "中共中央辦公廳國務院辦公廳關于加强和改進城市社區居民委員會建設工作的意見" http://zqs.mca.gov.cn/sys/print..shtl?atitle(2012. 7. 9 검색)

② 거민위원회의 인력 강화:
-업무인원 교육훈련 및 표창 격려 제도 고안.
③ 당 조직 영도 하 주민자치제도 개선:
-기층 당내민주 및 거민위원회 민주선거 제도 개선.
④ 주민서비스 시설의 개선:
-위생, 문화, 체육, 양노 시설과 전기, 수도, 난방 및 정보화 시설의 보강.
⑤ 유관 조직 간의 관계 업무 합리화:
-당 조직의 영도 역할 자각.
-사회조직 및 자원봉사 조직육성.
-지역 내 단위(기관)와의 협력, 인적 물적 자원 공유 및 활동 상호개방.
-공청단(共青團), 부연(婦聯), 장애인 단체, 노인 단체, 자선협회 등과 같은 대중조직의 적극적 참여 유도.
-사구건설과 당 건설 업무의 연계.

4. 민주적 제도 창안과 규범화

촌민자치의 시행 과정에서 나타난 문제점 등을 크게 나누어보면 촌민자치 제도 자체의 운영체계와 관련된 총체적인 문제와 운영상의 부분적인 문제로 나누어 볼 수 있을 것이다. 촌민자치 제도의 총체적인 운영체계 문제는 촌민자치와 당 조직의 역할, 향(진)정부의 행정과 촌무관리 간의 관계, 그리고 자치제도들 간의 상호 역할 관계를 정립하는 문제이다. 부분적인 운영상의 문제는 선거제도와 관리, 의사결정, 촌무관리, 그리고 촌무감독에 있어서 민주성 및 합리성을 확보하는 문제이다.

1) 총체적 운영체제의 개선

촌민자치의 취지는 향(진)정부의 행정업무(政務)와 자치업무(村務)를 유기적으로 결합하고 '향정촌치(鄕政村治)' 원칙을 규범화하는 것이다. 그러나 실천 과정에서는 촌민위원회가 향정부의 행정을 대행하는 '준 정부(準政府)' 기구로 전락할 우려가 없지 않다는 점에서[24] 그러한 자치의 타락을 막기 위해서는 행정업무와 자치업무를 합리적으로 배분 조정하는 보완적 장치가 필요하다. 여기서 촌 당 조직의 역할이 매우 중요한데 정무와 촌무를 배분 조정하는 방식은 다음과 같은 세 가지 모델을 상정할 수 있다. 즉

24) 徐勇, 앞의 책, pp. 214-215.

촌 당 조직과 촌민위원회를 제도적으로 일체화하여 정무와 촌무를 다 같이 처리하도록 하되 촌 당 조직은 의사결정(결정)의 역할을 촌민위원회는 집행의 역할을 하도록 하는 방식, 촌민위원회가 향 정부의 행정업무도 처리하고 자치업무도 처리하도록 하는 방식, 그리고 정무와 촌무 중 중요하고 큰 문제는 촌 당 조직이 담당하고 촌민위원회는 일상적인 사무만을 처리하는 방식이 그것이다..

촌 당 조직과 촌민위원회의 역할 분담 원칙에도 불구하고 실제로는 정무와 촌무간의 상호 융합이 불가피하기 때문에, 그리고 양자 간의 권한 범위가 불분명하기 때문에 민선의 촌민위원회 주임과 임명된 촌 당 지부 서기 간에 불화와 역할 갈등이 야기되고 촌민자치가 '준 행정'으로 탁락하여 명목상의 자치로 흐를 가능성이 상존한다. 이러한 문제를 해결하기 위해서는 촌 당 조직과 촌민위원회 간의 직권 범위를 합리적으로 구분하는 한편, 당의 지도적 역할과 권위를 강화하면서 정부와 촌무를 유기적으로 연결시키는 제도적 모색이 필요하다. 즉, 자치를 발전시킬 수 있는 민주적 지도체제의 운영방식을 고안하려는 노력이 요구된다. 이러한 촌민자치의 총체적 운영체제 문제를 해결하기 위한 제도적 창안의 몇 가지 사례를 보기로 한다.[25)]

첫째, 허베이성(河北省) 우안시(武安市)의 '1제3화(一制三化)' 운동: 여기서 '1제'란 촌 당 지부 지도하의 자치 운영체제를 확립하는 것, 즉 당 지도의 역할을 확립하는 것을 의미하며, '3화'란 '당 지부 영도의 규범화', '촌민자치의 법제화', '민주적 감독의 절차화(程序化)'를 의미한다. 이러한 방침에 따라 의사결정과 촌무관리 및 감독을 위한 운영체제로 '6회의사(六會議事)', '재무3심(財務三審)', '공장쌍첨(公章雙簽)', '4제감독(四制監督)' 방식을 도입했다. '6회의사'란 촌 당 지회, 촌민위원회, '양위연석회(兩委聯席會) (당 지회와 촌민위원회의 연석회의)', '당원회의', '촌민대표회의', '촌민회의' 간 업무와 권

25) 제도 창안 사례는 肖立輝의 연구를 많이 참고했다. 肖立輝, 앞의 책, pp. 81-132.

한에 따라 촌무에 관한 결정을 하는 것을 의미하는데, 특히 '양위연석회'의 기능을 강화하여 촌 당 지부(위원회) 서기와 촌민위원회 주임 간의 협조를 제도화하는데 강조점을 두고 있다. '재무3심'은 촌 재정사무는 촌민위원회 주임과 촌 당 지부 서기, 그리고 촌민이재소조(村民理財小組)의 심사를 거쳐 집행하도록 하는 것으로 재무의 투명성과 공정성을 보장하기 위한 조치이다. '공장쌍첨'은 촌민위원회의 인장을 촌민위원회 주임과 촌 당 지부 서기의 동의를 얻어 사용하도록 하는 것을 의미하며 '4제감독'이란 촌무공개, 민주적 의정, 촌간부에 대한 민주적 평가, 그리고 회계 대리위탁 제도 등을 통한 다각적인 촌무감독 체제를 의미한다.

둘째, 헤베이성 칭현(青縣)의 '촌민대표회상임제': 이는 촌 당 지부와 촌민위원회, 그리고 촌민대표회 3자간의 관계를 '지도(領導)', '주관(作主)', '주무(辦事)'의 역할로 정립하기 위한 제도적 고안이다. 촌민대표회 상임제는 촌민위원회와 별도로 촌민대표회의 주석(主席)을 민주적으로 선출하여 일상적으로 (상임으로) 업무를 수행하도록 촌민대표회의 기능을 강화하고자 하는 것이다. 이는 합법적인 경선을 거쳐 촌 당 지부 서기가 주석직을 겸임하거나 당원의 촌민대표회의 대표를 겸임하도록 하는 방식으로 당의 지도적 역할과 촌민자치권을 유기적으로 결합하려는 시도지만, 사실상 촌무에 대한 당 지부 서기의 권한을 제도화하는 것이며 상임의 촌민대표회 주석직의 합법성에 대한 논란이 제기될 수 있다.

셋째, 장시성(江西省) 두창현(都昌縣)의 '촌락사구(村落社區)' 및 후베성(湖北省) 즈꾸이현(秭歸縣)의 '사구이사회(社區理事會)' 건설: 이는 농촌지역에 '사구(社區)' 건설 아이디어를 도입하여 기층군중자치 중심을 더욱 하향화하는 새로운 자치 구조를 시도하는 것이다. 두창현을 시작으로 하여 장시성 전역으로 확대 실시된 '촌락사구' 건설은 참여와 자치의 취지를 더욱 잘 살리기 위한 '1회6참(一會六站)' 방식을 시도했다. 즉, 자연부락 단위로 (보통 1개 촌은 20-30㎢ 면적내의 10여 개의 자연부락으로 구성됨) '사구자원자협회(社區自願者協會)'를 건설하여 촌민이 직접 1명의 회장을 선거하고 그 밑에 6개의 '참(站)', 즉 '공익사업본무참', '위생환경관리참', '문체활동연락참(文體活動連絡站)', '민간규분조해참(民間糾紛調解站)', '경제건설공작참'을 설립하는 것이다.

후베이성의 '사구이사회' 건설 역시 이전의 행정촌 단위의 촌민소조를 폐지하고 지역적 인접성, 경제활동의 편의, 규모의 적정성, 이익 향유의 공동성, 주민의 자발적 의사 원칙을 감안하여 촌민위원회 산하에 20-50호구로 사구를 구성하여 새로운 형태의 소규모 자치조직을 건설하는 것을 의미한다. 사구이사회는 촌민의 투표로 선출된 1인의 이사장과 2-4인의 이사로 구성되며, 매 사구마다 10호구 정도의 3-5개 '호조조(互助組)'를 조직한다. 호조조 조장은 원칙상 사구이사회의 이사를 겸한다.

촌민자치의 총체적 운영체제 문제의 핵심은 촌민자치와 당정 지도 간의 갈등을 해결하는 것이다. 이를 위해서 겸직 방식이 활용되고 있음을 볼 수 있다. 겸직에 관한 통계 등을 종합해보면 촌민위원회 성원의 당원 비율은 60-70% 수준이며, 촌민위원회 주임과 촌 당 지부 서기가 겸직하는 경우는 35% 수준이다. 촌민위원회 당원 비율은 점차 증가하고 있는 추세지만 촌민위원회 주임 중 비당원의 비율은 30% 정도로 나타나고 있다.[26]

2010년 10월 11기 전국인민대표대회 상무위원회 17차 회의에서 수정 통과된 촌민위원회조직법은 촌민자치와 당정 간의 관계를 보다 분명히 규정했다. 즉 촌 당 기층조직은 촌민자치에 대한 '영도핵심'의 역할을 하지만 동시에 자치활동을 '지지', '보장'한다는 것이다. 향(진) 정부의 역할

26) 허난성(河南省)과 광둥성(廣東省)의 2001-2002년 촌민위워회 선거결과를 집계 분석한 한 연구에 따르면 촌민위원회 중 당원비는 61.1%, 촌민위원회 주임 중 당원비는 70.9%, 촌민위원회 주임과 촌 당 지부 서기 겸직은 35.1% 였다. Richard Levy, "Village Elections, Transparency, and Anticorruption: Hennan and Guangdon Provinces" in Elizabeth G. Perry, Political Reform in Contemporary China (Cambridge: Harvard University Press, 2007), pp. 24-25. 푸젠성 민정청(福建省 民政廳)의 조사연구 보고서에 따르면 푸젠성 전체 촌민위원회 성원 중 당원 비율은 60.2% 였다. 福建省民政廳課題組, "完善農村村民自治發展農村基層民主政治福建省村民自治工作調研報告"(2008年 6月). http://zgs.mca.gov.cn/article/cmzz/gzy/llyjdgbg/200807000l873.shtml (2011. 5. 20 검색). 또 다른 분석은 촌민위원회의 당원 비율이 66.49%, 촌민위원회 주임과 촌 당 지부 서기의 겸직이 35%라고 밝히고 있다. 吳競, "村官選擧走向常態化: 9億農民接受民主訓練,"「人民日報」(2008. 1. 9).

도 '지도', '지지', '방조(幇助)'의 역할을 하지만 지치 사무에 대해서는 간섭하지 않는다는 것이다.[27]

2) 선거제도의 개선

다음으로 촌민자치의 부분적인 운영상의 개선을 시도하는 제도 창안의 사례들을 보기로 한다. 선거제도의 개선을 위한 아이디어는 민주적 참여를 보장하고 경쟁성을 확대하는 방향으로 모색되고 있다. 이러한 선거제도에 관한 창안들은 후보자 추천의 민주화와 차액 비율의 확대 방식, 선거과정의 관리와 부정부패 및 부작용을 막기 위한 조치 또는 감독 방식 등에 관한 것들이다. 보편적인 유 후보자 선거(有候選人選擧)에서 후보자의 촌민 직접추천 방식을 보완하는 개선책과는 별도로 점차 '무 후보자 선거(無候選人選擧)'를 도입하는 추세이다. 무후보자선거는 1986년 지린성(吉林省) 리수현(梨樹縣) 베이라오하오촌(北老壕村)에서 처음 시도했던 이른바 '하이수완(海選)' 방식으로부터 발전되었는데 선거비용과 시간의 낭비를 절감하고 투명성을 확대하여 유권자의 권리를 실질적으로 보장해준다는 장점이 있다. 상하이(上海市), 저장성(浙江省), 광둥성, 총칭시(重慶市)에서 주로 무후보자 선거 방식을 채택하고 있다.

선거제도 개선의 또 하나의 사례는 1989년 안후이성(安徽省) 위에시현(岳西縣) 롄윈향(蓮雲鄉) 텅윙촌(騰雲村)에서 처음 시도된 '조합경선제(組合競選制)'이다. 이것은 촌민위원회 선거에서 주임 후보자들이 각각 촌민위원회 위원 후보자 명단을 작성하여, 즉 조각(組閣)을 하여 제시하고 촌민의 직접투표를 통해 선택 받는 방식이다. 선거 절차를 효율화하고 촌민위원회 지도부 내의 협조와 단합을 꾀하는데 유리한 제도라고 할 수 있다.

---

27) "中華人民共和國村民委員會組織法 '
http://zfs.mca.gov.cn/article/zcwj/flxzfg/201101/20110100129001.shtml(2011. 5. 20 검색).

또 다른 선거제도 개선 사례는 광시장족자치구(廣西壯族自治區) 푸환현(扶綏縣)에서 시도한 '양위연동선거(兩委聯動選擧)' 방식이다. 이것은 촌민위원회 선거와 촌 당 지부 조직 선거를 연동시키는 방식으로 당원을 촌민위원회 위원 후보로 추천하거나 당 지부 서기를 촌민위원회 후보로 추천하는데 적용 시킬 수 있다. 이는 기층 민주주의를 당내 민주주의와 결합시키려는 시도라고 볼 수 있다.

이밖에 공명선거를 위한 제도와 노력이 이루어져왔다. 예컨대 선거부정이나 타락선거를 막기 위한 선거감독 방식으로 전문 선거감독기구를 설치하거나 (베이징시의 경우), 선거관찰원 제도를 활용하기도 하고 (후베이성의 경우), 사법공증제도를 채용하기도 한다 (장시성, 윈난성의 경우). 2009년에는 국무원 지시로 촌민위원회 선거 실시에 있어서 현, 향(진)급 당위원회의 지도와 인민대표대회의 감독, 지방정부의 주관 책임을 명확히 했다.[28]

2010년 10월 수정된 촌민위원회조직법은 몇 가지 문제들을 보완하는 조치를 취했다. 우선 후보자 추천 방식을 선거에 참가하는 촌민이 '직접추천'하도록 규정했다. 선거에 참가하는 촌민, 즉 유권자의 개념도 보다 분명히 했는데, 18세 이상으로 당해 지역에 호적을 가지고 있으며 거주하고 있는 자, 호적은 가지고 거주하고 있지는 않지만 선거에 참가할 의사를 표시한 자, 그리고 호적은 없지만 1년 이상 그 지역에서 거주하였고 선거 참가 신청을 하여 촌민회의나 촌민대표회의의 동의를 받은 자로 구체적으로 규정했다. 선거투표 방식으로는 '선거대회'를 소집 개최하는 방식과 '투표소(投票站)'을 설치하여 일정기간 자유롭게 투표할 수 있게 하는 방식을 선택하도록 했고 선거대회 방식을 취할 경우 엄격한 통제 하에 '이동투표함(流動票箱)'을 이용할 수 있게 했다. 선거기간 외출로 투표 참가가 불가능한 경우 활용되는 '위탁투표'는 한 사람이 3인 이내로부터 대신 투표를 위임받을 수 있도록 그리고 후보자는 대신 투표를 위임받을 수 없도록

28) 孫學東, "中央規範村官選擧: 首次明確縣委書記是第一責任人", 『半月談』(2009. 6. 24).

제한했다. 또한 '과반수 투표 과반수 득표 당선' 원칙의 경직성을 완화하는 '영행선거(另行選擧)' 규정을 도입했는데, 이는 과반수 득표자가 선출 정원('應選名額')에 부족할 경우 과반수 득표를 하지 못하여 낙선한 자 중 다수 득표자를 후보자로 하여 별도의 투표를 실시하여 다수 득표자를 당선자로 결정하는 것을 말한다. 영행선거의 경우도 당선되려면 총투표수의 1/3 이상을 득표해야한다. 이밖에 새 선거규정은 후보자 지명과 당선인 결정에 있어서 여성우대를 보장하는 규정을 보완했다.

3) 의사결정 방식의 개선

의사결정의 개선을 위한 고안들은 촌무에 관한 의사결정을 절차화 규범화 하여 촌민의 참여를 확대하고 의사의 범주와 주체, 결정방법과 절차를 명확히 하려는 것이다. 의사결정 개선을 위한 창안의 예로 총칭시 카이현(開縣) 마류향(麻柳鄉)에서 시도한 '팔보공작법(八步工作法)', 허난성(河南省) 난양덩저우(南陽鄧州)의 '4+2공작법', 저장성 원저우시(溫州市) 루청구(鹿城區) 수이신촌(水心村)의 '촌민회의소집인제', 산둥성 르자오시(日照市) 둥강구(東港區)의 '촌무공결제(村務公決制)', 헤이룽장성(黑龍江省) 하이룬시(海倫市)의 '일사일의제(一事一議制)', 저장성 원링시(溫岭市)의 '민주간담회(民主懇談會)' 등이 있다. '팔보공작법'의 팔보란 결정 전 의사(議事) 단계에서의 민의 조사수집, 당원 간부와 촌민대표회의를 통한 초보적 방안 결정, 선전과 의견통일 활동, 민주토론을 통한 최종안 확정 절차, 그리고 호호방문을 통하여 승인을 받는 표결 단계와 결정 후 공정 분담, 촌민소조 조직 실시, 그리고 결산공포 등의 절차를 의미한다. 이는 결정전의 의사 단계, 결정의 조직 단계, 결정 후 민주감독 단계 등 3 단계를 통해 매 단계에서의 민주적 참여와 자아관리, 민주감독을 구현하려는 것이다. '4+2 공작법'은 '4의(四議)'와 '양공개

(兩公開)'의 결합을 뜻하는데 '4의'란 촌 당 지부의 제의, 촌민위원회와 당위원회 '양위(兩委)' 간의 협의, 당원대회의 심의, 그리고 촌민대표회의 또는 촌민회의의 심의를 말하고, '양공개'란 결의의 공개, 실시 결과의 공개를 뜻한다. '촌민회의 소집인제'는 촌민위원회의 파면 요구 표결을 위한 촌민회의 소집을 용이하게 하기위해서 촌민이 직접 투표로 촌민회의 소집인을 선출할 수 있도록 하는 제도이다. 이는 주민소환제의 보완 조치로 촌민의 참정권을 강화하는 효과가 기대된다.

'촌무공결제'란 촌의 중대한 일들을 소집하기 어렵고 또 불편한 촌민회의 개최 대신 호구 단위로 의견을 묻는('征求意見') 카드를 이용하여 결정하는 것을 말한다. 이는 일종의 여론조사에 의한 의사결정 방식이라고 할 수 있다. '일사일의제'란 의사의 내용에 따른 의사의 주제와 의사의 주체(회의 형식), 의사의 절차(소집, 개최, 표결 방법 등)를 명확히 하는 것을 말한다. 하이룬시의 '일사일의'의 실시 과정에서는 특히 촌민대표회의 역할이 두드러지게 중요해졌다. 왜냐하면 촌의 규모가 크고 면적이 넓어 전체 촌민이 참가하는 촌민회의 소집이 어렵기 때문에 촌민회의 위임에 따라 촌민대표회가 대부분 중요한 촌무를 결정하게 되었기 때문이다. 또 촌민 대표의 성격은 점차 주민을 대표하는 '마을형(隣里型)'에서 이익집단을 대표하는 '이익집단형(利益群體型)'으로 변화하여 촌민대표회의는 이익집단간의 충돌과 분규의 해결 무대가 되고 있다. 촌민대표회는 표결 방식으로 '쌍표제(雙票制)'를 채택했는데 이는 각 대표가 자신이 대표하는 주민의 의사에 따라 두 장의 찬성표, 두 장의 반대표, 또는 한 장의 찬성표와 한 장의 반대표를 행사할 수 있도록 하여 보다 공평하고 공정한 의사결정이 이루어질 수 있도록 고려한 것이다. '민주간담회'는 의사결정 전에 이해관계 당사자들이나 사회각계 대표들을 초청하여 면대면의 소통과 협상을 통해 이해를 구하는 간부와 대중간의 소통 방식이다. 예컨대 '민정야담(民情夜談)', '농민강대(農民講臺)', '기층민주논단' 등과 같은 이름으로 이루어지는 간담회는 촌민회의나 촌민대표회의 보완 방법이 뿐이며 새로운 의사결정 방식은 아니다.

2010년 10월 수정된 촌민위원회조직법은 특히 촌민회의와 촌민대표회의의 권한 강화에 관한 규정을 보완했다. 촌민회의는 18세 이상의 촌민으로 구성되며 18세 이상 촌민1/10 또는 촌민대표1/3의 제의로 촌민위원회가 소집하는데 18세 이상 촌민 과반수 이상의 참석 또는 2/3 호구 대표의 참석으로 성립된다. 촌민회의는 촌민위원회의 연간 활동보고 심의, 촌민위원회 성원 활동 평의(評議), 촌민위원회나 촌민대표회의의 부당한 결정의 변경 또는 폐기 결정 권한을 갖는다. 주민수가 비교적 많거나 분산되어 있는 촌의 경우에 촌민대표회의를 설립할 수 있으며 촌민회의의 위임 사항을 토론 결정할 수 있다. 촌민대표회의는 촌민위원회위원과 촌민대표로 구성되는데 촌민대표가 4/5이상이 돼야하며 부녀 대표가 구성원의 1/3 이상이 돼야한다. 촌민대표는 매 5~15호마다 1인의 대표를 선출하고 각 '촌민소조'(촌민소조는 촌민위원화가 거주 상황과 집체경제소유권 관계 등을 고려하여 구성한다)가 약간 명의 대표를 선출한다. 촌민대포회의의 임기는 촌민위원회와 같다. 촌민대표회의는 촌민위원회가 소집하는데 매 계절(3개월) 마다 1회 소집되며 대표 1/5의 제의로 소집할 수 있다, 촌민대표회의는 대표 2/3의 참가로 성립되며 과반수 찬성으로 의결한다.

4) 촌무관리 및 감독의 개선

우선 촌무관리 특히 재무관리에 있어서 투명성과 민주성을 보장하기 위한 제도적 창안의 사례로 링샤회족자치구(寧夏回族自治區) 종링현(中寧縣)에서 시도한 '다섯 조각 인장제(五牙子章制)', 광둥성 포산시(佛山市)의 재무 위탁관리제, 산둥성 웨이팡시(濰坊市), 팡즈구(坊子區)의 '촌 사무관리 계약제', 그리고 산둥성 웨이팡시 한팅구(寒亭區)의 인터넷을 이용한 촌무공개 민주관리제 등을 들 수 있다. '다섯 조각 인장제'는 촌민위원회 인장을 다섯 조각으로 나누어 촌민위원회 대표회의에서 선출된 민주이재소조(民主理財小組) 성원 5명이 (그 중 소조장은 촌 당 지부 서기가 겸직) 한 조각씩 나누어 보관 관리하는 방식이다. 재무 위탁관리제는 촌 재무와 회계를 전문적인 사회 중계조직에 위탁하여 관리하게 함으로써 전문성을 도입하는 방안이다. 촌 사무관리 계약제는 간부와 촌민간의 갈등과 분쟁이 야기되기 쉬운 촌무 특히 경제문제나 공익사업 등에 관해 책임을 분명히 하는 계약 등 법적조치를 강구하도록 하는 것을 말한다. 인터넷을 통한 촌무 공개는 촌무의 투명성을 보장하고 민주적 통제를 가능하게 하는데 의의가 있다.

촌무의 민주적 감독과 공개를 위한 제도적 창안의 사례로는 저장성 텐타이현(天台縣)의 '촌민감독위원회제', 저장성 우이현(武義縣)의 '촌무감독위원회제', 후베이성의 촌무공개민주관리를 위한 '관찰원제(觀察員制)', 구이저우성(貴州省) 준이시(遵義市) 홍화강구(紅花崗區)의 '촌무요점공개제(村務點題公開制)', 저장성 루이안시(瑞安市)의 '간부 과오 민사책임 부담제', 그리고 구이저우성 메이탄현(湄潭縣)의 '촌민집중소구(村民集中訴求)' 활동 등을 들 수 있다. '촌민감독위원회'는 촌민회의 또는 촌민대표회의에서 선출된 3-7명의 감독원 (그 중 1인은 당원이어야 함)으로 구성되었다. 저장성 우이현의 '촌무감독위원회제'는 전국에서 처음으로 시도된 창안으로 촌민대표회의에서 선거한 한 사람의 주임과 두 사람의 위원으로 구성된다. 촌 당 조직의 주요 책임자와 촌민위원회 성원 및 그 배후자, 직계 친속과 근인친은 감독위원으로 선출될 수 없는 회피제도(回避制度)가 적용된다. 저장성은 이러한 제도 창안과 실시 경험을 바탕으로 '촌무감독위원회공작규정(시행)'을 공표하였고[29], 2010년 10월 수정된 촌민위원회조직법은 '촌무감독위원회' 또는 기타 형식의 촌무 감독기구 설립을 규정했는데 촌민회의 또는 촌민대표회의에서 선출하며 촌민회의와 촌민대표회의에 방청('列席;)할 수 있도록 했

29) 「浙江日報」(2011. 3. 30).

다.[30] 촌무 '관찰원제'는 일정한 정치적 소양과 법률적 지식을 갖춘 인민대표대회 대표, 정협 위원, 퇴직 간부, 전문가 학자들을 활용하는 촌무감독제도로 고안된 것이다. 촌무 공개와 간부 과오 민사책임 부담, 그리고 소원 활동은 촌무에 대한 민주적 감독과 밀접한 관련이 있다. '촌민집중소구제'는 매년 2회 전체 촌민회의를 소집하여 집중적으로 소원대회를 개최하고 향(진) 당 조직 주도로 '집중소원센터'를 설치하고 촌 당 지부 서기를 장으로 하는 '소구참(訴求站)'을 상시로 운영하는 것이다.

개정된 촌민위원회 조직법에 근거하여 성마다 촌무공개조례를 제정하고 있는데 산둥성의 경우를 보면 조례에 '촌무공개감독소조'의 설치와 공개해야할 촌무의 내용과 공개 절차와 방식을 규정하고 있다. '촌무공개감독소조'는 촌 당 조직 간부와 촌민위원회 성원 및 그 배우자와 직계 친속을 배제하고 3-9인으로 구성된다. 전체 촌민의 1/10, 촌민대표의 1/5 이상이 촌무의 공개를 요구할 수 있다. 촌무공개는 매 3 개월 마다 해야 하며 집체재무 문제의 경우 재무 수지 상황은 매월 공표해야 한다. 촌무 공개 방식은 회의, 라디오 방송이나 TV, 인터넷, 또는 서면형식을 취할 수 있도록 했다.[31]

30) "中華人民共和國村民委員會組織法" http://zfs.mca.gov.cn/article/zcwj/flxzfg/201101/20110100129001.shtml
31) "山東省村務公開條例"http://zgs.mca.gov.cn/article/cmzz/zcwj/2007110003450.shtml(2011. 6. 10 검색).

5. 기층 거버넌스의 문제와 과제

21세기 들어서 도시 사구건설과 새로운 거민위원회 조직이 전국적으로 확대 추진되면서 사구 수준에서의 정부 행정과 주민자치, 그리고 사회참여가 결합되는 다양한 형태의 기층 거버넌스('治理')가[32] 등장하게 되었다. 도시지역의 기층 거버넌스는 국가를 대표하는 행정권의 주체인 가도판사처와 사구 주민자치권의 주체인 거민위원회, 그리고 사구 내의 다양한 민간조직과 단위가 참여하는 유기적 체계라고 할 수 있다. 중국 도시지역 사구 주준이 기층 거버넌스는 '다중심구조(多中心結構)'를 특징으로 한다.[33] 거버넌스는 이론적으로는 다원적인 주체가 평등하게 참여하는 '공치(共治)' 또는 '협치(協治)' 기제를 의미하지만 실제로는 정부와 자치조직, 그리고 사회조직 간에 역량의 차이와 권력 불균형의 문제가 있기 때문에 지역적 사정에 따라 다양한 형태를 띠게 된다.

중국 도시지역의 사구건설과 주민자치가 결합되면서 나타나는 다양한 기층 거버넌스 사례를 분석한 한 연구는 세 주체 간의 힘의 균형관계에 따라 기층 거버넌스 형태를 '정부주도형', '주민참여형', 그리고 '협력(合作)형'으로 유형화하고 있다.[34] 정부주도형 거버넌스는 행정사무관리기관이나

---

32) 중국에서는 governance를 '치리'로 번역하여 '통치(government)'와 구별한다. 중국 정치학자 위커핑(俞可平)은 치리는 통치에 비해서 이데올로기보다는 기술적인 요인을 더 중시하는 정치행위라고 보며, 체제의 차이를 막론하고 '통치의 축소와 치리의 확대'가 보편적으로 요구되는 정치개혁의 주요 내용이 되고 있다고 주장한다. 俞可平, "『中國治理評論』發刊詞," 『中國治理評論』, Ⅰ輯(2012), pp. 1-2.

33) 王敬堯,『參與式治理: 中國社區建設實證研究』(北京: 中國社會科學出版社, 2006), p. 74.

34) 肖立輝, 앞의 책, p. 133.

당 조직의 주도로 사구건설이 이루어지기 때문에 행정이 우위에서 거민위원회 활동에 깊이 개입하는 형태이다. 주민참여형 거버넌스는 '작은 정부 큰 사회(小政府大社會)'를 지향하는 사회주도형이라고 할 수 있는데 거민위원회의 자치능력을 강화하고 행정의 역할을 축소하는 형태이다. 이 경우 궁극적으로는 가도판사처의 철폐를 지향한다. 협력형 거버넌스는 사구건설이 정부주도에서 사회주도로 전환하는 과도기적 형태로 정부의 지원과 주민자치의 역할 간, 행정권과 자치권 간, 그리고 공공부문과 사적 영역 간의 평등한 협력관계를 기초로 한다. 이 경우에는 특히 자원봉사조직 등 비정부 사회단체의 참여가 중요한 역할을 한다. 거민위원회는 자치조직으로서의 역할과 더불어 가도판사처 관할의 기층행정 대행, 그리고 주민복지 서비스 활동 등 세 가지 기능을 동시에 수행한다.

도시지역 사구건설과 주민자치 추진과정에 관한 경험 사례 분석들을 보면 실제로 기층 거버넌스의 많은 문제가 제기되고 있음을 알 수 있다.

첫째로 제기된 가장 중요한 문제는 자치조직으로서의 거민위원회의 성격과 역할, 즉 기층 거버넌스 다른 주체들과의 관계 설정과 관련되는 것이다. 이와 관련해서 제기되는 문제점의 하나는 거민위원회의 '행정화' 또는 '반 자치 반 행정 조직화(半自治半行政組織化)' 경향에 관한 논란이다.[35] 거민위원회와 기층정부 또는 그 파견기관인 가도판사처와의 관계에 관해서는 두 대조적인 관점이 있다. 즉 거민위원회의 자치업무와 자치활동을 더 강조하는 입장과 정부와의 협조와 행정대행을 더 강조하는 입장이 그것이다. 실제로 정부 행정과 자치업무 간에 조화로운 길을 찾기는 그리 쉽지 않다. 어떤 경우는 거민위원회가 '준 정부'인 가도판사처의 출장소 또는 대행기관으로 전락하는 폐단도 있고, 어떤 경우는 기도판사처가 사구들 간의 자치업무를 조정하고 협력을 이끌어내는 사회관리 능력의 한계를 노정하는 사례도 나타나고 있다. 그러나 시장경제의 발전과 민간조직의 성

35) 張瑞, "城市基層治理: 矛盾, 改革及其趨: 基于武漢市的實證考察," 『社會主義研究』(2010年第4期).

장에 따라 기층정부 행정은 더욱 거민위원회의 협력을 필요로 하게 되고 거민위원회의 자치활동도 정부 행정의 지원과 지도 없이는 실효를 거두기 어렵게 되었다. 이러한 행정과 자치 간의 모순과 협조관계 조정 문제를 해결하는 방안을 기층 당 조직의 영도적 역할을 통해서 찾아보려는 노력도 시도되고 있다. 예컨대 기층 당 간부와 거민위원회 성원을 겸직하거나 당위원회와 거민위원회 간의 '연석회의'를 제도화하는 것이 그것이다.

둘째로 자치조직으로써의 거민위원회의 지도관리 능력과 내부적 역량의 문제이다. 자치조직 내부 역량 문제의 핵심은 거민위원회 인력과 경비(재정)의 문제이다. 우선 거민위원회 성원 충원과 관련해서 두 가지 문제가 제기됐다. 즉 자원봉사, 무보수, 비상근을 원칙으로 하는 '겸직화(兼職化)' 논의와 사구 거주자로 제한하는 '속지화(屬地化)' 논의가 그것이다.[36] 실제적 경비 문제로 제기된 거민위원회 성원 겸직화는 업무의 과다와 지속성 유지의 어려움 때문에 곤란하다는 판단이 내려졌고, 속지화는 장단점이 다 있는 것으로 이해되고 있다. 주민자치 간부의 충원 자원을 확대하기 위해서는 민경(民警)조직의 자원봉사자들이나 사회조직 책임자들을 민주적 선거의 과정을 통해 거민위원회 성원으로 충원하거나 당정기관 또는 기업사업 단위의 퇴직 간부나 대학 졸업생을 활용하는 방안들이 강구되기도 한다. 거민위원회 성원의 업무 능력 향상을 위해서 연수훈련을 실시하거나 신규채용 공무원을 사구에 배치하여 훈련을 쌓게 하는 방안도 제안되고 있다. 또 표창과 장려의 방법도 활용된다. 예컨대 우수한 주민자치 조직 간부를 당원으로 육성한다던지 당대표대회 대표, 인민대표대회 대표, 또는 정협(政協)위원으로 추천하기도 하고 공무원으로 임용하기도 한다는 것이다. 그러나 보다 근본적인 과제는 급여와 처우 그리고 복지 수준을 개선할 수 있는 경비를 확보하는 것이다.

36) 詹成付, "關于在社區建設背景下城市居委會建設中的若干問題研究"(民政部基層政權和社區建設司司長報告'
http://zqs.mca.cn/sys/print.shtml?atitle(2012. 7. 10 검색).

셋째로 거민위원회와 주민 대중과의 관계 문제이다. 거민위원회는 밑으로부터 자발적으로 성장한 것이 아니라 시장경제체제로의 이행과정에서 사회관리의 필요성 때문에 제기된 행정의 산물로 등장한 태생적 한계 때문에 사회적 대중적 기초가 취약하며, 따라서 주민참여를 어떻게 이끌어내느냐 하는 것이 성패를 결정하는 열쇠가 된다.[37] 도시지역 주민은 주민자치 활동에 대한 관심이 낮고 참여의식 수준도 매우 저조한 것으로 나타나고 있다. 특히 청년층과 경제생활 수준이나 문화수준이 비교적 높은 인구일수록 참여율이 낮다. 또한 일반적으로 엘리트가 주도하고 일반대중은 소극적 피동적인 참여 태도를 보여준다는 것이다. 도시지역 주민들이 보여주는 주민자치에 대한 이러한 낮은 참여의 배경을 분석해 보면, 시민의식과 자주의식이 미약한 전통적인 인습적 행태와 이전 계획경제 시기의 '단위인'적 생활태도의 잔재 등의 원인도 있지만 보다 근본적인 원인은 사구 주민들 간의 일치된 공동이익 관념이 결여돼있다는 점이다. 농촌지역의 '촌민'과 달리 도시지역의 '거민'은 일터 직장과 사는 곳 주거지가 다르기 때문에 지역사회의 공동체 의식이 결핍돼있다. 농촌의 '촌민자치'에 비해서 도시의 '거민자치'가 상대적으로 부진하고 성과가 미약한 이유도 여기서 찾아 볼 수 있다.

위와 같은 문제들을 해결하고 도시지역의 기층 거버넌스를 개혁하고 발전시키기 위해서 제시된 과제들을 정리해보면 다음과 같다.

첫째로 행정과 자치의 관계 즉 가도판사처와 사구 거민위원회 간의 관계를 지역사회의 특성에 따라 새롭게 정립할 필요가 있다는 것이다. 기층정부의 파견기관인 가도판사처의 기능은 점차 약화되고 있는 것이 사실이지만 당장 폐지는 어렵다는 것이다. 어차피 가도판사처의 '장기존속'이 불가피하다면 사구 주민자치도 행정과의 협조라는 한계를 뛰어넘기 어렵

37) 劉務勇 · 金一蘭, "我國城市社區民主建設的現狀及對策思考," 『貴州大學報(社會科學版)』(2011年 第3期).

다. 따라서 도시지역 사구수준의 기층 거버넌스는 행정과 자치 간에 자치의 적극성과 주동성을 점차 제고시켜가는 방향에서 행정의 역할을 '영도'와 '관리'의 성격에서 '지도'와 '서비스(服務)'의 성격으로 조정해갈 필요가 있다.

둘째로 주민자치의 역량을 강화하고 심화시키기 위한 노력이 필요하다. 우선 주민자치의 사회적 대중적 기초를 강화하기 위해서 민간조직의 발전을 지원하고 사회조직의 참여를 유도함으로써 기초 거버넌스 주체의 다원화를 도모해야한다. 한편 주민참여를 확대하고 효율화하기위한 민주적 선거, 결정, 관리, 감독을[38] 개선하고 보장하는 제도적 창안 노력이 요구된다.

셋째로 주민자치의 물적 기초 즉 재정의 개선과 비용 자원의 개선을 위한 지원체제가 보완돼야한다. 사구 거민위원회 성원의 처우 개선과 업무 장소 및 서비스 시설 공간 확보를 위한 비용 문제를 해결하기위한 다양한 대책이 필요하다. 예컨대 신설 주택단지 건설시 토지이용계획이나 설계의 요건으로 일정한 자치사무 공간과 공익시설의 확보를 의무화하는 것과 같은 법적 행정적 조치를 마련하는 것과 같은 것이 그것이다.

넷째로 주민자치를 보장하는 법령체제를 완비할 필요가 있다는 것이다. 거민위원회는 국가 헌법상의 제도적 지위를 보장받고 또 공공사무와 공익사업을 추진하는 기초 거버넌스 추체로서의 확고한 사회정치적인 위상을 확보한 것이 사실이다. 그러나 거민위원회는 아직 법률행위 주체로서의 지위는 매우 취약하다. 주민자치조직으로서의 거민위원회의 활동을 실질적으로 보장하기위해서는 그 법적 지위를 강화하는 조치가 필요하다. 이와 관련하여 거민위원회에 대해서도 기관법인, 사업단위법인, 공상기업법인, 사단법인, 민판기업(民辦企業)단위법인과 같이 법인으로 인정하는 등기에 관한 규정을 마련해야한다는 제안도 나오고 있다.

---

38) 劉務勇 · 金一蘭, "我國城市社區民主建設的現狀及對策思考," 『貴州大學報(社會科學版)』(2011年 第3期).

6. 정치적 효과와 함의

위에서 중국의 농촌지역과 도시지역에서 추진돼오고 있는 주민자치 문제를 사구건설과 촌(거)민위원회의 제도화 과정, 그리고 기층 거버넌스의 문제와 과제를 중심으로 살펴보았다. 1980년대 초 경제체제 개혁을 추진하는 과정에서 '향촌관리'와 '사구건설' 방식으로 등장한 중국의 촌(거)민자치는 오랜 제도적 실험과 법제화 과정을 통해서 이제 중국적 특징을 갖는 기층 민주정치 제도로 발전했다.

중국의 지도자들과 학자들은 촌(거)민자치 발전을 중국 정치발전의 중요한 성과로 꼽으면서 정치체제 개혁의 돌파구로 삼으려고 한다. 중국의 촌(거)민자치 제도화는 그동안 많은 정치적 효과를 거두었지만 또 한편으로는 많은 문제점이 제기되어 제도적 개선이 요구되고 있다. 이제 중국의 촌(거)민자치는 새로운 사회 경제적 변화를 반영하면서 민주화를 지향해가는 수준 높은 정치체제 개혁 과제로 연결되어야 한다. 중국내의 또는 외국 전문가들의 조사연구와 평가에 기초해서 촌(거)민자치의 정치적 성과와 의의를 정리해보면 다음과 같다.

첫째, 중국의 촌(거)민자치는 중국 국정의 중요하고 큰 부분을 차지하는 농촌의 사회 경제 발전을 뒷받침함으로써 정치적 안정에 기여했다. 중국에서 농촌 인구가 차지하는 비중은 점차 낮아지고 있기는 하지만 농촌경제가 국가경제에서 차지하는 비중도 45% 수준에 이르고 있다.[39] 촌민자치는 주민자치의 조직화와 농촌 지역사회의 공동체 건설을 통해서 전통적인 향촌사회의 해체와 시장경제 체제로의 개혁에 따른 불안요소들을 극복하는 제도적 뒷받침을 마련해주었다. 특히 촌민자치는 집단적 정체성이 강화된 농촌 공민사회와 국가 간의 직접적 대립을 회피하고 갈등을 완화하는 '완충' 장치의 역할을 함으로써 농촌사회의 조화와 발전을 보장해주는 제도적 장치로 기여했다.[40]

둘째, 중국의 촌(거)민자치는 기층 직접민주주의 실험과 제도적 창안 노력을 통해서 정치발전의 효과를 가져왔다. 민주적 선거방식의 도입과 제도 개선, 그리고 민주적 의사결정과 관리감독 제도의 모색을 통해서 얻어진 풀뿌리 민주주의의 경험은 정치참여의 확대와 제도화 간의 균형을 통해서 정치안정과 정치발전을 동시에 추구하는 점진적인 개혁 전략에 대한 확신을 얻게 되었다. 또 촌(거)민자치의 발전은 민주적 관리와 감독의 확대를 통해서 부패를 억제하고 예방하는 효과를 거두었을 뿐만 아니라 기층 수준에서의 엘리트 '포섭(cooptation)' 기제로써 기층 당 조직 역량을 강화하는 효과를 가져왔다.[41]

셋째, 촌(거)민자치 발전을 통해서 축적된 기층 수준의 직접민주주의 경험은 민주화를 지향해가는 중국 정치체제 개혁의 기초를 마련하는 효과를 거두게 되었다. 30여 년간의 촌민자치 경험은 중국 농민들의 민주적 정치참여를 통해서 민주정치를 학습하는 '민주학교(民主學校)'였으며, 촌민자치 선거 경험은 농민들의 '민주훈련(民主訓練)'이었다고 말할 수 있다. 촌민자치는 앞으로 더욱 확대 발전된 정치체제 개혁 과제로 이어질 수 있는 '중국민주주의의 생장점'이라는 것이다.[42] 촌민자치는 중국 농민들의 공민의

39) 2007~2008년간 통계에 의하면 농촌경제가 국내 총생산에서 차지하는 비중은 45.5% 이다. http://www.china.com.cn/aboutchina/data/cnjj/2008-12/12/content-16939591.htm
40) 範瑜, "村民自治: 中國基層民主的發展進步",「學習時報」(2008. 6. 2)
41) 鄭永年, 앞의 책, p. 198.
42) 吳競, 앞의 글.

식 함양과 민주적 참정 능력의 제고를 통하여 민주화 정치체제 개혁의 추동력을 만들어가고 있다.

중국의 촌(거)민자치제도는 상당한 정치적 성과를 거두었지만 다른 한편으로 적지 않은 문제점을 제기했다.

첫째, 촌(거)민자치제도의 정치적 성격에서 오는 자치 구조와 운영체제의 혼란이다. 중국의 촌(거)민자치는 국가와 사회의 관계, 당(공산당)과 사회의 관계가 중첩되는 특수한 부분이다. 따라서 권한 범위가 불분명한 행정과 자치 또는 정무와 촌무 간의 업무 마찰과 향(진)정부와 촌 당 지부, 촌민자치 조직 간의 제도적 갈등이 야기될 수 있는 소지가 많다. 이전에는 촌민위원회 간부에 대한 대우나 보수가 박약했기 때문에 별 매력이 없었지만 농촌경제의 규모가 커짐에 따라, 특히 도시화가 촉진되어 도시근교 농촌지역의 주택지 개발 공공시설 건설 붐이 일면서 농촌 집체경제 자원이 크게 확대되고 촌민위원회 간부의 역할이 중요시됨에 따라 선거를 둘러싼 분파적 경쟁이 치열해졌다. 이는 또 선거과정의 부정부패와 지역사회의 분열갈등 등 불안요인을 조장하기도 한다.[43)]

특히 당선비율이 점증하고 있는 비당원 촌민위원회 주임과 촌 당 지부 서기 간의 정당성 경쟁과 리더십 갈등은 촌민자치 구조의 근본적인 취약점이 될 수 있다. 당 조직의 입장에서는 촌 당 지부가 촌민위원회 선거에 있어서 후보 추천권을 가져야 하고 촌민위원회가 촌 당 지부의 영도에 복종해야하며 그러므로 당연히 촌 당 지부 서기가 '우두머리(一把手)'가 되어야한다고 본다. 두 조직 간의 마찰과 리더십 갈등을 해결하는 대안으로 두 직책을 겸임시키는 이른바 '이젠티아오(一肩挑)' 방식이 선호되고 있다. 그러나 그러한 이원화된 지도체제도 촌민자치의 취지에 반할 뿐만 아니라

43) 吳思紅 · 李韜, "村'兩委'選擧中派系賄選現象研究", 『政治學硏究』(2015年 第1期), pp. 104-113.

당의 전횡과 자치능력의 저하를 초래할 위험성을 가지고 있다. 따라서 촌민위원회와 촌 당 지부간의 마찰과 갈등을 해결하는 합리적인 제도적 대안이나 운영체제를 고안하는 것이 촌민자체가 해결해야할 가장 중요한 과제이다. 그 대안의 하나로 고려될 수 있는 것은 갈등을 빚는 중요한 문제들에 관해서 촌민의 판단을 구하는 여론조사 방식 이른바 '공결제도(公決制度)'를 도입하는 것이다.[44] 향(진)정과 촌치의 충돌은 비능률을 초래하는 것도 문제지만 촌(거)민위원회가 향(진) 정부의 행정을 대행하는 '준 정부' 조직으로 타락하는 것도 문제이다. 기층자치 조직 촌(거)민위원회 간부는 주민 대중의 대표인 동시에 기층정부의 대리인이라는 "이중적 신분"을 가지고 있다. 따라서 국가 행정체계와 사회 자치체계의 접점 위치에서 잘못하면 타락한 행정과 타락한 자치가 결탁하여 말단 관리들의 부패 이른바 '말단 관리의 부패(小官貪腐)'와 기층자치 조직 간부의 '서리화(胥吏化)' 폐단을 낳을 수 있는 것이다.[45] 이러한 '향정촌치(鄕政村治)'의 근본적인 문제를 해결하는 대안으로 향(진) 정부를 민주적 지방자치로 개혁하는 과제가 제기되고 있다. 즉 '향치촌치(鄕治村治)'의 동일구조로 조정하여 기층자치를 지방자치로 확장하다는 것이다.[46]

둘째, 촌(거)민자치를 지역적 특성에 맞게 심화함으로써 실효성을 높이기위한 창의적 제도운영 요구가 등장하고 있다는 것이다. 즉 자치의 범위를 하향 조정하고 자치의 내용을 보다 구체화하며 자치의 방식을 세련시켜 주민의 민주적 참여를 활성화하기위한 새로운 제도 창안과 실험이 시도되기 시작했다. 소위 '미시자치(微觀自治)' 또는 '미자치(微自治)'가 그것이다.[47] '미시자치'란 예컨대 자치를 세분화 심화하여 촌민위원회의 약점을 보완하기위한 '촌민소조' 자치 방식과 거민위원회의 기능을 보완하기위

---

44) 肖立輝, 앞의 책, p. 224.

45) 周慶智, "鄕村小官貪腐的體制根源,"『國家治理』(2015年 第43期), pp.21-28.

46) 騰錫堯 外 , "試論鄕村治理結構在政治機制上的根本與轉型",『新視野』(2008年 第1期), p. 68.

47) 趙秀玲, "'微自治'與中國基層民主治理,"『政治學硏究』(2014年 第5期), pp. 51-60.

한 '단지-동별(院落-門棟)' 자치 방식을 일컫는 말이다. 농촌지역의 경우는 행정촌(行政村) 내의 여러 자연촌 부락 단위로 '소조(小組)'를 조직하여 독립적 기능을 갖도록 하거나 주민 중 원로 당원이나 퇴역 간부 교사 군인 등 유력인사로 구성되는 '촌민이사회'를 선출해서 촌민위원회의 활동을 보완하고 도시지역의 경우는 가도 사구(街道 社區) 내에 단지 단위로(큰 단지는 몇 개의 동(棟) 단위로 나누어) '거민대표회의' 또는 '거민이사회'를 선출해서 자치 기능을 강화하는 것이다. 이러한 '미시자치'는 또 주민생활과 밀접한 '작은 일(小事物)'에 관심을 돌리는 '생활자치'를 지향한다는 것이다.

셋째, 선거의 민주화와 제도개선 문제이다. 선거제도는 그동안 대부분의 지역에서 6~7회의 촌민위원회선거 실시 경험을 반영하여 많은 개선이 이루어져 왔지만 아직 민주성, 경쟁성, 공정성의 기준에서 보면 미흡한 점이 많다. 따라서 후보추천에 있어서 자천후보 또는 '독립후보' 참여를 제도화 하고 차액선거의 차액 비율을 높여 경쟁성을 더욱 확대하는 방안이 모색되어야 한다. 선거가 과열되어 득표를 위해 금품을 제공하는 이른바 '회선(賄選)' 현상을 비롯해 선거부정과 위법 사례가 증가하고 있는데 그에 대한 명확한 처리 법규가 미비하다. 최근에 와서 개정된 촌민위원회 조직법에서는 불법 부정한 방법으로 당선된 촌민위원회 성원의 당선무효를 규정하고 있다. 그러나 선거부정을 방지하기 위해서는 선거과정의 관리와 지도 감독에 관한 제도적 장치를 마련하는 것이 중요하다.

선거 제도와 관련하여 제기된 또 하나의 문제는 선거 참여율 문제이다. 도시화의 촉진과 유동 인구의 증대에 따라 도시 지역에 진출한 '농민공(農民工)' 등과 같은 장기 외출자들의 소극적인 투표 참여는 여러 가지 곤란을 초래하고 있다. 예컨대 현행 선거법에 규정된 '과반투표 유효 과반득표 당선' 규정을 엄격히 적용하면 선거가 성립되기 어려운 경우가 많다. 따라서 이 규정을 보다 융통성 있게 적용하기위한 제도 보완이 이루어지고 있지만 근본적 해결책이 못된다. 또 일부에서는 촌민자치 리더십의 안정성을 도모하기 위해서, 그리고 잦은 선거로 인한 선거 피로감과 참여의 소극성을 고려하여 현행 촌민위원회의 임기 3년을 5년으로 늘리자는 주장이 제기되었으나 임기의 장기화에 따른 부패 발생의 우려 대문에, 그리고 효과적인 민주감독 기능을 위해서 3년 임기 유지가 타당하다는 잠정적 결론이 내려졌다. 촌민위원회의 선거, 향(진) 인민대표 선거, 현(구) 인민대표 선거 등 매년 실시되는 잦은 선거에 대한 피로감과 염증을 어떻게 해소하느냐 하는 것도 문제이다.

넷째, 간부의 자질, 즉 리더십의 자원 문제이다. 선거는 중요한 리더십 충원 기제이다. 일반적으로 민주적 선거가 규범화됨에 따라 촌민자치 간부의 자질이 개선되고 있다는 평가지만 촌민자치의 큰 문제점의 하나는 간부의 노령화와 침체이다. 농촌 인구의 노령화와 젊은 농촌 인구의 도시 유출은 촌민자치 리더십 자원을 악화시키고 있다. 어느 지역의 경우는 촌민위원회 당선자 중 고령의 낮은 학력 수준의 사람이 40%나 차지할 정도로 비중이 높게 나타나고 있으며, 또 한 사람이 몇 번씩 연임하는 경우가 80% 이상을 차지할 정도로 리더십 침체가 심각한 것으로 들어나고 있다.[48] 이러한 촌민자치의 리더십 침체 문제를 해결하기 위한 대안으로 등장한 것이 최근의 '대학생 촌관(大學生村官)' 제도이다. '대학생 촌관' 제도는 '신 농촌건설(新農村建設)' 운동의 일환으로 2008년부터 대학 졸업생 지원자 중에서 '촌관'을 선발하여 농촌지역에 파견 근무하게 하는 제도를 말한다. 이들은 2~3년간의 임용기간이 만료된 이후에서는 현 또는 향 급 정부의 공무원으로 다시 임용하거나 농촌에 남아 촌민위원회나 촌 당 지부의 간부로 활동하도록 고안된 것이다. 당초 계획은 2012년까지 10만명을 선발하여 파견하기로 했던 것을 더욱 확대하여 2011년 현재까지 이미 20만면을 넘어선 것으로 집계되고 있다.[49] 대학생 촌관 제도는 대학 졸업자의

48) 黃建國, "淺談當前農村基層民主建設的現象與對策", 「中國人大新聞網」(2010. 7 7). http://npc.people.com.cn/GB/index.html
49) http://news.xinhuanet.com/politics/2011-05/11/c1240371.htm

취업 문제 해결과 우수한 농촌 지도자 충원이라는 두 마리 토끼를 잡기위한 정책 아이디어라고 볼 수 있다. 장수성(江蘇省)의 경우는 30세 이하의 대졸자 중 당원과 우수한 학생 간부 출신 특히 '중점대학(重點大學)' 졸업자를 우선 선발한다는 방침을 세웠는데 선발 인원 중 당원 비율은 약 80% 수준인 것으로 나타났다.[50] 허베이성의 경우는 지원 자격을 당원 또는 석사과정 이상의 대학원생으로 높이고 선발된 당원은 촌 당 조직 서기조리(書記助理), 그리고 선발된 비당원은 촌민위원회 주임조리(主任助理)로 배치하여 일정기간 실무를 경험한 후 후보자로 추천받아 선거를 통해서 당 서기나 부서기 그리고 촌민위원회 성원으로 진출할 수 있도록 했다.[51] 대학생 촌관 제도는 사후 관리와 지속성의 과제를 남겨놓고 있다. 대학생 촌관은 2~3년의 임용 기간이 만료된 후에 계속 농촌에 머물며 촌민위원회 간부로 일하기보다는 현 또는 향의 당이나 정부 공무원으로 채용되는 기회를 얻을 수 있다는 매력에 이끌리기 쉽고 그러므로 대학생 촌관은 지역 촌민의 이익을 대표하기보다는 공권력을 집행하는 파견원의 역할에 더욱 충실할 수밖에 없다. 따라서 일부에서는 대학생 촌관 제도가 오히려 촌민자치를 저해할 수 있다는 우려도 제기되고 있다.[52]

촌(거)민 차치 조직 선거에서 여성우대를 규정한 것도 새로운 리더십 충원을 위한 방편이라고 볼 수 있다. 최근의 기층자치 조직 선거에서는 여성의 진출이 크게 증가하고 있음을 보이고 있는데 여성의 당선 비중은 농촌보다 도시 지역에서 높은 경향으로 나타났다.

촌민자치 리더십 충원과 관련된 또 하나의 문제는 지방 기업인의 진출이다. 지방 기업인의 촌민위원회 진출은 '능력인사(能人)'의 충원이라는 긍정적 측면과 '부자참정(富人參政)'의 부정적 측면을 다 같이 가지고 있다. 지방 기업가의 참정은 경제발전의 불가피한 결과이며 당의 정책도 촌 재정

50)「新華日報」(2011. 3. 30). http://news.xinhuanet.com/politics/2011-05/11/c14170831.htm
51)「河北日報」(2011. 3. 14). http://news.xinhuanet.com/politics/2011-05/11/c14131563.htm
52) 王德邦, "'大學生村官'制是對村民自治的蠶食,"『民主中國』 http://minzhuzhongguo.org/Arti친/ShowArticle.asp?ArticleID=2124(2011. 6. 20 검색)

의 어려움을 해소하는 방식으로 기업인의 참정을 선호하고 있다. 그러나 지방 기업인의 참정은 선거 과정에서 '회선' 등과 같은 타락을 초래할 우려가 있고 촌 수준의 정경유착과 같은 부패를 조장할 수 있다는 염려가 있다. 새로운 경제 엘리트인 기업인과 구 정치 행정 엘리트인 향(진) 정부 공무원 또는 촌 당 지부 간부 간의 결탁은 부패 구조를 심화시키고 기층 거버넌스의 '과두화(寡頭化)'와 자치조직의 관료화 현상을 초래하여 일반 촌민의 소외감을 확대시킬 수 있다. 이러한 '부자지배(富人治村)' 현상이 주로 발전된 동부 연해지역에서 나타나고 있는 것과는 대조적으로 국토의 80%를 차지하는 중서부 지역에서는 촌민자치 조직의 권위가 쇠퇴하고 기능이 약화되어 명맥만 유지하는 이른바 '유지회(維持會)' 현상을 보이고 있다.[53] 이 지역은 아직 농업경제를 위주로 하여 경제자원이 취약할 뿐만 아니라 청년 노동인구의 이향 유출이 촉진되어 자치조직의 이완과 피로감이 심화돼 있다. 따라서 촌민의 정치적 효능감도 떨어져 선거나 자치에 대한 무관심과 냉담한 태도가 일상화돼 있고 자치사무의 행정지원에 대한 의존 증대로 자치능력의 후퇴를 초래하고 있다는 것이다. '부자지배'의 폐단을 시정하기위해서는 적절한 권력 견제 장치와 참여제도 개선이, 그리고 '유지회' 현상을 탈피하기위해서는 향촌 문화사업이나 촌민 복지사업 등을 통한 사회자본의 발굴 육성, 민간 조직의 활성화를 기층수준의 '협상민주(協商民主)' 거버넌스로 응용하는 제안이 제시되고 있다. 촌민자치가 위와 같은 여러 가지 과제들을 해결하고 보다 높은 수준의 민주화와 정치체제 개혁 과제로 연결될 수 있으려면 정치 지도자들의 확고한 개혁 의지와 민주의식, 그리고 인민들의 성숙한 자치의식이 전제되어야 할 것이다.

중국의 사구건설과 기층 주민자치는 계획경제에서 시장경제에로의 전환에 따르는 정치사회적 변화에 대응하기 위한 사회관리 또는 체제개혁의 과제로 시도되었던 것이다. 따라서 기층 주민자치는 밑으로부터 등장

53) 韓鵬云, "村民自治實踐樣態與轉型方向," 『中國特色社會主義研究』(2015年 第1期), pp. 54-59.

한 자발적 추동 과정과 차치운동이라기 보다는 위로부터 부과된 행정적 추진 과정과 사회관리의 산물이라는 한계를 안고 있다. 이러한 한계에도 불구하고 중국 도시지역 주민자치는 사회관리 기제로서는 어느 정도 성과를 거두고 있다고 평가할 수 있을 것이다. 주민자치의 발전은 기층 수준에서 공익성 민간조직의 발전과 참여 확대, 자원봉사의 발전, 그리고 다양한 공공서비스의 확대 효과를 가져왔다.[54] 또 중국의 기층 주민자치는 제한적이지만 민주적 선거와 참여의 경험을 통하여 민주주의를 학습하고 시민의식을 배양하는 적지 않은 정치적 효과도 가져왔다고 평가받았다.

중국 제5 세대 최고 정치지도자 시진핑(習進平)은 일찍이 기층은 사회적 모순의 발원지이자 사회안정을 위한 기초이며, 또 민주정치의 발원지요 실험장이라고 말한 적이 있다. 그러므로 "기층 민주주의 기제가 더욱 건전할수록 사회는 더욱 화합 안정된다(基層民主機制越健全社會就越和諧穩定)"는 것이다.[55]

사회안정이 정치발전을 보장하는 것 보다는 더 정치발전이 사회안정을 보장한다고 말할 수 있을 것이다. 기층 주민자치는 처음부터 의도했든 의도하지 않았든 결과적으로 기층으로부터 민주주의 제도화를 실험하면서 정치체제개혁을 위한 전략을 탐색하고 교훈을 얻는 기회를 제공했다. 직접선거의 확대 실시와 경쟁적인 선거제도의 규범화 등 민주적 내용을 보완해가는 다양한 실험들이 시도돼왔다.

이러한 기층 민주주의 실험들이 더욱 확대된 정치체제개혁과 정치적 민주화로 나아가는 정치발전의 생장점 또는 정치개혁의 돌파구가 될지 여부는 좀 더 지켜보아야 판단할 수 있을 것이다. 다만 분명한 것은 주민자치와 기층 민주주의의 발전은 더 넓은 정치체제개혁 그리고 상층의 민주주의 진전과 '상하연동(上下聯動)'될 수밖에 없다는 것이다.[56]

---

54) 燕繼榮, 앞의 글, pp. 101-102.

55) 習進平, "基層民主越健全社會越和諧,"「人民日報」(2006年 9月 25日字). http:chinaps.cass.cn/readcontent.asp?id=7465(2012. 7.10 검색).

56) 虞崇勝 · 吳雨欣, "上下聯動: 破解中國基層民主困局的應然路經,"『學習與實踐』(2010年 第2期).

기층수준에서의 민주적 선거와 사회자치의 확대가 당 조직의 영도적 역할과 전통적 권위 또는 정권의 정통성을 위협하는 도전이 될 것이라는 우려가 제기되기도 한다. 그러나 이제 민주자치의 흐름을 역행하기 보다는 보다 적극적인 '당내 민주주의' 실천을 통해서 공산당의 역할을 재조정하는 전략을 취할 수밖에는 다른 선택의 여지가 없다. 또 시민사회의 성장이 정치발전과 긍정적으로 연결되기 위해서는 국가-사회관계에 관한 이해도 '상호대립적' 측면보다는 '상호의존적' 측면을 중시하는 태도가 필요하다. 이렇게 볼 때 이제 중국 정치개혁과 민주화의 전략은 '밑으로부터 위로의(自下而上)' 방향보다는 '위로부터 밑으로의(自上而下)' 방향이 더욱 중요한 의미를 갖게 되었다.

제5장

군사제도와 당 · 정 · 군 관계

1. 중앙군사위원회의 역사

정치권력은 총구로부터 나온다는 마오쩌둥(毛澤東)의 말은 반세기 이전 그가 그 말을 한 당시와 똑같이 오늘날의 중국에서도 타당하다. 인민해방군은 이전처럼 국가적인 문제를 다루는데 있어서 그 영향력이 중요하거나 전면적이지는 못하다고 하더라도 권력구조의 핵심적 중추를 이루고 있다. 군은 국가의 고위급 정책결정 과정에서 강력한 발언권을 가지고 있다. 그러나 군의 고위 지도자들이 어떻게 의견을 형성하고 어떻게 영향력을 행사하는지는 비밀의 장막에 가려있다. 중국이 국제무대에서 점차 그 존재를 들어내면서 국가전략의 형성에 인민해방군이 어떤 역할을 수행하는가에 대한 관심도 증대되고 있다.

중국 정책결정 과정에서의 군부의 관여를 검토하기 위해서는 중국공산당의 중앙군사위원회의 역할부터 살펴보아야 한다.[1] 당 중앙군사위원회는 국가 최고 군사기관이며 국방정책의 결정과 조정의 책임을 맡고 있다. 중앙군사위원회는 또 잠재적인 정치적 영향력을 가지고 있다. 국가 최고지도자가 중앙군사위원회의 주석을 맡는 것이 중국정치의 일반적인 불문율로 되어있다. 중앙군사위원회는 정치권력과 총(무장력)의 관계를 대표하는 조직적인 구현인 것이다.

---

1) 여기서는 Tai Ming Cheung, "The Influence of the Gun ; China's Central Military Commission and Its Relationship with the Military, Party and State Decision-Making System", in David M. Lampton(ed.), *The Making of Chinese Foreign and Security Policy in the Era of Reform* (Stanford : Stanford University Press, 2001). pp.61-90을 많이 참고하였다.

여기서는 이러한 중앙군사위원회의 진화 과정과 역할, 그리고 내부적인 운영과 군 및 민간 정책결정 과정과의 관계를 검토하려고 한다. 중국인민해방군의 조직구조와 외교, 국방, 국가안보정책 형성에 있어서 군부의 일반적인 참여에 관한 개괄적인 연구는 이루어져 왔지만[2] 중국 군부 수뇌들이 실제로 어떻게 정책결정을 내리는가에 관해서는 거의 알려지지 않았다.

1921년 중국공산당이 창설됐을 때 우선적인 조치의 하나는 군사를 책임지는 기구를 설치하는 것이었다. 중앙군사위원회의 전신이라고 할 수 있는 그러한 기구가 처음 만들어진 것은 1924년 광뚱(廣東)에서 이었으며 그 책임자는 조우은라이(周恩來)였다. 이 기구는 처음 '중국공산당 중앙군사운동위원회' 또는 '군사부' 등으로 불리다가 1926년 '중앙군사위원회'로 공식화됐다. 그러나 이 기구가 구조를 갖추고 기능을 분명히 규정하게 된 것은 1930년에 와서이다. 이 중앙군사위원회는 인민해방군의 발전과 중국공산당의 정권장악을 위해 중추적 역할을 했다. 마오쩌둥은 1935년 '준이회의(遵義會議)'에서 당권을 장악한 이후 이어 중앙군사위원회의 주석을 맡은 이래 죽기 직전까지 그 직책을 고수했다. 항일전쟁과 내전기간 중 중앙군사위원회는 홍군(紅軍)의 최고 지휘부였다.

1949년 사회주의정권 수립 후 중앙군사위원회는 인민해방군의 지휘책임을 인민해방군 본부로 이양하고 그 대신 인민해방군의 정규화를 위한 개편 작업을 주관했다. 그러한 개편 작업은 군 계급과 급여체계의 확립, 준군사적 인민공안부대의 창설, 새로운 군사운용전략의 수립 등이 포함됐다. 당 중앙군사위원회와는 별도로 1949년에 제정된 임시헌법 '중국인민정치협상회의공동강령(中國人民政治協商會議共同綱領)'에서는 '중앙인민정부 인민혁명군사위원회'를 설치하도록 규정했으며, 1954년 헌법에서는 군

2) Michael D. Swaine, *The Role of the Chinese Military in National Security Policy-Making* (Santa Monica : Rand, 1996) ; David Shambaugh, *Modernizing China's Military : Progress, Problems and Prospects* (Berkeley : University of California Press, 2002).

영도기구가 아니라 단순한 자문기구로서 '국방위원회'를 설치하고 국가주석이 그 직을 겸하도록 했다. 그럼에도 불구하고 중국의 사회주의 정권 초기에는 당 중앙군사위원회가 정치권력의 핵심부였다. 중앙군사위원회는 마오쩌둥을 비롯한 최고 실권자들로 구성됐다. 1949년 10월 정식으로 성립된 중앙인민정부 인민혁명군사위원회는 마오쩌둥을 주석으로 하여 부주석 5명 위원 22명으로 구성됐는데 일상적인 업무는 조우은라이가 주관했다. 당시 위원회의 구성은 다음과 같은 몇 가지 특징을 보여주었다.[3)]

첫째로 당시 군사위원회는 중국공산당의 최고 지도자들이 대부분 포함됐다는 것이다. 즉 중국공산당 주석이며 정부주석이었던 마오쩌둥이 위원회의 주석을 겸했고 정부 부주석 주더(朱德)와 리우샤오치(劉小奇), 정부원 총리 조우은라이, 그리고 인민해방군 부총사령이었던 펑더후아이(彭德懷)가 부주석에 포함됐다.

둘째로 군사위원회 위원들 중 다수가 야전군 및 주요 군구의 지휘관 또는 정치위원이었다. 당시 군사위원회는 정권수립 초기와 전시상황을 반영하고 있었고 따라서 인민해방군 총정치부 주임이나 총후근부 주임도 위원에 포함되지 않았던 것이다.

셋째로 당시 군사위원회에는 전향한 국민당 군부 출신 장군들이 다수 포함돼 있었다. 동 위원회에는 이른바 '의거장령(起義將領)'으로 지칭되는 국민당 군부 출신 1명이 부주석에 그리고 7명이 위원에 임명됐다.

1952년부터는 한국전쟁에 파견됐다가 귀국한 펑더후아이가 군사위원회의 일상적 업무를 주관했다. 1954년 새로운 헌법에 따라 구성된 '중화인민공화국 국방위원회'는 마오쩌둥을 주석으로 부주석 15명과 위원 81명으로 구성됐다. 그러나 국가 국방위원회와는 별도로 중국공산당정치국의 결의로 당 중앙군사위원회를 설치하여 인민해방군 및 기타 무장역량을 지도하도록 했는데 동 위원회는 마오쩌둥을 주석으로 하여 12명의 위원으로 구성됐다.

3) 徐平, "建國後中央軍委人員構成的變化,"『軍事文摘』(2003年 第1期).

1959년 루산회의(盧山會議)에서 펑더후아이가 비판받고 모든 권력으로부터 추방된 후 새로 개편된 중앙군사위원회는 미오쩌둥을 주석으로 국방부장 린비아오(林彪)등 3명의 부주석과 17명의 위원으로 구성됐다. 당시 위원 중에는 국방부 부부장 10명 중 8명이 포함됐으며 린비아오가 일상적인 업무를 주관했다. 당시 중앙군사위원회는 13명으로 상무위원회를 구성하고 그 밑에 '판공회의'를 설치하여 일상적인 업무를 담당하도록 했다. 한편 1959년 4월 전국인민대표대회 2기1차 회의에서 리우사오치가 국가주석 겸 국방위원회 주석으로 선출되었다.

1960년대 중반부터 시작된 문화대혁명으로 심각한 정치적 격동이 초래됐고, 중앙군사위원회는 린비아오 중심의 보수 강경파(좌파)에 의해 장악됐다. 린비아오는 1967년 8월부터 중앙군사위원회내에 '판사조(辦事組)'를 구성하여 운영을 좌우했다. 1969년 9차 당대회 이후 중앙군사위원회 위원 수는 42명으로 확대되어 일선의 주요 군지휘관과 정치위원이 포함되게 됐다. 1971년 린비아오의 구테타 실패 후 중앙군사위원회는 판사조 대신 새로운 '판공회의'를 구성하였고 예지앤잉(葉劍英) 등 마오쩌둥 측근의 원로 군 간부들이 주도권을장악했다. 1970년대 중반부터 1970년대 말까지 중앙군사위원회는 그 역할과 규모가 확대됐다. 1975년 1월에는 덩샤오핑이 중앙군사위원회 부주석 및 인민해방군 총참모장에 임명되고 이어 판공회의를 폐지하고 11인으로 구성되는 상무위원회를 설치했다. 1976년 9월 미오쩌둥 사망 후 이어진 권력투쟁에서 이른바 '4인방'이 축출되고 과도적인 화궈펑(華國鋒)체제가 등장함에 따라 중앙군사위원회는 새로 개편됐다. 1977년 8월 당 11기 1차 중전회의의 결의로 새로 구성된 중앙군사위원회는 화궈펑을 주석, 덩샤오핑 등 5명을 부주석으로 하여 위원 63명으로 구성됐는데 이들 위원 중에는 장정(長征)세대 혁명가들과 마오쩌둥의 측근들이 다수 포함됐다. 그뿐만 아니라 중앙군사위원회는 주요한 군사문제들을 직접 관장하기 위한 많은 위원회와 부서들을 설치했는데 무기과학기술위원회, 교육훈련위원회, 그리고 전시통신대책영도소조 등이 그것이다.

1978년 덩샤오핑이 정권을 장악했을 때 그는 중앙군사위원회의 군사운영에 대한 직접적 관여를 축소하고 군의 지도체제와 운영 조직을 간소화하려고 했다. 1981년 6월 당 11기 6중전회의에서 화궈펑이 사임함에 따라 덩샤오핑이 중앙군사위원회 주석에 취임했다. 1982년 중국공산당 12차 당 대회에서 후야오방이 총서기로 선출된 후 상무위원회의 폐지, 위원의 감축 등 중앙군사위원회 간소화 조치를 취했다. 이에 따라 덩샤오핑의 측근 양상쿤(楊尙昆)이 중앙군사위원회의 비서장으로 임명되고 그에게 광범한 권한이 부여됐다. 1982년 12월 전국인민대표대회 5기 5차 회의에서 개정된 헌법은 국가의 군사영도기관으로서 중앙군사위원회의 신설을 규정하고 이에 따라 1983년 초에 국가 중앙군사위원회가 설치됐다. 이는 국가와 당 기능의 분리 그리고 군에 대한 문민통제의 외양을 갖추려는 노력의 일환이었다. 그러나 이 새로운 기관은 사실상 텅 빈 껍데기에 불과하다. 형식적으로 국가 중앙군사위원회는 전국인민대표대회 또는 동 상무위원회에서 선출하도록 돼있지만 사실상 당 중앙군사위원회가 그 명단을 추천 건의하게 돼있다. 당 중앙군사위원회와 국가 중앙군사위원회는 실제로 '간판만 다른 동일한 기구(兩個牌子, 同一個機構)'이며, 사실상의 '하나의 집단, 하나의 기구(一套班子, 一個機構)'이다.[4] 그럼에도 불구하고 이 국가기구가 갖는 상징적 중요성을 간과해서는 안 된다. 1983년 6월 전국인민대표대회 6기 1차회의에서 선출된 중앙군사위원회는 덩샤오핑을 주석으로 하고 대폭 간소화된 총 9명의 위원으로 구성됐다.

1980년대 중반 중국의 지도층은 군사개혁의 일환으로 국가 중앙군사위원회에 실질적인 권한을 부여하거나 국방부의 기능과 연관된 새로운 국가기구로 국방위원회를 신설하는 안을 검토했다. 이러한 새로운 국방기구의 필요성을 제기한 배경 이유는 복잡한 인민해방군의 현대화 문제를

4) 浦興祖,『中華人民共和國政治制度』(上海: 上海人民出版社, 1999), p.559.

당 중앙군사위원회만이 감당하기는 어렵다는 것이었다. 이러한 군사개혁은 더 광범위한 정치체제 개혁의 일환으로 고려된 것이었다. 1989년 10월 13차 당 대회에서 최고지도자들은 당과 국가 기구의 기능 분리에 동의했다. 이러한 당과 국가 기능 분리는 궁극적으로 국방문제에 관한 국가기관의 역할 증대를 의미하는 것이었다. 예컨대 전국인민대표대회는 국방특별위원회의 설치를 고려했다. 그러나 이러한 당-국가 기능분리 논의는 1989년 6월 천안문사태로 중지됐다. 중국 지도층은 군사문제에 관한 당의 전반적인 통제를 재확인하였고 국가 중앙군사위원회의 역할을 강화하려는 제안들은 무기한 보류되게 됐다.[5)]

1989년 11월 덩샤오핑은 그의 새로운 후계자인 쟝저민(江澤民)의 취약한 권력기반을 보강해주기 위해 중앙군사위원회 주석직을 그에게 넘겨줬다. 쟝저민은 군사경력을 가지고 있지 못했기 때문에 군 최고통수권자인 중앙군사위원회 주석으로 임명된 후 군 수뇌부에 군사문제에 관한 그의 관심을 과시하기 위해서 중앙군사위원회와 인민해방군 관련 모임에 열성적으로 참여했다. 그러나 덩샤오핑이 빠진 중앙군사위원회의 정치적 권위는 크게 축소됐다. 마오쩌둥이나 덩샤오핑이 주석으로 있던 중앙군사위원회는 그 제도의 중요성뿐만 아니라 지도자의 개인적 권위 때문에 정치적으로 중시됐었지만 쟝저민이 주석으로 있는 중앙군사위원회는 그가 확고히 권력을 장악하기 전까지는 정치적 권위가 감소될 수밖에 없었다. 1990 년대 초만 해도 양상쿤과 그의 배다른 동생으로 비서장을 맡고 있던 양바이빙(楊白冰)이 중앙군사위원회와 인민해방군내에 강력한 권력기반을 가지고 있었기 때문에 쟝저민은 중앙군사위원회를 통제하는데 어려움을 겪었다. 1992년 14차 당 대회에서 덩샤오핑이 양씨 형제를 축출한 후에야 쟝저민은 적극적으로 군내 지지기반을 공고히 할 수 있었다. 쟝저민은 인민해방군 본부와 지역 관구의 많은 군 지도자들과 개인적 관

5) 당 중앙군사위원회의 인민해방군에 대한 지배적 통제는 1997년 3월 전국인민대표 대회에서 통과된 '국방법'에 의해 명문화됐다. 동법 19조는 모든 무장역량은 중국공산당의 절대적인 영도 하에 있음을 규정하고 있다.

계를 돈독히 하기 위해 상당한 시간을 필요로 했다. 15차 당 대회 이후 그의 군사문제에 관한 관여는 주로 정치사업, 복지, 인사 문제에 국한됐고 주로 군사전략이나 군 현대화 문제에 관해서만 언급하는데 그쳤다. 따라서 중앙군사위원회의 실질적인 운영에 있어서 군부를 대표하는 두 사람의 부주석, 즉 국방부장 장완니앤(張萬年)과 인민군총참모장 치하오티엔(遲浩田)이 상당한 재량권을 가지고 있었다. 이들 두 사람은 특히 1949년 사회주의정권 수립이후에 군에 입대한 세대를 대표하며 정치적인 문제에 관한 관심이 비교적 적다는 점에서 이전의 군사 지도세대와 차이가 있었다. 그러나 중앙군사위원회의 군부출신 두 부주석은 당 정치국위원을 겸했다. 인민해방군 총부의 네 부장, 즉 총참모부, 총정치부, 총후근부, 총장비부 부장들이 중앙군사위원회의 위원에 포함됐다. 군의 다른 주요 단위부대장, 예컨대 국방대학 교장, 군사과학원 원장, 또는 지역 군구 사령관들은 정식 성원으로 투표권은 없지만 종종 중앙군사위원회의에 참가하기도 했다.

1999년 9월에는 중앙군사위원회에 새로운 세 명의 위원을 보충했는데, 국가 부주석 후진타오(胡錦濤)를 제1 부주석에, 그리고 인민해방군 총참모부 상무부부장과 총정치부 상무부주임 두 사람을 위원으로 임명한 것이 그것이다. 이러한 인사는 쟝저민의 후계자로 내정된 후진타오의 군내 지지 기반을 준비하기 위한 배려, 그리고 군 지도층 세대교체를 위한 대비로 해석되었다. 2002년 11월 16차 당 전국대표대회와 2003년 3월 10기 전국인민대표대회를 통하여 이른바 '제3 영도세대'로부터 '제4 영도세대'로의 대대적인 리더십교체가 이루어졌다. 중앙군사위원회도 쟝저민 주석과 후진타오 부주석은 유임되고 군부출신들은 새로운 세대의 직업적 군인사로 교체되었는데, 부주석으로 승진하여 당 정치국 위원을 겸직하게 된 두 사람과 당 서기처 서기를 겸직하게 된 한사람은 유임되고 새로 3명이 교체되었다. 중앙군사위원회 위원 중 군부 인사로는 국방부장과 인민해방군 총참모장, 총정치부 주임, 총후근부 부장, 총장비부 부장 등이 포함됐다.

그런데 이때 중앙군사위원회의 개편이 갖는 중요한 특징은 쟝저민이 주석으로 유임됨에 따라 중앙군사위원회 주석과 당 총서기 및 국가주석 직이 분담되게 된 점이다. 당 총서기와 국가주석 직을 맡고 있는 후진타오가 아무런 다른 당직과 국가 직을 맡고 있지 않은 쟝저민 밑에서 중앙군사위원회의 부주석을 맡도록 돼있었다. 따라서 16차 당 대회와 10기 전국인민대표대회에서 이루어진 지도부 개편은 완전한 정권교체가 아니라 쟝저민의 '반퇴(半退)'이며 사실상 쟝저민의 계속 집권으로 해석되기도 했다. 이러한 권력이양 방식은 이전 덩샤오핑이 중앙군사위원회 주석 직만을 맡고 당과 국가 직책을 다른 사람에게 맡기던 방식, 이른바 '덩샤오핑 모델(鄧小平模式)'을 따른 것으로 이해됐다.

2012년 11월 18차 당대회에서 이루어진 지도부 승계에서는 신임 당 총서기 시진핑이 중앙군사위원회 주석직에 선임됨으로써 과도적인 권력 이원화 폐단을 배제했다. 중국의 국가원수 직과 군 통수권(무장역량통솔권) 간의 관계에 관한 법률규정은 몇 차례 변경이 있었다. 1954년 헌법규정은 국가주석이 국방위원회 주석을 겸하도록 하여 군통수권을 갖도록 돼있었으나, 1975년 헌법에서는 국가주석 직이 폐지되면서 중국공산당 중앙위원회 주석이 군 통수권을 갖는 것으로 규정됐고, 1978년 헌법에서는 중국공산당 중앙위원회가 군 통수권을 갖는 것으로 수정됐다. 현행 헌법의 골간이 된 1982년 헌법에서는 국가주석 직이 부활되었지만 새로 국가 중앙군사위원회의 신설과 '중앙군사위원회주석책임제'를 규정함으로서 국가원수와 군 통수권을 분리했다.

최근 중국헌법 개정 논의가 제기되면서 일부 학자들은 국가원수직과 군 통수권 분리의 모순과 문제점을 개선하기 위한 개헌의 필요성이 주장되고 있는데, 대표적인 예가 전 중국사회과학원 정치학연구소장으로 있다가 천안문 사태 후 국외로 망명하여 반체제 활동은 하고 있는 앤챠치(嚴家祺)와 산둥대학(山東大學)교수 쑨원광(孫文廣)이다. 앤챠치는 현행 헌법상 국가주석 직과 중앙군사위원회 군 통수권의 분리는 정변 등으로 인하여 '두 권력중심(兩權力中心)'을 초래할 가능성이 있는 허점을 지니고 있기 때문에 1954년 헌법과 같이 국가주석이 군 통수권을 갖도록 해야 한다고 주장한다.[6] 쑨원광 역시 국가주석에게 군 통수권을 부여하는 헌법개정의 필요성을 주장하고 있는데, 그는 그 이유를, ① 국제적으로 군사국가의 인상을 불식하기 위해서, ② 종신집권을 실질적으로 폐지하고 국가 최고 지도자의 교체를 제도화하기 위해서, ③ 전쟁발발 등 국제적인 중대사태에 즉시 대응할 수 있도록, ④ 군사정변을 방지하기 위해서, 그리고 ⑤ 국가군대화를 위해서라고 설명한다.[7]

2017년 11월 19차 당대회에서 개정된 당 장정에는 중앙군사위원회 주석책임제 규정을 명시함으로써 헌법 규정과의 불일치를 시정했다.

6) 嚴家祺, "從幾次修憲看武裝力量統率權", 『新世紀』(2002년 6월 11일자); 嚴家祺, "中國'憲法漏洞'要修補", 『新世紀』(2003년 1월 1일). http://www.ncn.org/zwglnfo/da.asp?ID=20679&ad
7) 孫文廣, "修憲國家主席統三軍-再論修改憲法", 『新世紀』(2003년 8월 19일). http://www.ncn.org.zwglnfo/da.asp?ID=2554&ad

2. 중앙군사위원회의 기능

중앙군사위원회는 중국에서 가장 힘 있는 권력기구이지만 다른 군 최고 지휘부와는 별개의 독립적으로 운영되는 작고 정예화 된 관료기구이다. 어떤 사람들은 중앙군사위원회가 당 영도소조처럼 지도적인 군사기구간의 조정과 협력, 감독과 협의를 촉진하는 공론의 장으로 운영된다고 주장한다. 그러나 중앙군사위원회는 정치국 상무위원회나 국무원의 지위 이상의 권한과 책임을 행사하고 있다. 중앙군사위원회는 군사와 국방 문제를 책임지는 최고 국가기관으로서 군사전략의 결정, 국방건설과 관련된 중요한 문제의 처리, 군사 · 경제 · 정치 · 외교 전략의 종합적 조정 등의 기능을 수행한다. 중앙군사위원회의 주요 직권들은 다음과 같이 정리되고 있다.[8]

① 전국 무장역량의 통일적 지휘[9]
② 군사전략 및 무장역량의 작전방침 결정
③ 인민해방군 건설의 지도 관리
④ 전국인민대표회의 및 동 상무위원회에 의안 제출
⑤ 헌법과 법률에 따라 군사법규의 제정 및 결정과 명령의 발포
⑥ 인민해방군의 체제와 편제 결정 및 총부 및 군구, 군 병종 기타 군구

8) 浦興祖, 앞의 책, p.560.
9) 중국에서는 '무장역량'이 인민해방군 현역 부대 및 예비역 부대, 인민무장경찰부대, 민병조직의 3결합(三結合)체제로 구성된다고 정의하고 있다.

급 단위의 임무와 직책 규정

⑦ 인민무장 역량의 무기장비 체제와 무기장비 발전계획 비준 및 국무원과 협력하여 국방 과학연구 생산의 지도 관리

⑧ 국무원과 공동으로 국방경비 및 국방자산의 관리

⑨ 무장역량 성원의 임면, 훈련, 심사, 상벌의 결정 등

중앙군사위원회의 조직 구조는 상설적인 행정조직과 다양한 형태의 특별위원회와 사업소조로 이루어져 있다. 중앙군사위원회의 중심 관료조직은 판공청인데 판공청은 200-300명 정도의 요원을 가지고 있고 베이징 중심 관가 종난하이(中南海)에 본부를 두고 있다. 중앙군사위원회 판공청의 주요 기능은 중앙군사위원회 지도부에 대한 행정적 보좌와 인력 지원이다. 판공청이 중앙군사위원회의 정책결정 과정에서 수행하는 역할은 주변적인 것이긴 하지만 정보나 문서의 흐름을 통제하거나 회의의 주요 의제와 조직에 대한 통제를 통해서 상당한 영향력을 행사한다. 판공청은 다른 인민해방군 기관들로부터 제출된 보고서들을 정리하여 요약자료, 평가서, 공보 등의 형태로 중앙군사위원회 지도부에 제공한다. 판공청은 또 종종 당과 국가 기관의 유관 부서와의 연락 업무를 담당한다.

1) 회의유형

각종 회의는 중앙군사위원회 활동의 본질적인 내용으로 정책의 조정과 결정, 명령의 전달을 위한 필수적 과정이다. 이러한 회의는 다음과 같은 여러 가지 형태로 이루어지고 이다.

ⅰ) 판공회의(辦公會議) 또는 상무회의(常務會議)

이 회의는 본부 집행부 실무회의로 매주 목요일 열리는데 중앙군사위원회 주석과 위원 혹은 그들의 대리인들이 참석한다. 주석은 통상 참석하지 않고 의제와 관련된 인민해방군의 유관기관 대표가 참석하기도 한다. 이 회의에서는 일상적인 행정문제가 다루어지며 주요한 군사 및 국방 문제에 관한 결정을 후에 확대회의에서 추인 받는 경우도 있다. 1970-80년대에는 상무위원회 회의가 판공회의를 대신했다.

ii) 간이실무회의(碰頭會議)

중앙군사위원회와 인민해방군 고위 간부 간에 정보를 교환하는 간략한 형태의 회합 로 1960-70년에 일반화됐지만 1980년대 이후 점차 줄었다.

iii) 좌담회의(座談會議)

수일간의 회의를 통해서 중앙군사위원회 지도자들과 고위 군사 지도자들이 주요한 정치, 군사, 외교정책 문제에 관해 거리낌 없는 토론을 벌이는 회의로 통상 당 중앙위원회 전원회의 직후에 열린다.

iv) 전체회의(全體會議)

매년 말 1년의 사업을 정산하고 새해의 계획을 수립하기 위해 열렸다. 1980년대에 확대회의로 대치됐다.

v) 확대회의(擴大會議)

확대회의는 매년 말에 열리는 연례 평가회의와 중요한 군사적 조치를 결정하는 비상회의 두 가지가 있다. 1980년대 초부터 정례화 된 연말 확대회의에는 전국의 수백 명에 달하는 최고위급 군 지휘관들이 참석하며 이때 종종 중요한 군사정책 발표가 이루어지기도 한다. 비상 확대회의는

10년에 한두 번씩 개회되어왔는데 중요한 확대회의로는 인민해방군의 평시편제를 비준한 1954년 회의, 주요한 군 조직개편을 결정한 1975년 회의, 100만 군 병력 감축과 탈냉전 전략으로의 전환을 선언한 1985년 회의가 있었다.

2) 특별사업소조와 위원회

중앙군사위원회가 주요한 정책을 추진할 때 종종 인민해방군에서 차출하여 특별 사업소조나 특별위원회를 구성하고 정책건의안을 개발한다. 중요한 사업소조와 위원회의 예를 들면 인민해방군 총참모부, 인민해방군 정책연구기관들, 지원군(해 · 공군)부대, 기타 중앙 군부대에서 차출된 전문가들로 구성되는 특별사업소조가 5년마다 5개년 국가발전계획의 국방부분을 기초하는 5개년방위계획소조, 군사전략이나 작전교리, 일반적 위협 평가에 관한 중요한 변경이 필요할 때 조직되는 특별사업 소조나 위원회, 그리고 군의 기업 활동이나 경제활동과 관련된 부정과 부패를 감시하기 위한 특별감찰소로 등과 같은 것들이 있다.

3) 군사 지도체제 및 조직 개편

중앙군사위원회는 18차 당 대회 3중전회의에서 제기한 전면적 개혁 심회 방침에 따라 국방 및 군대 개혁을 추진했다. 그에 따라 2015년 말에 종래의 인민해방군 지도체제 4총부(總部)를 연합참모부, 정치공작부, 후근보장부, 장비발전부, 훈련관리부, 국방동원부 등 6부체제로 개편하고, 인민해방군을 육군, 해군, 공군, 로켓(火箭)군, 전략지원군 등 5군(병)제로 개편했다. 동시에 군부대의 지역 배치는 종래의 7대 군구(軍區)를 동, 서, 남, 북, 중의 5대 전구(戰區)로 개편했다.

3. 당 · 정 · 군 관계

중국의 국제적 역할이 증대됨에 따라 국방과 국가안보에 관한 관심도 확대됐다. 중앙군사위원회는 군과 민간 정책결정 기구들 간의 연계 지점에서 특히 국가주권 수호 및 영토보존과 관련되는 국방안보 문제에 주요한 영향을 미치는 분야에서 지배적인 역할을 수행해 오고 있다. 이러한 분야들 가운데는 무기수출, 양안관계(兩岸關係), 주요 강대들과의 전략적 관계, 그리고 해양주권 분쟁 등이 포함된다. 중앙군사위원회와 다른 군사관료기구들이 대외 안보환경에 보다 많은 관심을 돌리고 있긴 하지만 주요 외교정책 영역에서는 그 역할이 축소되고 있는 것처럼 보인다. 이는 문민 외교정책 관료제, 특히 외교부의 역할 증대를 의미하기도 한다. 예컨대 외교부는 국제적인 무기통제 협상에서 주도적인 역할을 해오고 있다.

군의 정책결정체제는 전통적으로 당 이외의 다른 관료기구와는 대외적 연계가 없이 고립적이며 수직적인 구조를 유지해왔다. 그러나 1980년대 이후 개혁개방정책과 더불어 군과 문민 정책결정기구(주로 국가 정부기구)와의 관계를 증대시키려는 노력이 이루어져왔다. 동시에 군이 전문화, 직업화됨에 따라 군과 당의 관계가 점차 축소돼왔다.

1) 당 · 군 관계

중앙군사위원회와 공산당 간의 최고위급 수준에서의 접촉은 1980년대 이래 인민해방군이 당 문제에 덜 참여하게 되고 보다 전문적인 문제에 집중하게 되면서 감소해왔다. 중앙군사위원회는 당 지도기관들과 다양한 접촉 통로를 가지고 있다. 무엇보다도 중앙군사위원회의 위원과 당 지도자들과의 개인적 관계가 중요하다. 중앙군사위원회 주석은 국가 최고지도자를 겸하고 있기 때문에(장쩌민은 국가주석과 당 총서기, 중앙군사위원회 주석 직을 겸하고 있었다) 중앙군사위원회와 당 정치국 상무위원회를 연결하는 중추적 역할을 하지만 통상 중앙군사위원회 주석은 다른 업무 때문에 중요한 문제에 관해서만 관여하고 일상적인 문제들의 처리는 부주석에게 위임한다. 당정치국 산하에 설치되어 대외 문제 또는 국가안보 문제를 다루는 주요한 당의 영도소조에는 군부 대표가 참여한다. 외사영도소조에 국방부장이, 그리고 타이완문제영도소조에는 부총참모장이 참여하는 것이 그 예이다.

2) 정 · 군 관계

군과 국가정책 결정 기구간의 관계는 국방안보 문제뿐만 아니라 경제문제도 관련된다. 국가 중앙군사위원회와 국방부는 정부와 인민해방군 간의 공식적인 연결선 역할을 한다. 국방부는 외국주재 군사기관들과의 연락업무를 수행하며 전시에 대비한 지방정부와의 연락업무를 수행한다. 인민해방군과 정부 간의 접촉은 대부분 인민해방군 총부 기관들과 정부의 부 또는 위원회 간에 이루어진다. 예컨대 인민해방군 총참모부와 총후근부는 국방예산의 규모에 관해서 재정부와 정기적으로 협의를 가지며, 국방과학기술공업위원회는 국방산업과 국방과학 연구개발에 관해 국가발전계획위원회 및 국가과학기술위원회와 업무연락을 한다. 외교부는 무기통제와 주요 국가들과의 관계와 같은 특수한 주제로부터 보다 광범위한 전략상황 분석에 이르기까지 대외정책 문제에 관해 논의하고 협의 조정하기 위해서 군 기관들과 접촉을 갖는다. 대외무역경제합작부는 대외 무기거래 문제를 다루기 위해 중앙군사위원회와 총장비부 등 인민해방군 기관들과 연락을 취한다. 공안부(公安部)는 군내 안전문제에 관해 준군사조직인 인민무장경찰 그리고 인민해방군 총참모부와 협력한다. 민정부(民政部)는 제대군인의 복지 등과 같은 문제에 관해 인민해방군 총정치부 및 지역 군부대와 협력한다. 정보산업부(信息産業部)는 국방통신 및 전신체계에 관해서 인민해방군 총참모부 및 총장비부와 긴밀히 협력한다.

인민해방군은 경제개혁이 군부의 이익에 침해를 초래할지도 모른다는 우려를 가지고 있으며 그렇기 때문에 더욱 정부와의 접촉과 대화를 가지려고 한다. 군부 지도자들은 정부가 개혁조치로 특히 군수산업의 축소를 추진하려는데 많은 관심을 가지고 있고 중앙정부 지도자들에게 군수산업에 대한 특별한 재정지원을 요구하려 한다. 1997년 제정된 국방법(國防法)은 국방문제에 관한 국무원의 책임을 확대시켰으며 이는 정부 부서의 보다 적극적인 군사 지원 역할을 가능하게 하는 근거가 되고 있다. 국방법은 중앙군사위원회의 기능을 '전국 무장역량의 영도' 국무원의 기능을 '국방건설사업의 영도'로 규정하면서 국무원의 직권을 다음과 같이 규정하고 있다.

① 국방건설 발전계획의 편제.
② 국방건설에 관한 방침, 정책, 행정법규 제정.
③ 국방 과학연구 생산의 지도 관리.
④ 국방경비 및 국방자산의 관리.
⑤ 국방경제 동원공작 및 인민무장 동원, 인민방공, 국방교통 등과 관련된 사업 지도 관리.

⑥ 군 옹호 군인가족 우대(擁軍優屬) 공작 및 퇴역군인의 배치 공작 지도 관리.
⑦ 국방교육 공작 지도.
⑧ 중앙군사위원회와 더불어 중국인민무장경찰부대, 민병의 건설, 징병, 예비역 공작 및 변경방위, 해상방위, 공중방위의 관리 공작 지도.
⑨ 법률에 규정된 국방건설사업과 관련된 기타 직권행사.

군부가 자신의 이익을 반영하고 영향력을 행사하기 위한 장소로 활용하는 기관으로 또 전국인민대표대회가 있다. 전국인민대표대회 대의원 중 군부 대표가 10%에 달한다는 것은 이 기구에서의 군부의 역할 증대를 상징하는 지표의 하나다. 앞으로도 중국 군부는 정책결정 과정에서 문민 지도부와 조심스럽게 협력관계를 증대시켜 갈 것이다. 따라서 군부와 국가기관간의 관계는 특히 자원배분을 위한 경쟁과 군수산업 개혁, 경제안보 등과 같은 경제와 관련된 문제에 관한 협의를 확대해 갈 것으로 보인다.

3) 민 · 군 관계의 변화

1989년의 천안문 사태는 군 개혁을 일시 중단시키고 군의 전문성보다는 정치성을 우선시하게 되는 역풍을 초래했으나 1990년대 중반에는 군 개혁 논의가 재개되었다.[10] 1990년대 중반 이래 군, 당, 정부 간에는 세 갈래의 보이지 않는 경쟁, 즉 ① 군은 당으로부터 더욱 큰 자율성을 추구하려하고, ② 당은 군에 대한 통제의 강화를 기도하며, ③ 정부는 군에 대한 사법적 감시를 증대시키려고 노력하는 징후가 나타났다. 이러한 변화들은 본질적으로 정치적인 성격을 갖는 것이며 또 매우 민감한 문제이기 때

10) David Shambaugh, *Modernizing Chinese Military : Progress, Problems, and Prospects* (Berkeley : University of California Press, 2002), pp.11-55.

문에 점진적으로 그리고 신중하게 이루어져왔다. 중국공산당의 정통성이나 존재에 의문을 제기하는 당-군 관계의 급격한 재조정은 시도될 수가 없다.

중국과 같은 공산주의국가 정치체제하에서는 군이 당의 도구이다. 군은 당이 혁명을 통해 정권을 장악하는 수단이었고 또 군은 정권을 유지하는 강제력으로 이용돼왔다. 군의 국가보위 역할은 외부의 적과 더불어 내부 정권의 적을 겨냥하는 이중적인 것이다. 따라서 인민해방군은 제도적으로 당에 의해서 정치적 통제를 받는다. 일반적으로 공산당과 군부 간에는 근본적적인 '공생(symbiosis)'의 관계를 갖고 있다. 이와 같은 당-군 관계 모델은 중국의 경우 1990년대 중반까지는 전적으로 적용될 수 있지만 그 이후에는 부분적으로만 적용될 수 있다. 여러 가지 이유로 그리고 여러 가지 지표들로 판단하건대 인민해방군과 중국공산당 중앙위원회간의 관계는 근본적인 변화과정에 있다. 당과 군부 지도세대의 교체에 따라 이전과 달리 이제 최고위 당지도자들은 전혀 군사적 경력을 갖고 있지 않고 당 정치국 위원에 임명된 최고위 군 지도자들 또한 중요한 정치적 경험을 갖고 있지 않다. 군 장교집단은 점차 전문화 또는 직업주의화 하고 있다. 당과 군부의 엘리트들은 분명히 구분되게 됐다.[11] 따라서 이제 중국의 당·군관계는 '민군관계(民軍關係)' 라고 표현하는 것이 더욱 적절할 것이다. 물론 군의 전문화와 당으로부터의 독립이 완전하게 이루어졌다고는 말할 수 없지만 그러한 방향으로 움직이고 있는 것은 틀림없다. 이러한 중국 민군관계의 변화는 '당의 군'으로부터 '국가의 군' 또는 '인민의 군'으로 이행하고 과도기적 단계를 반영하는 것이기도 하다.

1997년 3월 전국인민대표회의 8기 5차 회의에서 통과된 국방법은 중국의 민-군 관계에 있어서 중요한 의미를 갖는 것이었다. 이 법은 중앙군사위원회와 인민해방군의 법무관계 기관에서 5년의 기간 동안 기초와 수정

---

11) You Ji, "The Supreme Leader and the Military," in Jonathan Unger (ed.), *The Nature of Chinese Politics: From Mao to Jiang* (Armonk, N. Y.: M. E. Sharpe, 2002), pp.274-296.

을 거쳐 입법화 된 것인데 '이법치군(以法治軍)'의 기본 틀을 마련한 것으로 평가된다. 동 국방법에서 특히 주목되는 것은 '국가의 군대'를 명문화한 것이다. 국방법의 많은 조문들은 군의 국가에의 복무를 규정하고 있는데, 이때 '국가'는 정부의 의미를 함축하는 것이다. 국방법의 제정은 인민해방군이 점차 당의 통제에서 벗어나 국가 통제 하에 들어오고 있다는 증거이다. 그러나 중국 이론가들은 여전히 군에 대한 당의 영도를 강조하면서 군의 '비당화(非黨化)', '비정치화(非政治化)', 또는 군의 '국가화(國家化)'를 논의하는 서방적 관점과 분석에 대해서 비판하고 있다.[12] 현대중국에서의 당, 군, 국가간의 상호관계 변화는 군이 정치권력과 그 영향력으로부터 주권기관에 대한 책임을 강화하는 방향으로 이행하고 있는 일반적인 민-군 관계의 새로운 패턴으로 이해해야 할 것이다.

12) 國防大學黨史及黨建設史硏究室,『中國人民解放軍政治工作學』(北京: 國防大學出版社, 1998), pp.203-204;『解放軍報』(2001년 4월 18일자).

제6장

연방제 논의와 제안

1. 국가구조 형식논쟁

중국의 역사소설 '삼국지연의(三國志演義)'의 작가는 중국역사를 '분열과 통일의 순환' 법칙으로 설명하면서 '분열이 오래되면 통일이 이루어지게 마련이고 통일이 길어지면 분열이 초래될 수밖에 없다(分久必合, 合久必分)'고 했다. 중국은 전통적으로 중앙집권적 통제를 통한 국가적 통일과 사회적 통합의 추구를 정통의 역사적 가치로 여겨왔다. 다시 말해서 중국은 분권과 자치보다는 집권과 통일을 우선시하는 '대일통(大一統)'사상의 전통을 가지고 있다.

그러나 중국은 20세기 초 청조(淸朝)의 붕괴와 더불어 분열과 내전의 시대를 맞게 되었고 새로운 현대국가 건설을 위한 혁명과 개혁의 과정에서 국가정치체제의 선택 문제를 둘러싸고 이른바 '국가구조 형식(國家結構形式)'[1]논쟁이 계속돼왔다. 20세기 초이래 중국의 현대국가 건설을 위한 중요한 정치제도 선택 과제를 둘러싼 논쟁의 중요한 주제는 군주제냐 공화제냐의 문제와 단일제냐 연방제냐의 문제였다. 신해혁명(辛亥革命)으로 군주제가 폐지되고 공화제가 채택됨에 따라 전자의 문제는 해결되었지만 단일제와 연방제의 선택 문제는 계속 논쟁의 주제가 돼왔다.

중국에서 처음으로 연방제 구상이 제기되기 시작한 것은 19세기 말 서양 정치사상의 영향을 받은 이른바 '자산계급 혁명파' 지식인들에 의해서

1) 린상리는 '국가구조 형식'의 정치적 의의에 관해서 언급하면서 국가구조 형식의 선택은 사회통제 방식의 결정, 사회자원 배치의 제약, 민족간 관계에 미치는 영향, 그리고 정치발전과 밀접히 연관된다고 설명한다. 林尙立, 『國內政府間關係』(杭州: 浙江人民出版社, 1998), pp.7-10.

군주제의 대안으로 공화제가 고려되고 미국식의 연방제 정부(合衆政府) 개념의 도입이 거론되면서부터였다.[2] 혁명단체인 '흥중회(興中會)'를 창립하고 지도했던 쑨원(孫文)은 이미 1887년에 앞으로 건설할 새로운 중국의 국가형태에 관해서 말하면서 연방제를 언급했다. 이후 중국에서는 신해혁명 후 1910-20년대 새로운 현대 국가체제 건설 과정에서 집중적으로 연방제 논의가 이루어졌고 1980년대 이후 다시 연방제 논의가 부활했다.[3] 중국연방제 논의는 1910년대 신해혁명 전후부터 1920년대 초까지는 주로 개혁파 지식인들과 국민당 우파 그리고 지방 정치세력들의 주도로 민주정부 수립을 위한 분권화 자치운동으로 활발히 전개되었으며, 한편 공산주의자들에 의해서는 주로 소수민족 문제의 해결방식으로 제기되었다. 1980년대 이후에는 주로 국내외 지식인들 간에 민주화 통일운동의 차원에서 연방제 논의가 재개되었다. 이 장은 이와 같은 중국연방제 논의들의 역사적 전개과정과 그 정치적 배경을 분석하고 다양한 제안 내용과 주장 및 쟁점들을 검토함으로써 미래 중국의 정치제도 선택을 위해서 연방제가 갖는 함의를 평가해보려고 한다.

2) 徐矛,『中華民國政治制度史』(上海: 上海人民出版社, 1992), p. 427-428; 錢振明 · 周子東, "近代中國聯邦制思想的歷史的考察",『政治學研究』(1998年第 5期), pp.31-40.

3) 우쟈샹은 중국역사에서 세 차례의 연방주의 '물결'이 있었다는 독특한 주장을 하고 있다. 그에 의하면 제 1의 물결은 2500년 전 주(周)시대부터 진(秦)의 통일 이전까지 존재했던 고전적인 연방주의체제, 즉 '군주연방제'이고, 제 2의 물결은 청(淸)말 민국(民國)초의 '군벌연방제'와 공산당의 책략적인 '민족연방주의'이며, 제 3의 물결은 덩샤오핑(鄧小平) 시대 이후의 '경제연방주의' 또는 '재정연방주의'라는 것이다. 그는 덩샤오핑의 '1국양제(一國兩制)' 통일방안도 본질은 연방주의라고 본다. 吳稼祥, "聯邦制'第三波'",『新世紀』(2002년 11월 9일자); 吳稼祥, "聯邦主義在中國三次浪潮",『新世紀』(2003년 2월 9일자).

2. 자치분권운동으로서의 연방주의

우창(武昌)봉기 후 새 정부 수립의 기초가 된 '중화민국임시정부조직대강'에서는 공식적으로 연방제를 채택하지는 않았으나 1912년 난징(南京) 임시정부가 수립되면서 국민당 혁명세력은 각 성의 참여를 촉진시키기 위한 방책으로 미국식 연방제 도입을 논의하고 연방제의 취지를 살린 '성연합자치(省聯合自治)를 구현하려고 하였다. 그러나 웬스카이(袁世凱)의 집권에 따른 베이징(北京) 임시정부의 출범과 제제(帝制)복귀 기도 등 그의 권력 강화 조치가 추진됨에 따라 국민당 혁명세력은 웬스카이의 중앙집권적 권력 강화를 견제하기 위해 연방제 주장을 제기하였다.

신해혁명 직후 국민당 내에서는 국가구조 형식에 관한 견해 차이가 노정됐는데 중앙집권파와 지방분권파의 갈등이 그것 이었다.[4] 당시 중앙집권파(또는 중앙파)는 황싱(黃興)과 쑹쟈오런(宋敎仁)으로 대표되었는데 이들은 의회 내 제1당으로 내각을 조직함으로써 실질적으로 정권을 장악하려는 전략에 따라 분권화에 반대하고 단일제 국가체제를 주장했다. 한편 지방분권파(또는 지방파)는 당시 광뚱(廣東) 도독(都督)이었던 후한민(胡漢民), 쟝시(江西) 도독(都督)이었던 리리에쥔(李烈鈞) 등으로 대표되었는데 이들은 지방의 실력자들로 지방을 근거로 하여 웬스카이의 중앙정권을 견제하려는 전략에 다라 분권화를 지지하고 연방제 국가체제를 주장하였다.

웬스카이의 권력 강화가 진행되면서 국민당 내에서는 연방제 주장과

4) 徐矛, 앞의 책, pp.428-429.

분권자치론이 세를 얻게 되고 지식인들의 주도로 연방제 논의가 활발히 이루어지게 됐다. 국민당 우파의 지도적 이론가였던 다이지타오(戴季陶)가 1914년 한 잡지(『民國雜誌』)에 '중화민국과 연방조직(中華民國與聯邦組織)'이란 논문을 발표하여 중국연방제의 필요성과 불가피성을 주장한 것을 필두로 하여 장스자오(章士釗), 장뚱쑨(張東蓀), 리지앤농(李劍農) 등과 같은 학자들이 잡지 등에 연방제를 주장하는 글을 발표하여 여론을 불러 일으켰다. 이들은 공히 중앙집권의 폐단을 지적하고 지방분권화를 강조하였다.

그러나 1916년 웬스카이 실각 후 북양국벌(北洋軍閥)의 통치기간 중 국민당의 연방제 주장은 후퇴하였고, 연방제-단일제 논쟁이 재연되었다. 북양군벌 통치 시기 연방제 문제에 관한 국민당의 태도는 적극적인 찬성이나 적극적인 반대를 유보하고 애매한 태도를 취했다. 1910년대 후반부터 1920년대 초까지 중국지식인들 간에는 국가구조 형식에 관한 단일제-연방제 논쟁이 활발히 이루어졌는데, 특히 장뚱쑨(張東蓀)이 주편했던 잡지, 『신중화(新中華)』와 량치차오(梁啓超)가 주편했던 잡지, 『대중화(大中華)』를 통하여 지상 찬반논쟁이 치열했다. 당시 공산당은 연방제 논쟁에 공식적으로 개입되지 않았지만 공산주의자 첸두시우(陳獨秀)가 개인적으로 연방제 반대론을 제기해 북양군벌의 중앙집권주의와 결탁했다는 오해를 빚기도 했다.[5)]

1910-20년대 연방제 논쟁의 쟁점은 통일국가 건설과 연방제 실행의 선후 문제, 중국의 국가적 정황과 연방제 실시의 적부 문제, 그리고 국가통일과 연방제 간의 상관성 문제였다. 즉 분권과 통일의 선후 문제에 관해서 연방제 반대론자들은 일반적으로 연방화 과정은 분열로부터 통일의 과정이며 분권체제로부터 중앙집권화를 추구하기 위한 수단이므로(先分後合) 중국의 단일제 국가체제의 전통과는 부합되지 않는다고 반박하고 있는데 대해서 연방제 찬성론자들은 중국은 신해혁명 후 각 성들이 각각 분리 독립을 선언하고 있는 분열 상황이므로 통일을 위한 연방제화의 일반적 과정과 다르지 않다(由分而合)고 주장했다. 연방제 실시의 조건에 관

5) 위의 책, p.432.

해서 반대론자들은 중국의 낙후된 문화 수준과 낮은 민도가 연방제 실시에 부적합하다고 주장한데 대해 찬성론자들은 중국의 광대한 국토와 각 지방의 특수한 사정이 연방제를 필요로 한다고 주장했다. 연방제 실시와 국가적 통일과의 상관성에 관해서는 반대론자들이 연방제가 외형적 통일과는 달리 실제로 지방할거 현상을 초래할 것이라고 주장한데 대해 찬성론자들은 지방분권에 의한 자치능력의 개발이 통일국가 건설에 유리하다고 주장했다.[6]

1920년대 초에는 중국연방제 논의가 다시 고조되고 구체적인 실천운동으로 발전했다. 즉 1921년부터 1922년 간 후난성(湖南省)과 저쟝성(浙江省)을 필두로 중국 서남부 지방 14개 성이 참여한 '연성자치운동(聯省自治運動)'과 전국 직능단체, 사회단체들과 지역대표가 참가하여 연방제 헌법 제정을 추진했던 '국시운동(國是運動)'이 그것이다. 전자에는 개혁파 지식인들과 서남부 지방 소 군벌 대표 등 지방 세력들이 주로 참가했고 후자는 실업가들이 주도했다. 전자는 성 헌법 제정 운동, 즉 '성헌운동(省憲運動)'을 통한 연방제 실시, 즉 '선성헌 후국헌(先省憲 後國憲)'방식을 주장했지만, 후자는 먼저 연방제헌법 초안을 만들고 성자치를 추구하려는 '선국헌 후성헌(先國憲 後省憲)' 방식을 주장했다.[7] 연성자치운동은 단계적인 연방제 추진을 전제로 한 것이었다. 예컨대 장타이이앤(章太炎)은 '각성자치(各省自治)'→'연성자치(聯省自治)'→'연성정부(聯省政府)'의 추진단계를, 그리고 리지앤농(李劍農)은 '성헌운동(省憲運動)'→'성지치(省自治) 실시'→'연성회의(聯省會議) 구성' → '연성헌법(聯省憲法) 제정'→'연방제국가(聯邦制國家) 통일 완성'의 추진단계를 제시했다. 당시 '연방'이라는 말 대신 '연성'이라는 용어를 사용한 것은 연방제가 갖는 '분열적인' 의미를 불식하기 위한 고려에서 고안된 것이었다. '연성'이란 용어는 기실 다이지타오가 1914년 논문에서 '연방' 대신 '연성' 또는 '연주(聯州)'라는 용어를 제안한 것이 효시이며, '연성

6) 위의 책, pp. 432-433.
7) 위의 책, pp. 438-444.

자치'를 처음 이론적으로 제기한 것은 장지(張繼)(溥泉)였다.[8)]

1920년대 초 연방제 운동은 서구 국가들의 연방제를 새로운 통일국가 건설에 적용하고자하는 개혁파 지식인들의 지방분권자치사상과 더불어 북양군벌이 장악하고 있던 북경정권에 대응하기 위한 각 정파들의 정략이 배경이 됐었다. 당시 중국 서남부 지역의 지방 소 군벌로 대표되던 지방세력들은 지역적 권력 기반을 계속 유지하고자 했고,[9)] 국민당 쑨원도 일시 그러한 '성헌운동'과 '연성자치'에 대한 지지를 표시했다. 심지어 공산당도 1922년 2차 당대회에서 제2차 코민테른에서 규정한 '과도기적 형식'으로서의 연방제 채택을 내용으로 하는 '중화연방공화국' 건설을 선언하였다.[10)] 요컨대 당시 연방제에 대한 각 정파들의 입장은 일관된 원칙에 의거해서라기보다는 일종의 '수단적 가치의 필요'에 따라 또는 '책략적 고려에서' 연방제를 주장했던 것이다.[11)] 따라서 국가건설 문제보다는 항일전쟁 수행이 더욱 긴급한 과제로 등장함에 따라 연방제 논의는 후퇴하게 되고, 국민당의 쑨원도 1924년 이후 연성자치론을 비판하게 됐다. 1925년 일부 정치세력들이 '연치당(聯治黨)'을 결성하여 연방제 운동을 시도하려는 움직임이 있었으나 1927년 장지에스(蔣介石)정권 등장 이후 항일전쟁 수행과 '국공합작(國共合作)' 문제가 부각되면서 연방제 논의는 중단됐다.

1920년대 연방제 운동, 즉 '연성자치운동'의 역사적 의의에 관해서는 긍정적 평가와 부정적 평가가 공존한다. 일반적으로 중국의 학자들은 중국연방제 운동에 대해서 부정적 입장을 견지하고 있고, 따라서 1920년대 '연성자치'운동도 자산계급 지식인들과 국민당 정치세력들의 실패한 정치투쟁 명분 또는 책략으로 평가한다.[12)] 한편, 당시의 연방제운동을 재평가하면서 해외에서 중국의 민주화 통일운동을 주도하고 있는 일부 중국

8) 王麗萍, 『聯邦制與世界秩序』(北京: 北京大學出版社, 2000), p.182.
9) 殷嘯虎, 『近代中國憲政史』(上海: 上海人民出版社, 1997), pp.205-207.
10) 王柯, 『民族與國家: 中國多民族統一國家思想的系譜』(北京: 中國社會科學出版社, 2001), p. 246; 浦興祖, 『中華人民共和國政治制度』(上海: 上海人民出版社, 1999), pp.590-592.
11) 徐矛, 앞의 책, p,437.
12) 殷嘯虎,『近代中國憲政史』(上海: 上海人民出版社, 1997), p.218.

반체제 학자들은 연방주의를 자유, 지방자치, 참여민주, 국가통일, 공화주의의 사상운동이었다고 긍정적으로 평가한다. 예컨대 '연성자치'는 중앙집권주의적 전제주의의 '중국병'을 치료하기 위한 '처방'이었고, 무력 건국노선에 대항하는 평화 건국노선으로 민주국가통일을 지향했다고 주장하는 리우다정(柳大正) 등이 그 예이다.[13)]

이상과 같은 양극단의 평가와는 달리 '연성자치'운동을 역사적 사실로서 평가하려는 중립적 입장도 있다. 예컨대 '연성자치'운동을 중국의 반식민지 봉건사회적 조건에서 등장한 하나의 기형적 현상으로 규정하고 있는 첸전밍(錢振明)과 조우즈뚱(周子東), 그리고 리우쥔닝(劉軍寧)이 그 예이다. 첸전밍과 조우즈뚱은 연성자치운동이 지식인들에 의해서 서구적 연방제의 원용과 지방분권화를 통해서 '군벌할거'를 해결하려고 한 시도는 그 취지와 달리 결과적으로 지방군벌들의 할거를 초래하는 작용을 했음에도 불구하고 연방제 사상이 봉건적 중앙 전제정권과의 투쟁에 있어서 중요한 이론적 무기의 역할을 했다는 점을 인정한다. 또 이들은 연방제운동이 당시 민주주의와 국가통일의 열망을 반영하고 있었고 지방자치 사상을 배태했다는 점을 수긍하고 있다.[14)] 리우쥔닝 역시 연성자치운동을 재평가하면서 당시 연성자치운동의 목적은 국가분열을 획책한 것이 아니라 평화와 자유의 가치를 기초로 하여 국가적 통일을 추구하자는 것이었다고 평가한다.[15)]

---

13) 柳大正, "聯省自治與國家統一", 「大紀元」(2001년 12월 15일자); "聯省自治的制度藍本", 「大紀元」(2001년 12월 22일자); "聯省自治與省憲運動", 「大紀元」(2001년 12월 24일자); "聯省自治: 從過去到未來", 「大紀元」(2002년 1월 4일자).

14) 錢.振明 · 周子東, 앞의 글, p.39.

15) 劉軍寧, "聯省自治: 二十一世紀的聯邦主義嘗試", 『戰略與管理』(2002年 第5期).

3. 소수민족 정책으로서의 연방주의

1910-20년대의 중국연방제 운동을 둘러싼 논쟁 과정에서는 당시 공산당의 지도적 인물이었던 첸두시우 등이 개인적으로 분권자치를 위한 연방제 실시 주장이 '군벌할거'를 초래할 것을 우려하는 정치적 견해를 표시하였으나[16] 공식적으로 중국공산당이 연방제 논쟁에 개입하지는 않았다. 그러나 중국공산당은 항일전쟁 기간 중 소수민족 문제 해결을 위한 방식으로서 연방제를 공식적인 당 정책으로 규정했다. 왕커(王柯)는 중국공산당의 민족정책 변화과정을 '민족자결(民族自決)' 원칙으로부터 '민족자치(民族自治)' 원칙으로의 진행과정으로 설명하고 있다.[17] 즉 중국공산당의 민족정책은 초기의 소수민족의 자결권 다시 말해서 국가적 독립을 인정하는 민족자결 정책으로부터 소수민족의 독립을 부정하는 민족자치 정책으로 전환했다는 것이다. 그의 설명에 따르면 중국공산당의 소수민족정책은 1922년 중국공산당 2차 전국대표자대회 이후부터 1945년까지는 민족자결의 원칙을 견지했으며 연방제안을 부정하지 않았다. 민족독립을 인정하는 민족자결 정책은 사실상 연방제를 통한 소수민족 문제 해결방안을 의미하는 것이었다.

왕커는 중국공산당의 소수민족 정책 진행과정을 3단계로 구분하면서 각 단계의 민족정책은 중국공산당의 성장과 역할의 변화를 반영하는 것이라고 설명한다. 제 1단계(1922-1937)는 중국공산당의 '유년기'로 무산계

16) 徐矛, 앞의 책, p.434.
17) 王柯, 앞의 책, p.247.

급정당으로서의 위치와 노선을 중시하여 '민족자결' 원칙을 천명하고 연방제 국가 건설의 구상을 선언한 기간이다. 제 2단계(1937-1945)는 중국공산당의 '청년기'로 제국주의(특히 일본제국주의)의 침략에 따라 중화민족의식이 고조된 상황 속에서 공산당이 민족의 선봉대로서 '구국구망(救國救亡)'의 역할을 자임할 필요성 때문에 '소수민족의 독립'을 부정하는 방향으로 '민족자결' 원칙을 수정해간 기간이다. 제 3단계(1946-1949)는 중국공산당의 '장년기'로서 집정당(執政黨)으로서의 역할을 의식하고 계급이익이나 민족이익보다는 국가적 입장을 고려하여 '민족자치' 원칙에 따라 '민족구역자치제'를 실시함으로써 단일제 국가체제 건설을 공식화한 기간이다.[18]

중국공산당은 1922년 2차 당대표자대회에서 채택한 '선언'과 '결의안'을 통해서 '민족자결' 원칙을 천명하고 연방제 국가체제를 구체화하는 '중화연방공화국'안을 제시했다. 동 '선언'과 '결의안'에서 중국공산당은 통일 중국의 본부로서 동삼성(東三省)에 '민주공화국'을 건설하고 멍구(蒙古), 시장(西藏), 후이쟝(回疆)에 각각 '민족자치방'을 건설하여 '자유연방제(自由聯邦制)'로 '중화연방공화국(中華聯邦共和國)'을 건립한다는 것을 명시했다.[19] 즉 공산당은 소수민족 문제의 해결방식으로 연방제를 고려했던 것이다. 당시 중국공산당은 '민족자치'라는 용어를 사용했지만 실제로 그것은 오늘날의 '민족자치' 의미와는 다른 '민족자결'을 의미하는 것이었다. 20세기 초 중국에서는 '민족자결'이라는 용어가 없었으며, 따라서 민족자결의 의미를 '민족자치'로 표현했다는 것이다.[20] 당시 중국공산당의 민족자결 정책과 중국연방제안은 소련의 민족정책과 1920년 6월 제 2차 코민테른에서 채택된 '민족 및 식민지 문제 테제 초안'의 영향을 크게 받은 것이었다. 동 테제는 연방제를 각 민족 노동자가 완전한 통일로 가는 '과도기적 형식'으로 규정하고 있었다.[21] 중국공산당의 '민족자결' 원칙과 중국연방

18) 위의 책, pp,266-267.
19) 王麗萍, 앞의 책, p.192; 浦興祖, 앞의 책, p.590.
20) 王柯, 앞의 책, pp.247-248.
21) 寧騷, 『民族與國家』(北京: 北京大學出版社, 1995), p.592.

제는 1934년 1월에 채택된 '중화소비에트공화국헌법대강'에서도 계속 확인됐다. 동 헌법대강은 중국경내의 모든 소수민족의 독립국가 건설을 인정하고 '중국소비에트연방'에의 가입과 이탈의 자유를 허용하는 내용을 담았다.[22)]

그러나 중국공산당은 1937년 8월 '항일구국 10대 강령' 발표를 계기로 표면적으로는 '민족자결' 원칙을 강조했지만 사실상 민족자결 원칙을 폐기하고 소수민족 독립을 부인하는 정책으로 전환하였다. 왕커의 설명에 따르면 중국공산당은 당시 일본제국주의자들의 멍구 괴리정권 수립 기도에서 보듯이 민족독립을 중국 침략의 방편으로 이용하고 있다고 판단하게 됐다는 것이다.[23)] 중국공산당은 1945년 7차 전국대표자대회에서 행한 마오쩌뚱(毛澤東)의 정치보고, 소위 '연합정부론(論聯合政府)'과 동 대회에서 채택한 중국공산 당장 속에서도 연방제 국가 건설을 재확인했다. 마오쩌뚱의 연합정부론에서는 중국공산당이 소수민족의 자결 원칙을 인정한 쑨원의 민족정책을 계승하고 있음을 선언하면서 국민당, 특히 장제스의 '중화민족종족설(中華民族宗族說)'을[24)] 비판했다. 또 그는 소수민족의 민족자치 권리를 강조하고 중국 내의 각 소수민족과 한족이 '연합'하여 통일국가를 건립할 것을 주장했다. 이러한 주장들은 공산당 당장 속에 공산당은 독립, 자유, 민주, 통일, 그리고 부강한 국가 건설을 지향하며 '각 계급 연맹 및 각 민족 자유연합의 신민주주의 연방공화국' 건립을 위해 분투한다는 규정으로 명시됐다.[25)] 즉 중국연방제안을 계속 유지했지만 민족독립을 반대함으로서 사실상 민족자결 원칙을 부인하게 됐다. 중국공산당은 7차 대회를 계기로 민족문제 해결 방식으로서의 연방제와 중앙-지방 관계 원칙으로서의 자치제를 강령화 했던 것이다.[26)]

22) 王柯, 앞의 책, p.253.
23) 위의 책, p.257.
24) 장제스의 '중화민족종족설'은 한족과 더불어 만족 몽고족, 회족, 장족 등 5개 종족은 각각 다른 민족이 아니라 다 같이 중화민족의 구성분자라는 주장이다. 위의 책, p.258.
25) 위의 책, p.260.
26) 喩希來, "中國地方自治論", 『戰略與管理』(2002年 第4期).

1946년 7월 국공내전이 격화되면서 중국공산당은 해방구에 민족자치구역을 설치하여 민족자치정책을 구체화하기 시작했다. 중국공산당 정권, 즉 '중화인민공화국' 수립의 기초로 마련한 건국강령 또는 기본법으로 사실상 임시헌법의 기능을 했던 1949년 9월 '중국인민정치협상회공동강령'은 중국의 국가적 성격을 '인민민주전정(人民民主專政)'으로 규정하고 중화인민공화국이 인민민주통일전선정권임을 선언했지만 연방제를 거부하고 단일제 국가구조 형식과 민족구역자치제를 채택하였다.[27] 결국 소수민족 문제 해결 방안으로서의 연방제를 민족구역자치제로 그리고 중앙-지방관계 원칙으로서의 지방자치를 민주집중제(民主集中制)로 공식적으로 대치한 것이다.

중국공산당 내부에서는 1949년 새로운 국가구조 형식과 소수민족 정책의 채택을 둘러싸고 논란이 있었고 연방제의 거부 결정에는 당시 소수민족공작 부문의 최고책임자로 있었던 리웨이한(李維漢)의 건의가 중요한 역할을 했다. 당시 리웨이한은 마오쩌뚱에게 중국과 소련의 정황을 비교하여 중국에서의 연방제 실시가 부적합을 역설하였고, 그의 건의에 따라 '공동강령'에 민족정책에 관한 한 장이 추가되어 민족구역 자치제를 규정하게 됐다.[28] 당시 리웨이한은 연방제 반대의 이유로 중국에서는 소수민족의 인구가 총인구의 6%에 불과하다는 점, 많은 소수민족과 한족이 한 지역에 잡거(雜居)하고 있다는 점, 그리고 소수민족 거주지역은 자원이 풍부하지만 기술이 낙후돼있고 한족 거주지역은 기술이 발달돼있지만 자원이 빈곤하여 두 부분이 하나의 경제공동체가 될 필요가 있다는 점을 들었다. 푸싱주(浦興祖)는 중화인민공화국 수립 당시 연방제 대신 단일제의 국가구조 형식을 채택한 배경 이유를 다음과 같은 여섯 가지 측면으로 분석하고 있다. 즉, ① 중국은 진(秦)이래 국가적 통일과 중앙집권체제의 전통을 견지해왔다는 역사적 전통의 측면, ② 무산계급혁명을 위해서는 집중

27) 王柯, 앞의 책, p.265
28) 龐松, "民族區域自治: '共同綱領'的創造", 『百年潮』(1999年 第10期).

과 통일의 단일제 국가체제가 유리하며 연방제는 예외적 상황에서 과도적으로 인정된다는 이론적 기초의 측면, ③ 항일전쟁 시기의 체제건설 경험에 따르는 제도적 연원의 측면, ④ 정부체제와 당체제가 긴밀한 연관성은 가져야 하는 당정체제의 측면, ⑤ 공산당이 일관되게 견지해온 민주집중제의 원칙을 국가정권기관에 적용하는 조직원칙의 측면, ⑥ 혁명과 건설, 계획경제를 추진하기 위해서는 높은 권위와 역량을 갖춘 중앙정부 영도가 필요한 발전전략의 측면 등이 그것이다.[29]

중국공산당의 중국연방제안에 대한 오늘날의 역사적 평가는 부정적 입장과 긍정적 입장이 엇갈리고 있다. 예컨대 앤쟈치(嚴家祺)는 부정적 평가를 내리는 한 예이다. 그는 1920-30년대 중국공산당의 연방제안은 그들이 연방제에 대한 신념에서 비롯되었다기보다는 국민당에 비해 상대적으로 무장력이 취약한 조건 하에서 자신의 무장능력을 보존하기 위한 '책략'으로 발상 된 것이었다고 본다.[30] 한편 린상리(林尙立)는 1920년대 분열할거를 지향한 '연성자치운동'의 연방제 주장과 중국공산당의 연방제 주장은 근본적으로 다른 것이었다고 주장하면서 긍정적인 평가를 하고 있다. 그는 공산당의 연방제안은 소수민족 문제의 해결 방안으로서 제시된 것이며 국가통일과 민족단결의 '수단'으로 제안된 '과도기적 형식'일뿐이라고 설명하고 있다.[31] 유시라이(喩希來) 역시 중국공산당당의 연방제안은 소수민족 정책의 일환이었으며 '민족자치제도'로 발전되었다고 보는 점에서[32] 긍정적 평가의 예로 볼 수 있다.

이후 중국은 '민족구역자치제도'와 '특별행정구제도'를 결합 보완함으로써 '중국특유의 단일제(中國特色的單一制)' 국가구조 형식을 발전시켜 오고 있다. 민족구역자체제도는 1954년 헌법에 규정된 후 1985년 '중화인민공화국민족자치구역자치법' 제정으로 제도화되었고, '특별행정구제도'는

29) 浦興祖, 앞의 책, pp.592-595.
30) 嚴家祺, 『聯邦中國構想』(香港: 明報出版社, 1992).
31) 林尙立, 『當代中國政治形態硏究』(天津: 天津人民出版社, 2000), p.78.
32) 喩希來, 앞의 글.

1982년 헌법에 규정된 후 이른바 '하나의 국가와 두 가지 제도(一國兩制)' 방식으로 정식화되었으며 샹강(香港)과 오먼(澳門)의 '회귀' 에 따라 제정된 '특별행정구기본법'으로 제도화됐다.[33]

33) 浦興祖, 앞의 책, pp.596-704.

4. 민주통일운동으로서의 연방주의

1949년 '중화인민공화국' 정부 수립 이후 대륙과 대만에 각각 정통성을 주장하면서 상대방의 흡수 통일을 추구하는 두 정부, 사실상 두 개의 중국 국가가 공존하는 상황이 계속되면서 중국연방제 논의는 중단되었다. 1978년 12월 중국공산당 11차 3중전회의를 계기로 중국은 '현대화' 목표와 개혁개방정책으로 대전환 하게 되고 통일문제, 이른바 '양안관계(兩岸關係)'에 대한 접근방법도 실용주의적인 방향으로 나아가게 되었다. 덩샤오핑(鄧小平)은 1979년 1월 미국과의 수교를 계기로 종래의 '타이완해방(臺灣解放)' 노선을 폐기하고 타이완의 현실과 제도를 중시하는 통일방안을 추구할 것을 시사하였다. 이어 1980년대 초부터 샹강과 오먼의 복귀에 대비하고 타이완과의 통일문제를 해결하기 위한 평화통일 전략으로서 이른바 '하나의 국가 두 체제(一國兩制)' 구상을 구체화하여 1982년 개정헌법에서 '1국양제' 실행에 대비한 헌법적 근거로서 '특별행정구'제도를 채택하기에 이르렀다.[34)]

덩샤오핑의 '1국양제' 구상은 사실상 연방제 원칙의 응용이었으며 연방주의에 입각한 통일방안이라고 말할 수 있다.[35)] 덩샤오핑의 새로운 중국통일 방안 제기를 계기로 중국연방제 논의가 부활하고 중국에서 연방

34) 吳大英 · 楊海蛟,『有中國特色的社會主義民主政治』(北京: 社會科學文獻出版社,1999), pp.304-306; 浦興祖, 앞의 책, pp.649-655.

35) 판하이추안(范海泉)은 덩샤오핑의 '1국양제'를 '준연방제(準聯邦制)'라고 본다. 范海泉,"'邦聯制'此路爲何不通-關於邦聯, 聯邦和一國兩制的選擇",『大公報』(2001년 7월 6일자, 7월 7일자).

주의의 새로운 '물결'을 맞게 된다. 천안문사태 이후 해외로 망명하여 활동하고 있는 지식인의 한 사람으로 중국 민주화 통일운동에 적극 참여하고 있고 최근 중국연방제 주장의 선전에 앞장서고 있는 우쟈샹(吳稼祥)은 1980년대 이후 이러한 중국연방제 논의 부활을 중국연방주의의 '3차 물결(三次浪潮)' 또는 '제 3의 파도(第三波)'라고 표현하고 있다.[36)]

중국연방제 논의는 특히 1980년대 후반 중국 내 정치개혁 논의의 고조와 더불어 활발히 전개되었고 1989년 천안문사태 이후에는 해외 지식인 중심의 중국 민주화 통일운동의 일환으로 전개돼오고 있다. 새로운 중국연방제 논의는 중국통일 구상과 중국대륙 민주화운동, 또는 중국 정치체제 개혁 방안 등 다양한 측면을 반영하고 있다. 통일구상으로서의 연방주의는 현상적인 두 개의 중국 국가 존재와 특히 주권국가로서의 타이완의 지위를 전제로 통일을 추구하려는 타이완의 입장과 '하나의 중국' 원칙과 타이완을 중국의 '불가분의 일부'라고 보는 중국의 입장을 절충하는 국가통일 방안, 그리고 샹강 및 오먼 문제와 소수민족 분리주의 문제를 해결하는 방안으로 제안되고 있다. 한편 민주화운동으로서의 연방주의는 정치개혁의 이데올로기 또는 '민주헌정운동'의 지침으로 제시되고 있다. 예컨대 중국연방제 주장이 경제문제, 민족문제 또는 통일문제 등을 해결하는 방안으로서 제시되는 '수단 연방주의'와 더불어 자유, 민주, 평등, 정치안정, 국제평화 등과 같은 가치관을 실현하기 위한 이데올로기로서 제시되는 '목적 연방주의'의 두 측면을 갖고 있다고 보는 우쟈샹의 관찰과[37)] 연방제 주장을 중국대륙 민주화를 위한 '민주헌정운동'의 일환으로 이해하는 양지앤리(楊建利)의 입장이[38)] 그에 해당한다고 볼 수 있다.

민주화통일운동의 차원에서 중국연방제안을 제의하고 있는 사람 중에는 타이완과 샹강의 지식인들과 일부 정치인, 그리고 미국 등 해외에서

36) 吳稼祥, "聯邦制'第三波'", 『新世紀』(2001년 11월 9일자); "聯邦主義在中國三次浪潮", 『新世紀』(2003년 2월 9일자).
37) 吳稼祥, "兩種聯邦主義-手段的聯邦主義和目的的聯邦主義", 『新世紀』(2002년 5월 30일자).
38) 楊建利, "推介中華聯邦共和國憲法(建議性草案)", 『議報』(2001년 8월 8일자).

활동하고 있는 중국인 지식인들과 반체제 인사들이 대다수를 차지하고 있다. 이들은 중국연방제에 관한 학술회의나 토론회 등을 개최한다든가 신문이나 잡지 또는 인터넷 매체 등에 중국연방제를 주장하는 글을 발표하는 등 선전활동을 전개하고 있다. 예컨대 해외 반체제인사들이 운영한 인터넷사이트인『議報』나『新世紀』등이 이들의 주요 활동무대가 되고 있다. 이들 중 주목되는 활동의 하나는 '민주헌정운동'을 전개하고 있는 해외 반체제 인사들이 추진하고 있는 '제헌의회' 운동과 연방제헌법초안 연구이다. 천안문사태 직전까지 중국사회과학원 정치학연구소 소장으로 중국 정치개혁의 핵심적 브레인으로 활동하다가 천안문사태 때 학생들의 민주화운동을 지지했다는 이유로 비판받고 해외로 망명하여 활동하고 있는 얜쟈치(嚴家祺)를 중심으로 1993년부터 '제헌의회'에 제출될 중국연방헌법초안 연구가 시작됐다. 여기에는 타이완, 홍콩의 학자들과 해외 거주 중국학자들이 다수 참여했고, 또 타이완 정부의 대표와 시장 임시정부 대표들과도 협의가 이루어져 1994년 초안을 완성 발표하였다.[39]

1980년대 말 이후의 중국연방제 제안들을 구체적으로 검토해보기로 한다. 여기서는 중국통일 방식으로서의 연방제 제안들을 검토하고 있는 사오종하이의 글을[40] 주로 참고하기로 한다. 그의 글은 제안된 6개의 중국연방제안을 다음과 같이 정리하여 소개하고 있다.

① 주가오정(朱高正)의 연방제안(1988년 9월 24일자『中國時報』):
36개 성 · 시단위가(대륙의 28개 성 및 자치구와 3개의 시, 타이완의 타이완성, 타이페이시, 가오싱〈高興〉시, 샹강, 오먼)가 우선 자매관계를 맺고, '제헌의회'를 구성하여 새로운 연방제헌법을 만드는 안.

② 숑지에(熊玠)의 '대중화정합국(大中華政合國)'안(『海峽評論』1992년 3월호):

39) 위의 글; 何頻, "訪著名政治學家嚴家祺",『北京之春』(1994年 4月). (http://www.bjzc.org/bis /bc/11/05.htm).
40) 邵宗海, "中國統一模式與統一過程的評估" (http://www.future-china.org/csipf/activity/19 90606/menu.htm).

중국과 타이완이 현행 헌법을 유지하면서 새로운 '초헌법(超憲法)'을 제정하여 '공동국가주석제', '공동국회', '공동특별법원'을 설치하고 국가주석 윤번제를 실시하는 안.

③ 쉬주오윈(許倬雲)의 중국연방제안(1991년 9월 24일자 『聯合報』):

중국대륙 내부를 '華南', '東南', '西南' '華北', 西北', 東北' 등 6개 '가맹방(加盟邦)'으로 하고 변방지역을 '內蒙', '新疆', '臺灣', '香港', 澳門' 등 5개의 '상대적 주권'을 갖는 '가맹국(加盟國)'으로 하는 연방안.

④ 조우홍쥔(周洪鈞)의 '신연방제' 안(『海峽評論』 1994년 3월호):

'1국양제' 안을 수정하여 대륙에 중앙정부를 두고 타이완의 정치경제 제도를 유지하면서 샹강과 오먼을 연방 직속으로 하는 3차원으로 구성되는 연방안.

⑤ 앤쟈치(嚴家祺)의 '방연제적 연방제(邦聯制的 聯邦制)'안(嚴家祺, 『聯邦中國構想』, 香港: 明報出版社, 1992):

경제구, 민족구성 및 지리, 또는 현행 행정구역을 기준으로 하여 중국대륙을 11개의 '자치방'으로 분할하고 타이완, 샹강, 오먼을 '자치방'으로 하여 14개의 '자치방'을 두는 방안, 또는 중국대륙의 한족 지역과 네이멍구, 신쟝, 시장, 닝샤(寧夏), 광시(廣西), 타이완, 샹강, 오먼, 그리고 베이징 등 10개의 '자치방'으로 연방을 구성하는 방안.

⑥ 리우지앤(劉劍)의 중국연방제안(劉劍, "關於中國統一和未來國家結構", 陳一諮 編, 『中國前途與兩岸關係』, 臺北: 風雲論壇出版社, 1997, 251-307):

중국대륙의 각 성을 '자치성'으로 시장을 '자치방'으로 타이완을 '자치공화국'으로, 그리고 샹강과 오먼을 '특별행정구'로 하는 연방안.

사오종하이는 이밖에 '방연제(邦聯制)'에 의한 중국통일 방안들로, 장쉬청(張旭成)의 '중국국연(中國國聯)'안(『臺灣文稿』 1984년 11월 15일자), 황시핑(黃希平)의 '대중국방연(大中國邦聯)'안(『中國時報』1984년 7월 26일자), 웨이용(魏鏞)의 '다체제국가(多體制國家)'안(『聯合報』1991년 9월 26일자), 왕주오롱(王作榮)의 '중화공화국(中華共和國)'안(『天下雜誌』1998년 10월 1일자), 타오바이천(陶百川)의 '중화국협(中華國協)'안(『聯合報』1991년 10월 23일자) 등을 소개하고 있다. 사오종하이는 중국통일을 '단계적 과정의 목표'라고 규정하면서 통일의 제1 단계는 '방연식 중국', 제2 단계는 '연방식 중국', 제3 단계는 '단일제 중국'이라고 정리한다.

이밖에 국가연합, 방연제, 연방제, 민족자치 그리고 지방자치의 개념을 경합한 '다원적인' 중국통일 방안으로 제시된 예로 조우양산(周陽山)의 '국협신구상(國協新構想)'과 리우지앤(劉劍)의 '다원적 국가구조'안을 들 수 있다. 조우양산은 중국통일 과정을 '國協(commonwealth)' → '邦聯(confederation)' → '聯邦(federation)'으로 단계화하면서 '중화국협(中華國協)'의 네 차원을 다음과 같이 제시하고 있다.[41]

① 제1층은 외곽층의 '국협' 성원으로 중국을 비롯해 타이완, 싱가폴, 몽고를 포함한다.
② 제2층은 '연방' 성원으로 샹강, 오먼, 시쟝, 신장을 포함한다.
③ 제3층은 '민족자치' 성원으로 각 민족자치구들(네이멍구, 닝샤, 광시 등)을 포함한다.
④ 제4층은 '지방자치' 성원을 포함한다.

한편 리우지앤은 연방제 통일을 비판하면서도 연방제 요소를 가미한 '다원적' 통일중국 국가구조 구상을 제안하고 있는데, 그 내용은 다음과 같다.[42]

① '일국양제'와 '1국양부(一國兩府)'의 개념을 결합하여 '타이완자치공화국'을 인정한다.

41) 周陽山, "'中華國協'的新構想", 『當代中國研究』(1995年 第6期).
42) 劉劍, "關於中國統一和未來國家結構", 『當代中國研究』(1995年 第6期).

② 연방제 국가의 주정부 수준의 '시장자치방'을 둔다.
③ 샹강과 오먼은 '특별행정구'로 한다.
④ 중국대륙의 각성은 '소성제(小省制)'로 개편하여 80 내지 100개의 성으로 분할하고 '자치성'으로 한다.

지금까지 제시된 중국연방안 중에서는 1994년 앤쟈치 주도로 만들어져 공표된 '중국연방공화국헌법' 안이 가장 세련되고 구체적인 내용을 담고 있다. 그 내용을 좀더 자세히 소개하기로 한다.[43] 동 '중화연방공화국헌법'은 '건의성 초안'이라는 부제가 붙어있는데 전문과 총 8장 75조로 구성돼 있다. 그 중 연방구조와 국가기관 구성 부분만을 보기로 한다. 동 헌법 초안은 중국연방 국가를 네이멍구, 타이완, 시장, 신쟝, 닝샤, 광시 등 6개의 '자치방'과 산시, 산뚱 등 대륙의 기존 성을 단위로 하는 22개의 '자치성', 베이징 상하이, 티앤진 등 3개의 '자치시', 그리고 샹강, 오먼 2개의 '특구'로 구성하는 안이다. 앤자치는 방연제적 요소인 자치방과 특구제도 그리고 연방제적 요소인 자치성, 자치시제를 결합했다는 점에서 이러한 연방안을 '방연특성을 갖는 연방제', 또는 '방연식 연방제(邦聯式 聯邦制)' 라고 주장했다(何頻, 1994). 동 헌법안에 의하면 자치방은 각각 헌법을 제정하고 자치성, 자치시, 특구는 각각 기본법을 제정하도록 돼 있다. 동 헌법초안은 또 외교, 국방 등 연방사무의 한계를 규정하고 각 자치방의 지위에 관한 특별 규정을 명시하고 있다. 즉 각 자치방은 외국과 비군사적인 협정 체결이 가능하며 국제기구에의 참가, 외국주재 대표기구의 설치가 가능하지만 각 자치방, 자치성, 시, 특구 간에는 군사동맹이나 협정체결을 할 수 없도록 했다. 특히, 샹강, 오먼, 타이완, 시장의 지위에 관해서는 별도의 규정을 하고 있다. 샹강과 오먼 특구는 2050년까지 과도적으로 운영하고 그 후에는 지위 변경을 검토할 수 있도록 했고, 시장 자치방은 연방헌법 실시 25년 후에 그 지위 변경을 주민투표로 결정할 수 있도록 했으

43) 中華聯邦共和國憲法(建議性草案)(1994). http://pages.hotbot.com/politics/zjw/lianbang.html

며, 특히 타이완자치방의 경우는 재정독립 및 연방세 면제와 더불어 독자적인 무장부대의 유지와 연방군 주둔 거부권을 부여하는 것으로 돼 있다. 연방최고 입법기관인 '국회'는 양원제로 운영하여, 인구비례로 선출된 지역구 의원으로 구성된 '국민원(國民院)'과 각 방, 성, 시, 구 대표 의원으로 구성되는(자치방은 각각 4인, 자치성과 자치시는 각각 3인, 특구는 각각 2인) 연방원(聯邦院)을 두는 것으로 돼있다. 국가원수인 '총통'은 국회 양원 의원과 각 방, 성, 시, 구의 행정수장으로 구성된 선거인단에서 선출하며 최고행정기관인 '국무원'의 '총리'는 '국민원'에서 선출하도록 규정했다.

5. 중국연방안 평가

이상에서 중국연방제 주장의 역사적 전개 과정을 자치분권운동, 소수민족 정책, 그리고 민주화 통일운동의 측면에서 살펴봤다. 역사적으로 전개돼온 중국연방제 주장은 자치와 분권, 민주화와 통일이라는 이상적인 이론적 전제에도 불구하고 대체로 정치투쟁의 수단 또는 정략적 가치의 차원에 머물거나 구체적이고 실천적인 제도적 고안으로 나아가지 못하고 제도선택 문제를 추상적 논의로 이끌어 이데올로기화함으로써 현실정치 속에서 적절한 응용방식을 찾지 못한 실패를 경험했다고 할 수 있다.

스바이린(石柏林) 등은 중국연방제의 찬성론과 반대론의 논거는 다음과 같이 정리하고 있다.

〈찬성론의 논거〉

① 중국은 영토가 넓고 각 지방의 특수성과 발전의 차이가 있다.
② 중국은 인구가 많고 국민의 참정 기회를 확대하고 정부와 국민간의 거리를 좁히기 위해서 연방제가 유리하다.
③ 중국의 역사적 경험은 연방제를 실시할 수 있는 기초가 된다.
④ 연방제는 민주공화제 실행의 기반을 보장한다.
⑤ 각 성간의 적극적인 경쟁심을 유도하는데 연방제가 유리하다.

〈반대론의 논거〉

① 중국의 역사상 지방분권 제도를 채택한 왕조는 멸망했고 중앙집권 체제 하에서만 부강과 통일을 보장받았다.

② 중화민국 건립 이후 분란의 정국을 해결하기 위해서 연방제 채택은 불가능하다.

③ 낙후한 교육수준과 법치의식의 미 확립 등 중국의 국가적 정황에 비추어 연방제도는 적합지 않다.[44)]

이러한 중국연방제 찬반 논쟁은 계속 진행 중이다. 중국연방제 주장의 논리는 우자샹과 리우쥔닝의 연방제 옹호론으로 대표된다. 우자샹은 다음과 같은 세 가지 논거로 중국연방제 주장을 옹호하고 있다.

① 연방제화는 고도의 중앙집권적인 국가체제의 개혁과정, 즉 민주화 · 자유화 운동이다.[45)]

② 연방제는 중국의 통일과 민주화를 다같이 보장해주는 길이며 따라서 '1국다제(一國多制)' 방식으로 중국을 통일하기 위한 '제 3차 국공합작'이 필요하다.[46)]

③ 연방제는 인권 문제, 시장 망명정부 문제, 양안관계 문제, 신장 분리주의운동 문제, 동돌궐 문제 등과 같은 국제화된 내정문제를 '국내화' 하고 국가의 내부 상처를 치유하는 방법이 될 수 있다.[47)]

④ 연방제는 중국 민주화의 물결이 홍수를 초래할지도 모르는 사태에 대비하는 '정치적 수리공정'이다.[48)]

한편 리우쥔닝은 중국연방제의 불가피성을 시장경제체제의 발전으로

44) 石柏林 外,『中國近現代政治制度的演變與發展』(鄭州: 河南人民出版社, 1991), pp.140-148.
45) 吳稼祥,『角力十六大: 未來中國控制權』(香港: 明鏡出版社, 2002), pp.236-237.
46) 위의 책, p.239.
47) 吳稼祥, "用聯邦制療治國家內傷",『新世紀』(2001년 12월 21일자); 吳稼祥, "剪掉國家頭上的瓣子-通過聯邦制將國際問題國內化",『香港信報』(2001년 12월 30일자).
48) 吳稼祥, "制度度江堰-先聯邦化後民主化的改革思路",『新世紀』(2002년 5월 4일자).

설명한다. 즉 그는 전통적인 중앙집권적 대일통사상은 계획경제체제와는 부합했지만 이제 중국이 시장경제를 발전시키기 위해서는 연방주의적 분권적 정치체제로 변화해야만 한다는 것이다.[49)]

이러한 중국연방제 주장에 대해서 중국대륙 학자들은 연방제 불가론으로 반박하고 있다. 중국의 연방제 불가론은 판하이추안(范海泉)과 린즈웬(林志遠)의 주장으로 대표된다. 판하이추안은 연방제 불가의 이유를 다음과 같이 정리하고 있다.[50)]

① 타이완 주민의 절대다수가 대륙으로부터 건너간 이민이며 한족이다.
② 타이완과 대륙의 사회 경제적 체제 차이는 '일국양제'로 더욱 잘 포용할 수 있다
③ 연방제는 '선독립후통일(先獨後統)'의 논리로 타이완 독립을 주장하려는 의도이며 이는 통일을 더욱 어렵게 할 뿐이다.
④ 연방제는 그 구성단위가 과소한 경우 해체의 위험이 있으며 타이완 분리 저지를 위한 전쟁 발생의 가능성이 우려된다.
⑤ 중국 역사상 연방제 전통은 없으며 단일제가 중국의 '국정'에 맞는 국가구조 형식이다.
⑥ 현실적으로 정착된 단일제를 굳이 연방제로 바꿀 필요가 없다.
⑦ '1국양제'가 이미 연방제 원칙을 응용한 것이다.

린즈웬은 중국연방제론자들이 왕왕 '지방분권'만 중요시하고 '중앙집권'의 측면을 소홀히 여기고 있다고 지적하고 이러한 발상은 연방주의의 기본적 정신에 반하는 것일 뿐 아니라 당면한 정치개혁 과제에도 불리하다고 주장한다. 그는 중국의 역사적 경험으로 볼 때 중앙집권이 반드시

49) 劉軍寧, "市場經濟需要聯邦主義-讀夏業良〈公共問題的經濟解讀〉", 『中國經濟時報』(2003년 4월 11일자).
50) 范海泉, 앞의 글.

평화통일과 경제번영, 사회안정을 보장하는 것은 아니었지만 결국 중앙집권의 조건 하에서만 그러한 목적이 달성될 수 있었다는 것을 간과해서는 안 될 것이라고 말한다.[51] 정용니앤(鄭永年)과 우궈광(吳國光)은 연방제 문제를 구체적인 정치개혁 과제로 다룰 것을 제의한다. 이들은 연방제 주창자들이 연방제 문제를 이데올로기화 또는 정치이념화 함으로써 현실정치로부터 이탈돼 있음을 지적하면서 연방제 문제를 중앙-지방간의 권력 균형과 견제의 관계로 접근해 갈 것을 주장한다. 그들은 중국에는 이미 '반연방제' 또는 '준연방제'가 등장했다고 보고 '지역민주(地域民主)' 건설을 현실적인 중국정치 개혁의 기본전략으로 삼아야 할 것이라고 말한다.[52]

중국연방론자 또는 중국연방주의자들은 다양한 정파와 계층을 포함하고 있는 것이 특징이다. 이를테면 분단정권 수립 이전에는 국민당의 좌우파나 민족주의자 지식인들은 물론공산당이나 공산주의자들도 때에 따라 연방제 주장을 제기했고 최근 1980년대 말 이후 연방제 논의에서도 타이완의 지식인과 재외 중국인 학자는 물론 중국 내 지식인들도 다수 참여하고 있음을 볼 수 있다. 또한 중국 연방제 문제는 이론적 아이디어나 정치적 선언의 형태로 등장해왔으며 아직 실천적인 프로그램이기보다는 추상적 논의와 정략적 주장에 머물고 있는 것도 사실이다.

그러나 연방제안은 중국 국가체제 선택을 위한 제도적 대안으로 계속 유효하며 또 연방주의가 중국 정치과정에서 자치와 분권, 민주와 통일의 이데올로기를 대표해오고 있다는 점도 간과할 수 없다. 중국은 광대한 국토와 많은 인구, 그리고 다양한 민족구성을 가지고 있는 거대국가이다. 유럽 전체와 맞먹을 정도의 규모와 복잡한 내부구조를 갖고 있는 나라가 중앙집권적인 단일제 국가체제를 지속해 오고 있다는 것은 지극히 예외적인 현상으로 보인다. 지구상의 200여 개 국가 중 연방제를 채택하고 있

51) 林志遠, "中央集權和地方分權: 聯邦主義的經驗和教訓", 『戰略與管理』(2003年 第1期).
52) 鄭永年 · 吳國光, "論中央-地方關係: 中國制度轉型中的一個軸心問題", 『當代中國研究』(19 94年 第6期).

는 국가는 28개 국가인데 국토면적의 순위로 6위 이내에 드는 국가 중 중국이외의 모든 국가(러시아, 카나다, 미국, 브라질, 오스트레일리아, 인도)가 그리고 총인구 순위 7위 이내에 드는 국가 중 중국을 제외한 모든 국가가 연방제를 채택하고 있거나 채택을 고려하고(인도네시아) 있다.[53]

한 세기 동안, 중국의 많은 지식인들이나 정치지도자들이 연방제 구상을 계속해서 제기해왔지만 중앙집권적 통일이 강조되는 정치적 전통 속에서 연방제 주장은 정치적 의제로 진지하게 검토되지 못하고 명멸해왔다.[54] 그러나 중국연방제안은 숙제로 남아있는 중국의 국가적 통일과 민주화 과제를 푸는 제도적 해결책을 제시해 주는 전략적 선택이 될 수 있다는 점에서 여전히 살아 있는 불씨이다.

---

53) 喩希來, 위의 글.
54) Ross Terrill, *The New Chinese Empire: And What Its Means for the United States* (New York: Basic Books, 2003), pp.21-27.

제7장

통일문제와 통일국가 구상

1. 분단과 통일문제의 인식

분단 이후 최초로 대만의 중국국민당 주석이 2005년 4월 열렬한 환영을 받으며 대륙을 방문하였다. 그때 대만의 야당이었던 국민당 주석 리앤잔(連戰)의 대륙 방문은 많은 대륙의 매체들이 그의 도착부터 모든 중요한 일정들을 전국에 생중계할 정도로 파격적인 대우 속에서 이루어졌고 언론들은 그의 베이징 방문을 '제3의 국공합작'이라고 과장하기를 주저치 않았다. 중국공산당 총서기이며 '중화인민공화국'의 주석인 후진타오(胡錦濤)는 그와 화기애애한 회담을 가진 후 대만 인민들에게 팬더(熊猫) 한 쌍을 선물로 보내고 싶다고 제의했다.

그런데 이 팬더 선물 문제가 정치적 논쟁을 불러일으키게 됐다. 대만의 민주진보당 천수이비앤(陳水扁) 정부 하에서 선물 전달이 지연되다가 2008년 3월 총통선거에서 국민당 후보 마잉주(馬英九)가 당선되어 정부교체가 이루어진 후 팬더 선물 전달 문제를 둘러싼 정치논쟁이 재연됐다.[1] 야당의 입장이 된 민진당은 팬더가 국제적인 보호동물이기 때문에 국가와 국가 간의 '조차(租借)' 형식으로 도입돼야지 선물로 주고받는다는 것은 불가하다고 이의를 제기했다. 민진당의 입장은 팬더 선물은 고도의 정치적 함의가 있는 것으로 대만 정부가 대륙 정부의 선물을 받는다는 것은 대만이 중국의 한 지역임을 자인하는 것이 되고 그렇기 때문에 대만의 '국격(國格)'을 떨어드리는 일이라는 것이다. 그러나 국민당의 입장은 민진당이 문제

1) 張永泰, "臺灣政壇再就中國大陸贈熊猫舌戰"(http://www.voanews.com/chinese/w2008-09-10-voa39.cfm)

를 너무 정치화하지 말 것을 요구하면서 헌법상 '중화민국'의 영토는 대륙까지 포함하는 것이기 때문에 대륙 정부가 보내는 선물을 받는다고 문제될 것이 없으며 선의의 선물이니 당연히 받는 것이 도리라는 것이었다. 결국은 대륙의 국무원 '대만사무판공실'과 대만의 행정원 '대륙위원회' 간에는 선물 처리 방법에 관한 대화와 준비 작업을 거쳐 선물 약속은 이행됐다. 이 팬더 선물 문제야말로 중국 양안관계와 통일문제의 성격을 상징적으로 들어낸 사례라 하겠다.

여기서는 중국의 분단 배경과 양안관계, 그리고 통일의 문제를 살펴보려고 한다. 중국의 분단과 통일문제는 한반도의 분단과 통일문제를 이해하는데 있어서 비교적 시각과 정책적 시사를 제공해 줄 수 있다. 또 중국의 양안관계 발전과 통일문제 진행과정은 동북아 국제관계와 지역정세에 매우 큰 영향을 끼칠 수 있는 중요한 요인이며 한반도 통일과 평화문제와도 직간접적으로 연관되는 문제이다.

중국의 통일문제와 한반도의 통일문제는 차이점과 유사점을 다 가지고 있다. 중국 특히 대륙측은 공식적으로 중국의 통일문제가 독일이나 한반도의 통일문제와 그 성격이 다르다고 주장한다. 또 대륙과 대만 간의 관계, 즉 '양안관계(兩岸關係)'도 동서독 관계나 남북한 관계와는 그 형성 배경과 국제법적 지위, 그리고 실제적 정황이 다르다는 점을 지적하면서 '하나의 중국(一個中國)' 원칙을 특히 강조하고 있다. 한마디로 독일이나 한반도의 통일문제는 국제문제지만 중국의 통일문제는 '내정문제'라는 것이다.[2] 중국의 대륙과 대만 간에는 현실적으로 상대적인 존재감에 큰 격차가 있다는 점이 또 하나의 특징이다. 이를테면 대륙과 대만 간의 인구 대비는 대략 60 : 1, 영토 면적 대비는 대략 40 : 1 정도로 대등한 관계로 보기가 매우 어렵다. 외교관계도 대륙 정부와 수교한 국가가 170여 개 국가인데 비해 대만과 국교를 유지하는 나라는 불과 20여 개 국가이다. 그나마

2) 中華人民共和國新聞辦公室, "一個中國的原則與臺灣問題"(白皮書)(2000年 3月) (http:www.gwytb.cn/bps/bps-zgty.htm)

대만과 국교를 맺고 있는 국가 대부분이 국제적 영향력이 거의 없는 소국들로 대만이 국제적 고립을 면치 못하고 있는 것이 사실이다. 그러나 중국의 통일문제와 한반도의 통일문제는 분단의 장기화에 따르는 이념적 체제적 경쟁의 내면화라는 측면 그리고 협상과 교류를 통한 평화적인 통일 과정을 추구하고 있다는 점 등 많은 동질성과 공통점을 가지고 있다. 뿐만 아니라 중국의 통일문제와 한반도의 통일문제는 분단의 역사적 배경이나 현실적 조건의 차이에도 불구하고 다 같이 국제관계 특히 미국의 정책에 의해 크게 영향을 받을 수밖에 없다는 유사점이 있다.

여기서는 정부 발표의 백서나 성명, 또는 정당들의 정강정책 등과 같은 공식적인 문서에 명시된 내용들을 위주로 하여 중국의 분단과 통일문제를 인식하는 상이한 입장과 주장들을 정리해보고 양안관계의 성격과 통일국가 구상을 설명하는 정책개념들을 검토해보기로 한다. 대륙과 대만의 공식적인 정부의 입장은 다 같이 중국의 국가적 분단이 역사적으로 특수한 시기의 잠정적인 '분리' 상태임을 인정하고 있다. 그러나 양측은 분단된 국가체제의 배경과 성격에 관해서는 다른 입장을 보이고 있다. 분단문제에 대한 이러한 입장과 인식의 차이는 바로 통일문제에 대한 접근방법의 차이와 연관된다.

분단의 배경에 관한 대륙 측의 설명은 정부 발표의 두개의 백서, 즉 1993년 8월의 '대만문제와 중국의 통일(臺灣問題與中國的統一)'과 2000년 2월의 '하나의 중국 원칙과 대만문제(一個中國的原則與臺灣問題)'에 잘 나타나 있다. 그에 따르면 중국의 분단문제는 국공내전(國共內戰)의 유제로 발생한 '대만문제'라는 것이다. 즉 대만은 2차 세계대전 종전 후 법적 또는 사실적으로 중국에 귀속되었고, 1949년 10월 1일 '중화인민공화국'이 수립되어 대만을 포함한 전 중국에 대한 주권을 행사할 수 있는 ' 유일한 합법정부', 그리고 국제적으로 중국을 대표하는 유일한 합법정부가 되었기 때문에 '중화민국'은 그 역사적 지위가 종료되었는데 '국민당 통치 집단의 일부'가 중국 대만성으로 퇴거하여 외국세력의 지지를 받으면서 해협 양안간의 격리단절 상태를 조성하고 중앙정부와 대치함으로써 '대만문제'가 발생했다는 주장이다. 대륙 측의 인식은 대만정권이 중국을 대표하여 국가 주권을 행사할 권한이 없으며 사실상 '중국 영토상의 하나의 지방당국'일 뿐이라는 것이다.[3)]

한편 분단 배경에 관한 대만 측의 설명은 1992년 8월의 국가통일위원회 성명 '하나의 중국 함의에 관하여(關於一個中國的含意)', 1994년 7월 행정원 대륙위원회 발표의 '대만해 양안관계 설명서(臺海兩岸關係說明書)', 그리고 대륙 측의 정부백서에 대한 2000년 2월의 행정원 대륙위원회 성명에 잘 표현돼 있다. 그에 의하면 중국의 분단은 1949년 베이징에 '중화인민공화국'이 수립되면서 '중화민국'정부는 타이베이(臺北)로 '파천(播遷)'하게 되어 대만해협을 경계로 잠시 '분열분치(分裂分治)' 상태가 형성된 것을 의미한다. 따라서 1912년 수립된 '중화민국'은 여전히 그 주권이 전체 중국에 미치지만 현실적으로는 '치권(治權)'이 단지 대만지역에만 미치는 것일 뿐으로 대만도 대륙도 다 같이 중국의 일부라는 주장이다. 대만 측의 설명에 의하면 양안의 '분열분치'를 초래한 근본원인은 표면적인 내전 또는 당파적 정권투쟁이 아니라 '중국이 어디를 향해 갈 것인가(中國往何處去)'를 둘러싼 경쟁, 즉 '삼민주의 중국'과 '공산주의 중국' 간의 체제경쟁이라는 것이다.[4)]

요컨대 대륙 측이 보는 분단과 통일의 문제는 영토주권의 일부가 미해결 상태로 있는 '대만문제'이며 대만 측이 보는 분단과 통일의 문제는 '분열분치' 상태에 있는 두개의 정치 실체가 하나의 국가체제를 위해 경쟁하는 '중국문제'라는 것이다. 대륙의 입장에서는 통일이란 '대만문제'를 해결함으로써 '영토주권을 온전케 하는 것(完整)'이지만 대만의 입장에서는 '자유(自由), 민주(民主), 균부(均富)'를 구현하는 새로운 하나의 중국을 '중건(重

3) 백서의 원문은 중화인민공화국 국무원 대만사무판공실 홈페이지 참조.
http://www.gwytb.gov.cn/
4) 대만 측 문건들은 중화민국 행정원 대륙위원회 홈페이지 참조.
http://www.mac.gov.tw/

建)'하는 것이라고 한다.

대륙과 대만 양측은 분단 이후 1970년대 말 까지 무력에 의한 합병통일을 추구하면서 상호 대립과 불승인의 정책을 견지해왔다. 대륙 측은 마오쩌둥(毛澤東)이 1956년 '3차 국공합작'을 제의하는 등 평화적인 통일을 언급하기도 했지만 '대만해방' 노선을 고수했고, 대만의 쟝제스(蔣介石) 정부 역시 '대륙수복' 노선에 집착했다. 국제정세와 양안관계 내부의 변화에 따라 중국의 통일문제가 큰 전환점을 맞게 된 것은 1970년대 말 이후이다. 중국 통일문제가 전기를 맞게 된 것은 1971년 중국의 유엔가입과 대만의 유엔 탈퇴, 미 · 중 관계 개선과 수교 등과 같은 국제환경의 변화와 양안 내부의 정권교체 등 국내정치 정세의 동태가 그 배경이 되었다. 대륙에서는 1976년 마오쩌둥이 사망한 후 정권승계 위기를 거쳐 실용주의적 정책을 지향하는 덩샤오핑(鄧小平) 정권이 등장했고 대만에서는 1975년 쟝제스가 사망한 후 과도기를 거쳐 쟝징궈(蔣經國) 정권이 등장하게 되었다. 1978년은 대륙과 대만에서 다 같이 정권교체가 이루어진 중요한 한해였다. 대륙에서는 중국공산당 11기 3중전회의를 계기로 덩샤오핑이 정권을 장악했고 대만에서는 쟝징궈가 총통에 취임했다. 양안의 새로운 정권들은 종래의 무력통일 정책으로부터 평화통일 정책으로 대전환을 모색하기 시작했던 것이다.

2. 양안관계와 통일정책 개념

1) 대륙의 통일정책

대륙 측은 개혁개방정책으로 전환하면서 통일문제에 관해서도 대만해방 노선을 폐기하고 대만의 현실과 체제를 인정하는 실용주의적 접근방법을 추구하기 시작했다. 대륙에서는 1978년 헌법에 처음으로 대만이 '중국의 신성한 영토'임을 명시하는 '대만규정'을 추가했다. 이 대만규정은 1982년 헌법에서 '중화인민공화국의 신성한 영토'라는 표현으로 수정됐다. 대륙에서는 1979년 1월 전국인민대표대회에서 '대만동포에게 고하는 글(告臺灣同胞書)'을 결의하고 공식적으로 정부의 평회통일정책을 천명했다. 1980년대 초 대륙은 샹강(香港)과 아오먼(澳門)의 귀환에 대비하면서 대만과의 통일문제를 해결하기위한 평화통일 전략으로서 '하나의 국가내의 두 가지 체제(一個國家兩種制度)' 구상을 구체화하였는데 1982년 헌법에 그를 위한 헌법적 근거를 마련하기위해서 '특별행정구' 제도를 규정했다.[5] 덩샤오핑은 하나의 중국 원칙하에 통일이 이루어지면 통일 후에도 대만의 자본주의체제를 허용할 것과 대만에 특별행정구를 설치할 것 등 '평화통일 일국양제(和平統一 一國兩制)' 통일방안을 공식화했다. 이 덩샤오핑의 통일정책 개념은 이후 장저민(江澤民), 후진타오(胡錦濤) 정부 하에서도 계승돼오고 있다. 그 구체적인 내용은 1993년 정부 백서에 잘 요약되

5) 吳大英 · 楊海蛟, 『有中國特色的社會主義民主政治制度』(北京: 社會科學文獻出版社, 1999), pp.304-306.

고 있는데 다음과 같다.[6)]

① 하나의 중국(一個中國) 원칙: 세계에서 중국은 단 하나뿐이라는 것, 대만은 중국과 분리할 수 없는 일부분이라는 것, 그리고 중앙정부는 베이징에 존재한다는 것 이세가지가 평화통일의 전제임.

② 두 체제의 병존(兩制竝存): 대륙 사회주의체제와 대만 자본주의체제의 장기공존과 공동발전 보장.

③ 고도자치(高度自治): 통일 후 대만 특별행정구에 고도의 자치 실시. 즉 행정권, 입법권, 독립적 사법권 및 종심권, 외국과의 상무 또는 문화 협정의 체결이 가능한 일정한 외교권 향유, 자기 군대의 보유 허용, 대륙의 군대나 행정 요원의 대만파견 주둔 반대, 대만 각계 대표 인사의 국가 정권기관 지도직책 및 전국적 사무관리 참여.

④ 평화적 협상(和平談判): 접촉과 협상을 통한 평화적 방식으로 국가통일 실현.

대륙은 양안관계 발전과 통일문제에 대비하기위해서 1988년 9월 국무원에 '대만사무판공실'을 설치하여 양안관계 실무문제를 전담하게 하였고, 1991년 12월에 '해협양안관계협회'(약칭 海峽會)를 설립하여 양안 간 경제교류 등 민간 형식의 교류업무를 담당하도록 했다.[7)] 이 '해협회'는 1991년 2월에 설립된 대만의 '해협교류기금회'(약칭 海基會)의 상대 파트너로서 역할해오고 있는데 양자 간에는 1992년 샹강회담에서 '하나의 중국' 개념에 대한 양측 간 이해의 차이를 인정하면서 정치적 논쟁을 피해 실질적인 관계를 발전시키기 위한 '하나의 중국을 각각 나름대로 표술한다(一個中國各自表述)'는 이른바 '92합의(九二共識)'를[8)] 이끌어냈다.

6) http://www.gwytb.gov.cn/bps/bps-yzyz.htm
7) 국무원의 대만사무판공실은 중국공산당 의 '중앙대대공작영도소조'의 지도를 받는 실무기구 '대만공작판공실'과 명칭만 다른 동일한 기관이다.
8) '해협회'와 '해기회'간의 이 구두합의에 관해서 대륙 측과 대만 측의 이해 방법은 다소

1990년대 이후 대륙 측이 적극적인 통일공세로 나아가자 대만 측은 반발과 수세적인 태도를 보이게 된다. 대륙의 '일국양제' 방식이 대륙과 대만을 중앙과 지방의 관계 즉 불평등한 관계를 전제하는 것이라는 불만과 흡수통일로 귀결될 것이라는 우려 때문에 대만의 독자적인 정치적 정체성을 강조함으로써 정치적 입지를 강화하려는 정치세력의 등장을 고무하게 되고 대만에서 통일 노선과 독립 노선이 대립하는 이른바 '통독논쟁(統獨論爭)'을 야기했다. 대만내의 '두 중국론' 등장 특히 2000년 대만독립 노선을 추구하는 민주진보당의 집권은 대륙의 통일정책을 더욱 공세적인 방향으로 이끌었다. 대륙 측은 '하나의 중국' 원칙을 더욱 강조하게 되고 대만의 '본토화(本土化)'를 내세우며 독립적인 국가적 지위를 추구하려는 '독대(獨臺)' 주장과 대만의 '탈중국화(去中國化)'를 내세워 독립을 추구하는 '대독(臺獨)' 주장을[9] 모두 양안의 두 국가체제를 영구화하려는 분열 기도라고 비난했다. 대륙 측은 특히 대만독립 주장에 대해서 단호한 반대의 입장을 분명히 했는데 2000년 정부 백서에 그러한 입장이 잘 나타나있다. 대륙 측의 대만 독립노선에 대한 경계가 더욱 강경한 경고의 수준으로 진전된 것이 2005년 3월의 '통일법(反分裂國家法)'이라고 할 수 있다. 제 10기 전국인민대표대회 3차 회의에서 통과된 이 법안은 하나의 중국 원칙을 재강조한 것인데 특히 대만독립 추구 정치세력에 대한 강력한 경고와 더불어 무력통일 시도 가능성 까지 열어놓는 규정을 포함하고 있는 것이 주목되는 점이다. 동 법 8조는 국가 분열의 중대 사변이 발생하거나 평화통일의 가능성이 없어졌을 때 '비평화적 방식이나 기타 필요한 조치'를 취할 수 있음을 명백히 규정하고 있다.[10]

차이가 있다. 대륙 측은 하나의 중국 원칙에 대한 공통된 인식을 강조하기 위해 하나의 중국을 '중화인민공화국'도 아니고 '중화민국'도 아닌 '중국'이라고 중립적으로 표현하고 토론을 유보한 것일 뿐이라고 보는데 반해서 대만 측은 '각자표술'을 강조하며 '하나의 분치상태에 있는 중국'을 인정한 것으로 보려한다.

9) '대독'와 '독대'의 의미상 차이에 관해서는 "'臺獨'與 '獨臺'" http://news.xinhuanet.com/ziliao/2003-09/24/cdintent-1097002.htm

10) 법안 전문은 대만사무판공실 홈페이지 참고. http://www.gwytb.gov.cn/flfg/flf.htm

2) 대만의 통일정책

1978년 총통에 취임한 장징궈는 종래까지의 '대륙수복' 정책을 사실상 포기하고 대륙과는 접촉도 협상도, 그리고 타협도 하지 않는다는 이른바 '삼불정책'을 견지했다. 대만은 1981년 중국국민당 12기 전국대표대회에서 '삼민주의(三民主義)에 의한 통일' 방침을 당의 통일정책 핵심이념으로 채택함으로써 통일문제를 양안간의 체제경쟁 차원으로 전환시켰다. 대만측은 1987년 11월에 대만 주민의 대륙 친지 방문을 허용하는 조치를 취함으로써 40년간 단절됐던 양안 관계를 타개하는 새로운 계기를 마련했다.

대만의 통일정책에 있어서 획기적인 전환을 가져온 것은 리덩후이(李登揮) 총통 시대였다. 1990년 총통에 취임한 그는 총통부에 각 정당과 사회 각계 인사들로 구성되는 자문기구로서 '국가통일위원회'를 설치하고 '국가통일강령'을 제정하여 대륙정책의 지침으로 삼도록 했다. 1991년 국가통일위원회에서 채택된 동 강령은 통일의 목표를 '민주 · 자유 · 균부의 중국 건립(民主 · 自由 · 均富的中國建立)'으로 규정함으로써 통일의 이념으로 삼았던 '삼민주의'를 '민주 · 자유 · 균부'로 대치했다. 강령은 또 통일의 시기나 방법에 있어서 대만지역 인민들의 권익과 안전 및 복지를 존중해야 하며 이성, 평화, 대등, 호혜의 원칙하에 단계적, 점진적으로 달성해가야 한다고 선언했다. 강령은 통일에 이르는 호혜교류의 단계, 호신합작의 단계, 협상통일의 단계 등 3단계 과정을 제시했다.[11)]

대만에서는 1991년 행정원에 통일문제와 대륙사무를 전담하는 '대륙위원회'가 설치되고 정부의 위탁으로 양안관계와 민간교류를 주관하는 '해협교류기금회'가 설립됐다. 리덩후이정부는 중화인민공화국이 사실상 대륙지역을 통치하는 합법정부임을 인정하는 '한 나라 두 정부(一國兩府)', '하나의 중국을 지향하는 단계의 두 개의 중국', '분할통치하에 있는 하나의 중국(一個分治的中國)' 등과 같은 개념으로 대만의 주체성을 강조하는 이른

11) 국가통일강령 전문은 대만 행정원 대륙위원회 홈페이지 (http://www.mac.gov.tw/)참조.

바 '본토화(本土化)' 정책을 추구했다. 나아가 리덩후이는 1999년 대륙과 대만은 '국가와 국가 간의 관계(國與國關係)'이며 적어도 '특수한' 국가 대 국가 관계라고 주장하는 이른바 '특수양국론(特殊兩國論)'을 제기하여 대륙 측의 강한 반발을 불러 일으켰다.

2000년 총통선거를 계기로 대만의 정당 정파들은 국민당으로 대표되는 '통일파'와 민진당으로 대표되는 '독립파'로 양분되어 통일문제와 대륙 정책에 있어서의 노선 차이를 분명히 드러냈다. 총통선거에서 국민당이 패배하고 '주권독립 자주의 대만공화국 건립'을 기본강령으로 채택하고 1986년 창당된 민진당의 천수이비앤(陳水扁) 후보가 당선됨에 따라 대만에서는 최초의 여야 간 정권교체가 이루어졌고 통일문제도 새로운 국면을 열게 됐다. 민진당은 1999년 5월 전국당원대표대회에서 '대만전도결의문(臺灣前途決議文)'을 채택하고 대륙 측이 일방적으로 주장하는 '하나의 중국' 원칙과 '일국양제'의 대만 적용을 거부한다는 것을 밝히면서 대만이 주권독립 국가로서 국제적 승인을 추구하며 유엔 등 국제기구에의 가입을 위해 노력할 것을 주장했다.[12] 천수이비앤은 총통취임 후 2002년 8월 대만과 대륙은 각각 하나의 국가라는 '일변일국론(一邊一國論)'을 제기하여 대만이 제2의 샹강이나 아오먼이 될 수 없으며 대만의 장래는 대만 주민의 자주적 결정 즉 국민투표(公投)를 통해서 추진해갈 것임을 밝혔다. 연임된 천수이비앤은 대륙 측의 압력과 야당의 반발에도 불구하고 2006년 2월 '국가통일강령'의 실효를 선언했다.

천수이비앤 정부와 대륙과의 관계가 소원해진 반면에 국민당 등 대만의 야당들은 대륙의 공산당 및 정부와 적극적인 접촉을 시도했다. 2005년 5월 국민당 주석 리앤잔(連戰)을 비롯한 친민당(親民黨), 신당(新黨) 등의 지도급 정치인들이 대륙을 방문하여 환대를 받고 하나의 중국 원칙과 통일의 의지를 확인했다. 2006년 국민당은 국가통일강령의 견지와 이른바 '92합

12) 동 결의문 전문은 민주진보당 홈페이지 (http://www.dpp.org.tw/)참조.

의'를 당의 공식적인 정책강령으로 명시하게 됐다.[13] 2008년 총통선거에서 국민당 마잉주(馬英九) 후보가 당선됨에 따라 대만에서는 다시 정권교체가 이루어지고 중국 통일문제도 새로운 전환점을 맞게 됐다. 마잉주는 2008년 9월 양안관계의 성격에 관해서 '두개의 중국' 또는 '국가와 국가의 관계'는 아니지만 '일종의 특수한 관계'로 본다는 입장을 표시했다. 그는 대륙과 대만 간에 주권논쟁을 유보한 채 잠정적 조치로서 '92합의'에 기초하여 양안관계를 개선해가는 실용적 정책을 주장하면서, 그러한 그의 입장을 통일을 서두르지 않고, 독립도 안 되며, 무력통일도 반대한다는 소위 '삼불(三不)'로 요약했다.[14]

13) 중국국민당 홈페이지 (http://www.kmt.org.tw/)참조.
14) http://www.mac.gov.tw/big5/mlpolicy/ma970903.htm

3. 통일방안과 통일국가 구상

정부 차원에서 공식적으로 제안된 중국의 통일방안과 통일국가 구상으로는 대륙 측에서 제시한 '일국양제' 방안이 유일하다고 말할 수 있다. 물론 1991년 대만 정부가 공표한 '국가통일강령'이 있지만 그 속에는 통일국가의 이념과 단계적인 통일 접근방법을 제시하고 있을 뿐 통일국가의 체제나 국가 구조형식에 관한 구체적인 제안이나 구상을 언급하지 않고 있다. 대륙 측이 제시한 '일국양제' 방안은 구체적인 내용으로 보아 통일국가 형식으로 '준 연방제'의 국가체제를 채택하려는 것으로 이해된다.[15]

정부 차원의 공시적인 통일방안은 아니지만 주요 정당들이나 통일운동단체들의 통일정책 건의 또는 정치지도자들이나 학자 및 지식인들의 개인적 제안의 수준에서는 다양한 통일방안과 통일국가 구상이 제시되고 있다. 이러한 제안들은 크게 국가연합제 즉 '방연제(邦聯制)'와 '연방제(聯邦制)' 그리고 국가연합제와 연방제를 절충 결합하는 방안 등 세 부류로 묶어 볼 수 있다.

방연제안은 대만의 국민당이 당의 정책으로 채택한 바 있는데 대륙 측이 강조하는 하나의 중국 원칙에 부합하면서 통일을 달성해가는 한 단계로서 '중화민국'과 '중화인민공화국'을 대등한 두개의 정치실체로 인정하는 국가연합(예컨대 '중화방연')을 구성하여 양안간의 평화적, 안정적인 관계

15) 많은 사람들이 '일국양제'는 연방제의 응용이며 따라서 준 연방제 구상이라고 이해하고 있다. 덩샤오핑 자신도 '일국양제'의 연방제적 성격을 인정한 바 있다. 中共中央臺灣工作辦公室 · 國務院臺灣事務辦公室,『中國臺灣問題』(北京: 九洲圖書出版社, 1998).

를 건설한다는 것이다.[16] 이 안은 대만대학 정치학 교수였던 옌잔(連戰)이 2000년 국민당의 총통후보가 된 후 새로운 통일정책 공약으로 제시되었는데 통일을 단계적 목표로 설정하고 대륙과 대만의 대등한 관계를 강조함으로써 대륙측이 주장하는 '일국양제'안이나 민진당이 내세우는 대만독립 노선 또는 '양국론'과의 차별화를 고려한 것이라고 볼 수 있다.[17]

국민당의 방연제안과 유사한 제안으로 2000년 친민당(親民黨) 총통 후보였던 쏭추위(宋楚瑜)의 '하나의 중국 지붕'론과 '통합론(整合論)'을 들 수 있다. 그의 주장은 '중화민국'과 '중화인민공화국'의 위에 '미래의 하나의 중국' 이라는 '하나의 중국 지붕'이 존재한다는 일종의 지붕국가론이다. 그는 양안관계를 현실적으로 두 대등한 정치실체가 특수한 '준 국가관계' 하에서 '통합'을 지향해가는 체제경쟁 상항으로 규정하고 경제통합, 사회통합, 정치통합의 3단계 통합론을 주장했다.[18] 이러한 방연제 제안에 대한 대륙 측의 반응은 부정적이며 그것이 하나의 중국 원칙을 부인하면서 대만의 독자적 지위를 추구하려는 분열 기도라고 비판한다.

연방제안은 특히 1980년대 후반 대륙에서 정치개혁 논의가 고조와 더불어 활발히 주장되기 시작했는데 천안문(天安門)사태 후 해외로 망명한 반체제 지식인이 중심이 되어 민주화 통일운동의 일환으로 제시되었다. 연방제안을 주장하는 사람들 중에는 대만이나 샹강의 일부 지식인들과 정치인, 그리고 해외 망명 민주화운동 인사 다수가 포함돼 있다. 그러므로 연방제 통일방안은 중국 통일 구상과 더불어 샹강과 아오먼의 귀환 문제, 소수민족 분리주의 문제, 그리고 정치적 민주화의 문제 등 다양한 측면을 반영한 제안이라고 볼 수 있다.

연방제안은 대만은 물론 샹강과 아오먼을 포함하여 대륙 지역을 여러 개의 연방구성 '방(邦)' 또는 '국(國)'으로 나누는 다양한 제도적 대안들을 제

16) "中國國民黨政策綱領草案'邦聯'說帖",「中央日報」(2001年 7月 8日, 9日).
17) 丘宏達, "中國統一問題: '一國兩制'與 '中華邦聯'."『當代中國硏究』(2002年 第4期).
18) 친민당 홈페이지 참조. http://www.pfp.org.tw/platform/assert.php?id=4&piol=1

시하는 것이다. 아직은 그러한 연방제안들이 실천적인 정책 프로그램이라기 보다는 정치적 선언이나 제안의 차원에 머물고 있는 것이 사실이다. 그렇지만 연방제안은 통일과 민주, 그리고 자치와 분권의 이데올로기를 대표하는 잠재적 정치세력으로서 장차 중국의 국가체제 선택을 위한 의미 있는 제도적 대안이 되고 있다는 점을 간과할 수 없다. 대륙 측은 연방제안에 대해서도 그것이 중국의 역사적 전통과 국가적 현실에 부합하지 못한다고 부정적 태도를 보이고 있고 이미 '일국양제'가 연방제적 요소를 응용한 것이라고 주장한다.

한편 방연제와 연방제를 절충하는 다양한 통일방안들이 제시되고 있는데 예컨대 '일국양체(一國兩體)'안, '다체제국가(多體制國家)'안, '다원국가구조(多元國家構造)'안, 그리고 '방연식 연방(邦聯式聯邦)'안 등이 그것이다. '일국양체'안은 대륙의 '일국양제'와 대만의 '방연제'를 결합하는 제3의 대안으로 제시된 것이다. 그 요지는 대만에 는 샹강이나 아오먼과는 달리 '일국양제'를 적용하는데 한계가 있으니까 과도적으로 하나의 중국 '국호'(예컨대 '중화연맹', '연합중국', 또는 'United China' 등)와 국기, 국가 구조, 주권의 분담 문재 등을 협상을 통해 결정하고, 대륙과 대만이 평등한 정치실체로서 자치권을 갖도록 보장한다는(예컨대 대만의 유엔 가입 등 국제기구에의 참가 가능성을 열어 놓는 것 등을) 것이다.[19] '다체제국가'안 또는 '다원국가구조'안은 연방제를 반대하지만 하나의 국가 내에서 대만의 독자적인 국가적 지위를 배려하는 국가연합제와 연방제적 요소를 결합하는 새로운 창조적 모델을 만들자는 제안이다. 이러한 제안들은 국가연합제, 연방제, 민족자치제, 그리고 지방자치제 등의 다양한 제도의 종합을 시도하는 통일방안이라고 말할 수 있다.

예컨대 조우양산(周陽山)의 '신 국협(新國協)'안은 통일과정을 '국협(commonwealth)', '방연(confederation)', '연방(federation)'의 3단계의 진행으로 설명하

19) 蔡國忠, "'一國兩體': 走出兩岸關係僵局的出路,"『當代中國研究』(2002年 第1期).

면서, 4차원의 '중화국협(中華國協)' 구상을 제시했다. 즉 '국협'의 구성원은 대륙, 대만, 싱가폴, 몽고로 하는 국제적 협의체로 하고, '방연'의 구성원은 샹강 아오먼, 신장(新疆), 시장(西藏) 등의 '방(邦)'으로 하며(각 방은 부분적으로 주권을 향유하지만 방연을 탈퇴할 수 있는 권리나 국방권, 외교권을 갖지 못한다), '민족자치' 성원은 네이멍구(內蒙古), 닝샤(寧夏), 광시(廣西) 등의 민족자치구들로 하고, 그 외에 '지방자치' 차원의 성원을 둔다는 구상이다.[20] 리우지앤(劉劍)의 '다원국가구조'안은 대륙의 '일국양제'와 대만의 '일국양부' 개념을 결합하여 대만을 '자치공화국'으로, 시장을 '자치방'으로 하고, 대륙의 각성을 소성제(小省制)로 개편하여(80-100개 정도의) '자치성'으로 하며, 샹강과 아오먼을 '특별행정구'로 한다는 구상이다.[21] 앤자치(嚴家祺)의 '방연식 연방제'안은 그의 '중화연방공화국헌법초안'에 잘 나타나 있는데 방연제적 요소인 '자치방'과 '특구' 제도, 그리고 연방제적 요소인 '자치성'과 '자치시' 제도를 결합한 것으로 중국연방을 대만을 비롯한 네이멍구, 시장, 신장, 닝샤, 광시 등 6개의 '자치방', 산시(山西), 산둥(山東), 등 대륙의 기존 성을 개편한 22개의 '자치성', 베이징(北京), 샹하이(上海), 티앤진(天津) 등 3개 '자치시', 그리고 샹강, 아오먼 2개의 '특구'로 구성한다는 안이다.[22]

대륙 측은 아직 해결되지 못하고 있는 '대만문제'의 많은 책임이 미국 정부에 있다고 강조하면서 다른 한편으로는 중국의 통일문제가 순전히 '내정문제'라고 주장한다. 중국의 통일문제를 궁극적으로 해결하는 두 개의 관건적인 요소는 미국과 중국 간의 관계 그리고 양안 중국인들의 통일의지라고 말 할 수 있을 것이다. 대륙측은 중국통일은 시간문제이며 미 · 중 관계의 발전에 따라 결국 대만문제는 해결될 것이라는 확신을 밝히고 있다. 미국 정부도 1972년 샹하이 공동성명, 1979년 수교 성명에서 중국의 그러한 입장을 인정하며 지지한다는 것을 분명히 확인했다.

20) 周陽山, "中華國協的新構想,"『當代中國研究』(1995年 第6期).
21) 劉劍, "關於中國統一和未來國家結構,"『當代中國研究』(1995年 第6期).
22) 嚴家祺, "中華聯邦共和國憲法(建議性草案)"(1994). http://pages.hotbot.com/politics/zjw/lianbang.html

그러나 최근 대만 내의 여론조사에 의하면 대만 주민들은 통일도 독립도 아닌 현상유지에 대한 지지가 우세한 것으로 나타났다. 예컨대 2006년 2월에 실시된 두 언론사의 조사와 해기회 조사, 그리고 2007년 8월 대륙위원회 조사가 그것이다. 중국시보(中國時報) 조사에서는 현상유지 지지가 57%, 통일 지지가 17%, 독립 지지가 16%였고, 자유시보(自由時報) 조사에서는 현상유지 지지가 38.2%, 독립 지지가 35.4%, 통일 지지가 11.8%였다. 해기회 조사에서는 현상유지가 26.9%, 독립지지가 33.1%, 통일 지지가 21.8%였다. 대륙위원회 조사 결과는 현상유지 후 통일 또는 독립 선택 지지가 34.9%, 영원한 현상유지 지지가 17.9%, 현상유지 후 독립 지지가 16.5%, 현상유지 후 통일 지지가 12.2%, 조속한 독립 지지가 10.3%, 조속한 통일 지지가 2.2%, 기타 무응답이 6%로 나타났다.[23] 위와 같은 여론조사 결과와 더불어 중국 통일문제와 양안관계에 관한 대만 주민들의 의식을 짚어볼 수 있는 자료가 2008년 3월 총통선거와 때를 같이하여 실시된 국민투표(公投) 결과이다. 동 국민투표는 대만의 유엔 가입 추진 문제에 관한 찬반을 묻는 것이었는데 투표율 저조로(35%정도) 부결 처리 되었다.

이러한 대만 주민들의 현상유지를 지지하는 태도는 대만의 장래에 대한 불안감의 반영이라고 해석해 볼 수 있다. 이러한 여론을 의식하는 정파나 정치지도자들 또한 통일문제나 양안관계에 대한 명백한 입장과 태도 표명을 유보하려는 '의도적인 모호성'의 정략을 취하게 되는 것이다. 그러므로 현 단계에서는 주도권을 가지고 있는 대륙 정부가 적극적으로 보다 포용적인 통일방안과 통일과정을 구체적으로 제시하는 것이 무엇보다도 중요하다고 여겨진다. 우리의 입장에서는 중국의 통일문제가 미국과 중국의 관계 차원에서 한반도 통일문제와 연계되어 일괄 타결될 수 있는 가능성을 경계심과 기대감을 갖고 주시해야한다고 생각한다.

23) http://www.mac.gov.tw/big5/mlpolicy/pos/9608/po9608ch.htm

제8장

정치학 도입과 학문 제도화

1. 중국정치학의 초창기

중국에서는 '청말민초(清末民初)' 즉 19세기 말, 20세기 초부터 서양의 정치학이 새로운 근대적 지식으로 소개, 도입되고 사회과학의 한 분야로 제도화되기 시작했다. 사회주의 정권이 수립된 1949년 당시 중국에는 100여 개 대학 중 34개교에 정치학과가 설립돼 있었고 정치학 교수가 193명, 정치학과 재학 학생이 1,552명에 달했다.[1] 20세기 전반 기간에 중국에는 정치학이 이미 학문제도로 확립돼 있었고, 교육과 연구에 있어서 상당한 정도와 수준의 학문적 축적이 이루어져 있었다.

최근 중국의 학자들에 의해서 그리고 외국의 학자들에 의해서 중국 정치학의 발전 과정에 관한 학사적 연구가 이루어지고 있지만 그러한 연구들은 대부분 1980년대 '회복' 이후의 학문적 상황에만 관심이 집중돼 있고,[2] 20세기 전반기 서양 정치학의 도입과 초기 제도화 과정, 그리고 정치학 교육, 연구의 단절기 상황에 대해서는 무관심하거나 무시하는 경향을 볼 수 있다. 중국 정치학의 발전 과정에 관한 개괄적이지만 비교적 충실한 학사적 고찰을 하고 있는 자오 바오쉬(趙寶煦)는 "1949년 이전에도 중국 정치학은 교육과 연구에서 어느 정도 업적을 이루어 많은 저명한 학자들이 나타났고 몇몇 의미 있는 저서가 출판되었으며, 또 많은 정치학 분야

1) 王邦佐 · 潘世偉 主編, 『二十世紀中國社會科學: 政治學卷』(上海: 上海人民出版社, 2005), p.111.

2) 汝信 主編, 『新時期中國政治學發展20年: 1980-2000』(北京: 中國社會科學出版社, 2001); 王浦劬 主編, 『中國高校哲學社會科學發展報告: 1978-2008(政治學)』(桂林: 廣西師範大學出版社, 2008).

의 전문가 인재를 양성했다"고 언급하고 있다.[3]

초기 중국 정치학의 발전과 학문적 상황에 대한 무시 경향의 원인은 중국 정치학의 역사에서 초창기의 전통과 단절된 공백 기간이 비교적 길었다는 점과 정권 당국이나 체제의 입장에서 사회주의 정권 수립 이후 '부르주아 계급의 가짜 과학(資産階級僞科學)'으로 비판했던 과거의 정치학을 회고하고 기억을 되살린다는 것 자체가 자연스럽지 못한 때문이었을 것으로 여겨진다. 어떻든 간에 20세기 전반기 중국 정치학의 존재에 대한 재조명은 오늘날 중국 정치학의 뿌리를 확인하고 잊었던 학문적 자산에 대한 관심을 환기시키고 문제의식을 되살리는 기회가 될 수 있을 것이다.

20세기 전반기는 정치사회적으로 전통적인 구질서의 붕괴, 외침과 전란, 혁명과 내분의 와중에서 새로운 체제와 질서가 형성되는 시기였다. 이러한 정치사회적 체제전환 또는 제도변혁과 더불어 그러한 변혁을 추동하는 이념적 지표에 따라 정치사회에 관한 새로운 근대적 지식체계가 모색되는 획기적인 '지적 전형(知的轉型)'의 시기였다. 20세기 전반기는 지성사적 관점에서 보면 서양 근대 학문의 도입과 모방, 그리고 응용 또는 '토착화(本土化)'를 통해서 새로운 근대적 사회과학을 정립한 시기였다. 따라서 이 시기의 중국 사회과학은 학술적 이론과 사회적 실천 간의, 그리고 학문과 정책 간의 관계에 관한 치열한 논의와 성찰을 경험했다. 어떤 학자는 신해혁명(辛亥革命) 이후 사회주의 정권 수립까지의 20세기 전반기간 중국 사회과학 발전을 평가하면서 그 기간은 지난날 중국 역사에 있어서 1,000년 동안 이룩한 성과에 버금가는 기록을 세운 '사회과학의 개화기'였다고 말하고 있다. 그는 그 기간에 있었던 전통적인 중국 정치문화의 도덕적 정당성 붕괴와 더불어 시민사회에 대한 국가의 절대적 헤게모니 쇠퇴가 오히려 사회과학의 발전에 유리한 조건이 되었다고 보고 있다.[4]

---

3) 趙寶煦 "中國政治學百年歷程,"『東南學術』(福州)(2000年 第3期), pp.39-44.
4) Zhengyan Fu, "The Sociology of Political Science in the People's Republic of China," in David Easton, John G. Gunnell, and Luigi Franziano (eds.), *The Development of Political Science: A Comparative Survey*(New York: Routlege, 1991), p.228.

20세기 전반기 중국 정치학의 발전에 관한 연구는 정치학사 연구 공백기의 정치학 존재를 확인하는 데서 더 나아가 중국의 정치사 연구 그리고 지성사 또는 사상사 연구를 더욱 심화하는데 의의가 있다. 20세기 전반기 중국 사회과학 발전과 제도화 과정은 지성사 연구의 매력 있는 대상이며, 특히 정치학의 학문적 존재 방식은 정치체제 문제와 직결되는 민감한 영역이기 때문에 더욱 흥미 있는 연구 주제 가 될 수 있다.

20세기 전반기 중국 사회과학사 또는 지성사 연구는 다양한 분야의 인문사회과학자들과 역사학자들이 참여하는 학제적 연구 주제로서 의의가 있다. 왜냐하면 새로운 학문 분야가 제도화 되는 과정은 전문화, 세분화를 통하여 인접 학문과의 차별성과 독자성을 추구하는 학문적 정체성 확립 과정과 실용성과 과학적 권위를 인정받는 학문적 정당성 획득 과정을 포함하기 때문이다. 중국 정치학의 경우는 미국이나 서구에서처럼 기존의 법학, 경제학, 역사학, 또는 철학으로부터 분리 독립되어 정체성을 추구하는 과정을 거치기보다는 처음부터 다른 사회과학 분야들과 동시에 독립적인 학문 분야로 정립되었다는 점이 특징이었다.

20세기 전반기 중국 정치학의 발전에 관한 연구는 '서양 학문의 동양 전파(西學東漸)'의 관점에서[5] 아시아 3국 즉 중국, 한국, 일본의 정치학 발전 과정에 관한 국제적 비교 연구의 기초 작업으로서도 의의가 있다. 특히 초창기 중국 정치학은 근대 정치학 발전의 선도 국가라고 할 수 있는 미국의 정치학과 직접적인 교류가 많았고 일찍이 국제적인 학문 조류와의 접촉이 깊었다는 점에 주목할 만하다. 미국에서 정치학이 학문 제도로서 확립되기 시작한 것이 19세기 말인데 20세기 초에 이미 중국의 유학생들이 미국의 명문 대학에서 정치학의 학위를 얻고 귀국하여 대학 강단에서 정치학을 가르쳤던 것이다. 물론 당시 학문의 국제적 전파나 도입은 수평적 교류라기보다는 일방적인 미국의 지배적 영향의 형태로 이루어졌다고 볼 수 있다. 20세기 전반기 중국 정치학의 발전은 서양 정치학의 동양 전

5) 孫青, 『晚淸之'西政'東漸及本土回應』(上海: 世紀出版集團上海書店出版社, 2009), p.3.

래 과정의 중요한 비교 사례라고 말할 수 있다.

여기서는 20세기 전반기 중국 정치학의 발전 과정을 학문 제도화를 중심으로 고찰하려고 한다. 학문 제도화는 학문 제도의 확대 발전과 학문적 정체성과 정당성을 확보해가는 과정이라고 말할 수 있다. 학문 제도는 학자들의 교육과 연구, 그리고 사회정치적 참여의 활동 공간이며 지적 교류가 이루어지는 확립된 공적인 네트워크를 의미한다. 따라서 여기서는 대학 정치학과의 설립과 발전, 학자 전문가 조직으로서의 정치학회의 성립과 활동, 그리고 정론(政論) 매체들의 등장과 정치학자들의 참여를 중심으로 살펴볼 것이다.

2. 정치학 도입 경로와 성립 과정

중국은 정치를 연구하고 교육하는 오랜 전통을 가지고 있다. 한 중국계 학자는 중국 정치학의 전통을 강조하면서 크라우제비치(Clausewitz)보다 2,000년 전에 쑨즈(孫子)가 있었고 마키아벨리(Machiavelli)보다 800년 전에 한페이즈(韓非子)가 있었다고 말하기도 한다.[6] 그러나 정치에 관한 지식의 추구 또는 정치사회적 담론으로서의 '정론(政論)'과 학문제도로서의 '정치학'을 구별해서 본다면 중국 정치학의 역사는 20세기 이후부터 라고 말할 수 있을 것이다. 가장 앞서 근대 정치학이 발전했던 미국에서도 유럽의 학문적 전통을 미국 현실에 적용하는 방식으로 대학 내 학문제도로 정치학을 확립한 것이 19세기 말이었던 점을 감안하면[7] 중국의 근대 정치학 출발은 비교적 빨랐으며 서양과의 시차가 그리 크지 않았다고 볼 수 있다.

중국의 근대적인 사회과학은 서양 학문의 동양 전래 과정을 거쳐 발전해왔다. 중국에서의 정치학의 성립과 발전은 전통적인 학문과 지식체계로부터 근대적인 학문과 지식체계로의 근본적인 전환 과정이었다는 점과 정치사회 체제의 변혁, 그리고 새로운 근대적 고등교육 제도의 건설 과정과 병행되었다는 맥락적 특수성을 고려해 보아야한다. 중국의 정치학 발전은 서양을 향한 모방과 학습으로 시작됐던 것이다. 이러한 서구지향의 학습은 초기에는 일본을 통한 간접 경로로부터 시작하여 점차 미

---

6) Zhengyan Fu, 앞의 글, pp.223-224.

7) 미국에서 정치학이 학문제도로 확립된 기점은 1880년 컬럼비아대에 최초로 정치학대학원(School of Political Science)을 설립한 것이다. 이어서 존스 홉킨스대, 미시건대, 예일대, 코널대 등에 정치학과가 신설되었다. 이계희, 『정치학사』(서울: 을유문화사, 1998), p.63.

국과 유럽으로부터 직접 배우는 경로로 진행돼왔다.

중국에서는 19세기 말 20세기 초부터 정치사회 개혁을 위한 제도적 대안과 이론적 근거를 찾는 개혁가 또는 혁명가 지식인들에 의해서 서양의 정치제도나 정치학설이 소개되고 보급되기 시작했는데 초기에는 그것이 주로 서적의 번역 출판과 외국학자나 교사의 초빙 등의 형태로 이루어졌다. 이어 직접적인 해외 유학생의 파견, 대학 정치학과의 설립 확대, 그리고 해외유학 후 귀국한 학자들의 대학교수직 참여 증가 및 학회 조직 활동 증가 등의 형태로 발전했다. 중국 정치학의 발전 과정은 대체로 소개와 도입, 성립과 제도화, 그리고 응용과 토착화 시도 단계도 진행돼왔다고 볼 수 있다.

중국 학자들의 서양 사회과학에 대한 관심은 특히 1895년 청 · 일전쟁(甲午戰爭) 패배 후 더욱 적극화되었는데 청조(淸朝)의 개혁정책(新政), 특히 교육개혁 추진과 밀접한 관련이 있다. 청 · 일전쟁 후 중국 엘리트들은 근대화된 일본을 따라 배울 필요를 느끼게 됐고 이전의 양무파(洋務派)들이 추진했던 과학기술 위주의 학습보다는 정치제도나 정치사회 이론 학습이 중요하다는 자각을 하게 되었다. 1905년 러 · 일전쟁에서의 일본의 승리는 중국의 일본학습열을 더욱 자극했는데[8] 이러한 일본 학습은 많은 유학생의 파견과 일본인 교사 초빙의 형태로 이어졌다. 이 시기 중국에서는 일본의 대학체제를 모델로 하는 근대적 고등교육 기관으로 대학 신설이 추진되었는데 1895년 티엔진(天津)에 세워진 북양학당(北洋學堂), 1896년 샹하이(上海)에 세워진 남양공학(南洋公學), 1898년 베이징(北京)에 세워진 경사대학당(京師大學堂)이 그 효시였다. 신설된 대학 내의 정치학 교육과 학과 체제도 일본 대학의 제도를 모방했다. 정치학의 교수 요원도 대부분 일본 유학 경험자들이었고 교과서 역시 일본의 대학 교재를 번역하거나 편집

8) 王正毅, "世界知識權力結構與中國社會科學知識系譜的建構,"『國際觀察』(2005年 第 1期), pp.69-70; John King Fairbank and Merle Goldman, *China: A New History*(Cambridge: Harvard University Press, 1992), pp.240-241.

하여 사용했다.[9]

중국의 초기 일본을 통한 간접적인 서양 정치학 학습은 짧은 시간 내에 서양 학문을 배울 수 있다는 이점과 편리함 때문이었다. 당시 중국의 선구적인 계몽기 정치학자라고 말할 수 있는 량치차오(梁啓超)는 새로운 학문을 배우기 위한 일본어 학습의 필요성을 강조하면서 이렇게 말하고 있다. 즉 일본 학문이 서양에서 왔으니 직접 영어를 배워야 한다고 말하는 사람이 있지만 영어를 배우려면 5-6년은 걸릴 터이니 우선 며칠만 배우면 조금 읽을 수 있고 수개월 만 배우면 크게 성과를 올릴 수 있는 일본어를 배워서 빨리 유용한 지식을 얻는 방법이 좋을 것이라는 권고를 하고 있는 것이다.[10]

당시 일본의 서양 정치학 학습도 유럽 대륙 지향과 영미(英美) 지향으로 이원화되어 있었다. 즉 법학적 방법의 독일 국가학을 따르는 국립 도쿄대학(東京大學)의 정치학 전통과 실증주의적인 영미 정치학을 따르는 사립 와세다대학(早稻田大學) 및 게이오대학(慶應大學) 정치학 전통 등 2개의 학파가 형성돼 있었다.[11] 초기 중국에 소개된 일본 정치학은 독일 국가학을 기본으로 하는 '일본화'된 정치학이었다. 중국의 근대적 사회과학이 초기에 일본의 영향을 크게 받았다는 사실은 일본의 번역어를 그대로 수입해서 사용한 학술 용어만 보아도 알 수 있다. 19세기 말 20세기 초 중국에는 아직 '정치' 또는 '정치학'이라는 용어도 일반화되거나 그 개념이 분명하게 정립돼 있지 않았다. 영어의 'politics'는 '보리디스(波里狄思)'로 음역되거나 '치국(治國)', '정사(政事)', '국정(國政)', '치술(治術)', '위정(爲政)' 등으로 번역되었고, 'political science'는 '정리학(政理學)', '국정학(國政學)', '정치지학(政治之學)', '정사학(政事學)' 등으로 다양하게 번역되었다. 정치 또는 정치학이 대

9) 도쿄대학(東京大學) 오노즈카 키헤이지(小野塚喜平次)의 『政治學講義』와 『政治學大綱』을 편역한 교재가 주로 사용되었다. 孫宏云, 『中國現代政治學的展開: 清華政治學系的早期發展(一九二六至一九三七)』(北京: 三聯書店, 2005), p.71.

10) 梁啓超, 『飮冰室主人自說』(南京: 江蘇人民出版社, 1999), pp.61-62.

11) Takayanagi Sakio and Tamotsu Shioya, "Japan," Uchida (ed.), *Political Science in Asia and the Pacific*(Bangkok: UNESCO Regional Office for Education in Asia and the Pacific, 1984), p.22.

학의 학과 명칭이나 교과 명칭으로 확립된 것은 신해혁명 후 1912년 '민국' 정부의 교육부가(당시 교육부장은 옌푸(嚴復)였다) 일본의 용어에 따를 것을 공식화하면서 부터였다.[12] 중국에서는 당시 일본식 번역 용어인 '경제학', '사회학', '철학' 등과 같은 용어가 정립되기 전까지는 그 대신 '자생학(資生學)' 또는 '생계학(生計學)', '군학(群學)', '지학(智學)' 등으로 번역되기도 했다.[13]

신해혁명에 의해 청조가 붕괴되고 '민국' 정부가 수립된 이후 서양 근대 사회과학 학습은 일본을 통한 간접적인 소개 도입의 단계에서 나아가 미국이나 유럽으로부터 직접 학습하는 방식으로 전환하게 되었다. 점차 일본 유학생 대신 구미 유학생이 증가하게 됐고 대학제도나 학문 체제도 미국이나 유럽식 제도로 개편되었으며 교수 요원도 일본 유학 경험자들이 구미 유학 경험자들로 대치되었다. 민국 수립 이후 중국 정치학이 직접적인 서양 학습으로 전환하게 된 것은 물론 보다 수준 높은 학문을 추구해가는 발전 단계로 이해할 수 있겠지만 당시의 지적 · 정치사회적 배경과도 무관치 않다. 점차 노골화 되었던 일본의 침략 의도는 중국 지식인들의 민족주의를 불러일으키게 되었고, 혁명 후 중국 지식인들은 중국 정치사회의 재건을 위해서 정치제도의 변화만이 아니라 보다 더 근본적인 문명의 변화가 있어야 한다는 인식을 갖게 됐다. 1910년대 중반 이후 중국 지식인들이 주도한 '신문화운동(新文化運動)'과 5 · 4운동 이후 고조된 민족주의 열풍은 중국 지식인들의 직접적인 서양 학습을 고취했던 것이다.

새로운 공화제 실시 정치실험의 시련과 군벌(軍閥)통치 시기의 약화된 국가체제는 역설적으로 오히려 문화적, 사회경제적 측면에서는 상당한 성취를 이룩하는 기회가 되었다.[14] 근대적 고등교육제도 대학의 신설과

12) 孫青, "'西政'與'中學': 西方政治學'影像'在中國的形成," 『中國社會科學』(2005年 第3期), pp.194-197.

13) '자유', '민주주의', '국민', '권력' 등과 같은 용어도 일본식 번역어로 부터 정립된 것이다. 1903년에 옌푸가 밀(John Stuart Mill)의 책 *On Liberty*를 번역한 제목이 『群已權界論』이었는데 이는 그 때까지만 해도 '자유'라는 용어가 정립되지 않았음을 보여주는 것이다. 王邦佐 · 潘世偉 主編, 앞의 책, p.8.

14) John King Fairbank and Merle Goldman, 앞의 책, pp.255-278.

언론의 성장, 시민사회의 등장은 사회과학의 진흥을 이룰 수 있는 학문자유의 조건을 마련해주었고 자유주의 학풍을 고취했다. 1920년대 이후 중국 정치학의 발전은 미국의 영향을 지배적으로 받았다. 미국 정치학과 중국의 인연은 '민국' 초부터 시작됐다고도 볼 수 있다. 컬럼비아대 교수와 존스 홉킨스대 총장을 지내고 미국정치학회 초대 회장을 역임했던 구드나우(Frank Johnson Goodnow)와 존스 홉킨스대 정치학 교수로 9대 미국정치학회 회장을 역임했던 윌로우비(Westel W. Willoughby)가 당시 대총통이었던 웬스카이(袁世凱)의 정치고문으로 초빙된 일이 있었고, 위스컨신대 정치학 교수로 후에 역시 미국정치학회 회장을 역임한 라인쉬(Paul Samuel Reinsh)가 주 중국 공사로 부임했다. 특히 라인쉬는 미국 유학 후 귀국한 중국 사회과학자들을 중심으로 '중화정치학회(The Chinese Social and Political Science Association)'를 조직하여 정치학자들의 학술활동을 지원하고 미·중간 학술교류를 활성화 하는데 주도적 역할을 했다.[15]

중국 정치학 발전에 끼친 미국의 영향과 관련하여 특히 칭화대학(清華大學)의 역할이 중요했다. 칭화대는 청조 말 미국 의회가 의화단(義和團)사건의 배상금을 중국 학생들의 미국유학 장학 지원을 위해 쓰기로 결정함에 따라 1911년 미국 유학 준비학교인 '칭화학교'로 설립되었다가 1925년 4년제 대학으로 개편되었던 것인데 이 칭화대를 통해 1920년대 말 까지 미국에 유학한 중국 학생 수가 1268명에 달했다.[16] 미국 정치학의 학습에 있어서 칭화대의 역할이 중요했음을 보여주는 자료의 하나로 1905년부터 1937년 간 미국 대학에서 정치학박사 학위를 취득한 중국 유학생 42명 중 22명이, 그리고 국제관계 및 국제법 전공으로 박사학위를 취득한 중국 유학생 45명 중 13명이 칭화대 출신이었다는 분석이 있다.[17] 1930년대 이후에는 칭화대 출신 미국 유학 귀국자들이 중국 주요 대학 정치학 교수진의

15) Ido Oren ,"The Enduring Relationship Between the American (National Security) State and the State of Discipline," *PS: Political Science and Politics* (January, 2004), p.52.
16) John King Fairbank and Merle Goldman, 앞의 책, p.265.
17) 孫宏云, 앞의 책, p.6.

골간을 이루게 됐다. 미국에서 유학한 중국 정치학자들은 대부분 미국의 명문 대학에서 정치학을 배웠는데 학부 과정은 위스컨신대와 스탠퍼드대에, 석사과정은 컬럼비아대, 하바드대, 위스컨신대에, 그리고 박사과정은 컬럼비아대, 위스컨신대, 존스 홉킨스대에 집중돼 있었다.[18] 특히 위스컨신대 유학생이 많았던 것은 당시 주중 미국공사였던 라인쉬가 동 대학 정치학 교수 출신이었던 점과 연관이 있는 것으로 추측되며, 다른 대학의 경우는 모두가 당시 미국 대학의 선도적인 명문 정치학과였다는 점 때문이었을 것으로 여겨진다.

중국 정치학의 성립과 발전 과정은 정치학의 정치사회적 역할 변화, 그리고 그러한 정치학의 학문적 존재 방식에 따라 규정되는 정치학자들의 운명과 삶을 반영한다고 말할 수 있다. 근대 중국 국가의 성격과 관련하여 지식인의 역할을 분석하고 있는 그리더(Jerome B. Grieder)는 19세기 말부터 2차 세계대전 종전에 이르기 까지 중국 지식인들의 정치사회적 존재 방식 변화 과정을 '정치적 사업가(political entrepreneur)', '정치적 아마추어(political amateur)', 그리고 '정치의 피해자(victims of politics)'로 규정했다.[19] 즉 청조 말 민국 초의 정치개혁가 지식인이나 혁명가 지식인들은 체제변혁을 추구하는 정치적 행동주의를 소명으로 삼았다는 점에서 '정치적 사업가'였다면 1910년대 중반 이후부터 1920년대 후반 장제스(蔣介石) 난징(南京) 국민당 정부 성립 시까지의 지식인들은 체제의 변혁 보다는 사회문화적 변화를 추구하는 문화적 계몽주의자의 역할을 자임했다는 점에서 정치적 아마추어였다는 것이다. 또 1930년대 이후 중국의 자유주의 지식인들은 권위주의적 정권의 억압정책과 이데올로기적 열광에 저항하면서 서구적 근대의 가치를 추구하는 '지성적 직업주의(intellectual professionalism)'의 완고한 태도를 견지하려 했지만 결국 정치적 희생물의 운명을 피할 수 없었다고 본다.

18) 위의 책, pp.31-33.

19) Jerome B. Grieder, *Intellectuals and the State in Modern China: A Narrative History* (New York: Free Press, 1981)

그리더의 관점을 근대 중국 정치학의 성립과 전개 과정에도 적용해 볼 수 있다. 우선 청조 말 민국 초 중국 정치학의 존재는 학문으로 제도화되기 이전의 정치개혁의 사상 또는 이념으로 규정될 수 있고, 학술 활동도 대학 내에서의 교육과 연구 보다는 언론 매체나 정론 매체의 발행과 저술 출판 활동을 위주로 하는 계몽과 보급의 형태로 이루어졌다. 이어서 1920년대 말 까지는 중국 정치학이 대학 내의 학문 제도로 확립되고 학문 분야로서의 권위를 획득하게 된 제도화의 시기라고 볼 수 있다. 1920년대 이후에는 중국에서 많은 국립 또는 사립의 대학들이 신설되고 주요한 대학에 정치학과가 독립 학과로 설립되었는데 전국적으로 1931년에는 28개교, 1936년에는 39개교에 정치학과가 설립되어 있었다.[20] 1930년대 이후는 근대 중국 정치학의 역사에 있어서 이념적 분열과 정치적 수난의 시기였다. 항일전쟁의 격화, 국민당과 공산당 간의 이념적 대립, 그리고 국민당 내의 파벌 투쟁 등 전쟁과 혁명의 와중에서 중국 정치학은 이데올로기의 공손한 하수인으로서의 역할을 강요받아 타락하거나 지성적 신조를 지키는 완고한 학문적 입장을 견지하지 못하고 정치의 격랑에 휩쓸리는 운명을 피하기 어려웠다. 1940년대 말 까지 중국 정치학은 대학의 쇠락, 학문의 정치화, 그리고 매체의 당파화에 따라 분열과 타락의 길을 걷는 상실의 시기를 경험했다. 이어진 분단국가 체제의 성립과 더불어 중국 정치학은 실망과 은둔의 시기를 맞게 된다.

20) 孫宏云, 앞의 책, p.79.

3. 대학 정치학과의 설립과 발전

중국에서 근대적인 정치학이 학문제도로 확립되고 대학의 학과 체제를 갖추게 된 것은 1920년대부터 라고 볼 수 있다. 1920년대는 중국의 대학 발전사에 있어서 획기적인 시기로 서양의 고등교육 제도를 모델로 하는 많은 국립, 성립, 사립, 그리고 교회 설립 대학들이 신설되었다. 이에 따라 대학에 정치학과의 설립도 확대되었다. 1919년에는 베이징대학의 정치학과가 독립된 학과(系) 체제를 갖추게 되었고 , 1923년에는 옌징대학(燕京大學)과 후단대학(復旦大學)의 정치학과가 설립되었으며, 1926년에는 칭화대, 난카이대(南開大), 우한대(武漢大)에 정치학과가 신설되었다. 1928년에는 국립 종양대(中央大, 난징대의 전신)의 정치학과가 설립되었다.

여기서는 베이징대와 칭화대의 경우를 중심으로 정치학과의 발전 과정을 살펴보기로 한다. 베이징대는 중국의 대표적인 국립대였으며 동 대학의 정치학과는 중국에서 가장 먼저 설립된 정치학과였다. 칭화대 정치학과는 비록 설립이 늦었지만 최고의 교수진과 교과과정으로 그 권위가 인정되었을 뿐만 아니라 중국 정치학 발전 과정에서 매우 중요한 역할을 했다. 베이징대와 칭화대 두 대학은 티엔진(天津)의 난카이대와 더불어 1937년부터 1945년 까지 쿤밍(昆明)의 서남연대(西南聯合大學)로 잠시 통합되었기 때문에 세 대학의 정치학과가 잠시 통합 운영되기도 했다. 배이징대 정치학과와 칭화대 정치학과의 발전 과정에 관해서는 이미 훌륭한 개별적인 학과사 연구가 이루어졌다. 베이징대 설립 100주년 기념으로 편집된 샤오차오란(蕭超然) 등의 베이징대 정치학과사 연구[21]와 쑨홍윈(孫宏云)의 칭화대 정치학과 초기 발전에 관한 연구가[22] 그것이다. 여기서는 두 연구를 기초로 하여 두 대학의 정치학과 발전 과정을 비교 고찰하기로 한다.

두 대학 정치학과의 발전은 시차가 있지만 대체로 창설기, 성장기, 충실기, 논쟁기, 쇠퇴기의 과정을 거쳐 진행되었다. 창설기란 학과의 창립과 학과목의 설강이 이루어진 기간을, 성장기란 초보적 발전 단계를, 충실기란 제도화와 교육 및 연구의 내실을 갖추는 기간을, 논쟁기란 학술과 참여의 갈등과 학문적 정체성에 관한 논의가 고조됐던 기간을, 그리고 쇠퇴기란 정치적 사련과 수난을 경험하는 기간을 의미한다.

1) 베이징대학 정치학과

샤오차오란 등의 베이징대 정치학과사는 학과의 출발을 대학 설립 시점과 일치시키고 있다. 즉 1898년 '경사대학당'이 설립될 때 학당 내에 정부 관리 양성을 위한 목적으로 설립된 '사학관(仕學館)'이 정치학과의 모체라는 주장이다.[23] 경사대학당은 1902년 4년제의 학제로 개편되면서 '정법과(政法科)'를 설립하고 그 안에 법률학 '목(目)'과 정치학 '목'을 두었다가 1905년에는 목을 '문(門)'으로 개칭했는데 이때부터 1911년까지를 학과 창설기로 볼 수 있다. 이때까지 교수진은 대부분 일본에서 초빙된 교원으로 구성됐다. 당시의 교과과정의 전공과목을 보면 '정치총의', '대청회전요의(大淸會典要義)', '중국역대법제고', '동서각국법제비교', '국가재정학', '각국이재사', '각국근세외교사', '각국해육군정사(各國海陸軍政史)', '각국행정기관학' 등이 개설되었다.

21) 蕭超然,『北京大學政治學與行政管理系系史: 1898-1998』(北京: 1998).
22) 孫宏云, 앞의 책.
23) 蕭超然, 앞의 책, p.1.

1912년 경사대학당이 베이징대학으로 개명된 후부터 1926년 까지는 학과 성장기로 볼 수 있다. 베이징대로 개편되면서 '정법과'는 '법과'로 개칭되고 법과 내에 '정치문'을 소속시켰다가가 1919년에 '과'를 폐지하고 '문'을 '계(系)'로 개편하면서 '정치학계'가 독립된 학과로 확립되게 되었다. 이 기간 중 베이징대 정치학과는 교수진을 외국 유학 후 귀국한 학자들로 대폭 보강했는데, 일본에서 유학한 가오이한(高一涵, 明治大 유학), 천치시우(陳啓修, 東京大 유학), 두궈샹(杜國庠, 京都大 유학), 리다자오(李大釗, 早稻田大 유학) 등과 유럽 국가에서 유학한 조우란(周覽, 鯁生, 파리대 유학), 왕스지에(王世杰, 런던정경대, 파리대 유학) 등이 그들이다.[24] 이 기간 교수진에 구미 유학파가 충원됨에 따라 베이징대 정치학과는 일본 정치학의 영향에서 벗어나 영미 정치학의 지향으로 전환하게 됐다. 이 시기 교과과정은 전공과목으로 '국가학', '정치학사', '정치사', '정치지리', '외교사', '정당사' 등이 개설되고 특히 서양 정치이론과 정치제도를 소개하는 과목이 확대된 것이 특징이다. 1920년대 초에 리다자오에 의해서 '유물사관', '노동자국제운동' 등 마르크스주의 이론 강좌가 개설되었던 것도 주목할 만하다.

1927년부터 서남연대로 통합되는 1937년까지는 제도를 정착시키고 내실을 갖추는 충실기로 볼 수 있다. 1927년 장주오린(張作霖) 군벌 정부의 교육부는 대학 개편 조치를 단행하면서 베이징 지역의 9개 대학을 통합하여 '경사대학교(京師大學校)'를 설립하고 정치학과를 법과대에 소속시켰다. 그러나 이듬해 장주오린 군벌 정부가 퇴각하고 베이징이 넌징 국민정부의 관장 하에 들어감에 따라 경사대학교는 베이핑대학(北平大學)으로 개명되었다가 1929년 다시 베이징대학의 이름을 회복했다. 1932년에는 대학 조직을 문학원, 이학원, 법학원으로 개편하면서 정치학과를 법학원 소속의 '계'로 설치하였다. 이 기간 중에는 교수진을 미국 유학파로 대폭 보충했는데, 장종푸(張忠紱, 존스 홉킨스대 유학), 치우창웨이(邱昌渭, 칼럼비아대 유학) 등이 전임 교수로, 그리고 칭화대 정치학과 교수 푸쉐펑(浦薛鳳, 하바드대 유

24) 위의 책, pp.10-14.

학), 샤오공취앤(蕭公權, 코넬대 유학) 등이 강사로 합류했다.[25] 이 시기의 교과과정은 중국 정치사회관련 과목이 확대되어 '중국화'가 이루어진 것이 특징이었다. 예컨대 '비교정부', '중국정치사상사', '중국외교사', '중국행정제도연구', '중국법제사', '중국사회사', '중국정치제도사', '중국재정사' 등과 같은 과목이 신설되었다. 이 시기 정치학과 교과과정의 특징 중 하나는 경제학과, 법학과, 사학과, 그리고 철학과와 합반 과목을 개설하여 선택과목으로 인정함으로써 인접 유관 학문에 대한 폭 넓은 학습을 가능하게 했다는 점이다.[26]

2) 칭화대학 정치학과

칭화대학은 1925년 4년제 대학으로 개편되었는데 1926년에 16개 학과(系)의 하나로 정치학과를 설립했다. 물론 이전에도 칭화대학에는 정치학 강좌가 개설되어 있었고, 미국에서 초빙된 프린스턴대 정치학 교수 매클로리(Robert M. McElrory), 미네소타대 교수 퀴글리(Harold Scott Quigley), 그리고 칭화대 출신으로 미국 위스컨신대에서 정치학박사 학위를 받고 귀국한 위르수완(余日宣) 등이 정치학을 강의하고 있었다.

창설기 칭화대 정치학과는 당시 정치정세의 불안정에도 불구하고 신속히 체제를 갖추었고 미국과의 특수한 관계로 지배적인 미국 정치학의 영향을 받았다. 초창기부터 미국에서 공부한 위르수완이 학과 주임을 맡았다. 하바드대에서 정치학 박사 학위를 받고 귀국한 첸두안성(錢端升)이 교수로 취임했다가 1927년 난징의 종양대학으로 자리를 옮겼다. 교과과정은 미국 대학의 교과과정을 본떴으나 상대적으로 '비교정부론'과 미국, 일본, 영국, 러시아 등의 각국 정부론 강좌가 큰 비중을 차지했고, '극동

25) 위의 책, pp.36-38.
26) 위의 책, pp.24-28.

정치론', '현대제국주의론', '국제법', '정당론', '세계정치', '정치이론' 등이 전공과목으로 개설되었다.[27)]

1928년 베이징이 난징 국민정부 관할로 들어감에 따라 칭화대학은 국립대학 체제로 개편되었다. 정치학과에서는 미국 일리노이대와 하바드대에서 학사, 석사를 받고 런던정경대와 파리대에서 유학한 우즈춘(吳之春)이 학과 주임으로 취임하고, 미국 유학 후 귀국한 20대의 왕화청(王化成, 시키고대 박사), 30대의 푸쉐펑(하바드대 석사, 햄라인대 박사), 40대의 장시루오(張奚若, 컬럼비아대 석사) 등이 교수로 임명되었다. 한편 미국 프린스턴대 헌법학 교수 코르윈(Edward Samuel Corwin)과 시카고대 정치학 교수 라이트(Quincy Wright)가 초빙되어 교수진이 크게 강화됐다. 교과과정은 정치사상, 정치제도, 그리고 국제관계 세 분야가 중심이 되었는데, 특히 '국제연맹', '국제조직', '국제공법', '세계정치대세', '외교학', '근동외교사', '구주외교사' 등 과 같은 국제관계 및 외교 분야 과목의 비중이 컸다는 점이 특징이다. 칭화대 정치학과 교과과정의 특징 중 또 다른 하나는 법학 관련 과목이 주변적 과목으로 경시되었다는 점인데 이는 일본 대학 교과과정의 영향을 받았던 베이징대와 대비되는 것이었다.[28)]

1931년 본교 출신의 푸쉐펑이 학과 주임으로 취임하면서 칭화대 정치학과는 교수진과 교과과정을 더욱 충실화 했다. 미국 코넬대에서 박사학위를 받고 귀국한 샤오공취엔(蕭公權)이 교수로 임명됐다. 이에 따라 1937년 임시연합대학으로 통합되기 까지 칭화대 정치학과 교수 8명 중 법학전공 교수 한 명을 제외한 7명 전원이 미국의 대학에 유학하여 정치학을 공부한 학자들로 구성되게 됐고, 그 중 6명이 칭화대 본교 출신이었다.[29)] 이 시기 정치학과의 교과과정은 중국문제의 연구를 강조하는 사회과학계 일반의 '토착화(本土化)' 주장 등장과 대학 당국의 '탈 미국화' 행정 방침

27) 孫宏云, 앞의 책, pp.94-100.
28) 위의 책, pp.106-118.
29) 위의 책, p.128.

에 따라 중국 관련 과목과 실용적 과목이 크게 보강됐다. 예컨대 '중국정치사상사', '중국정치제도', '중국지방정부', '중국법제고' 등과 더불어 '행정관리', '지방정부', '시정론', '의회제도' 등과 같은 과목들이 개설되었다.[30]

칭화대 정치학과 내에서 정치학의 '중국화'를 모색하려는 의욕적인 시도들이 나타나고 있던 당시의 분위기를 엿볼 수 있는 다음과 같은 일화들이 있다. 당시 학과 주임이었던 푸쉬펑은 정치학의 영역을 정치현상, 정치제도, 정치관념, 정치세력, 정치인물로 구분하는 이른바 '정치5인소론(政治五因素論)'을 제기했는데[31] 그는 1938년 유럽 학술 여행 중 런던에 들러 라스키(Harold Laski)를 면담하고 'politology'로 명명한 자신의 새로운 정치학론을 설명하고 의견을 나눈 적이 있다.[32] 또 하나의 일화는 당시 칭화대 정치학과에서 '중국정치사상사'를 연구하고 강의했던 샤오공취엔의 경우다. 그는 그의 당시 중국정치사상사 연구를 '바람 잡고 그림자 쫓는 것(捕風提影)' 같이 무모하고 가치 없는 일이라고 무시하던 동료 선배 교수 장시루오와의 애증관계를 회고하고 있는데 당시 중국적 정치학을 탐색하던 학계 분위기의 한 단면을 보여주는 것이다.[33]

3) 서남연대 정치학과

중 · 일전쟁이 전면전으로 확대됨에 따라 1937년 10월 베이징대, 칭화대, 난카이대는 후난성(湖南省) 창사(長沙)로 피난하여 통합 임시대학으로 되었다가 1938년 4월 윈난성(雲南省) 쿤밍(昆明)으로 이전하여 서남연대(西南

30) 위의 책, p.136-140; 浦薛鳳,『浦薛鳳回憶錄: 萬里家山一夢中』(合肥: 黃山書社, 2009), p.157.
31) 푸쉬펑은 1937년 칭화대 논문집『社會科學』에 논문 "政治學之出路: 領域, 因素, 原理"를 발표했다. 이 논문에 대한 분석은 孫宏云, 앞의 책, pp.377-386 참조.
32) 푸쉬펑은 그의 회고록에서 그의 용감한(?) 제안이 라스키의 적극적인 이해를 구하지 못했음을 회상하고 있다. 浦薛鳳, 앞의책, pp.166-167.
33) 蕭公權,『問學諫往錄: 蕭公權政治學漫憶』(上海: 學林出版社, 1997), pp.114-115.

聯合大學)로 개칭하게 되었다. 이에 따라 3개 대학의 정치학과도 통합되어 법률학과, 경제학과, 상학과, 사회학과 등과 더불어 '법상학원'에 소속되었다. 대학 편제 내에서 정치학과의 소속은 정치학의 정향 및 교과과정의 특징과 관련되는데 국립대학이나 성립대학의 경우는 대체로 법학원에 소속되었지만 사립대학이 경우는 대체로 문학원에 소속되었다. 1932년 중국 대학의 28개 정치학과 소속을 보면 국립대의 8개 학과 중 1개 학과만 문학원에 소속되었고 나머지 7개 학과는 법학원에 소속되었으며, 성립대학들의 경우는 6개 학과 중 4개 학과가 법학원에, 2개 학과가 문학원에 소속되었다. 사립대학의 경우는 14개 정치학과 중 반반이 각각 법학원과 문학원에 소속되었다.[34]

전시 서남연대는 1937년부터 1946년 까지 9년간 계속됐는데 인문사회과학은 물론 자연과학 분야의 최고급 학자들이 집결한 '중국 현대 지식인 집단의 축영'이었다고 말할 수 있을 정도로 중국의 대학과 지성, 그리고 학문정신을 대표하고 있었다.[35] 서남연대의 교육연구 환경은 학문의 자유, 사상의 자유를 추구하는 자유주의적 학풍이 지배했고 압도적으로 미국 학문의 여향을 받고 있었다. 이를테면 당시 서남연대 교수 중 90% 이상이 외국 유학 경험자들이었는데 그 중 미국 유학이 절반을 넘었다. 당시 26개 학과 주임 교수 중 중문과를 제외한 모든 학과의 주임교수가 외국 유학 경험자들 이었는데 그 중 20명이 미국 유학이었다.[36] 이 시기에는 자유주의적 학풍과 사상적 관용의 분위기 때문에 교수들의 정치적 성향과 입장이 다양했지만 당파적 이익에 대해서는 중립적인 태도를 견지하려는 순수한 학문주의(academism)를 지향하는 경향이 뚜렷했다.

서남연대로 통합된 정치학과 초기에는 칭화대 교수 장시루오가 학과 주임을 맡아 베이징대 교수로 복귀한 첸두안성과 더불어 공동으로 학과

34) 孫宏云, 앞의 책, p.77.

35) 謝泳,『西南聯大與中國現代知識分子』(福州: 福建教育出版社, 2009).

36) 당시 서남연대 교수 179명 중에는 미국 유학자가 97명, 유럽 대륙 국가 유학자가 38명, 영국 유학자가 18명, 일본 유학자가 3명 포함됐다. 위의 책, p.9.

발전을 이끌었다. 교수진은 미국 유학자들로 보강 됐는데 샤오쉰커(邵循恪, 시카고대 유학), 왕간위(王赣愚, 하바드대 유학), 추이수친(崔書琴, 하바드대 유학), 왕화청(王化成, 시카고대 유학), 루오롱지(羅隆基, 컬럼비아대 유학) 등이 그들이었다. 이 시기 지식인 사회 내의 학문주의와 참여주의 간의 갈등은 정치학계 내에도 학문적 정체성에 관한 논쟁을 제기하도록 영향을 미쳤다. 그러나 서남연대 정치학과에서는 순수한 학문주의를 지향하는 분위가 지배적이었고 교육 방향도 관료 양성 보다는 학자 양성에 더 중점을 두었다.[37] 교과과정은 큰 변화 없이 정치사상, 정치제도, 그리고 국제관계 및 외교 세 분야로 정착됐다.[38] 특기할 것은 이 시기 서남연대 정치학과 내에 '행정연구실'이 설치되어 행정학 연구의 기초가 마련됐다는 것이다. 행정연구실은 첸두안성 교수가 1936년 난징의 중양대에서 행정연구자료실을 창설하여 중앙과 지방 정부의 행정자료를 수집하여 '민국정제사(民國政制史)' 연구를 추진하다가 베이징대로 부임하면서 옮겨온 것은 계승한 것이었다.[39]

전쟁과 혁명의 와중에서 대학과 학문은 길을 잃고 방황하다가 결국 희생의 제물이 되고 말았다. 2차 세계대전 종전 후 1946년 서남연대는 해체되고 각자 본래의 대학으로 복귀했다. 정치학자들은 이어진 국공내전과 국가분단의 시기에 정치적 선택을 강요받게 되었고 그에 따라 고난과 시련의 세월을 경험했다. 일부는 대륙에 남았고 일부는 타이완으로, 또 다른 일부는 미국 등 외국으로 학문적, 인간적 도생의 길을 떠났던 것이다.

---

37) 蕭超然, 앞의 책, pp.40-41.

38) 정치학의 범위와 분야를 어떻게 규정하고 구분하느냐 하는 것은 학문의 정체성 또는 성격과 관련되는 문제다. 앞서 언급된 푸쉐펑의 '정치 5인소론'과 더불어 정치학의 범위를 '정부', '정사(政事)'(여론, 정당, 계급을 포함하는), '국제관계'로 구분하는 첸두안성의 '정치학 3분야론', 그리고 마르크스주의 정치학 체계를 시도하며 '계급', '국가', '정부', '정당', '혁명' 등으로 구분하는 덩추민(鄧初民)의 '5론 정치학체계' 등이 그 예이다. 錢端升, "政治學", 錢端升, 『錢端升學術論著自選集』(北京: 北京師範學院出版社, 1991), pp.447-453; 鄧初民, 『新政治學大綱』(生活書店, 1940). 중국 학자들은 덩추민을 마르크스주의 정치학을 시도한 대표적 사례로 부각시키고 있음을 볼 수 있다. 덩추민의 저서를 소개하는 글로, 吳漢全, "鄧初民〈新政治學大綱〉(1940)的學術貢獻(1)-紀念鄧初民誕辰120周年," 『政治學研究』(209年 第 3期) 참조.

39) 蕭超然, 앞의 책, pp.56-59.

베이징대 정치학과의 경우 1946년 베이징 복귀 후 교과과정을 개편하여 마르크스주의 이론 과목을 보강했는데 '변증법적 유물론', '정치경제학', '마르크스레닌주의 명저선독', '신민주주의 국가론', '사회주의국가', '소련정부', '동남구 정치경제 현상', '전후 세계정치경제 정황', '국제정치문제' 등의 강좌가 새로 개설되었다. 동시에 '북경시정연구', '중국지방행정', '행정조직 및 관리' 등의 행정학 강좌가 보강된 것도 특징이었다. [40]

40) 위의 책, pp.48-51.

4. 학회 조직과 정론 매체 활동

학회는 학자들이나 전문가 지식인들이 학술적인 활동을 조직화하거나 또는 사회문화적 계몽과 정책적 제안을 통하여 정치사회적 실천에 참여하는 제도적 공간이라고 말할 수 있다. 신문이나 잡지와 같은 대중매체나 학술지나 동인 간행물과 같은 전문 매체 또한 학자들이나 전문가 지식인들에게 공공의 네트워크 수단을 제공해주는 제도적 장치이다. 여기서는 20세기 전반기 중국에서 등장했던 정치학과 관련된 전국적인 학회의 조직과 활동, 그리고 중요한 정론(政論) 매체들을 살펴보기로 한다.

1) 학회의 조직과 활동

이 기간에 중국에서는 두 개의 전국적인 정치학회가 조직되어 활동했다. 1915년 베이징에서 조직된 '중화정치학회(中華政治學會, The Chinese Social and Political Science Association)'과 1932년 난징에서 조직된 '중국정치학회(中國政治學會)'가 그것이다.

'중화정치학회'는[41] 당시 주 중국 미국공사였던 라인쉬(Paul Samuel Reinsch)의 제의와 후원으로 미국정치학회를 본떠 조직되었다. 1915년 창립총회에는 65명이 참가했는데 당시 중국 정부 외교총장 이었던 루정샹(陸征祥)

41) 비공식적으로는 '베이핑정치학회(北平政治學會)'로 불려 지기도 했다. 孫宏云, 앞의 책, p.274.

이 회장으로 미국공사 라인쉬가 부회장으로 추대됐다.[42] 동 학회는 회원 자격의 제한이 비교적 덜 엄격하여 정치학자뿐만 아니라 다양한 분야의 사회과학자들은 물론 외교관, 출판인, 작가, 관리, 은행원 등도 참여할 수 있었고 따라서 1931년 까지는 회원이 316명으로 확대되었다. 이 학회는 학술 연구를 장려하는 국제 학술교류 센터의 건설, 정치학 도서관의 건립, 그리고 학술지의 발간 등 3대 사업을 추진하는 등 1930년대 후반까지 20여 년간 중국 사회과학 발전을 지원하는 한편 다양한 분야의 사회과학자들과 전문가 실무자들 간의 교류와 친목의 장소로 기여했다. 카네기 국제평화재단 등의 기부금으로 설립된 베이징의 '정치학도서관'은 많은 외국 전공서적 자료들을 구비하여 학자들에게 연구의 편의를 제공했다. 1916년부터는 영문으로 발간되는 학회보 *The Chinese Social and Political Science Review*를 계간으로 창간하여 1941년까지 총 24권을 발행했다.[43]

'중국정치학회'는 1932년 9월 난징에서 중진 정치학자 45명이 발기로 순수한 학술단체의 기치를 걸고 성립되었다. 학회는 회장을 두지 않고 창립을 주도한 당시 '중영문화교육기금회(中英文化教育基金會)'의 총간사를 맡고 있던 캉리우(抗立武)가 학회 총간사로 활동했는데 주요 발기인으로는 1920년대 미국과 영국에서 유학한 정치학자들이 주축을 이루고 있었다. 이 학회는 회원 자격을 대학 정치학 교수로 엄격히 제한한 것이 특징이었다. 중국정치학회의 조직은 중국 정치학의 제도화, 전문화, 직업화가 진전된 상황을 반영했다고 볼 수 있다. 중국정치학회는 순수한 학술단체를 표방했지만 현실 정치문제나 정책과제에 관한 토론과 제안을 통하여 결과적으로 정부의 정책에 관여될 수 밖에 없었고 일부 회원들이 직접 정부에 참여하기도 했다.[44] 중국정치학회는 1936년 난징에서, 1937년 난징에

42) 라인쉬는 그의 회고록에서 당시 학회 조직에 미국의 정치학자 구드노우, 윌로우비 등과 더불어 영국, 프랑스, 러시아 및 일본 학자들이 동참하여 협조했다고 적고 있다. Paul Samuel Reinsch, *An American Diplomat in China*(Garden City, NY: Doubleday, Page & Co, 1922), pp.152-154.

43) 위의 책, pp.278-283.

44) 위의 책, p.296.

서, 그리고 1943년 총칭(重慶)에서 세 차례 학술대회를 개최했는데 각 대회에서 토론된 주제와 정책 제안들을 보면 다음과 같다.[45)]

① 1936년 6월 1차 연례 학술대회 토론 주제

○ 외교책략 안(일반 문제, 중국외교의 출로, 중 · 일 친선 문제, 중국 외교정책의 근본 문제)

○ 이치개진 안(吏治改進案)(공무원의 등급과 정원, 공무원 고시전형과 훈련, 공무원 대우 및 신분 보장)

○ 정치학과 교과과정 표준안(교과과정 활성화 방안)

② 1937년 2차 연례 학술대회 토론 주제

○ 헌법 초안

○ 지방행정제도

○ 비상시기 국민 정치교육 안

○ 외교책략 안

③ 1943년 3차 연례 학술대회 토론 주제

○ 정치건설기구 안(헌정 실시 문제)

○ 세계평화 재건 안(전쟁 수습과 신 국제조직, 신 경제 질서)

한편 정치학 관련 학회 활동과 관련하여 1944년 여름 총칭에서 10여명의 대학 교수 주도로 순수 학술단체를 지향하는 '중국행정학회'가 창립되었다는 사실도 주목된다.[46)]

45) 魏鏞,"中國政治學會之成立及其初期學術活動: 紀念中國政治學會成立六十周年,"『政治學報』, 第十四期(1993) http://capstaipei.org.tw/article-background.htm(2009년 12월 31일 검색)
46) 王邦佐 · 潘世偉 主編, 앞의 책, p.457.

2) 정론 매체 활동

신문이나 평론 동인 잡지 등과 같은 정론 매체들은 지식인들을 정치적, 이데올로기적 입장에 따라 또는 학연, 지연에 따라 조직화하는 공공 네트워크의 수단이다. 중요 대학과 우수한 학자 전문가들이 집중해 있는 근대화된 대도시 베이징과 샹하이는 그러한 정론 매체 활동의 중심지가 되었다.[47] 지식을 전파하고 공공여론을 형성하며 정치사회적 과제들을 제시하는 정론 매체 활동은 근대적 지식인들의 중요한 정치사회 참여 방식의 하나였다. 당시 중국의 정치학자들은 그러한 정론 매체 활동에서 중요한 역할을 담당했다.

신문화 운동 시기를 대표하는 베이징의『신청년(新靑年)』지에 적극적으로 글을 발표했던 가오이한(高一涵)과 리다자오(李大釗), 샹하이의『개조(改造)』지를 주도하던 량치차오(梁啓超)와 주요 필자였던 장쥔리(張君勱) 등은 모두 정치학자였다.[48] 1924년 베이징대의 정치, 법, 경제, 사회학과 교수들의 참여하에 주간지로 창간된『현대평론(現代評論)』에서는 정치학 교수였던 조우란(周覽, 鯁生)과 첸두안성(錢端升)이 주도적인 역할을 했다.[49] 1932년 베이징대 철학 교수 후시(胡適)의 주도로 창간됐던『독립평론(獨立評論)』지는 1937년 종간될 때까지 244호를 발행하며 베이징대, 칭화대, 옌징대를 중심으로 하는 베이징 자유주의 지식인 네트워크의 중심적 역할을 했는데 여기서도 정치학자들은 정치외교 문제에 관한 평론 집필자로 적극 참여하여 중요한 역할을 했다. 동 지의 발행 기간 중 10편 이상의 글을 집필한 23인 중 정치학자가 7명을 차지했는데 이들이 집필한 글은 수록된 전체 722편의 글 중 18.2%에 해당됐다.[50] 당시 정치학자들이 집필했던 정론

47) 許紀霖 等,『近代中國知識分子的公共交往(1895-1944)』(上海: 上海人民出版社, 2008), pp.26-27.
48) 위의 책, pp.95-96, p.148.
49) 위의 책, p.186.
50) 위의 책, p.302.

의 주제는 민주주의와 독재의 문제 즉 정치체제 문제와 중앙정부의 개혁, 중앙과 지방간의 분권 문제, 그리고 지방정부의 개혁 등과 같은 정치제도 개혁 문제였다.

1939년 주간으로 창간되어 1941년까지 2년 4개월간 지속됐던 『금일평론(今日評論)』은 대표적인 자유주의 지식인들의 독립적 시사 논단이었는데 당시 서남연대 정치학 교수였던 첸두안성이 동 지의 주편을 담당했고 정치학 교수 다수가 집필자로 참여했다. 이 시기에는 서남연대 교수와 학생들을 중심으로 많은 학술 문예 동인지와 각 정당 정파들을 대변하는 간행물들이 나타났다. 정론 매체들은 지식인들이 중국의 국가적 진로, 대일전쟁 수행 정책, 그리고 민주적인 헌정제도의 확립 문제 등에 관한 여론을 조성함으로써 대중을 계몽하기도 하고 정부에 대해서는 정책을 건의하는 정치사회 참여의 수단이었다. 1940년대 이후에는 장제스 국민당 정부의 전시체제 강화 조치에 따라 자유주의 지식인들의 정부 비판이 보다 적극화되고 '좌경화'되었다.[51] 『금일평론』에는 삼민주의(三民主義)의 '민주' 원칙을 강조하며 국민당의 우경화 정책과 장제스 정권의 전체주의화를 비판하는 논조의 글들이 발표됐다. 정치학 교수 루오롱지(羅隆基)가 국민당 독재를 비판하고 '연합정부(聯合政府)'와 '다당정치(多黨政治)' 실현을 주장하는 글을 발표했다가 총칭정부의 압력으로 대학 당국이 그의 교수직을 해직하는 사건이 발생하게 되고 드디어 정부의 정간 압력을 받아 『금일평론』은 정간하지 않을 수 없었다. 그러나 동 지는 제호를 『당대평론(當代評論)』으로 바꾸어 계속 발행되었다.[52]

필화사건으로 서남연대 정치학과 교수직에서 해임된 루오롱지는 '민주동맹(民主同盟)'을 결성하여 정치활동을 적극화 하고 1944년 『민주주간(民主週刊)』을 창간하여 장제스 국민당 정부 비판에 앞장섰다.[53] 동 지는 1946

51) 패어뱅크(John King Fairbank)는 이러한 자유주의 지식인들의 이반 현상 원인을 장제스 정권의 신뢰 추락으로 진단했다. John King Fairbank, *Chinabound: A Fifty Year Memoir* (New York: Harper & Row, 1982), pp.241-264.

52) 許紀霖 等, 앞의 책, pp.393-394.

53) 위의 책, pp.398-401.

년까지 71호를 발행했다. 이 밖에 1940년대 종전 이전에 발행되었던 정론 매체로 『전국책(戰國策)』, 『자유논단(自由論壇)』, 『시대평론(時代評論)』, 『독립주보(獨立週報)』 등이 있었다.

일본의 항복과 2차 세계대전 종전 후 중국 자유주의 지식인들의 정치 참여 열기는 더욱 고조됐고 정론 매체의 활동도 활성화됐다. 그 대표적인 예가 종전 직후 샹하이에서 창간된 『관찰(觀察)』과 『시와 문(時與文)』이었다. 두 정론지는 비록 샹하이에서 발행됐지만 전국적인 영향력이 있던 자유주의 지식인들이 주도한 매체였다. 두 정론지의 창간을 주도하고 편집 책임을 맡았던 『관찰』의 추안핑(儲安平)과 『시와 문』의 청보홍(程博洪)은 다같이 푸단대 정치학과 교수였다. 추안핑은 영국 런던정치경제대에 유학하여 라스키 교수에게 사사한 정치학자였고 청보홍은 서남연대 정치학과를 졸업한 정치학자였다. 두 정론지를 중심으로 당시 진보적인 자유주의 지식인 집단이 형성되었지만 두 정론지는 성격과 지식인 네트워크에 있어서 차이가 있었다. 즉 『관찰』집단은 교육 배경으로 볼 때 학문적 훈련 과정을 밟은 구미 유학파들이 중심이 됐고, 베이징의 국립대(베이징대, 칭화대 등) 교수가 주축을 이루었으며, 다수가 무당파 자유주의자들이었다. 이들은 '헌정민주주의'와 영국 노동당 식 사회주의를 지향하며 모든 형식의 전쟁을 반대하는 평화주의 정치노선을 추구했다. 이에 비해서 『시와 문』집단은 교육 배경을 볼 때 일부 일본 유학파를 제외하고는 해외 유학 경험이 없고, 정규 대학 교육 경험 보다는 단기 연수 과정과 전문 분야를 자학자습한 지식인들이 중심이 되었고, 샹하이의 사립대(푸단대 등) 교수들이 주로 참여했는데, 다수가 민주당파(소수의 공산당원도 포함) 인사들이었다. 이들은 민주정치 실현을 주장했지만 동 유럽식 사회주의를 지향하고 국공내전의 불가피성을 인정하는 정치노선을 추구했다.[54]

2차 세계대전 종전 후 국공내전이 격화되면서 자유주의 지식인 사회도 내분이 일어나게 되었는데 이 시기의 자유주의 지식인들의 네트워크

---

54) 위의 책, p.446.

를 제공한 대표적인 정론지는『독립시론(獨立時論)』과『신로(新路)』였다.『독립시론』은 1947년 5월 후시의 주도로 창간된 베이징대 교수 중심의(동인 45명 중 베이징대 교수가 28인 이었다) 자유주의 지식인 논단이었는데 반공적 성향의 보수적 정치학자 추이수친(崔書琴)이과 장푸추안(張佛泉) 등이 동인으로 참여했다.[55]『신로』는 칭화대 사회학과 우징차오(吳景超)와 더불어 베이징대 정치학 교수 첸두안성이 주도하여 1948년 5월에 창간되어 연말까지 24회 발행되었는데 주로 칭화대 교수들이 동인으로 참여했다.[56]『신로』에는 진보적인 민주당파 인사들이 다수 참여했다.『독립시론』과『신로』는 다같이 구미 유학파가 중심이 된 자유주의 지식인 논단이라는 공통점에도 불구하고 베이징대와 칭화대의 교풍과 학문적 전통을 각각 반영하고 있었고 정치적 성향과 대정부 관계의 태도에 있어서도 대조가 되었다.[57] 정론매체들의 등장과 소멸은 대학 지식인 사회의 해체와 교수의 '정치화'를 반영하고 있었다.

55) 그러나 당시 베이징대 정치학 교수였던 첸두안성과 조우빙린(周炳琳)은 후시와의 개인적인 친분에도 불구하고 정치적 입장 때문에『독립시론』에 참여하지 않았다. 위의 책, pp.458-459.

56) 첸두안성은 당시 미국 하버드대에 방문학자로 가 있었고 1948년 11월에 귀국했다. 동인지 창간 실무에는 그를 대리하여 베이징대 정치학 교수 로우방이엔(樓邦彦)이 참가했다. 위의 책, p.461.

57) 위의 책, pp.470-472.

5. '신중국' 수립 이후의 정치학

이상에서 20세기 전반기 중국에서 서양으로부터 전래된 신학문 또는 새로운 근대적 사회과학의 한 분야로서의 정치학이 어떻게 성립되고 발전돼 왔는가를 살펴보았다. 여기서는 주로 대학 내 학문 제도로서의 정치학, 그리고 정론 매체를 통한 정치사회적 담론으로서의 정치학이 제도화를 지향해온 과정을 중심으로 20세기 전반기 중국 정치학의 존재를 확인했다. 중국 정치학은 일찍이 사회과학 전문 분야로서의 학문적 권위를 확립했을 뿐만이 아니라 체제전환기의 정치적 과제와 정책에 관한 비판적 또는 건설적 담론과 사회적 계몽에 참여하는 개혁적 역할을 방기하지 않았다. 이 기간 중 중국 정치학은 특히 미국 정치학의 영향을 크게 받은 자유주의 정치학이 주류를 이루었다고 볼 수 있다. 일부에서 유물사관에 입각한 정치이론을 모색하려는 마르크스주의적 정치학의 시도가 나타나기도 했지만 크게 주목받지는 못했다.[58)]

국가체제 분단으로 중국 사회과학자들은 정치적, 학문적 이산을 강요받았다. 한 분석 연구에 의하면 분단 당시 저명한 학자들의 집결처였던 '국립중앙연구원' 제 1기 원사(院士) 81명 중 대륙에 잔류한 사람은 60명(74%), 타이완으로 간 사람은 9명(11%), 미국으로 간 사람은 12명(15%)이었다고 한다.[59)] 당시 중국 지식인들의 행로를 보여주는 하나의 지표이다. 그 후 중국 정치학자들은 그러한 선택에 따라 정치사회적 격변기의 곡절 많

58) 王邦佐 · 潘世偉 主編, 앞의 책, pp.103-108.
59) 于風政,『改造: 1949-1957年的知識分子』(鄭州: 河南人民出版社, 2001), p.7.

은 정치적, 학문적 인생을 경험했다. '신중국' 성립 후 사회주의 정권은 새로운 지식의 제도화 정책을 추진하면서 계급혁명의 일환으로 대학교육 체제의 개편을 단행했다. 1952년 대학제도를 소련식으로 개편하면서 정치학과는 폐지되고 정치학 과목은 폐지되거나 다른 유사한 과목으로 전환했다. 따라서 정치학자들은 자리를 잃었다. 베이징대, 옌징대, 푸단대, 난징대의 정치학과는 각각 '베이징정법학원(北京政法學院)', '화동정법학원(華東政法學院)', '시난정법학원(西南政法學院)'으로 통합되고, 종산대, 후난대, 광시대 정치학과는 '종난정법학원(中南政法學院)'으로 통합되어 사법행정 간부 양성 기관으로 전환되었고 일부 정치학자들은 '과학사회주의' 또는 '국가와 법' 과목을 교육 연구하도록 조정됐던 것이다.[60)]

중국 대륙에서 학문 제도로서의 정치학은 잠시 폐지되었지만 그럼에도 불구하고 정치학자는 수난의 시대를 겪으면서 살아남았고 1980년대 부활의 씨앗이 되었다. 중국에서는 30년 간 정치학의 연구와 교육이 중단된 공백기를 거쳐 1980년대 초에 와서 개혁개방정책과 더불어 다시 '회복' 또는 '재건'되었다.[61)]

---

60) 王邦佐 · 潘世偉 主編, 앞의 책, pp.265-266.

61) Zhao Baoxu, "The Revival of Political Science in China," *PS: Political Science and Politics, Vol. 17, no. 4*(1984), pp.745-757. 1980년대 이후 중국정치학의 부흥과 발전에 관해서는, 이계희, 『중국정치학과 중국정치』(서울: 풀빛, 2002)를 참고할 것.

제9장

정치학자의 삶과 참정

1. 정치학자 평전연구

중국 역사상 20세기 전반은 전통적인 구질서가 붕괴되고 근대적인 신질서가 등장하는 과정에서 총체적인 체제전환을 경험하는 격동의 시기였다. 이 시기 중국에서는 새로운 공화제의 실험, 국가체제의 분열과 전쟁, 사회주의 혁명과 권위주의 정권의 강화, 그리고 산업화와 민주화로 이어지는 급격한 정치사회적 변동 과정에서 사회갈등과 권력투쟁을 반영하는 급진적 제도 변혁이 진행되었다. 이와 더불어 또 한편으로는 서구의 근대 사상과 학문을 도입 모방하여 그것을 중국사회 발전에 응용하기 위한 새로운 학문제도의 창설과 지식체제의 획기적인 전환이 이루어졌다.

중국 정치학의 성립과 발전 과정은 정치사회적 개혁을 위한 근대적인 제도적 대안과 그를 뒷받침하는 이념적 근거를 모색하던 개혁가 지식인 엘리트들에 의해서 추진된 서양 학문의 학습 과정을 통해서 이루어졌다. 정치학은 정치체제의 산물이기도 하지만 정치체제를 형성하는 중요한 동인이기도 하다. 중국 정치학의 존재 역시 근대화 체제전환의 과도기적 상황을 반영했다고 말할 수 있다. 개혁적 대안으로 등장했던 중국 정치학은 과학적 발전과 지성적 신조를 지켜내지 못하고 결국은 이데올로기와 정치권력의 하수인 역할을 강요당하고 학문적 타락과 희생의 운명, 그리고 정치적 탄압과 상실의 경험을 피하지 못했다.

이 글은 정치학자의 삶에 대한 평전적 고찰을 통해서 20세기 전반 중국

정치학의 존재와 상황을 확인하기 위한 것이다. 초창기 중국 정치학자 세대의 존재와 그들이 살았던 삶의 편모는 체제전환기 중국정치와 중국 정치학의 상황을 통찰할 수 있는 기회와 영감을 준다. 그들의 삶은 전통과 근대, 서양과 동양, 혁명과 개혁, 전쟁과 평화, 이상적 목표와 현실적 조건, 대의명분과 사적 이해, 보수적 이념과 진보적 가치 간의 관계를 성찰하면서 정치학과 정치체제, 정치학자와 정치가, 정치적 이론과 실천, 지식과 권력, 학술과 정책, 비판과 참여 역할 간의 경계와 가교를 확인해볼 수 있는 좋은 사례이다.

여기서는 20세기 전반기를 대표할만한 초창기 중국 정치학자 세 사람, 즉 장시루오(張奚若), 첸두안성(錢端升), 그리고 루오롱지(羅隆基)의 학문적, 정치적, 그리고 개인적인 삶을 고찰하려고 한다. 이들을 고찰 대상으로 선정한 이유는 다음과 같다. 첫째로, 이들 세 사람은 중국 정치학의 역사에서 초창기 학문제도를 대표할 수 있는 베이징대와 칭화대, 그리고 서남연합대의 정치학과 건설과 발전을 주도한 지도적인 학자들이었다는 점이다. 둘째로, 세 중국 정치학자는 약간의 나이 차가 있지만 동시대인들이었고, 모두 서구 국가에 유학하여 정치학을 배우고 귀국하여 대학교수직 경험을 가졌으며 동기는 다르지만 모두 현실정치에 참여했다는 점, 그리고 분단 국가체제가 확립된 1949년 이후에 다 같이 대륙에 잔류하였다는 점 등 많은 공통된 경력을 가지고 있다. 이들은 동료 학자로서, 그리고 정치적 동지로서 서로 간에 많은 교류가 있었을 뿐만 아니라 깊은 우정을 나누는 관계였다. 이들은 모두 정치학자로서 학문과 정치의 영역을 경험했다는 점에서 '배움의 여유와 정치적 참여 기회(學而優則仕)'를 모두 누렸으며 그렇기 때문에 이들의 삶은 정치와 정치학의 역할에 관해서 많은 시사와 교훈을 줄 수 있을 것으로 기대된다는 것이다. 셋째로, 이들은 공통된 시대적, 정치사회적 배경과 경력에도 불구하고 서로 다른 학문적, 정치적 입장으로 인해서 인생의 명운이 엇갈리기도 했는데 이들이 보여준

서로 다른 학문 태도와 정치적 입장 차이는 학문과 정치의 관계가 정치학자의 삶을 통해서 어떻게 구현되는가에 관한 비교적 성찰의 자료를 제공한다는 것이다.

여기서는 정치학자로서의 삶을 분석하는 기준으로 학문 태도와 지향, 정치참여 태도와 동기, 그리고 당파적 태도와 입장 등 세 차원을 염두에 두고 세 사람의 사례를 검토하려고 한다. 학문 태도 차원은 정치사회 문제와 연관시키는 학문 활동의 지향성에 따라 '계몽형', '비판형', 그리고 '변혁형'으로, 정치참여 태도 차원은 정권 또는 체제와의 친소관계에 따라 '체제순응형'(또는 '친체제', loyal), '체제비판형'(또는 '준체제', semi-loyal), 그리고 '체제창조형'(또는 '반체제', disloyal)으로, 당파적 입장 차원은 기존의 정치적 당파에 대한 태도나 관계에 따라 '무당파(無黨派)', '초당파(超黨派)', 그리고 '중간파(中間派)'로 유형화하여 적용한다.

2. 장시루오(張奚若): 계몽형 친체제 무당파

장시루오(1889-1973)는 여기서 살펴보려는 다른 두 사람의 정치학자들 보다 10년 정도 앞서 출생한 연장자지만 만학으로 그들과 같은 시기에 활동했다. 그의 자(字)는 시루오(熙若)이며 산시성(陝西省) 출신이다. 그의 부친은 중의(中醫)로 비교적 부유한 가정에서 태어나 유년시절에는 사숙(私塾)에서 전통적인 학문을 배우다가 20세가 되어 늦게 상해의 신식 학교인 현화전수학당(現化專修學堂)에 입학하여 신학문을 배우기 시작했다. 청년시기 그는 신해혁명(辛亥革命) 전 쑨원(孫文)이 주도하는 '중국동맹회(中國同盟會)'에 가입하여 혁명활동 중 체포, 투옥되기도 했다.[1] 신해혁명 후 쑨원이 잠시 민국 정부의 총통직을 사임하고 '중국철로총공사(中國鐵路總公司)'를 설립하여 독판(督辦)으로서 전국적인 철도망 건설 사업을 추진할 때 잠시 순원을 따라 철도 사업에 참여했다가[2] 보수파의 반동을 초래한 혁명 후의 정세에 실망하고 1913년 미국 유학의 길을 떠난다.

장시루오는 24세의 비교적 늦은 나이에 정치학 공부를 시작하여 미국 컬럼비아대학(Columbia University)에서 학사와 석사학위를 받았다.[3] 그는 미

1) 陳哲夫 等 主編, 『現代中國政治思想流派(上卷)』(北京: 當代中國出版社, 1999), pp.431-445.
2) 쑨원은 웬스카이(袁世凱)에게 정권을 양도한 후 산업 건설이야말로 혁명을 완수하는 근본적인 과제이며 그를 위해서는 근대적인 교통체제로서 전국적인 철도망을 건설하는 것이 관건이라고 보고 잠시 정치활동에서 물러나 철도건설 사업에 매진했다. 쑨원은 1913년 2월 외자조달 교섭 차 일본을 방문하던 중에 국민당 지도자 숭자오런(宋教仁) 암살 소식을 듣고 웬스카이와 보수파에 맞서는 혁명 활동을 재개하게 된다. Maric-claire Bergere (trans. by Janet Lloyd), *Sun Yat-sen* (Stanford: Stanford University Press, 1998), pp.235-236.
3) 장시루오는 미국 유학 초에는 토목공학 공부를 하려고 마음 먹고 있었다가 후에 국가발전에 기여하기 위해서는 서방의 민주정치를 배우는 것이 더 중요하다는 생각으로

국 유학 후 유럽 국가들을 돌아보는 학술 여행을 하면서 유학생 애국활동에도 참가하는 등 견문을 넓힌 후 귀국한다. 그는 귀국 후 대학에서 강의를 하거나 학문 활동을 하기 전 국민당 정부에 참여하여 관리 생활을 하게 되는데 당시 교육부장 이었던 차이위안페이(蔡元培)와 더불어 고등교육처장으로 일했다. 그는 그 후 난징(南京) 종양대(中央大) 교수를 거쳐 1929년 40세에 막 국립대학 체제로 개편된 칭화대(清華大) 정치학과 교수로 취임했다. 칭화대 정치학과는 당시 미국유학 후 귀국한 신진 학자들로 구성된 최고의 교수진을 자랑하고 있었다. 장시루오는 이어 베이징대 정치학과에도 출강하게 되어 중국의 두 최고 명문대 정치학과에서 서양정치사상사 강좌를 담당하며 본격적인 학문 활동을 계속했다.

중일전쟁이 확대됨에 따라 정부가 총칭(重慶)으로 옮겨가고, 베이징대(北京大), 칭화대, 난카이대(南開大)도 1938년 쿤밍(昆明)으로 옮겨 가 전시 임시 통합대학인 '서남연합대학(西南聯合大學)' 체제로 개편되었는데 이때 장시루오는 서남연대의 통합된 정치학과 주임을 맡게 된다. 그는 2차 세계대전 종전 후 1946년 대학들이 본교로 복귀할 때 까지 전시의 정치학과를 이끌다가 북경으로 복귀한 후에도 계속 칭화대 정치학과 주임을 맡았다. 대학에서 그는 주로 서양정치사상사를 연구하고 가르쳤는데 특히 플라톤과 루소의 정치철학에 조예가 깊었다. 그는 특히 루소를 '혁명의 교주', '자유의 신'이라고 예찬하고 그의 인민주권론를 강조했다고 한다.[4]

장시루오는 연구와 논문 집필보다는 교육과 강의를 더 중시하는 교사형 학자였다. 그는 강의노트 없이 메모지만 가지고 강의를 했는데 그의 강의 내용은 매우 충실하고 학생들에게 많은 영감을 주었다고 한다. 그는 심지어 오래 동안 강의했던 서양정치사상사의 교과서조차도 집필하지 않았지만 그 권위를 인정받았다.[5]

전공을 바꾸게 된다. 蕭超然 等 編, 『北京大學政治學與行政管理系史(1898-1998)』(北京, 1998), p.42.

4) 위의 책, p.42.

5) 孫宏雲, 『中國現代政治學的展開: 清華政治學系的早期發展(一九二六至一九三七)』(北京: 三聯書店, 2005), p.185.

장시루오는 주로 서양의 근대 민주정치사상에 관한 학술논문을 발표했는데 주권론, 자연법사상, 사회계약론, 그리고 인권론을 주제로 한 것이었다. 그는 학술적인 논문 외에도 정론잡지 등에 민주주의를 옹호하는 시사평론을 발표하는 정치사회적 계몽 활동에도 적극 참여했다.[6] 장시루오는 보다 원대한 문제에 착안하는 학문적 태도를 강조한 엄격한 교수였지만 '학이치용(學而致用)'을 중시하는 실용주의자이기도 했다. 그는 정치학과 학생들에게 개혁가가 되라고 권고했다. 그는 정치학을 공부하는 목적에 세 가지 계층이 있다고 말했다. 즉 상책은 사회개혁가가 되는 것이고 중책은 정치학자가 되는 것, 그리고 세력을 좇고 관직을 추구하는 것은 하책이라는 것이었다.[7]

장시루오의 정치적 입장과 처신은 그의 민주주의에 대한 신념과 사상 그리고 그의 강직한 성품을 반영했다. 그의 정치사상적 입장은 그가 추구한 학문의 당연한 귀결로 자유민주주의였다. 중국에서는 그가 '애국주의 사상', '개인주의 정치철학', 그리고 '권력제한 민주사상'을 신봉한 '부르주아민주주의자(資產階級民主主義者)'로 규정되고 있다.[8] 그는 강직한 성품과 직선적인 언행, 그리고 엄격한 생활 태도 때문에 '네모꼴(四方形)' 또는 '모서리 선생(棱角先生)'이라는 별명이 붙기도 했다.[9] 그의 강직한 성품과 분명한 정치적 처신을 보여준 에피소드가 하나 전해지고 있다. 그는 항일전쟁 시기 잠시 국민당 정부의 '국민참정회(國民參政會)'에 참정원으로 참여하였는데 후에 장제스(蔣介石) 정권이 독재화하자 개인독재와 정부의 부패를 정면으로 비판하면서 회의 출석을 거부했다. 당시 그는 송금해온 회의 수당

6) 1930년대 중국에서 전개됐던 이른바 '독재와 민주' 논쟁에 참여했던 그의 정치평론들은 그의 탄생 100주년을 기념하여 출간된 문집, 孫敦恒 等 編, 『張奚若文集』(北京: 清華大學出版社, 1989)에 재수록 돼 있다.

7) 杜汝楫, "懷念尊敬的張奚若老師," 孫敦恒 等 編 , 위의 책, p.473.

8) 중국학자들에 의한 정의에 따르면 순원으로 대표되는 '중국 자산계급민주주의자'의 사상적 특징은 제국주의와 봉건통치 반대, 공화제 주장, 권력분립과 의회주의의 정치체제 주장 , 그리고 마르크스주의를 불신하지만 적대시하지는 않는 주관적 사회주의이다. 陳哲夫 等 主編, (上卷), pp.272-274.

9) 劉宜慶, 『絶代風流: 西南聯大生活錄』(北京: 北京航空航天大學出版社, 2009), p.121.

과 여비를 반환하는 깐깐한 처신으로 정치적 입장을 분명히 했다고 한다. 그가 대학에 몸담은 이래 꿋꿋하게 학문의 길을 걸으면서 학자로서 존경을 받았고 한때 정부에 참여하기도 했지만 일관되게 '무당파(無黨派)'의 입장을 견지한 것도 그의 그러한 개인적 성품과 무관하지 않다.

2차 세계대전 종전 후 그는 베이징대 정치학과 첸두안성 교수와 더불어 국민당과 공산당에 다같이 내전중지와 1당통치 개인독재 반대를 주장하면서 시국타개를 위해 정치협상회의 소집을 지지하는 교수들의 건의 활동을 주도했다. 그는 1946년 초 총칭에서 소집된 이른바 '구 정치협상회의'에[10] 무당파(사회유지) 대표로 참가했다. 그는 당시 특별히 성명을 발표하여 자신이 신해혁명 시 '중국동맹회'의 회원이었지만 국민당에 가입한 사실이 없음을 해명하기 까지 하면서 무당파임을 강조했다. 그는 서남연대 시절 학과 주임 이상의 보직 교수들이 일괄 국민당에 가입 신청을 하도록 하라는 정권의 압력과 대학 당국의 지시를 거부하고 정치적 신조를 지켰다고 한다.[11]

장시루오는 대륙에 잔류하여 1949년 사회주의 정권 수립에 참여하였고 정권 초기 중앙정부 위원, 정무원 법정위원회 부주임, 교육부장, 대외문화연락위원회 주임, 외교학회 회장 등을 역임했다. 그는 또 두 번 전국인민대표대회 대표로, 네 번 전국인민정치협상회의 위원으로 선출되었다.[12] 그는 정부에 참여했지만 당파적 입장을 취하지 않고 정치적 야심을 적극적으로 들어내지 않는 분수를 지키는 태도 때문에 권력투쟁 과정에서 피해를 면할 수 있었다. 그러나 그는 정권의 들러리로 이용되는 주변적 역할에만 머물지는 않았던 것 같다. 예컨대 그가 중요한 국가정책 문제에 관해서 공산당 최고 지도자들에게 지식인으로서 전문가적 자문과

---

10) '구 정협'은 1949년 사회주의 정권 수립을 지지하기 위해서 베이징에서 소집됐던 '신 정협'과는 다른 것이다. 당시 '구 정협'에는 각 당파에서 모두 38명의 대표가 참가했는데 국민당 8명, 공산당 7명, 민맹 9명, 청년당 5명, 사회유지 9명이었다.

11) 蕭超然, 앞의 책, p.43.

12) 中國大百科全書出版社編輯部, 『中國大百科全書(政治學)』(北京: 中國大百科全書出版社, 1992), pp.466-467.

직언을 할 수 있는 기회가 있었고 그들과 친밀감을 유지했다는 사실을 짐작케 하는 일화가 있다. 칭화대 졸업생으로 미국 컬럼비아대에서 역사학 박사학위를 받고 시카고대(University of Chicago) 역사학과 교수로 오래 동안 연구하며 가르치다가 타이완으로가 중앙연구원 원사로 활동하고 있는 허빙디(何炳棣)는 그의 회고록 속에서 그의 친구이며 장시루오의 칭화대 정치학과 대학원 제자로 사제간의 친밀한 관계를 가졌던 한 사람으로부터 전해들은 장시루오와 마오저둥(毛澤東)과의 관계에 관한 비화를 적고 있다. 그 내용은 두 사람이 한국전쟁 시 파병문제로 심야토론을 벌였다는 것인데 당시 장시루오는 마오저둥에게 건의하면서, 독일이 두 번 일본이 한 번 미국에 도전했다가 패했다는 역사적 교훈, 미국은 저력이 있는 나라이기에 가볍게 생각하고 적대해서는 안될 것이라는 점, 그리고 중국은 건국사업에 매진해야 하는데 전쟁을 감당하기 어렵다는 점 등의 이유를 들면서 파병 반대를 설득하려했었다는 것이다.[13]

장시루오는 대학에서는 원칙을 지키는 강직한 학자였고 정부에 참여할 때는 당파와는 거리를 유지하는 유연성을 보여주었다. 그가 정치적으로는 그의 웅지를 다 펴지 못 했을지 모르지만 개인적으로는 격변의 전환기에 큰 굴곡 없이 무난한 학문적, 정치적 삶을 누리고 천수를 다할 수 있었던 것은 그의 원만한 인품 때문이 아니었을까 여겨진다. 그는 자신의 생활 태도나 처신에 대해서는 매우 엄격했고 정치적 불의에 대해서는 준엄하게 비판하고 직언을 서슴지 않았다. 그래서 그의 그런 태도가 깐깐하고 모나게 비쳐졌을지 모르지만 그의 인간적 교유의 폭은 넓었던 것 같다. 일생을 통하여 그와 가장 친밀했던 동업자였다고 말할 수 있는 첸두안성이 정치적으로 '우파분자'로 지목되어 어려운 생활을 할 때 사적인 정의를 저버리지 않고 찾아가 위로했던 일화가 그 예의 하나다.[14] 장시루오와 미

13) 何炳棣, 『讀史閱世六十年』(桂林: 廣西師範大學出版社, 2009), pp.178-180.
14) 錢大都 等, "回憶我們的父親," 趙寶煦 等 編 『錢端升先生紀念文集』(北京: 中國政法大學出版社, 2000), pp.50-55.

국 컬럼비아대에서 유학생활을 같이 했던 철학자 진위에린(金岳霖)은 그의 인품을 평가하면서 그는 '네모꼴'이었지만 그 네모꼴은 변이 길었기에 면적이 매우 넓었다고 회고하면서 그는 서양 문화를 배운 해외 유학생이었지만 중국적 풍모와 인격을 간직한 사람이었다고 평했다고 한다.[15]

15) 劉宜慶, 앞의 책, pp.50-55.

3. 첸두안성(錢端升): 비판형 준체제 초당파

첸두안성(1900-1990)은 여기서 살펴보는 세 사람의 중국 정치학자 중에서 가장 오래 그리고 늦게 까지 살면서 학자로서의 용기와 인내의 모범을 보인 대표적 인물이다. 첸두안성은 장수성(江蘇省) 송쟝푸(松江府)(오늘의 上海 지역)에서 태어났다. 그는 부친이 의사인 비교적 부유한 가정에서 자랐고, 유년 시절 신식 학교에 입학하기 전에 사숙에서 전통적인 학문을 배웠다. 그는 샹하이의 사립 난양중학(南洋中學)을 졸업한 후 미국 유학 예비학교였던 베이징의 칭화학당(清華學堂)(칭화대학의 전신)에 입학 2년을 수료한 후 1919년 관비 유학생으로 선발되었고 미국의 노스 다코다(North Dakoda)대학에 입학하여 유학생활을 시작하였다. 첸두안성은 동 대학을 졸업한 후 하바드대학(Harvard University) 대학원에 진학하여 1924년 정치학박사 학위를 받는다. 그의 학위논문 제목은 '의회 위원회: 비교정부 연구(Parliamentary Committees: A Study in Comparative Government)' 였다.[16)]

첸두안성은 박사학위를 받고 바로 귀국하여 1924년 가을 비교적 젊은 나이인 24세에 4년제 대학으로 개편된 칭화대학의 정치학과 교수로 취임한다. 그는 또한 1927년 봄부터 베이징대에 출강하게 되어 두 명문 대학의 정치학 교수직을 겸했다. 그러나 그해 가을 그는 당시 베이징지역을 관장하고 있던 장주오린(張作霖) 군벌정부가 대학 개편 조치를 취함에 따라 난징 종양대 교수로 자리를 옮긴다. 그는 1929년 가을 국민당원들 간

16) 당시 그의 미국명은 Thomson S. Chien으로 돼있다. 첸두안성의 연보와 이력에 관해서는 『中國大百科全書(政治學)』, 앞의 책, pp.289-290 ; 錢端升, 앞의 글, 1991, pp.693-704를 참조.

의 파벌 다툼과 학생들의 동맹휴학으로 교내 분규가 발생함에 따라 교수직을 사임하는 등 혼란기 학문 생활의 우여곡절을 겪었다. 그는 잠시 대학을 떠나 언론 활동과 개인적인 연구생활을 하다가 1934년 가을 종양대에 다시 복직하였다. 첸두안성은 종양대에서 '행정연구자료실'을 창설하고 중국의 정부제도 연구에 몰두했는데 1937년 그가 베이징대로 자리를 옮기고 이어 서남연합대에 합류하면서 발전시킨 '행정연구실'은 후에 중국 행정학 연구의 기초가 되었다.[17] 첸두안성은 1937년 베이징대 교수로 부임하자마자 중일전쟁이 발발함에 따라 난징 국민당 정부의 특사로 미국 영국 프랑스 등을 순회하면서 항일 선전과 원조 요청의 외교활동을 수행하는 사절단에 참여한 후 1938년 서남연대에 합류하게 된다.[18]

첸두안성은 주로 1930년대부터 1940년대 중반까지 왕성한 연구와 저술활동을 했는데 특히 비교헌법, 비교정부 등 정치제도에 관한 저서와 논문들을 많이 발표했다. 그는『미국정치학회지*(APSR)*』와『태평양잡지*(Pacific Affairs)*』에 영문으로 논문을 발표하는 등 국제적 명성을 얻은 학자였다. 그의 영문 저서『중국 정부와 정치: 1912-1949』*(The Government and Politics of China: 1912-1949)*가 하바드대 출판사에서 출판되기도 했다.[19] 첸두안성은 그의 탁월한 학문적 업적 때문에 후학들로부터 초창기 중국 정치학의 기본 틀을 수립하고 비교정치 연구에 개척적인 공헌을 한 학자로 평가받고 있다.[20]

첸두안성은 평생 학문적 추구에 몰두한 학자였지만 연구실만을 지킨 서생만은 아니었다. 그는 시대의 정치사회 문제에 관한 발언과 행동적 참여를 감행하는 용기도 있었다. 그는 학술적 저술 외에도 정론 매체의 창간과 편집을 주관하기도하고 그를 통해서 많은 시사적 평론을 발표했다.

17) 蕭超然, 위의 책, pp.56-59.
18) 錢端升, 앞의 글(1991), p.697.
19) 그 책은 첸두안성이 하바드대에 방문학자로 가 있던 1947-8년간에 쓴 것인데 1950년에 출간됐다. 이 책의 출간 경위에 관해서는 John King Fairbank, *Chinabound: A Fifty Year Memoir* (New York: Harper & Row, 1982 p.322 참조. 첸두안성의 중요 저술은 錢端升, 앞의 책(1991)에 재수록 돼있다.
20) 張桂琳, "終生的追究, 卓著的貢獻: 錢端升先生與中國現代政治學", 趙寶煦 等 編,『錢端升先生紀念文集』(北京: 中國政法大學出版社, 2000), pp.56-68.

그는 2차 세계대전 종전 직후인 1945년 11월 쿤밍의 서남연대 교정에서 내전의 중단과 연합정부 수립을 주장하는 학생들의 시위를 지지하며 시국강연회에 참가하여 국민당 정부 군대가 행사장을 포위하고 총성이 울리는 삼엄한 분위기에서도 자유를 외치는 웅변으로 청중들을 감동시키는 용기를 보여주었다.[21)]

첸두안성은 1947년 말 미국으로 가 하바드대에서 방문학자로서 연구생활을 하다가[22)] 1948년 말 국민당의 패색이 짙어지는 상황에서 몇몇 미국 지인들의 만류에도 불구하고 돌연 베이징으로 귀국한다. 그는 후일 그의 자서전적인 회고의 글 속에서 당시의 심정을 "국공내전이 치열한 가운데 미국 우인의 미국 잔류 권유가 있었지만 새로운 중국의 서광을 보았기에 귀국을 결심했다"고 적고 있다.[23)] 그는 변혁의 시대를 읽고 그러한 변화의 흐름에 스스로 적응하려는 용기 있는 선택을 한 것이다. 당시 귀국이 그에게는 쉽지 않은 선택이었을 것이다. 그는 공산주의자가 아니었고 공산당을 지지하지도 않았다. 오히려 그는 개인의 자유와 민주주의의 가치가 소중함을 아는 지식인 이었다. 그렇지만 그는 그가 적극적으로 반대했던 부패한 국민당 독재정권을 향해 발길을 옮기기에는 그들과 거리가 너무 벌어져 있었다. 그러한 딜레마를 해결하는 방법으로 미국 체류를 선택할 수도 있었다. 그러나 결국 그는 대중적 지지를 배경으로 하는 새로운 국가체제 건설에 참여함으로써 지식인의 자존심을 지키면서 '민주인사'로 대접받을 수 있다는 생각을 했음직도 하다. 어찌됐든 그는 중요한 결심의 순간에 정치적 이해타산보다는 지식인으로서의 명분과 역사적 소명을 따랐고 무엇보다도 그의 학문적 활동 전망을 고려했던 것이 아닌가 여겨진다.

---

21) 劉宜慶, 앞의 책(2009), pp.219-220.
22) 당시 그는 하바드대에서 2차 대전 중 칭화대학에서 강의도 하고 중국 주재 미국대사관에서 외교관으로 근무할 때 중국 지식인들과 광범하게 교류했던 페어뱅크(John King Fairbank) 교수와 공동연구를 하고 있었다John King Fairbank, 앞의 책(1882), pp.321-322.
23) 錢端升, 앞의 글(1991), pp.698-699.

첸두안성은 1948년 11월 귀국 후 곧바로 베이징대 법학원 원장으로 취임한다. 1949년 1월 공산군이 베이징에 진입하게 되고 사회주의 정권 수립이 진행되면서 그는 베이징에서 소집된 '신 정치협상회의'에 사회과학계의 대표로 참가하였다. 1949년 10월 1일 중화인민공화국 수립이 선포되면서 그는 중앙인민정부 정무원 교육위원회 위원, 베이징시 정협 부주석, 인민외교학회 부회장 등으로 참여했지만 계속 베이징대 정치학과를 지켰다. 그러나 1952년 대학교육 체제의 대대적인 개편에 따라 모든 대학의 정치학과가 폐지되면서 그는 사실상 학문과 연구 활동을 중단하지 않을 수 없었다.[24] 1952년 이후 그는 학문 활동 보다는 주로 외교활동과 정부기관 등에서의 법률자문 활동에 치중하게 된다.

그는 현실정치와 조화할 수 없는 순수한 학자였기 때문에 오히려 학문의 지속을 위해서 정치적 변절과 사상적 전향도 마다하지 않는 인고의 생활을 자초했지만 그의 기대는 꿈에 불과했을 뿐 실현되지 않았다. 그런 점에서 그는 학자적 용기와 정치적 비굴 사이를 오락가락한 '천진한' 정치학자였다.[25] 공산당은 정권 수립 후 대학교육 체제의 개편과 병행하여 사상개조 운동을 전개하였는데 그 일환으로 대학교수 등 지식인들의 정치학습과 자아비판이 진행되었다. 첸두안성은 정권의 그러한 정책에 부응하여 지식인들의 사상개조에 적극적으로 참여하도록 요구받았다. 그는 자신의 부르주아적 계급의식을 반성하고 마르크스 레니주의와 마오저둥 사상으로의 전향을 다짐하는 자아비판의 글을 공개적으로 발표하였다. 이 글 속에서 그는 베이징대학의 '사상자유', ' 학문자유'의 전통을 비판하기도 했다.[26] 그는 새로 수립된 정권의 정책에 적극 부응한 보상으로

24) 위의 글, p.699.
25) 謝泳,『逝去的年代: 中國自由知識分子的命運』(北京: 文化藝術出版社, 1999), pp.10-12.
26) 첸두안성의 글 "我改造自己更好地服務祖國而學習"은 人民日報(1951년 11월 6일자)와 光明日報(1951년 11월 20일자)에 게재됐다. 그 내용에 대한 분석은 Charlmers Johnson, "An Intellectual Weed in the Socialist Garden: The Case of Chien Tuan-sheng," *China Quarterly, 6* (April-June, 1961), pp.37-38; 陳夏紅, "錢端升: '我大大錯了'," 『二十一世紀』(2006年 1月號) 참조.

1952년 신설된 베이징정법학원(北京政法學院) 초대 원장에 임명되고 해외선전을 위해 창간된 영문 잡지 *China Reconstructs*의 편집인을 맡게 된다. 그는 1954년 9월 제1기 전국인민대표대회 대표로 선출되고 헌법기초위원회 고문을 맡는다. 1956년까지 그는 국제회의 참가, 대외선전 및 문화교류 등을 통한 외교활동에 적극 참여한다.

첸두안성은 그의 사회정치적 활동이 확대되면서 민주당파와의 관계를 발전시키게 된다. 그는 1952년 지식인들이 다수 참여하고 있던 대표적인 민주당파인 '중국민주동맹'(약칭 '民盟')에 가입하여 1956년에는 중앙위원회 상무위원에 선출되었다. '민맹'과의 관계 때문에 그는 1957년 이른바 '반우파운동(反右派運動)' 과정에서 '우파분자'로 지목되어 베이징정법학원 원장 등 모든 공직으로부터 추방당하고 수난을 겪게 된다.[27] 1956년 2월 소련공산당 20차 대회 이후 스탈린의 개인숭배에 대한 비판과 격하 운동이 전개되면서 폴란드, 헝가리 등 동유럽 국가들에서 민주화 운동이 촉발되었다. 이 때 중국에서도 공산당이 사상의 자유와 민주적 참여 방침을 제기한 이른바 '백화제방 백가쟁명(百花齊放百家爭鳴)' 운동을 전개하여 당외 인사가 참여하는 '정풍운동(整風運動)'을 시도했다. 중국의 민주당파와 지식인들은 공산당의 그러한 방침에 고무되어 적극 동조하면서 법치와 민주화를 요구하는 의견을 개진하는 등 자신들의 정치적 역할 확대의 기회로 삼으려 했다. 그러나 그러한 운동의 배후에는 잠재적 반대세력을 색출하여 타격하려는 공산당의 이른바 '뱀을 굴에서 유인해 내려는(引蛇出洞)' 계략이 숨어 있었다. 1957년부터 민주당파와 지식인들의 움직임에 대한 공산당의 반격 즉 이른바 '반우파 투쟁'이 전개됐는데 그 주요 대상이 바로 '민맹'이었던 것이다. 이 반우파 운동은 1960년대 후반의 '문화대혁명(文化大革命)'으로 이어지는 재난의 시작이었는데 이후 자유주의 지식인들에 대한 정권의 억압은 더욱 가속화됐다.[28]

---

27) 첸두안성은 자신의 일생을 회고하는 자전적인 글을 썼는데 그 속에서 자신의 '민맹' 가입 사실은 물론 그와 관련된 일들에 관해서는 전혀 언급하지 않고 있다.

28) 朱正, "一九五七: 中國現代知識分子的消失,"『當代中國硏究』(2007年 第3期).

반우파 운동 기간 첸두안성은 혹독한 정치적 비판을 받고 또 한 차례 자신의 과오를 고백하는 '자아비판'의 글을 발표했다. 그를 고발하고 비판한 죄상의 내용은 주로 '민맹' 활동과 관련된 것, 이를테면 겉으로는 공산당에 협력하는 척하면서 실제로는 공산당을 비방하고 공산당의 지도를 거부하며 민맹을 강화하여 공산당에게 적대하려 했다는 것이었다. 당시 그에 대한 고발과 비판의 내용 중에는 사실 여부가 확인되지 않은 그의 개인주의적인 생활 태도라든지 속물적인 처세, 그리고 미국 첩자 및 장제스 정권과의 연루 의혹 등과 같은 것들의 폭로가 포함돼 있었다. 예컨대 1939년 출간된 그의 저서 『민국정제사(民國政制史)』가 사실은 공동연구로 집필된 것인데 지신의 저서로 출판한 것은 정직하지 못한 학자의 태도였다고 비난한 점, 2차 세계대전 종전 직후 장제스 국민당 정부의 외교부장으로 있던 왕스제(王世杰)의 추천으로 교육부장 또는 호주대사로 임명받으려고 엽관운동을 했다고 비판한 점, 그리고 장제스 정권에 대한 미국의 지지를 구하기 위해서 노력하고 제국주의 침략자들의 힘을 선전하는데 앞장섰다고 비난한 점 등이 그것이다. 심지어 그를 비판한 내용 중에는 그가 정법분야의 우파 학자들을 규합하여 대학 내의 정법 분야 조직 확대, 이를테면 베이징대에 국제관계학과의 신설과 국제법 강좌의 재 설강을 기도했다는 지적도 포함돼 있다.[29] 체두안성은 자신의 '과오'를 고백하는 자아비판의 글 속에서 자신이 1937년부터 1948년까지 네 차례 미국을 방문하였고 그 기회에 '미국의 첩자 교수' 페어뱅크(John King Fairbank)와 접촉을 갖고 '장제스 반동정권'을 지지하도록 추구했음을 시인했다. 그는 또 자신이 교수라는 존경의 가면 속에서 정치적 야심을 추구한 '학자의 탈을 쓴 야심가 정치인'이었으며 그러므로 '당과 인민에 대한 죄인'이라고 자책했다.[30]

챈두안성은 권력투쟁 과정에서 정권에 의해 속죄양으로 희생당한 대표

29) Charlmers Johnson, 앞의 글, 1961, pp.48-50.
30) 錢端升, "我的罪行,"「人民日報」(1957년 8월 6일자)(위의 글 p.52에서 재인용).

적 사례로 볼 수 있을 것이다. 그는 덩샤오핑(鄧小平)의 집권에 따라 개혁개방정책으로 전환한 후 복권되었고 고령의 나이에 1980년대 초 새로 조직된 '중국정치학회'의 명예회장과 중국정법대학 명예교수로 추대되어 부활된 정치학의 발전을 위해 여생의 노력을 다했다. 특기할 것은 그가 죽기 9년 전인 1981년 81세의 나이에 중국공산당에 가입했다는 사실이다.[31) 첸두안성 탄생 100주년을 기념하는 학술대회에서 미국 UC버클리대학 명예교수 스칼라피노(Robert A. Scalapino)는 그를 '20세기 중국 지식인의 용기와 인내를 보여준 모범'이라고 평가하면서 절망적인 암흑의 시대에 확고한 정치적 가치관과 국가 혁신의 꿈을 간직하고 중국의 희망을 포기하지 않고 죽는 날 까지 의연히 정부에 공헌할 길을 추구했던 지식인 이었다고 회고했다.[32)] 그의 삶이 정치적으로는 변절의 일생이었지만 학문적으로는 당파를 뛰어넘은 일관된 추구였다고 변호될 수도 있다.

31) 趙寶煦, "拳拳愛國心殷殷報國情," 趙寶煦 等 編, 『錢端升先生紀念文集』(北京: 中國政法大學出版社, 2000), p.27.
32) 羅伯特 A. 斯卡拉皮諾, "憶錢端升教授," 趙寶煦 等 編, 위의 책, p.23.

4. 루오롱지(羅隆基): 변혁형 반체제 중간파

루오롱지(1898-1965)는 여기서 살펴보는 세 사람 중 가장 현실정치 참여에 적극적이었던 정치학자다. 그의 자는 누성(努生)이며 쟝시성(江西省) 출신이다. 그는 사대부 집안의 후예로 그의 부친은 사숙을 열고 학생을 가르쳤던 교육자였다.[33] 루오롱지는 1912년 미국유학 예비학교인 칭화학당에 입학하여 1921년 졸업했는데 재학 중 학생회 회장으로 5 · 4운동에 참가하는 등 항일 학생운동에서 주도적인 역할을 했다. 그는 1922년 미국으로 유학을 떠났는데 유학생활 중에도 유학생회 조직 활동에 적극적이었다. 이러한 그의 학생활동 경력은 그의 정치가적 자질을 훈련하는 기회가 됐다.[34] 그는 미국의 위스컨신대(University of Wisconsin)에서 석사학위 과정을 마치고 컬럼비아대의 박사학위 과정에 진학했다. 루오롱지는 박사학위 과정 재학 중 영국으로 가 런던정경대학(London School of Economics and Political Science) 라스키(Harold J. Laski) 교수의 사사와 지도를 받고 다시 미국으로 가 1928년 컬럼비아대에서 박사학위를 받았다. 그의 학위논문 주제는 영국 의회정치와 선거제도 연구였다.[35]

---

33) 陳哲夫 等 主編,『現代中國政治思想流派(下卷)』(北京: 當代中國出版社, 1999), pp.456-460.

34) 謝泳,『清華三才子』(北京: 東方出版社, 2009), p.120.

35) 루오롱지는 박사학위 논문을 준비하기 위해 영국을 방문하여 라스키 교수와 관계를 맺어 그에게서 학문적, 사상적 영향을 받게된다. 당시 라스키는 세계적 명성을 갖고 있던, 특히 영국노동당이 추구했던 페이비안 사회주의(Fabian socialism)의 이론적 기반을 마련한 정치학자로서 그의 민주사회주의는 아시아의 젊은이들에게 큰 영향을 미쳤는데 중국에도 그를 따르는 제자들과 추종자가 많았다. 孫宏雲, "民主社會主義與民國政治: 拉斯基在中國的影響,"『二十一世紀評論』(2008年 8月號).

루오룽지의 칭화대 수학, 미국 유학, 그리고 영국 런던정경대 유학 경력은 후에 그의 학문적, 정치적 활동과 관련되는 중요한 배경이 됐다. 루오룽지는 미국 유학을 마치고 1928년 귀국하여 상하이의 광화대(光華大) 정치학과 교수로 취임하였는데 지난대(暨南大)에도 출강했다. 루오룽지는 대학 강의보다는 정치사회 활동에 더 관심을 기울였는데 당시 후시(胡適)가 주도하여 창간한 잡지 『신월(新月)』의 주편을 맡아 많은 정치사회 문제에 관한 평론을 발표했다. 루오룽지는 잡지의 편집 방침을 문예지에서 정론지로 바꾸고 영미의 정치학 이론을 소개하는 글들을 실으면서 라스키의 논문을 번역하여 소개하기도 했다. 그는 자신이 집필한 정치평론을 통해서 국민당 정부의 독재화를 비판하면서 군사통치(武人政治)와 엽관정치(分贓政治)의 폐단을 막는 대책으로 선거와 고시(考試) 제도를 통해서 인재를 등용하는 '직업으로서의 정치(專家政治)'를 주장하기도 하고 법치와 언론자유를 강조하는 '인권론(人權論)'을 펴기도 했다.[36]

당시 루오룽지의 언론을 통한 정치사회 참여 활동은 기본적으로 자유주의 지식인의 입장을 지키고 공산주의에 대한 반대를 분명히 하고 있었지만 적극적인 정부 비판 때문에 정권의 탄압을 면할 수 없었다. 그는 1930년 11월 '정부 지도자 모독'과 '언론반동'의 혐의로 경찰에 체포되었다가 구명운동으로 풀려났지만 대학교수직을 사퇴해야만 했다. 대학교수직에서 쫓겨난 그는 티엔진(天津)과 베이징으로 가 '익세보(益世報)'와 '신보(晨報)'의 주편을 맡는 등 본격적인 언론인으로 활동하면서 더욱 격렬하게 장제스 정권을 비판하게 된다. 그는 1934년 장쥔마이(張君勱)와 장둥순(張東蓀) 등의 주도로 비밀리에 조직된 '국가사회당(國家社會黨)'에 가입한다. 루오룽지는 1930년대 말 잠시 쿤밍의 서남연대 정치학과 교수직에 취임하여 대학 강단에 복귀하였는데 중일전쟁이 격화되면서 항일이 우선이라는 명분으로 '국민참정회' 참정원으로 참여하기도 했다.

1940년대 초 장제스 국민당 정부가 항일전쟁 수행 과정에서 독재체제

36) 謝泳, 앞의 책(2009), pp.140-141.

를 강화하면서 개인 독재 및 정부 부패에 대한 비판과 지식인 이반현상이 가속화 되었었다. 루오롱지는 당시 자유주의 지식인들이 참여하는 대표적인 정론매체로 첸두안성이 주편을 맡고 있던 『금일평론(今日評論)』지에 헌정 실시를 촉구하면서 '연합정부(聯合政府)'와 '다당정치(多黨政治)'를 주장하는 글들을 발표하여 장제스 정권 비판에 앞장섰다. 1941년 총칭의 국민당 정부는 서남연대 당국에 압력을 행사하여 루오롱지를 교수직에서 해임토록 하는 한편 동 잡지를 정간시키는 조치를 취했다.[37] 대학교수직에서 또다시 해임된 루오롱지는 본격적인 정치활동가로 나서 정당정치 활동에 주력하게 된다. 그는 1941년 총칭에서 '3당 3파'의 연합으로 결성된 '민주정단동맹(民主政團同盟)'의[38] 선전부장을 맡았다.

루오롱지는 본격적인 정치활동가로 나서면서 독재반대 운동에서 나아가 적극적으로 국민당도 공산당도 아닌 중도적인 '제3의 길(第三條道路)' 정치노선을 모색하게 된다. 이 때 그는 '중간파(中間派)'라는 말을 즐겨 사용하며 제3당 건설에 매진했다. 그는 국민당과 공산당 간의 무력 대치와 충돌을 완충하고 내전을 방지하기 위해서는 '군의 국가화'가 필요하며 제3정당의 역할이 필요하다고 주장하였다. 그는 국민의 90% 이상이 무당파이기 때문에 제3 정당의 대중적 기반을 확보하는 것은 어렵지 않을 것이라는 낙관적 전망을 하고 있었다.[39] 중국의 학자들은 당시 루오롱지의 정치사상적 입장을 '부르주와 자유파(資產階級自由派)'로 규정한다.[40] 그의 정치적 이념과 노선은 기본적으로 계급투쟁, 유물사관, 프롤레타리아독재, 그리고 공산당의 영도를 부인하는 반 마르크스주의적 입장에서 평화적 개량주의적 수단을 통해서 서방식의 의회정치 제도와 공화제를 추구하

---

37) 許紀霖 等, 『近代中國知識分子的公共交往: 1895-1949』(上海: 上海人民出版社, 2008), pp.393-394.

38) '민주정단동맹'은 '농공민주당(農工民主黨)', '청년당(青年黨)', '국가사회당(國家社會黨)', 그리고 '중화직업교육사(中華職業教育社)', '향촌건설파(鄉村建設派)', '구국회(救國會)'가 연합하여 결성되었는데 1944년 10월 '중국민주동맹'(약칭 民盟)으로 개칭되었다.

39) 陳哲夫 等 主編, 앞의 책(下卷), pp.483-488.

40) 위의 책, pp.453-455.

는 것이었다. 그는 '소련식 경제 민주'와 '영미식 정치 민주'를 결합하여 국민당도 아니고 공산당도 아닌 노선, 즉 영미 자본주의와 소련 사회주의 중간에서 새로운 '제3의 길'을 찾으려 했다는 것이다.[41]

루오롱지는 2차 세계대전 종전 후 1946년 초 이른바 '구 정협'에 '민맹'의 대표로 참석했다. 그는 처음 기대를 가지고 국민당과 공산당의 중간에서 내전을 방지하고 평화와 민주의 국면을 타개해 나가기 위한 적극적인 역할을 모색했다. 그러나 협상이 결렬되고 국공내전이 확대됨에 따라 장제스 정권은 '민맹'을 불법단체로 규정하게 되고 '민맹'은 1948년 5월 샹강(香港)에서 회의를 열고 '반장반미(反蔣反美)'를 선언하고 공산당을 지지하는 성명을 발표하기에 이른다. 그때 루오롱지는 상하이에서 연금 상태에 있었기 때문에 동 회의에 참가하지 못했고 따라서 민맹의 '반미' 입장에 대해서 찬성하지 않는다는 성명을 발표하기도 했다. 당시 미국의 정책은 중국에 대한 소련의 영향력 확대를 막기 위해서 국공합작을 적극 추진하는 것이었다. 루오롱지는 국공합작을 추진하기 위해서 파견된 미국 트루먼 대통령의 특사 마샬(George C. Marshall)과 그리고 옌징대학(燕京大學) 교장으로 있다가 미국 주중대사로 임명된 스튜아트(John Leighton Stuart)와 개인적인 친분도 있었고, 또 미국의 정책에 부응함으로써 소수파인 민맹의 정치적 입장을 강화할 수 있으리라는 기대도 가지고 있었다. 당시 미국은 국공합작 추진이 난항에 봉착하자 이른바 '중간파' 인사들을 중재자로 내세워 내전종식과 통일정부 수립을 위한 협상을 시도했지만 성과를 거두지 못했다.[42]

장제스 국민당 정부는 1949년 초 전세가 불리하게 전개되자 장제스가 잠시 후퇴하고 부총통이었던 리종런(李宗仁)이 '대리총통'으로 취임하여 국공합작을 위한 국면 타개를 시도했다. 리종런은 대외적으로는 소련과

41) 위의 책, pp.484-485.
42) Department of State, *China White Paper: August 1949* (Stanford: Stanford University Press, 1967), pp.201-202.

협상하면서 미국의 원조를 획득하려는 외교에 집중하고 대내적으로는 중간파 정치세력으로 부터의 지지를 추구했다. 그러나 리종런의 그러한 시도는 미국의 소극적 태도와 공산군의 적극적 공세로 인한 내전의 격화로 실패했고 중간파 정치세력의 입지도 매우 궁색하게 되었다.[43] 1949년 내전이 공산군의 승세 국민당군의 패퇴 국면으로 바뀌면서 다수 민주당파 인사들은 비밀리에 공산당 측과 접촉하고 지지를 선언했다. 루오롱지도 공산당 주도로 베이징에서 소집된 이른바 '신 정치협상회의'에 참가하고 사회주의정권 수립 과정에서 자신의 적극적인 역할을 모색했다. 당시 공산당은 '통일전선 전술'로 민주당파 지식인과 국민당을 이탈한 정치세력들을 적극적으로 포섭하여 새로운 정권의 지지 기반을 확대하고 정당성을 강화하려는 의도가 있었기 때문에 그들을 환영하였다.

루오롱지는 민맹의 부주석으로 민맹 내부에서 공산당과 협력하여 정권에 참여하는 세 가지 조건을 주장했다. 즉, 새 정부는 '친소 일변도' 외교정책을 추구하지 않을 것, 민맹 맹원과 공산당 당원은 조직적으로 구별돼야 하며 성원이 피차 섞여서는 안 될 것, 그리고 민맹은 자신의 정치강령을 가지고 공산당과 협의하며 공산당이 그를 수락하지 않으면 반대당의 역할을 추구할 것 등이었다. 다시 말해서 그는 민맹이 공산당과 대등한 입장에서 정권에 참여하는 '연합정부'를 구상하고 있었던 것이다. 그는 당시 연합정부 수립을 주장하면서 조우은라이(周恩來)와 다음과 같이 논쟁을 벌였다고 한다. 즉 "당신은 난카이대 출신이고 마오저둥은 베이징대 출신이며 나는 칭화대 출신인데 무산계급 대표와 민족자산가 대표를 구분한

43) 당시 장제스와 리종런은 미국의 지원이 승패의 관건이라고 보고 각각 미국원조 획득을 위한 외교 경쟁을 벌였는데 이는 국민당 내 두 사람 간의 권력 경쟁이기도 했다. 리종런은 당시 미국에게 10억 달러의 차관을 요청했는데 미국은 국민당 정부의 부패를 이유로 원조에 대해서 소극적인 태도를 견지했다. 리종런은 후에 그의 회고록에서 만약 당시 미국이 자신의 대리총통 체제를 지지하고 원조를 제공해 주었다면 국민당과 공산당 간의 담판이 성공했을 것이며 다라서 자신과 마오저둥이 장강(長江)을 경계선으로 하여 중국을 남북으로 분할하는 분단국가 체제가 확립됐을 것이라는 가설을 말하기도 했다. 리종런은 1949년 말 타이완으로 가지 않고 미국으로가 망명생활을 하다가 1965년 베이징으로 귀국하여 1969년 사망했다(李宗仁, 〈唐德剛 撰寫〉, 『李宗仁回憶錄』(桂林: 廣西師範大學出版社, 2005), pp.714-715.

다는 게 무슨 의미가 있는가. 공산당도 일부 인민을 대표하고 민주당파들도 일부 인민을 대표하는 것이다. 공동으로 협력하여 연합정부를 조직해야한다."는 취지의 얘기를 했다는 것이다. 이러한 루오롱지의 정치적 입장은 1957년 반우파 운동 때 노골적으로 공산당의 영도를 거부한 태도로 비판받는 이유가 되었다.[44)]

루오롱지는 사회주의 정권 하에서 정무원 정무위원과 산림공업부장에 임명되어 정부 내각에 참여하였고 1954년 제1기 전국인민대표대회의 대표로 선출되었다. 그러나 정권 초기의 공산당과 민주당파 간의 밀월관계는 1957년 반우파 운동을 계기로 파탄이 났다. 민맹은 반우파 운동의 주요 대상이었고 특히 민맹의 주석을 맡고 있었던 장보쥔(章伯鈞)과 부주석을 맡고 있었던 루오롱지는 대표적인 '반당 반인민 반사회주의 우파분자'의 두목으로 지목되었다. 그러나 실제로 민주당파 내부적으로는 장보쥔과 루오롱지가 각각 정치노선을 달리하면서 리더십 갈등을 빚고 있었다. 즉 장보쥔은 공산당과의 협조를 강조하던 현실주의적인 좌파로 민주당파 내의 실권파 주류였고 루오롱지는 공산당과의 관계에서 민맹의 보다 독자적인 입장을 강조하던 이상주의적인 우파로 민주당파 내의 비주류였었다.[45)]

당시 민맹은 공산당의 지시에 따라 정풍활동을 벌여 루오롱지를 비판했다. 그에 대한 비판의 요지는 그가 중간노선을 추구한 '기회주의자(投機分子)'이며 공산당의 영도을 반대했다는 것이었다. 그에 대한 비판 활동에는 그와 친밀했던 동료와 친지까지 내세워졌다. 예컨대 그의 오랜 학문적, 정치적 동지였던 사회학자 페이샤오퉁(費孝通)을 내세워 그가 공산당과 지식인 간의 관계를 이간시켰다고 비판하게 하고, 심지어는 그와 10여년간 동거하며 사실상 한 가족으로 지냈던 여자 친구(정식으로 결혼은 하지 않았지만 사실혼의 관계였던)를 내세워 그의 사상과 정치노선을 비판하도록 꾸몄

44) 章詒和, 『往事並不如煙』(臺北: 時報文化出版社, 2004), pp.357-358.
45) 위의 책, pp.353-354.

다. 루오롱지는 두 번이나 이혼하는 등 순탄치 못한 가정생활 속에 살았고 만년에는 자녀도 없이 독신으로 살다 생애를 마쳤다. 그의 비판에 동원됐던 그의 여자 친구는 루오롱지가 지주 가정 출신으로 공산당에 대한 원한을 가지고 있다고 고발하면서 그 증거로 다음과 같은 일화를 말했다. 즉 그녀가 1949년 샹하이에서 입원 중인 루오롱지를 문병하러 갔을 때 새로 구입한 빨간 색의 구두를 신고 갔었는데 루오롱지가 크게 화를 냈던 사실을 언급하면서 그가 빨간 색을 싫어하는 것은 공산당에 대한 적대감의 발로였다는 증언이었다.[46]

루오롱지는 그러한 비판들을 인정하지 않았지만 결국 정무원 산림공업부장과 전국인민대표대회 대표, 그리고 민맹 부주석 직에서 물러나게 되었다. 그 후 그는 샹강의 한 신문사로부터 사장직으로 초청받기도 하고 또 중국 정부 당국으로부터 타이완으로만 가지 않는다는 조건으로 출국 허용 제의도 받았지만 거절했다고 한다.[47] 그는 지병이었던 심장병으로 1965년 세상을 떠났다. 그는 아직 정치적으로 정식 복권되지 않았지만 1986년 민맹 중앙위원회가 주관한 그의 탄생 90주년 기념행사를 계기로 사실상 복권되어 '애국민주인사 정치활동가'로 재평가되었다.[48] 루오롱지의 일생은 '학자 정치 참여(書生參政)'의 실패, 그리고 현실정치에 참여한 정치학자의 비극적 결과를 보여준 한 사례이다. 그는 일관되게 민주, 헌정, 인권, 자유, 평화의 가치를 추구하는 정치에 투신했지만 국민당과 공산당의 양쪽으로부터 기회주의자로, 순진한 이상주의자로, 또는 엘리트의식에 젖은 정치적 야심가로 비판받았다. 그는 타협과 협상의 정치를 추구했지만 무원칙한 기회주의자는 아니었으며, 이상과 원칙을 강조한 이론가였지만 고담준론에 머물지 않았고 실천적인 방도를 중시했다. 그의 포용력과 군자의 풍도 결여가 인간적인 약점으로 지적되기도 하지만[49]

---

46) 위의 책, p.364.

47) 葉永烈, 『沈重的1957』(南昌: 百花州文藝出版社, 1992) p.34; 謝泳, 政治與學術之間: 羅隆基的命運(http://www.observechina.net(2010년 7월 1일 검색).

48) 「人民日報」(1986년 10월 25일자)(謝泳, 앞의 책(2009), p.118에서 재인용).

49) 루오롱지의 인품에 관한 지인들의 평가는 한마디로 '인품보다 학문이, 학문보다 재기가

그러한 개인적 평가 때문에 애국심을 가지고 국가사회에 봉사하려고 노력했던 그의 지사풍 공인의식을 훼손되어서는 안 될 것이다.

앞서는 (才高于學,學高于品)'사람이라는것이다. 陳圭德, "羅隆基:人權理論家與政治活動家" http://www.observechina.net(2010년 7월 1일 검색).

5. 학문태도와 참정의 유형

위에서 중국의 대표적인 초창기 정치학자 세 사람의 학문적 정치적 삶을 통해서 초기 중국정치학의 편모를 살펴보았다. 세 사람의 정치학자는 정치사회적 그리고 지적인 격변기를 살았던 동시대인들이었다. 그들은 학문으로서의 정치학을 추구하면서 또 한편으로 혁명과 전쟁, 그리고 정권 투쟁의 현장에서 정치사회적 실천에 관여되는 운명을 피할 수가 없었다. 세 사람은 분단국가 체제가 수립되기 전에는 다 같이 공산당을 지지하지 않았지만 국민당 정권을 비판하였고 결국 대륙에 남아 사회주의 정권에 참여했던 점에서 공통점이 있다. 서구에서 정치학을 배운 자유주의 지식인으로서 민주주의에 대한 확고한 신념을 가지고 있었던 그들이 왜 대륙에 남아 공산당과 협력하며 정권에 참여했을까? 이와 관련하여 몇 가지 가능성이 있는 이유를 추측해볼 수 있겠다.

첫째로 당시 그들이 처했던 정치적 입장이 선택의 여지를 제한했다는 점이다. 그들은 줄곧 국민당 특히 장제스에 대한 비판과 반대의 입장을 견지했었기 때문에 타이완으로는 가고 싶지 않았고 또 관용과 협조가 기대되지도 않는 상황에서 갈 수도 없었을 것이다. 그러나 공산당 측에서는 그들을 '민주인사'로 우대하는 호의적 태도를 보였던 것이다.

둘째로 그들의 일반적인 사회주의에 대한 호감과 좌파적 정서가 그들의 정치적 선택에 영향을 미쳤다는 점이다. 그들은 물론 자유주의자로서 그리고 자본주의적 가치를 신봉하는 입장에서 공산당에 대한 지지를 적극적으로 행동화하기에는 다소의 갈등을 느끼고 있었겠지만 영국 노동당의 정책노선과 페이비안 사회주의에 호감을 가지고 있었던 민주 사회주의적 이념적 정서 때문에 어렵지 않게 친 공산당 입장으로 기울수가 있었을 것이다.

셋째로 그들은 미국 등 외국으로의 망명을 선택할 수도 있었는데 그렇게 하지 않았던 것은 그들이 가지고 있던 전통적인 '사대부 의식' 즉 지식인의 사회적 책임의식과 공적 봉사정신의 발로로 설명될 수 있다는 것이다.[50] 그들에게는 정치권력을 순치함으로써 왕도정치(王道政治)를 구현하려 했던 전통적인 사대부적 사명감과 같이 정치적 이해관계를 따지기 전에 명분과 의리를 우선시하는 지사적인 지식인의 기풍이 체질화돼 있었다. 아마도 그들은 격동의 시대를 냉철하게 읽고 대처하는 지혜로운 통찰보다는 역사의 물결 속에 몸을 던져 뛰어드는 뜨거운 열정에 더욱 사로잡혔을 것이다.

넷째로 그들이 대륙에 남아 새로운 정권에 참여했던 배경에는 기존의 정치적 당파들에 대해서 갖고 있던 학자적 비당파적 태도가 작용했을 것이라고 본다. 세 사람은 어느 당파에도 가담하지 않는 무당파 입장을 고집하기도 하고 기존 당파를 구별하지 않는 초당파적 처신을 보여주었는가 하면 또 당파들 간의 절충과 타협을 추구하기도 했던 점으로 미루어 보면 그들이 체제 선택과 그 실제적 결과에 대해서 순진하게 생각했거나 심각하게 고민하지 않았을 수도 있다.

다섯째로 생각해 볼 수 있는 것은 그들의 정치적 선택에서 개인적 사적인 이유를 완전히 배제할 수 없을 것이라는 점이다. 실제로 1949년 중국 지식인들의 선택을 앞 둔 고민 가운데는 사적인 가정적인 문제가 많은 부분을 차지했다는 것이다. 즉 당시 지식인들은 전시에 식솔들을 이끌고 이사를 다니면서 타향살이 피난살이 하는 것, 그리고 가족들이 서로 헤어져 사는 것에 염증을 느꼈고 전후에는 안정된 가정생활을 되찾기를 원했다

50) 劉曉波, "章詒和筆下的章 · 羅之爭" (http://www.observechina.net(2010년 7월 1일 검색).

는 것이다.[51]

어찌됐던 이들 세 사람은 다 같이 학문의 세계와 정치의 세계를 넘나들면서 인생을 보냈다는 공통점이 있다. 그러나 이들 간에는 학문과 정치를 연관시키는 삶의 방식 즉 추구한 정치적 가치와 노선 그리고 정치참여의 태도에 있어서 다소의 차이를 보여주었다. 그러한 차이는 학문적 배경과 정치참여의 동기 그리고 개인적 성향의 차이와 관련된다고 볼 수 있을 것이다. 장시루오의 경우는 혁명 활동 참여를 경험한 후 학문에 입문하였다는 점이 다른 사람과 다르다. 그의 학문 활동은 학문자유의 입장을 견지하는 '계몽적 아카데미즘'의 한계를 지켰으며 정치참여는 무당파의 입장으로 일관하면서 '체제 순응형' 태도를 보였다. 첸두안성의 일생은 학문 중심으로 일관하였고 정치참여는 불가피한 주변적 문제였다. 그는 '비판적 아카데미즘'의 입장 때문에 정치에 관여되었고, 국민당, 민맹, 공산당을 전전하는 변절의 정치적 행로를 걸었지만 초당파적인 입장에서 '체제 비판형' 참여 태도를 보였다고 볼 수 있다. 루오롱지는 학문 활동 보다는 정치 활동 위주의 삶을 살았다. 그의 학문 활동은 학생 시절부터 시작하여 언론계 또는 대학 재직 시에도 적극적으로 정치사회 문제에 참여하는 경력을 쌓았을 뿐만 아니라 본격적인 정치활동가로 나섰다는 점에서 '변혁적 아카데미즘'의 입장으로 규정할 수 있다. 그의 정치참여 방식은 기존 당파들과 다른 독자적인 중간노선을 모색하면서도 기존체제에 대한 순응이나 비판에 머물지 않고 새로운 대안을 추구했다는 점에서 '체제 창조형' 태도로 볼 수 있다.

결과적으로 세 정치학자의 선택은 그들의 명운이 됐다. 그들은 스스로의 선택을 후회할 겨를도 없이 가혹한 정치 현실에 직면해서 살아갈 수밖에 없었고 그들의 삶은 그러한 선택을 정당화 하기위한 고투였던 것이다.

---

51) 傅國湧, "一九四七年知識分子的抉擇", 「開放」(2010年 4月號).

|부록|

중국공산당 장정

중화인민공화국 헌법

|부록 · 1|

중국공산당 장정

중국공산당 19차 전국대표대회서 부분 수정 2017년 10월 24일 통과

목차

총 강

중국공산당은 중국 노동계급의 선봉대이며, 동시에 중국 인민과 중화민족의 선봉대이고, 중국특색이 있는 사회주의사업을 영도하는 핵심이며, 중국 선진생산력의 발전요구를 대표하고 중국 선진문화의 전진방향을 대표하며, 중국의 가장 광범한 인민의 근본이익을 대표한다. 당의 최고이상과 최종목표는 공산주의를 실현하는 것이다.

중국공산당은 마르크스 레닌주의 · 마오쩌둥사상 · 덩샤오핑이론 · "세 가지 대표" 중요사상 및 과학적 발전관 · 시진핑 신시대 중국특색사회주의사상을 자기의 행동지침으로 삼는다.

마르크스 레닌주의는 인류사회의 역사발전 법칙을 제시한 것으로서 그 기본원리는 정확하고, 강대한 생명력을 가지고 있다. 중국공산주의자들이 추구하는 공산주의 최고 이상은 오직 사회주의 사회가 충분히 발전되고 고도로 발달된 기초 위에서만이 실현될 수 있다. 사회주의 제도의 발전과 완성은 장기적인 역사적 과정이다. 마르크스 레닌주의의 기본원리를 견지하고, 중국인민이 자원 선택한 중국 국정에 맞는 길로 나아가, 중국의 사회주의 사업은 틀림없이 최종적인 승리를 얻게 될 것이다.

마오쩌둥동지를 주요 대표자로 하는 중국공산당인은, 마르크스 레닌주의의 기본원리를 중국혁명의 구체적 실천에 결합시켜, 마오쩌둥사상을 창시하였다. 마오쩌둥사상은 마르크스 레닌주의를 중국에서 적용하고 발전시킨 것이며, 실천에 의하여 증명된, 중국 혁명과 건설에 관한 올바른 이론적 원칙과 경험을 총화한 것이며, 중국공산당의 집단적 지혜의 결정체이다. 마오쩌둥사상의 지도 하에, 중국공산당은 전국 여러 민족 인민들을 영도하여, 장기적인 제국주의 · 봉건주의 · 관료자본주의를 반대하는 혁명투쟁을 거쳐, 신민주주의혁명의 승리를 이룩하고, 인민민주주의

독재의 중화인민공화국을 창건하였으며; 건국이후, 사회주의적 개조를 순조롭게 진행하여, 신민주주의로부터 사회주의에로의 이행을 완성하고 사회주의기본제도를 확립하였으며, 사회주의 경제 · 정치 및 문화를 발전시켰다.

제11기 제3차 중앙위원회 전체회의 이래, 덩샤오핑 동지를 주요 대표자로 하는 중국공산당인은 건국이래의 긍정적 부정적 두 방면의 경험을 총화하고, 사상을 해방하고, 실사구시하며, 전당의 사업 중심을 경제건설에로 옮겨놓고, 개혁개방을 실행하여, 사회주의 사업 발전의 새 시기를 열어놓았고, 중국특색 사회주의를 건설하는 노선 · 방침 · 정책을 점차 형성하였으며, 중국에서의 사회주의 건설 · 공고화 및 발전에 따르는 기본문제를 천명하여, 덩샤오핑 이론을 창시하였다. 덩샤오핑 이론은 마르크스 레닌주의의 기본원리를 당대 중국의 실천과 시대적 특징에 결합시킨 산물이며, 마오쩌둥사상을 새로운 역사 조건에서 계승하고 발전시킨 것이며, 중국에서의 마르크스주의의 새로운 발전단계이고, 당대의 중국적 마르크스주의이며, 중국공산당의 집단적 지혜의 결정체로서 우리나라 사회주의 현대화 사업의 부단한 전진을 이끌고 있다.

제13기 제4차 중앙위원회 전체회의 이래, 장쩌민 동지를 주요 대표자로 하는 중국공산당인은 중국특색이 있는 사회주의를 건설하는 실천 가운데서 사회주의란 무엇이며 사회주의를 어떻게 건설할 것인가, 어떤 당으로 건설하며 당을 어떻게 건설할 것인가 하는 문제에 대하여 더 깊이 알게 되었고, 치당치국의 새로운 소중한 경험을 쌓아, "세 가지 대표" 중요사상을 형성하였다. "세 가지 대표" 중요사상은 마르크스 레닌주의 · 모택동사상 및 덩샤오핑 이론을 계승하고 발전시킨 당대 세계 및 중국의 발전과 변화를 당과 국가 사업의 새로운 요구에 반영한 것으로서, 당 건설을 강화 개선해 나가고, 우리나라 사회주의의 자체 완성과 발전을 추진하는 강대한 이론적 무기이며, 중국공산당의 집단적 지혜의 결정체로서, 당이 반드시 장기적으로 견지해나가야 할 지도사상이다. 한결같이 행하는 "세 가지 대표"는 우리 당 존립의 근본이고 집권의 토대이며 역량의 원천이다.

제16차 전국대표대회 이래, 당 중앙은 덩샤오핑 이론 및 "세 가지 대표" 중요사상의 지도를 견지하면서, 새로운 발전 요구에 근거하여, 전당의 지혜를 집중시켜, 사람을 본위로 하고, 전면적인 조화와 지속가능한 발전을 도모하는 과학적 발전관을 제시하였다. 과학적 발전관은 마르크스 레닌주의 · 마오쩌둥 사상 · 덩샤오핑 이론 및 "세 가지 대표" 중요사상과 맥을 같이하면서 시대와 더불어 전진하는 과학적 이론이며, 마르크스주의적 발전의 세계관과 방법론의 집중적 표현이고, 마르크스주의 중국화의 최신 성과이며, 중국공산당 단체적 지혜의 결정체로서, 중국특색의 사회주의를 발전시키는데 있어서 반드시 장기적으로 견지해 나가야 하는 지도사상이다.

제 18차 당 대회 이래, 시진핑 동지를 주요 대표자로 하는 중국공산주의자들은 시대발전에 순응하여, 신시대에 어떠한 중국특색의 사회주의를 견지하고 발전시키며, 어떻게 중국특색의 사회주의를 견지하고 발전시킬 것인가 하는 중대한 시대적 과제에 대한 이론과 실천을 결합하는 체계적인 해답을 찾아, 시진핑 신시대 중국특색 사회주의 사상을 창립하였다. 시진핑 신시대 중국특색 사회주의 사상은 마르크스 레닌주의 · 마오쩌둥 사상 · 덩샤오핑 이론 · '세 가지 대표' 중요사상 · 과학적 발전관을 계승하고 발전시킨 것이며, 마르크스주의 중국화의 최신 성과이고, 당과 인민의 실천 경험과 집단적 지혜의 결정이며, 중국특색 사회주의 이론체계의 중요한 조성 부분이고, 전 당과 전 인민이 중화민족의 위대한 부흥을 실현하기 위하여 분투하는 행동지침으로서, 반드시 장기적으로 견지하고 부단히 발전시켜야 한다. 시진핑 신시대 중국특색 사회주의 사상의 지도하에, 중국공산당은 전국 각 민족 인민들을 영도하고, 위대한 투쟁 · 위대한 공정 · 위대한 사업 · 위대한 꿈을 통람(統攬)하면서 중국특색 사회주의가 신시대로 진입하도록 추동했다.

개혁개방이래 우리가 오늘과 같은 커다란 성과를 거두고 진보를 하게 된 근본원인은 바로: 중국특색의 사회주의 길을 개척하고, 중국특색의 사회주의 이론체계를 형성하여, 중국특색의 사회주의제도를 확립하고, 중국특색의 사회주의 문화를 발전시킨데 있다. 전당 동지들은 우리 당이 천신만고하면서 개척하고 창립한 이러한 길 · 이러한 이론체계 · 이러한 제도 · 이러한 문화를 더욱 소중히 여기고 장기적으로 견지하여, 부단히 발전시켜야 하며, 중국특색의 사회주의의 위대한 기치를 높이 들고, 노선 · 이론 · 제도 · 문화에 대한 자신감을 굳게 가지고, 현대화건설 추진 · 조국통일 완수 · 세계평화 수호와 공동발전 촉진이라는 이 3대 역사적 임무를 실현하며 '두개의 100년' 분투목표를 실현하고 중화민족 위대한 부흥의 중국꿈을 실현하기 위하여 분투하여야 한다.

우리나라는 지금 사회주의 초급단계에 처해있으며 앞으로도 장기간 사회주의 초급단계에 처해있게 될 것이다. 이것은 경제 문화가 낙후된 중국의 사회주의 현대화 건설에 있어서 뛰어넘을 수 없는 역사적 단계이며, 그 기간은 100여년이 걸릴 것이다. 우리나라의 사회주의 건설은 반드시 우리나라의 실정으로부터 출발하여 중국특색이 있는 사회주의 길로 나아가야 한다. 현 단계에 있어서, 우리나라 사회의 주요 모순은 인민들의 날로 늘어나는 아름다운 생활에 대한 수요와 불균형적인 그리고 불충분한 발전 간의 모순이다. 국내적 요인과 국제적 영향 때문에 계급투쟁은 일정한 범위에서 장기간 존재할 것이며, 어떤 조건에서는 격화될 수도 있으나, 그것은 주요한 모순이 아니다. 우리나라 사회주의건설의 근본 임무는, 생산력을 진일보 해방하고, 생산력을 발전시켜, 사회주의현대화를 점차 실현하며, 아울러 그를 위하여 생산관계와 상부구조 중의 생산력발전에 적응되지 않는 측면과 부분을 개혁하는 것이다. 반드시 공유제를 주체로 하여 다종 소유제 경제를 공동으로 발전시키는 기본 경제제도를 견지하고 완벽화하며, 노동에 따른 분배를 주체로 하고 여러 가지 분배방식이 병존하는 분배제도를 견지하고 완벽화하며, 일부분 지구 및 일부분 사람들이 먼저 부유해지는 것을 고무 장려하여, 점차 빈궁을 퇴치하고, 다 같이 부유해지도록 하며, 생산이 발전되고 사회적 부가 증대되는데 기초하여 인민들의 날로 늘어나는 아름다운 생활에 대한 수요를 끊임없이 충족시키고 인간의 전면적 발전을 촉진하여야 한다. 발전은 우리 당 집정 흥국의 가장 중요한 과업이다. 반드시 인민을 중심으로 하는 발전사상을 견지하고, 혁신 · 협조 · 녹색 · 개방 · 공유의 발전이념을 견지해야 한다. 제반 사업은 사회주의사회의 생산력을 발전시키는데 이롭고, 사회주의국가의 종합적 국력을 증강하는데 이롭고, 인민생활 수준을 향상시키는데 이롭게 하는 것을, 모든 것의 출발점 및 검증의 기준으로 삼고, 노동을 존중하고 지식을 존중하고 인재를 존중하고 창조를 존중하며, 인민을 위하여 발전을 도모하고 인민에 의거하여 발전을 추진하며 발전의 성과를 인민이 공유하도록 하여야 한다. 새로운 세기에 우리나라는 소강사회를 전면적으로 건설하고 사회주의현대화를 가속화하는 새로운 발전단계에 들어서게 되었다. 반드시 중국특색의 사회주의 사업의 '5위 1체' 총체적 배치와 '네가지 전면'의 전략에 따라 경제건설 · 정치건설 · 문화건설 · 사회건설 · 생태문명건설을 통일적으로 추진하며, 소강사회의 전면적 건설 · 전면적인 개혁의 심화 · 전면적인 의법치국(依法治國) · 전면적인 종엄치당(從嚴治黨)의 달성을 위해 협조 추진해야한다. 신세기 신시대에 있어서 경제사회 발전의 전략적 목표는, 당 창건 100년이 되는 해까지, 소강사회의 전면적 건설을 달성하고; 중국 건국 100년이 되는 해까지, 사회주의 현대화 강국의 전면적 건설을 달성하는 것이다.

사회주의 초급단계에 있어서 중국공산당의 기본 노선은 전국 여러 민족 인민들을 영도하고 단합시켜, 경제건설을 중심으로 하고, 네 가지 기본 원칙을 견지하며, 개혁개방을 견지하고, 자력갱생하며, 간고하게 창업하여, 우리나라를 부강하고 민주주의적이며 문명하고 조화로운 사회주의 현대화국가로 건설하기 위하여 분투하는 것이다.

중국공산당은 사회주의사업을 영도하는 과정에, 계속 경제건설을 중심으로 견지하고, 기타 제반 사업은 다 이 중심에 복종하며 이 중심을 위하여 복무하게 하여야 한다. 과교흥국(科教興國)전략 · 인재강국 전략 · 혁신추동 발전 전략 · 향촌진흥 전략 · 지역 협조 발전 전략 · 지속가능한 발전 전략 · 군민융합 발전 전략을 실시하여, 과학기술이 제1의 생산력으로서의 역할을 충분히 발휘할 수 있도록 하고, 혁신이 발전을 선도하는 제1의 동력 역할을 충분히 발휘할 수 있도록 하며, 과학기술의 진보에 따라 노동자의 소질을 제고함으로써 국민경제의 질을 더욱 높이고 더욱 효율화하며 더욱 공평하게 하고 더욱 지속적 발전이 가능하도록 촉진해야 한다.

사회주의 길을 견지하고, 인민민주주의독재를 견지하며, 중국공산당의 영도를 견지하고, 마르크스 레닌주의 · 마오쩌둥 사상을 견지하는 이 4개 기본원칙은 우리 국가수립의 근본이다. 사회주의현대화 건설의 전반 과정에서 반드시 4개 기본원칙을 견지하고 자산계급 자유화를 반대해야 한다.

개혁개방을 견지하는 것은, 우리들이 강국으로 가는 길이다. 개혁개방만이 중국을 발전시킬 수 있고, 사회주의를 발전시킬 수 있으며, 마르크스주의를 발전시킬 수 있다. 전면적으로 개혁을 심화하고, 중국특색의 사회주의 제도를 보완 발전시키며, 국가운영(치리)체계와 운영능력의 현대화를 추진해야 한다. 생산력 발전을 구속하는 경제체제를 근본적으로 개혁하고, 사회주의 시장경제체제를 견지 완비하며; 이에 상응하여 정치체제 개혁과 기타 영역의 개혁을 진행하여야 한다. 대외개방의 기본 국책을 견지하여, 인류사회가 창조한 모든 문명의 성과들을 받아들이고 참조하여야 한다. 개혁개방을 해나감에 있어서 대담하게 탐구하고, 과감하게 개척하며, 개혁과 관련한 정책결정의 과학성을 높이고, 개혁의 체계성 · 완전성 · 협동성을 더욱 중시하며, 실천하는 가운데서 새로운 길을 열어나가야 한다.

중국공산당은 인민을 영도하여 사회주의 시장경제를 발전시킨다. 공유제 경제를 확고부동하게 공고 발전시키며, 비공유제 경제 발전을 확고부동하게 장려하고 지원하고 유도한다. 자원배치에서의 시장의 결정적 역할을 발휘시키고, 정부의 역할을 보다 잘 발휘하도록 하여, 완벽한 거시적 조절 통제체계를 구축한다. 도시와 농촌의 발전 · 지역의 발전 · 경제사회의 발전 · 인간과 자연의 조화로운 발전 · 국내발전과 대외개방을 전면적으로 고려하고, 경제구조를 조정하며, 경제발전 방식을 전변시키고 공급측면의 구조적 개혁을 추진한다. 공업화 · 정보화 · 도시화 · 농업 현대화의 동시발전을 촉진하여, 사회주의 신 농촌을 건설하고, 중국특색 신형 공업화의 길을 걸으며, 창신형 국가와 세계적 과학기술 강국을 건설한다.

중국공산당은 인민을 영도하여 사회주의 민주정치를 발전시킨다. 당의 영도 · 인민의 주인의식, 의법치국의 유기적인 통일을 견지하고, 중국특색의 사회주의 정치발전의 길로 나아가며, 사회주의 민주를 확대하고, 사회주의 법제를 건전히 하며, 사회주의 법치국가를 건설하고, 인민민주주의독재를 공고히 하며, 사회주의 정치문명을 건설한다. 인민대표대회 제도 · 중국공산당 영도하의 다당합작 제도와 정치협상 제도 · 민족구역자치 제도 및 기층대중자치 제도를 견지하고 보완한다. 보다 광범위하고, 보다 충분하고, 보다 건전한 인민민주를 발전시키고, 협상민주의 광범위하고 다차원적이며 제도화 된 발전을 추진하여 국가사무와 사회사무를 관리하고 경제사업과 문화사업을 관리하는 인민의 권리를 확실히 보장한다. 인권을 존중하고 보장한다. 언로를 널리 열고, 민주적 선거 · 민주적 결책 · 민주적 관리 · 민주적 감독의 제도 및 절차를 수립하고 건전히 한다. 국가 입법업무와 법률실시 업무를 강화하여 국가 제반 사업의 법치화를 실현한다.

중국공산당은 인민을 영도하여 사회주의 선진문화를 발전시킨다. 사회주의 정신문명을 건설하고, 의법치국과 이덕치국의 상호 결합을 실행하며, 전 민족의 사상도덕 자질과 과학문화 자질을 향상시켜, 개혁개방 및 사회주의 현대화 건설을 위한 강대한 사상적 보장 · 정신적 원동력 및 지식능력의 지지를 제공하며, 사회주의 문화강국을 건설한다. 마르크스주의 지도사상을 견지하고, 중국특색의 사회주의 공동 이상을 수립하며, 애국주의를 핵심으로 하는 민족정신과 개혁과 혁신을 핵심으로 하는 시대정신을 고양하고, 사회주의 핵심가치관을 육성 실천하며, 사회주의 영욕관을 창도하며, 민족의 자존심 · 자부심 및 자강정신을 높이며, 자본주의와 봉건주의의 부패한 사상의 침식을 막고, 사회의 온갖 추악한 현상을 일소하도록 함으로써, 우리나라 인민을 이상이 있고 도덕이 있고 문화지식이 있고 기율이 있는 인민으로 육성하기 위하여 노력한다. 당원들에게는 또 원대한 공산주의 이상에 대한 교육을 진행한다. 교육 · 과학 · 문화사업을 힘써 발전시키고, 우수한 중화문화의 창조적 전환과 혁신적 발전을 추진하고, 혁명문화를 계승하고 사회주의 선진문화를 발전시켜, 국가의 문화 소프트 파워(軟實力)를 제고한다. 이데올로기사업의 영도권을 굳게 틀어잡고 마르크스주의의 지도적 지위를 부단히 공고히 하며 전 당과 전국 인민이 단결 분투하는 공동의 사상적 기초를 튼튼히 한다.

중국공산당은 인민을 영도하여 사회주의 조화사회를 구축한다. 민주법치 · 공평정의 · 성실우애 · 활력충만 · 질서안정 · 인간과 자연의 조화로운 공존 등의 전반적 요구와 공동건설 · 공동향유의 원칙에 따라 민생의 개선을 중점으로, 인민들이 가장 관심을 가지는, 그들의 가장 직접적이고 가장 현실적인 이익문제를 잘 해결함으로써, 전체 인민들이 누구나 다 자기의 능력을 최대한 발휘하고 얻어야 할 것을 얻도록 하면서 화목하게 지내는 국면을 형성하기 위해 노력한다. 서로 성질이 다른 적아 모순과 인민내부 모순 이 두 모순을 엄격히 구별하고 올바로 처리한다. 사회치안에 대한 종합적 관리를 강화하고, 국가의 안전과 이익을 침해하고 사회안정 및 경제발전을 해치는 각종 범죄활동과 범죄분자를 법에 의하여 결연히 타격함으로써, 사회의 장기 안정을 유지한다. 총체적인 국가안보관을 견지하고, 국가주권 · 안전 · 발전 이익을 견결히 수호한다.

중국공산당은 인민의 사회주의 생태문명 건설을 영도한다. 자연존중 · 자연순응 · 자연보호의 생태문명 이념을 수립하고, 자원절약과 환경보호의 기본 국책을 견지하며, 절약우선 · 보호우선 · 자연회복 위주의 방침을 견지하고, 생산발전 · 생활부유 · 양호한 생태문명 발전의 길을 견지한다. 자원절약형 · 환경친화형 사회건설에 힘쓰며, 자원절약과 환경보호의 공간상태 · 산업구조 · 생산방식 · 생활방식을 형성하고, 인민을 위한 좋은 생산생활 환경을 창조하여, 중화민족의 영속적 발전을 실현한다.

중국공산당은 인민해방군과 기타 인민무장력에 대한 절대적인 영도를 견지하고, 시진핑 강군사상을 관철하여 인민해방군의 건설을 강화하며, 정치건군(政治建軍) · 개혁강군(改革强軍) · 과기흥군(科技興軍) · 의법치군(依法治軍)을 견지하고, 당의 지휘에 따르며 싸움에서 이길 수 있는 작풍이 우량한 군대를 건설하여, 인민해방군이 신시대의 군대 사명과 임무를 효과적으로 이행하도록 확실히 보장함으로써, 국방을 튼튼히 하고 조국을 보위하며 사회주의 현대화 건설에 참가하는 데서의 인민해방군의 역할을 충분히 발휘시킨다.

중국공산당은 평등 단결 협조 조화의 사회주의 민족관계를 견지하고 발전시키며, 소수민족 간부를 적극적으로 양성 · 선발하며, 소수민족과 민족 지구를 도와 경제 · 문화 및 사회사업을 발전시키고, 중화민족의 공동체의식을 굳게 다짐으로써, 각 민족의 공동 단결 분투 · 공동 번영 발전을 실현하도록 한다. 당의 종교사업 기본방침을 전면적으로 관철하고, 종교를 믿는 대중들을 경제사회 발전을 위해 기여하도록 단결시킨다.

중국공산당은 전국 각 민족의 노동자 · 농민 · 지식인들과 함께 단합하고 각 민주당파 · 무당파 인사 · 각 민족의 애국적 역량과 함께 단결하여, 전체 사회주의노동자들 · 사회주의사업의 건설자들 · 사회주의를 옹호하는 애국자들 · 조국통일을 옹호하고 중화민족의 위대한 부흥을 위해 진력하는 애국자들로 구성된 가장 광범한 애국통일전선을 더한층 발전 장대케 한다. 샹강특별행정구 동포 · 아오먼특별행정구 동포 · 타이완 동포 및 해외 교포를 포괄하는 전국 인민들의 단결을 끊임없이 강화한다. "한 나라, 두 가지 제도"의 방침에 따라 샹강과 아오먼이 장기적으로 번영과 안정을 유지하도록 촉진하고, 조국통일 대업을 완성한다.

중국공산당은 독립자주의 평화적 외교정책을 견지하고, 평화발전의 길을 견지하며, 호혜상생의 개방전략을 견지하고, 국내 국제 양대 국면을 전반적으로 고려하며, 대외관계를 적극 발전시킴으로써, 우리나라의 개혁개방과 현대화 건설에 유리한 국제적 환경을 위해 노력한다. 국제사무에서 정확한 의리관(義利觀)을 견지하고, 우리나라의 독립과 주권을 수호하고, 패권주의와 강권정치를 반대하며, 세계평화를 수호하고, 인류의 진보를 촉진하며, 인류운명 공동체 구축과 영속적인 평화와 공동번영의 조화세계 건설을 추동한다. 상호 주권 존중 및 영토보존 · 상호불가침 · 내정에 대한 상호불간섭 · 평등호혜 · 평화공존 5개 원칙의 기초위에서, 우리나라와 세계 여러 나라들과의 관계를 발전시킨다. 우리나라와 주변국가들과의 선린우호관계를 끊임없이 발전시키며, 발전도상국들과의 단결과 협력을 강화한다. 공동협상 · 공동건설 · 공동향유의 원칙에 따라 '1대1로(一帶一路)' 건설을 추진한다.독립자주 · 완전평등 · 상호존중 · 내부사무에 대한 상호불간섭의 원칙에 의하여 우리 당과 각국 공산당 및 기타 정당들과의 관계를 발전시킨다.

중국공산당이 전국의 각 민족 인민들을 영도하여 '두 100년' 분투 목표를 실현하고 중화민족의 위대한 부흥이라는 중국의 꿈을 실현하려면, 반드시 긴밀하게 당의 기본노선을 중심에 놓고, 당에 의한 당의 관리와 종엄치당을 견지하며, 당의 장기 집정능력 건설과 선진성 및 순결성 건설을 강화하여, 개혁과 혁신의 정신으로 당 건설의 새로운 위대한 공정을 추진하며, 당의 정치건설을 통령(統領)으로 삼아 당의 정치건설 · 사상건설 · 조직건설 · 작풍건설 · 기율건설을 전면적으로 추진하고, 그런 가운데 제도건설을 관철하며, 반부패 투쟁을 깊이 있게 추진하고, 당 건설의 과학적 수준을 전면적으로 제고해야 한다. 공공의 당 정립(立黨爲公) · 인민을 위한 집정(執政爲民)을 견지하며, 당의 우량한 전통과 작풍을 발양하고, 당의 영도 수준과 집정 수준을 끊임없이 높이며, 부패 배격과 변질 방지 및 위험 제거 능력을 제고하고, 자아정화(自我淨化) · 자아보완 · 자아혁신 · 자아제고 능력을 끊임없이 증강하며,당의 계급기초를 부단히 강화하고 당의 대중기반을 부단히 확대하며, 당의 창조력 · 결집력 · 전투력을 끊임없이 높임으로써, 학습형 · 봉사형 · 혁신형 마르크스주의 집정당을 건설하고 우리 당이 시종 시대의 앞장에 서서 전국 인민을 영도하여 중국특색의 사회주의 길을 따라 끊임없이 전진하는 튼튼한 핵심이 되도록 하여야 한다. 당 건설에서는 반드시 다음과 같은 다섯 항의 기본요구를 견결히 실현해야 한다.

첫째, 당의 기본 노선을 견지하여야 한다. 전당은 덩샤오핑 이론 · "세 가지 대표" 중요사상 · 과학적 발전관 · 시진핑 신시대 중국특색 사회주의 사상 및 당의 기본 노선으로 사상을 통일하고, 행동을 통일하고, 아울러 그것을 장기적으로 동요 없이 견지하여야 한다. 개혁개방과 4개 기본원칙을 통일시키고, 당의 기본 노선을 전면적으로 실행하고, "좌"적 또는 우적인 모든 그릇된 경향을 반대하고 우적 경향에 경각성을 높이되, 주로 "좌"적 경향을 방지하여야 한다. 각급 지도부 건설을 강화하며 당과 인민이 필요로하는 훌륭한 간부를 배양 선발하고, 천백만의 사회주의 사업 계승자를 배양 육성해냄으로써, 조직상 당의 기본 이론 · 기본 노선 · 기본 강령 · 기본 경험의 관철 이행을 보장해야 한다.

둘째, 사상해방 · 실사구시 · 여시구진(與時俱進) · 구진무실(求真務實)을 견지해야 한다. 당의 사상노선은 모두 실제로부터 출발하고, 이론을 실제에 연계시키고, 실사구시하며, 실천을 통하여 진리를 검증하고 발전시키는 것이다. 전당은 이 사상노선을 견지하고, 적극적으로 탐구하고, 대담하게 시험하며, 개척혁신하며, 창조적으로 사업을 전개하고, 새로운 정황을 끊임없이 연구하며, 새로운 경험을 총화하고, 새로운 문제들을 해결하며, 실천을 통하여 마르크스주의를 풍부히 하고 발전시켜, 마르크스주의 중국화를 추진하여야 한다.

셋째, 마음과 뜻을 다하는 인민을 위한 복무를 견지한다. 당은 노동계급과 가장 광범한 인민대중의 이익 외에는 자기의 특수한 이익이 없다. 당은 그 어느 때나 대중의 이익을 첫 자리에 놓고, 대중과 고락을 같이 하며, 그들과 가장 밀접한 연계를 가져야 하며, 인민을 위해 권력을 행사하고 인민과 한마음으로 연결되어 인민을 위해 이익을 도모하여야 하며, 그 어떤 당원도 대중을 이탈하고 대중 위에 군림하는 것을 허용하지 않는다. 우리 당의 가장 큰 정치적 우세는 대중과 밀접히 연계하는 것이고, 당이 집정한 후 가장 큰 위험은 대중을 이탈하는 것이다. 당 작풍 문제, 당과 인민대중과의 연계 문제는 당의 생사존망에 관계되는 문제이다. 당은 자체의 사업에서 대중노선을 실행함으로써, 모든 것을 대중을 위하고, 모든 것을 대중에 의거하며, 대중 속으로부터 나와 대중속으로 들어가 당의 정확한 주장을 대중 자신의 자각적인 행동으로 되게 해야 한다.

넷째, 민주집중제를 견지하여야 한다. 민주집중제는 민주 기초위에서의 집중과 집중 지도하에서의 민주를 결합시킨 것이다. 그것은 당의 근본적인 조직원칙이며, 또한 대중노선을 당 생활에 적용한 것이다. 당내민주주의를 충분히 발양하고, 당원의 주체적 지위를 존중하고, 당원의 민주권리를 보장하며, 각급 당 조직과 광범한 당원들의 적극성과 창조성을 발휘시켜야 한다. 집권을 정확히 실행하여, 정치의식 · 대국(大局)의식 · 핵심의식 · 일치의식을 확고히 수립하고, 시진핑 동지를 핵심으로 하는 당중앙의 권위와 집권적인 통일적 영도를 견결히 수호하고, 전당의 단결 통일과 행동일치를 보장하며, 당의 결정이 신속히 효과적으로 관철 집행되도록 보장하여야 한다. 당내 정치생활을 강화하고 규범화 하며, 당내 정치생활의 정치성 · 시대성 · 원칙성 · 전투성을 증강하고, 적극적이고 건강한 당내 정치문화를 발전시켜, 맑고 기풍이 바른 양호한 정치생태(政治生態)를 조성하여야 한다. 당은 자기의 정치생활에서 비평과 자기비평을 올바로 전개하고, 원칙적인 문제에서 사상투쟁을 진행함으로써, 진리를 견지하고, 착오를 시정하여야 한다. 집권도 있고 민주도 있으며, 기율도 있고 자유도 있으며. 통일적 의지도 있고 개인의 심정도 통쾌한, 생동활발한 정치적 국면을 힘써 조성하여야 한다.

다섯째, 엄격한 당 운영과 당 관리를 견지해야 한다. 전면적인 종엄치당은 영원한 과제이다. 새로운 정세 하에서 당이 당면하고 있는 집정의 시험 · 개혁개방의 시험 · 시장경제의 시험 · 외부 환경의 시험은 장기적이고 복합적이며 엄준한 것이고, 정신해이의 위험 · 능력부족의 위험 · 대중으로부터의 이탈 위험 · 소극적 부패의 위험이 전당의 면전에 보다 첨예하게 가로 놓여 있다. 엄격한 기준 · 엄격한 조치를 당 운영과 관리의 모든 과정과 각 방면에 관철시켜야 한다. 규칙에 따르는 당 운영 · 지엽적인 것과 근본적인 것을 함께 다루는 방식을 견지하며, 기율을 전면에 내세우고, 조직성 기율성을 강화하며, 당의 기율 앞에서는 누구나 평등하도록 한다. 당의 운영과 관리에 있어서 주체 책임과 감독 책임을 강화하고, 당의 영도기관과 당원 영도간부 특히 주요 영도간부에 대한 감독을 강화하며, 당내 감독체계를 끊임없이 보완한다. 청렴한 당풍 건설과 반부패 투쟁을 깊이 있게 추진하고 부패에 대해서는 추호도 용인하지 않는 태도로 징벌하여 다스려서 감히 부패를 하지 못하고, 할 수도 없으며, 생각조차 못 하게하는 효과적인 기제를 구축해야 한다.

중국공산당의 영도는 중국특색 사회주의의 가장 본질적인 특징이며, 중국특색 사회주의 제도의 가장 큰 장점이다. 당은 당정군민학(黨政軍民學)·동서남북중(東西南北中) 모두를 영도한다. 당은 개혁개방과 사회주의현대화건설의 요구에 적응하여 과학적 집정·민주적 집정·의법집정을 견지하여 당의 영도를 강화 개선하여야 한다. 당은 전반 국면을 총람하고 여러 방면을 조율하는 원칙에 따라, 동급의 여러 조직들 가운데서 영도핵심 역할을 발휘하여야 한다. 당은 정력을 집중하여 경제건설을 영도하며, 각 방면의 역량을 조직하고 조율하여, 동심협력으로, 경제건설에 중심을 두고 사업을 전개함으로써, 경제 사회의 전면적 발전을 촉진하여야 한다. 당은 민주적이고 과학적인 정책결정을 하며, 올바른 노선·방침·정책을 제정 집행하며, 당의 조직사업과 선전교양사업을 잘하며, 전체 당원들의 선봉 모범적 역할을 발휘시켜야 한다. 당은 헌법과 법률의 범위 안에서 활동하여야 한다. 당은 국가의 입법·사법·행정 기관과 경제·문화 조직과 인민단체들이 적극적 주동적으로·독립적으로 책임 있게·일치 협조적으로 사업하도록 보장하여야 한다. 당은 공회·공산주의청년단·부녀연합회 등 대중조직에 대한 영도를 강화하여 이런 단체들의 역할을 충분히 발휘시켜야 한다. 당은 정세의 발전과 정황의 변화에 적응하여 영도체제를 완비하고 영도방식을 개선하고, 집권능력을 증강해야 한다. 공산당원은 당 외의 군중과 긴밀히 합작하여 중국특색이 있는 사회주의를 건설하기 위하여 다 같이 분투하여야 한다.

제1장 당 원

제1조

만 18세 이상의 중국 노동자·농민·군인·지식인 및 기타 사회계층의 선진분자로서, 당 강령과 당 규약을 승인하고, 당의 일정한 조직에 참가하여 거기에서 적극적으로 사업하려고 원하며, 당의 결정을 집행하고 제때에 당비를 내는 자는 중국공산당에 가입신청을 할 수 있다.

제2조

중국공산당 당원은 중국 노동자계급의 공산주의적 의식이 있는 선봉적 투사이다.

중국공산당 당원은 마음과 뜻을 다해 인민을 위하여 복무하여야 하며, 개인의 모든 것을 기꺼이 희생하고, 공산주의를 실현하기 위하여 종신토록 분투해야 한다.

중국공산당 당원은 어디까지나 노동인민의 보통 일원이다. 모든 공산당원은 법률과 정책에 규정된 범위 내의 개인적 이익과 업무상의 직권 이외에 그 어떠한 사리와 특권도 추구해서는 안 된다.

제3조

당원은 다음과 같은 의무를 이행해야 한다.

(1) 마르크스 레닌주의 · 마오쩌둥사상 · 덩샤오핑 이론 · "세 가지 대표" 중요사상 및 과학적 발전관, 시진핑 신시대 중국특색 사회주의 사상을 진지하게 학습하고, 당의 노선 · 방침 · 정책 및 결정을 학습하며, 당의 기본지식을 학습하며, 과학 · 문화 · 법률 및 실무 지식을 학습하여, 인민을 위하여 복무하는 능력을 힘써 높인다.

(2) 당의 기본 노선과 방침 · 정책을 관철 집행하고 개혁개방과 사회주의현대화 건설에 솔선 참가하며, 대중을 이끌고 경제발전과 사회진보를 위하여 간고분투하며, 생산 · 사업 · 학습 및 사회생활에서 선봉적 모범적 역할을 한다.

(3) 언제나 당과 인민의 이익을 첫자리에 놓으며, 개인의 이익을 당과 인민의 이익에 복종시키며, 고생에는 남보다 먼저 나서고 향수에는 남 뒤에 물러서며, 극기봉공하고, 많은 공헌을 한다.

(4) 당의 기율을 자각적으로 준수하고, 국가의 법률과 법규를 모범적으로 준수하며, 당과 국가의 기밀을 엄격히 지키고, 당의 결정을 집행하고, 조직의 배치에 복종하며, 당의 임무를 적극적으로 완수한다.

(5) 당의 단결과 통일을 수호하며, 당에 대하여 충성 성실하며, 언행이 일치하며, 모든 분파조직과 소집단 활동을 단호히 반대하며, 양봉음위하는 양면주의적 행위와 모든 음모위계를 반대한다.

(6) 비평과 자기비평을 실제적으로 전개하여, 업무수행 중의 결함·오류를 대담하게 폭로하고 시정하며, 소극적인 부패현상과 견결히 투쟁한다.

(7) 대중과 밀접히 연계하며, 대중에게 당의 주장을 선전하며, 일에 봉착하면 대중과 상의하며, 대중의 의견과 요구를 제때에 당에 반영하며, 대중의 정당한 이익을 수호한다.

(8) 사회주의의 새 기풍을 발양하고, 사회주의 영욕관을 솔선해서 실천하고, 공산주의 도덕을 제창하며, 국가와 인민의 이익을 수호하기 위하여, 모든 어렵고 위험한 때에 선뜻 나서서, 용감하게 싸우며, 희생을 두려워하지 않는다.

제4조

당원은 다음과 같은 권리를 갖는다.

(1) 관련 당 회의에 참가하며, 관련 당 문건을 열독하며, 당의 교육과 훈련을 받는다.

(2) 당 회의와 당보 및 당 간행물을 통하여 당 정책 문제에 관한 토의에 참가한다.

(3) 당 업무에 대하여 건의와 창의를 제출한다.

(4) 당 회의에서 근거를 가지고 그 어떤 당 조직이나 당원을 비평할 수 있고, 당에 대해서 책임지고 법과 기율을 위반한 그 어떤 당 조직이

나 당원도 적발 · 고발할 수 있고, 법과 기율을 위반한 당원을 처벌할 것을 요구할 수 있으며, 직책을 제대로 감당하지 못하는 간부를 파면 또는 소환할 것을 요구할 수 있다.

(5) 표결권 · 선거권 · 피선거권을 갖는다.

(6) 당 조직에서 당원에 대한 당기율 처벌을 토의 결정하거나 감정을 할 때, 본인이 참석하여 변호할 권리를 가지며, 다른 당원들이 그를 위하여 증언하고 변호할 수 있다.

(7) 당의 결정과 정책에 대하여 이의가 있을 경우에는 그것을 견결히 집행하는 전제 하에 보류할 것을 성명할 수 있으며, 또 자기의 의견을 당 중앙에 이르기까지의 당의 상급조직에 제출할 수 있다.

(8) 당 중앙에 이르기까지의 당의 상급 조직에 청구 · 신소 · 고소를 제출할 수 있으며, 또 책임 있는 해답을 줄 것을 해당 조직에 요구할 수 있다.

당 중앙에 이르기까지의 어느 급의 당 조직도 당원의 상기 권리를 박탈할 권한이 없다.

제5조

당원 발전은 정치기준을 맨 윗자리에 놓고 당 지부를 통해서 하며, 개별적인 흡수의 원칙을 견지하여야 한다.

입당을 신청하는 사람은 입당지원서를 써내야 하며, 두 명의 정식당원 소개인이 있어야 하고, 지부대회에서 통과하고 상급 당 조직의 비준을 받는 과정을 거치고, 또 예비기간의 고찰을 거쳐야 비로소 정식당원으로 될 수 있다.

소개인은 입당신청자의 사상 · 품성 · 경력과 업무 표현을 잘 요해하여, 그에게 당 강령과 당 장정을 해설해주고, 당원의 조건 · 의무 및 권리를 설명해주며, 또 당 조직에 책임지는 보고를 한다.
당의 지부위원회는 입당신청자에 대하여, 당내외 관련된 대중의 의견을 주의해서 구하고, 엄격한 심사를 진행하여 합격으로 인정되면 지부대회의 토론에 넘긴다.

상급 당 조직은 입당신청자의 입당을 비준하기 전에 사람을 보내어 입당신청자와 담화하게 함으로써 그를 더 잘 요해하는 동시에 당에 대한 인식을 높이도록 그를 도와준다.

특수한 상황에서는 당의 중앙 및 성 · 자치구 · 직할시 위원회가 직접 당원을 받아들일 수 있다.

제6조

예비당원은 당기 앞에서 입당선서를 하여야 한다. 선서문은 다음과 같다: 나는 중국공산당에 가입할 것을 지원한다. 나는 당 강령을 옹호하며, 당 장정을 준수하며, 당원의 의무를 이행하며, 당 결정을 집행하며, 당 기율을 엄수하며, 당의 비밀을 지키며, 당에 대하여 충성하며, 적극적으로 업무에 임하며, 공산주의를 위하여 죽을 때까지 분투하며, 언제든지 당과 인민을 위하여 모든 것을 희생하며, 영원토록 당을 배반하지 않는다.

제7조

예비당원의 예비기간은 1년이다. 당 조직은 예비당원에 대하여 성실히 교육하고 고찰하여야 한다.

예비당원의 의무는 정식당원과 같다. 예비당원은 표결권과 선거권 · 피선거권을 가지지 못하는 것 외에 기타 권리는 정식당원과 같다.

예비당원의 예비기간이 만료되면, 당지부에서는 그가 정식당원으로 될 수 있는가 없는가를 제때에 토론하여야 한다. 당원의 의무를 성실히 이행하고, 당원조건을 갖추었을 경우에는 제 기한에 정식당원으로 전환하며, 계속 고찰하고 교육할 필요가 있을 경우에는, 그 예비기간을 연기할 수 있되, 1년을 넘기지 못하며; 당원의 의무를 이행하지 않고, 당원조건을 갖추지 못하였을 경우에는 당연히 그의 예비당원 자격을 취소하여야 한다. 예비당원을 정식당원으로 전환하는 것이나 예비기간을 연기하는 것이나 혹은 예비당원 자격을 취소하는 것이나 다 지부대회에서 토론하여 통과하고 상급 당 조직의 비준을 받아야 한다.

예비당원의 예비기간은 지부대회에서 그를 예비당원으로 통과한 날부터 계산한다. 당원의 당령은, 예비기간을 마치고 정식당원으로 된 날부터 계산한다.

제8조

매개 당원은, 직무가 높든 낮든 간에 모두 당의 일정한 지부나 소조 또는 기타 특정한 조직에 편입되어, 당 조직생활에 참가하며, 당내외 대중의 감독을 받아야 한다. 당원 영도간부는 또 당위원회 · 당조의 민주생활회에 참가하여야 한다. 당 조직 생활에 참가하지 않고 당내외 대중의 감독을 받지 않는 그 어떤 특수한 당원은 허용하지 않는다.

제9조

당원은 탈당할 자유가 있다. 당원이 탈당할 것을 요구하면 지부대회에서 토론한 다음 제명을 선포하고, 이를 상급 당 조직에 보고 등록하여야 한다.

당원으로서 혁명적 의지가 결핍하고, 당원의 의무를 이행하지 않으며, 당원조건에 부합되지 않을 경우에는, 당 지부가 그에 대하여 교육을 진행해야 하고, 그에게 기한을 정해 시정할 것을 요구하며; 교육을 통해서도 전변이 없으면, 그에게 탈당을 권고한다. 당원을 권고하여 탈당시킬 때에는 지부대회에서 토론 결정하고, 상급 당 조직에 보고하여 비준을 받아야 한다. 만일 탈당을 권고 받은 당원이 견결히 탈당하려 하지 않을 때에는, 지부대회의 토론에 부쳐, 그의 제명을 결정하고, 상급 당 조직에 보고하여 비준을 받아야 한다.

당원이 정당한 이유 없이 연속 6개월간 당 조직 생활에 참가하지 않거나, 당비를 내지 않거나, 당에서 맡겨준 업무를 하지 않을 경우에는 스스로 당에서 탈당한 것으로 인정한다. 이런 당원에 대하여서는 지부대회에서 제명결정을 하고, 이를 상급 당 조직에 보고하여 비준을 받아야 한다.

제2장 당의 조직제도

제10조

당은 자기의 강령과 장정에 근거하여, 민주집중제에 따라 조직된 통일적인 전일체이다. 당의 민주집중제 기본원칙은 다음과 같다.

(1) 당원 개인은 당의 조직에 복종하며, 소수는 다수에 복종하며, 하급 조직은 상급조직에 복종하며, 전당의 각 조직과 전체 당원은 당 전국대표대회와 중앙위원회에 복종한다.

(2) 당의 각급 영도기관은 그에 의하여 파견된 대표기관과 비당 조직 중의 당조를 제외하고는 모두 선거에 의하여 산생된다.

(3) 당의 최고 영도기관은 당 전국대표대회와 그에 의하여 산생된 중앙위원회이다. 당의 지방 각급 영도기관은 당의 지방 각급 대표대회와 그에 의하여 산생된 위원회이다. 각급 위원회는 동급 대표대회에게

책임지며 업무를 보고한다.

(4) 당의 상급조직은 일상적으로 하급조직과 당원대중의 의견을 듣고, 그들이 제기한 문제를 제때에 해결하여야 한다. 당의 하급 조직은 상급 조직에게 업무 지시를 요청하고 업무를 보고하며, 또 자기 직책범위 내의 문제를 독립적으로 책임 있게 해결하여야 한다. 상하급 당 조직은 서로 정보를 교환하고, 서로 지지하고 감독하여야 한다. 각급 당 조직은 규정에 따라 당무를 공개하여, 당원들이 당내 사무를 더 많이 알고 당내 사무에 더 많이 참여하게 하여야 한다.

(5) 당의 각급 위원회는 집단적 영도와 개인책임 분담을 서로 결합시키는 제도를 실행한다. 모든 중대한 문제는 다 집체영도 · 민주집중 · 개별숙의 · 회의결정의 원칙에 따라 당 위원회에서 집단적으로 토의하여 결정하여야 하며; 위원회 구성원은 집단적 결정과 업무분담에 근거하여 자기의 직책을 성실히 이행해야 한다.

(6) 당은 그 어떤 형태의 개인숭배도 금지한다. 당 영도자들의 활동이 당과 인민의 감독 하에서 진행되도록 담보해야 하며, 동시에 당과 인민의 이익을 대표하는 모든 영도자들의 위신을 수호해야 한다.

제11조

당의 각급 대표대회 대표와 위원회의 산생에 있어서는 선거인의 의사를 구현하여야 한다. 선거는 무기명투표의 방식을 채용한다. 후보자 명단은 당 조직과 선거인들이 충분히 숙의하고 토론하여야 한다. 선출하여야 할 인수보다 더 많은 수의 후보자를 세우는 차액선거의 방법을 직접 취하여 정식선거를 할 수도 있고, 먼저 차액선거의 방법으로 예선을 하여 후보자 명단을 산생한 다음 정식선거를 할 수도 있다. 선거인은 후보자의 정황을 알 권리 · 후보자의 변경을 요구할 권리 · 어떤 후보자를 선거하지 않을 권리 및 그 밖의 다른 사람을 선거할 권리를 가진다. 그 어떤 조직 또는 개인이든지 그 어떤 방식으로나 선거인에게 어느 사람을 선거하라거나 선거하지 말라고 강요하지 못한다.

당의 지방 각급 대표대회와 기층 대표대회의 선거에서, 당 장정을 위반한 정황이 발생했을 경우에는, 직속 상급 당 위원회가 이를 조사 규명한 다음, 그 선거를 무효로 하고 상응한 대책을 취할 결정을 지어야 하며, 또 이를 직속 상급 당 위원회의에 보고하여 심사비준을 받고 정식으로 선포 집행해야 한다.

당의 각급 대표대회 대표에 대해 임기제를 실시한다.

제12조

당의 중앙 및 지방 각급 위원회는 필요한 경우 대표회의를 소집하고, 시급히 해결하여야 할 중대한 문제를 토의 결정할 수 있다. 대표회의의 대표수와 그 산생방법은 대표회의를 소집하는 위원회가 결정한다.

제13조

보통 당의 새 조직을 성립하거나 원래의 당 조직을 취소할 경우에는 상급 당 조직에서 이를 결정해야 한다.

중앙 및 지방 각급 당위원회는 대표기관을 파출(派出)할 수 있다.

제14조

당의 중앙 및 성 · 자치구 · 직할시위원회는 순시제도를 실시하고, 1기 임기내에 관리내에 속한 지방 · 부문 · 기업사업단위의 당조직에 대한 전면적 순시를 실행한다.

중앙 유관 부 및 위원회와 국가기관 부문 당조(당위)는 사업의 수요에 근거하여 순시공작을 전개한다.

제15조

당의 시(地 · 州 · 盟)와 현(市 · 区 · 旗) 위원회는 순시제도로 건립한다.

당의 각급 영도기관이 하급조직과 관계되는 중요한 문제에 관해서 결정할 때, 통상적인 정황 하에서는, 하급조직의 의견을 들어보아야 한다. 하급조직이 자기의 직권을 정상적으로 행사할 수 있도록 보장하여야 한다. 하급조직이 처리해야 할 문제에 대하여, 특수한 정황이 아니면 상급 지도기관은 간섭하지 말아야 한다.

제16조

전국가적 성격을 갖는 중대한 정책문제는 당중앙위원회만이 결정을 지을 권한을 가지며, 각 부문 · 각 지방의 당 조직은 중앙에 건의를 제출할 수는 있되, 임의로 결정을 짓거나 외부에 주장을 발표하여서는 안 된다.

하급 당 조직은 상급 당 조직의 결정을 견결히 집행하여야 한다. 하급 당조직은 상급 당 조직의 결정이 자기 지구 · 자기 부문의 실정에 부합되지 않는다고 인정될 경우 그 결정을 변경시킬 것을 상급 당 조직에 요청할 수 있다. 만일 상급 당 조직에서 원 결정을 견지한다면, 하급 당 조직은 그 결정을 집행하여야 하며, 또 같지 않은 의견을 공개적으로 발표해서는 안 되지만, 한 급 더 높은 당 조직에 보고할 권리는 있다.

각급 당 조직의 기관지와 기타 선전수단들은 당의 노선 · 방침 · 정책 및 결의를 선전해야 한다.

제17조

당 조직은 문제를 토의 결정할 때, 소수가 다수에 복종하는 원칙을 집행하여야 한다. 중요한 문제의 결정은 표결에 의하여야 한다. 소수인의 이견에 대하여는 진지하게 고려하여야 한다. 만일 중요한 문제에서 논쟁이 생겼고, 쌍방의 인수가 엇비슷할 경우에는, 비상시에 다수의 의견에 좇아 집행하는 경우 말고는 당분간 결정을 짓지 말고, 조사연구를 더 하고, 의견을 나눈 다음, 다음번에 다시 표결하여야 한다. 특수한 정황 하에서는 논쟁 정황을 상급 당 조직에 보고하여 결재를 요청할 수도 있다. 당원 개인이 당 조직을 대표하여 중요한 주장을 발표할 때, 그 주장이 당 조직에서 이미 지은 결정의 한계를 벗어날 경우에는, 소속 당 조직에 토론 결정하도록 제출하거나 혹은 상급 당 조직에 지시를 요청해야 한다. 직무의 고저를 막론하고 어떤 당원이건 중대한 문제를 개인이 결정지어서는 안 되며; 긴급한 상황에 직면해서 개인이 결정할 수밖에 없을 때는, 사후에 당 조직에 신속히 보고해야 한다. 어떠한 영도자든지 개인이 독단해서는 안 되며 개인을 조직 위에 올려 세워서도 안 된다.

제18조

당의 중앙 · 지방 및 기층 조직은 모두 당 건설을 중시해야 하며, 일상적으로 당의 선전사업 · 교양사업 · 조직사업 · 기율검사사업 · 대중사업 · 통일전선사업 등을 토론하고 검사하며, 당내외의 사상정치 상황을 연구하는데 주의해야 한다.

제3장 당의 중앙조직

제19조

당 전국대표대회는 5년에 1회 거행하며, 중앙위원회가 소집한다. 중앙위원회가 필요하다고 여기거나, 3분의 1 이상의 성급 조직이 요구를 제출할 경우에는 전국대표대회를 앞당겨 거행할 수 있으며; 비상한 정황이 아닐 경우에는 연기하여 거행하지 못한다.

전국대표대회의 대표 수와 대표 선거방법은 중앙위원회가 결정한다.

제20조

당 전국대표대회의 직권은 다음과 같다.

(1) 중앙위원회의 보고 청취 심사;

(2) 중앙기율검사위원회의 보고 심사;

(3) 당의 중대한 문제 토론 결정;

(4) 당 장정 수개정;

(5) 중앙위원회 선거;

(6) 중앙기율검사위원회 선거.

제21조

당 전국대표회의의 직권은 중대한 문제를 토론 결정하며, 중앙위원회·중앙기율검사위원회의 부분적 성원을 조정 및 증선하는 것이다. 조정 및 증선하는 중앙위원 및 후보중앙위원 인원수는, 각각 당 전국대표대회에서 선출된 중앙위원 총수 및 후보중앙위원 총수의 5분의 1을 초과하지 못한다.

제22조

당중앙위원회의 매기 임기는 5년이다. 전국대표대회를 앞당겨 진행하거나 연기하여 진행할 경우에는 그 임기도 따라서 변경된다. 중앙위원회 위원과 후보위원은 당령이 5년 이상이어야 한다. 중앙위원회 위원수와 후보위원 수는, 전국대표대회가 결정한다. 중앙위원회 위원들 중에 결원이 생겼을 경우에는, 중앙위원회 후보위원들 가운데서 득표수에 따라 차례로 보충한다.

중앙위원회전체회의는 중앙정치국이 소집하며 1년에 1회 이상 거행한다. 중앙정치국은 중앙위원회전체회의에 사업을 보고하며, 그의 감독을 받는다.

전국대표대회 폐회기간에, 중앙위원회가 전국대표대회의 결의를 집행하며, 당의 전반 사업을 영도하며, 대외적으로 중국공산당을 대표한다.

제23조

당의 중앙정치국·중앙정치국 상무위원회 및 중앙위원회 총서기는 중앙위원회전체회의에서 선거한다. 중앙위원회 총서기는 반드시 중앙정치국 상무위원회 위원가운데서 산생되어야 한다.

중앙정치국과 그 상무위원회는 중앙위원회전체회의 폐회기간에, 중앙위원회의 직권을 행사한다.

중앙서기처는 중앙정치국과 그 상무위원회의 사무기구이며; 그 성원은 중앙정치국 상무위원회가 지명하고, 중앙위원회전체회의에서 통과시킨다.

중앙위원회 총서기는 중앙정치국 회의와 중앙정치국 상무위원회 회의를 소집하는 책임을 지며, 중앙서기처의 업무를 주관한다.

당 중앙군사위원회 구성원은 중앙위원회가 결정하고, 중앙군사위원회는 주석책임제를 실행한다.

매기 중앙위원회가 산생하는 중앙 영도기구와 중앙 영도자는, 차기 전국대표대회 개회 기간에 계속 당의 일상 업무를 주관하며, 차기 중앙위원회에서 새로운 중앙 영도기구와 중앙 영도자가 산생될 때까지 업무를 계속한다.

제24조

중국인민해방군의 당 조직은 중앙위원회의 지시에 의하여 사업을 진행한다. 중앙군사위원회는 군대내의 당사업과 정치사업을 책임지고, 군

대내의 당조직체제와 기구에 대한 규정을 만든다.

제4장 당의 지방조직

제25조

당의 성 · 자치구 · 직할시 대표대회, 구를 둔 시 및 자치주 대표대회, 현(기) · 자치현 · 구를 두지 않은 시 및 시관할구 대표대회는 매5년에 1회 거행한다.

당의 지방 각급 대표대회는 동급 당위원회가 소집한다. 특수한 정황 하에서는 직속 상급 위원회의 비준을 거쳐 앞당기거나 연기하여 거행할 수 있다.

당 지방 각급 대표대회의 대표 수와 대표 선거방법은 동급 당위원회가 결정하고 이를 직속 상급 당위원회에 보고하여 비준을 받는다.

제26조

당의 지방 각급 대표대회의 직권은 다음과 같다.

(1) 동급 위원회의 보고 청취 및 심사;

(2) 동급 기율검사위원회의 보고 심사;

(3) 본 지구 범위 내의 중대한 문제 토의 및 결정;

(4) 동급 당 위원회 선거, 동급 당 기율검사위원회 선거.

제27조

당의 성 · 자치구 · 직할시 · 구를 둔 시 및 자치주 위원회의 매기 임기는 5년이다. 이 위원회들의 위원과 후보위원은 당령이 반드시 5년 이상이어야 한다.

당의 현(기) · 자치현 · 구를 두지 않은 시 및 시 관할 구 위원회의 매기 임기는 5년이다. 이 위원회들의 위원과 후보위원은 당령이 반드시 3년 이상이어야 한다.

당의 지방 각급 대표대회를 앞당기거나 연기하여 거행할 경우에는, 그 대표대회에서 선거된 위원회의 임기도 따라서 변경된다.

당의 지방 각급 위원회 위원 수와 후보위원 수는, 각기 직속 상급 위원회에서 결정한다. 당의 지방 각급 위원회의 위원들 중에 결원이 생겼을 경우에는, 후보위원들 가운데서 득표수에 따라 차례로 보충한다.
당의 지방 각급 위원회 전체회의는 1년에 2회 이상 거행한다.

당의 지방 각급 위원회는 대표대회 폐회기간에 상급 당 조직의 지시와 동급 당대표대회의 결의를 집행하며, 본 지방의 사업을 영도하며, 상급 당위원회에 정기적으로 사업을 보고한다.

제28조

당의 지방 각급 위원회 전체회의는 상무위원회와 서기 · 부서기를 선거하고, 이를 상급 당위원회에 보고하여 비준을 받는다. 당의 지방 각급 위원회의 상무위원회는 위원회전체회의 폐회기간에 위원회의 직권을 행사하며; 차기 대표대회 개회기간에 계속 일상 업무를 주관하고, 새로운 상무위원회가 선거될 때까지 업무를 계속한다.

당의 지방 각급 위원회 상무위원회는 정기적으로 위원회전체회의에 사업을 보고하며, 그의 감독을 받는다.

제29조

당의 지구위원회 및 지구위원회에 상당한 조직은 당의 성 · 자치구 위원회가 몇 개 현 · 자치현 · 시 범위 내에 파출한 대표기관이다. 이런 조직은 성 · 자치구 위원회가 부여한 권한에 의하여, 해당 지구의 사업을 지도한다.

제5장 당의 기층조직

제30조

기업 · 농촌 · 기관 · 학교 · 과학연구원(소, 가도 사구 · 사회조직 · 인민해방군의 연대 및 기타 기층 단위에는, 정식당원이 3명 이상 있으면, 당의 기층조직을 성립해야 한다.

당의 기층조직은, 업무 필요와 당원 수에 근거하여, 상급 당 조직의 비준을 받아, 각각 당의 기층위원회 · 총지부위원회 · 지부위원회를 둔다. 기층위원회는 당원대회 또는 대표대회에서 선출하며, 총지부위원회와 지부위원회는 당원대회에서 선출하고, 위원후보자를 제출할 때에는 당원과 대중들의 의견을 널리 청취하여야 한다.

제31조

당 기층위원회 · 총지부위원회 · 지부위원회의 매기 임기는 2년 내지 5년이다. 기층위원회 · 총지부위원회 · 지부위원회에서 서기 · 부서기를 선출한 후에는 상급 당 조직에 보고하여 비준을 받아야 한다.

제32조

당 기층 조직은 사회 기층조직 중 당의 전투보루이며, 당의 전반 사업 및 전투력의 기초이다. 기층 당조직의 기본임무는 다음과 같다.

(1) 당의 노선 · 방침 · 정책을 선전 · 집행하며, 당 중앙 · 상급 조직 및 본 조직의 결의를 선전 · 집행하며, 당원의 선봉 모범적 역할을 충분히 발휘시키며, 적극적으로 다투어 앞서고 잘하도록 하며, 당내외의 간부와 대중을 단합시키고 조직하여, 자기 단위에 맡겨진 임무 완성을 위해 노력한다.

(2) 당원들을 조직하여 진지하게 마르크스 레닌주의 · 마오쩌둥 사상 · 덩샤오핑 이론 · "세 가지 대표" 중요사상 및 과학적 발전관 · 시진핑 신시대 중국특색 사회주의사상을 학습하며, '두가지 학습을 통해 합격된 공산당원되기' 학습교육의 상시화 제도화를 추진하고, 당의 노선 · 방침 · 정책 및 결의를 학습하며, 당의 기본지식을 학습하며, 과학 · 문화 · 법률 및 업무 지식을 학습한다.

(3) 당원에 대한 교육 · 관리 · 감독 및 복무를 진행하며, 당원들의 자질을 높이고, 당성을 증강하며, 당 조직 생활을 엄격히 하며, 비평과 자기비평을 전개하며, 당 기율을 수호하고 집행하며, 당원들이 의무를 실제적으로 이행하도록 감독하며, 당원의 권리가 침해당하지 않도록 보장한다. 유동당원 관리를 강화하고 개선한다.

(4) 대중과 밀접히 연계하며, 당원과 당 사업에 대한 대중의 비평과 의견을 일상적으로 요해하며, 대중의 정당한 권리와 이익을 수호하며, 대중에 대한 사상정치사업을 잘한다.

(5) 당원과 대중의 적극성과 창발성을 충분히 발휘시키고, 그들 가운데의 우수한 인재를 발굴 · 배양 및 추천하며, 그들이 개혁개방과 사회주의현대화 건설에서 자기의 지혜와 재능을 공헌하도록 격려 및 지

지한다.

(6) 당에 가입하려는 적극분자를 교육 및 배양하며, 일상적인 당원 발전 사업을 잘하며, 생산 · 사업의 최전선 및 청년 중의 당원 발전을 중시한다.

(7) 당원 간부 및 기타 모든 업무 인원들이 국가 법률과 행정기율을 엄격히 준수하고, 국가의 재정경제 법규와 인사제도를 엄격히 준수하며, 국가 · 집체 및 대중의 이익을 침해하지 않도록 감독한다.

(8) 당원과 대중이 불량한 경향을 자각적으로 억제하고, 각종 위법 범죄 행위와 단호히 투쟁하도록 교육한다.

제33조

가도 · 향 · 진의 당 기층위원회와 촌 · 사구 당 조직은, 본 지구의 사업을 영도하며, 행정조직 · 경제조직 및 대중자치조직이 직권을 충분히 행사하도록 지지 및 보장한다.

국유기업 당위원회(당조)는 영도적 역할을 발휘하여 방향을 잡아주고 대국을 관리하여 착실한 실천을 보장하며, 규정에 따라 기업의 중대 사항을 토론하고 결정한다. 국유기업과 집체소유기업 중의 당 기층 조직은 정치핵심 역할을 발휘하며, 기업의 생산경영을 중심으로 하여 사업을 전개한다. 당과 국가의 방침 · 정책이 자기 기업소에서 관철 · 집행되도록 보장 감독하며; 주주회 · 이사회 · 감사회 및 경리(공장장)가 법에 의하여 직권을 행사하도록 지지하며, 마음과 뜻을 다해 직공대중에 의지하고, 직공대표대회가 사업을 전개하는 것을 지지하며; 기업의 중대한 문제를 결정하는데 참여하며; 당 조직의 자체 건설을 강화하고; 사상정치사업 · 정신문명 건설 및 공회 · 공청단 등 대중조직을 영도한다.

비공유제 경제조직 중의의 당 기층조직은 당의 방침 정책을 관철하고, 기업이 국가의 법률과 법규를 준수하도록 인도 감독하며, 공회와 공산주의청년단 등 대중조직을 영도하고 직공대중을 단합 결속시키며, 각 측의 합법적 권익을 수호하고, 기업의 건강한 발전을 촉진한다.

사회조직 중의 당 기층조직은 당의 노선 · 방침 · 정책을 선전하고 집행하며, 공회(工會)와 공청단(共靑團) 등 대중단체 조직을 영도하고, 당원을 교육하고 관리하며, 대중을 이끌고 그에 봉사하여, 사업 발전을 추동한다.

행정영도자책임제를 실행하고 있는 사업단위의 당 기층조직은 전투보루의 역할을 발휘한다. 당위원회의 영도 밑에 행정지도자책임제를 실시하고 있는 사업단위의 당 기층조직은 중대한 문제를 토론 결정하며, 이와 동시에 행정영도자가 자기의 직권을 충분히 행사하도록 보장한다.

각급 당 기관 및 국가기관의 당 기층조직은 행정책임자가 임무를 완수하고 사업을 개선하도록 협조하며, 행정책임자를 포함한 모든 당원들에 대하여 교육 · 관리 · 감독을 진행하되, 본 단위의 업무공작은 영도하지 않는다.

第34조
당 지부는 당의 기초 조직으로서 직접 당원교육 · 당원관리 · 당원감독 및 대중조직 · 대중선전 · 대중결집 · 대중복무의 직책을 부담한다.

제6장 당의 간부

제35조

당의 간부는 당사업의 골간이며, 인민의 공복이다. 당은 덕재겸비 · 덕우선의 원칙에 따라 간부를 선발하고, 전국각지 인재의 능력에 따른 임용을 견지하고, 친분에 따른 임용을 반대하며, 간부대오의 혁명화 · 연경화 · 지식화 · 전문화를 적극 실현한다.

당은 간부의 교육 · 훈련 · 선발 평가 및 감독을 중시하며, 특히 우수한 젊은 간부를 배양 · 선발하는 것을 중시한다. 간부제도의 개혁을 적극 추진한다.

당은 여성 간부 및 소수민족 간부의 배양 · 선발을 중시한다.

제36조

당의 각급 영도간부는 신념이 확고하고, 인민을 위해 봉사하며, 근면성실하고, 과감하게 책임지며, 청렴공정해야 하고, 본 장정 제3조에 규정된 당원의 각항 의무를 모범적으로 이행하여야 하며, 또한 다음과 같은 기본 조건을 갖추어야 한다.

(1) 직책이행에 필요한 마르크스 레닌주의 · 마오쩌둥 사상 · 덩샤오핑 이론 · "세 가지 대표" 중요사상 · 과학적 발전관을 갖추고, 시진핑 신시대 중국특색 사회주의사상을 앞장서서 착실히 관철하여, 마르크스주의의 입장 · 관점 · 방법으로 실제문제를 분석하고 해결하기 위하여 힘써야 하며, 일관하게 학습 중시 · 정치 중시 · 바른 기풍 중시를 견지하여, 온갖 풍파의 시련을 이겨내야 한다.

(2) 공산주의의 원대한 이상을 지니고 중국특색의 사회주의에 대한 확고한 신념을 가지고, 당의 기본 노선 및 제반 방침 · 정책을 견결히

집행하며, 개혁개방의 의지를 세우고, 현대화 사업에 헌신하며, 사회주의 건설에서 간고하게 창업하며, 정확한 치적관을 수립하여, 실천의 검증과 인민의 검증과 역사의 검증을 견더낼 수 있는 업적을 올려야 한다.

(3) 사상해방을 견지하고, 실사구시하고, 시대와 더불어 전진하며, 개척혁신하고, 진지하게 조사연구하며, 당의 방침 · 정책을 자기 지구 · 자기 부문의 실제와 결부시켜, 사업을 효과적으로 전개할 줄 알며, 실속 있게 말하고, 실제적인 일을 하며, 실효를 추구하여야 한다.

(4) 혁명사업에 대한 의욕과 정치적 책임감이 강하고, 실천경험이 있으며, 영도사업을 감당할만한 조직능력 · 문화수준 및 전문지식이 있어야 한다.

(5) 인민이 부여한 권력을 제대로 행사하고, 원칙을 견지하며, 법에 의해 일을 처리하고, 청렴하고 공정하며, 인민을 위하여 부지런히 일하며, 이신작칙하고, 간고소박하며, 대중과 밀접히 연계하고, 당의 대중노선을 견지하며, 당과 대중의 비평과 감독을 자각적으로 받아들이며, 도덕수양을 강화하며, 당성고양 · 신중한 품행 · 모범으로, 자중 · 자성 · 자경 · 자려하고, 형식주의 · 관료주의 · 향락주의 및 사치풍조를 반대하며, 직권을 남용하여 사리를 꾀하는 어떠한 행위도 반대하여야 한다.

(6) 당의 민주집중제를 견지 수호하며, 민주적 작풍으로, 전반적 관념을 갖고, 동지들과 잘 단합하여, 자기와 다른 의견을 가진 동지와도 단결하여 함께 사업할 줄 알아야 한다.

제37조

당원 간부는 비당원 간부와 잘 협력하면서 함께 사업하여야 하며, 그들을 존중하고 그들의 장점을 허심탄회하게 배워야 한다.

각급 당 조직은 확실히 재능이 있고 학식이 있는 비당원 간부를 발견하고 영도업무를 담임하도록 그들을 추천할 줄 알아야 하며, 그들에게 직위와 권한이 있도록 보장해주고, 그들의 역할을 충분히 발휘시켜야 한다.

제38조

당의 각급 영도간부들이 민주적으로 선거되었건 영도기관에 의하여 임명되었건 그들의 직무는 다 종신직무가 아니며, 변동 또는 해제할 수 있다.

연령과 건강상태가 업무를 계속 감당하기에 적합하지 않은 간부는 국가 규정에 따라 퇴직시키거나 이직 휴직시켜야 한다.

제7장 당의 기율

제39조

당의 기율은 각급 당 조직과 전체 당원들이 반드시 지켜야 할 행위준칙이며, 당의 단결과 통일을 수호하고 당의 임무를 완수하기 위한 담보가 된다. 당 조직은 당 기율을 엄격히 집행하고 수호하여야 하며, 공산당원은 자각적으로 당 기율의 제약과 구속을 받아야 한다.

제40조

당의 기율에는 주로 정치기율 · 조직기율 · 청렴기율 · 대중기율 · 공작기율 · 생활기율이 포함된다.

지난 일을 징계하여 금후에 삼가게 하고, 병을 고처서 사람을 구하는 방식을 견지하며, 반드시 기율을 엄하게 집행하여 기율을 위반하면 반드시 추궁하고, 조기에 작은 문제를 해결하여 사소할 때 미리 막아 방지하며, 잘못된 일의 성격과 정상의 경중에 따라 비평 교육과 나아가 기율 처분을 내려야 한다. 감독과 기율 집행의 '네 가지 형태'를 활용하여, '부끄럼 주기 · 진땀 흘리게 하기' 활동을 일상화 하고, 당 기율 처분 · 조직 조정을 당 운영과 관리의 중요 수단으로 삼으며, 기율을 엄중하게 위반하거나 형률을 엄중하게 저촉하고 범한 당원에 대해서는 반드시 당적에서 제명해야 한다.

당내에서 당장정과 국가 법률에 위반되는 수단을 당원에게 적용하는 것을 엄금하며, 타격보복을 하거나 무고 함해하는 것을 엄금한다. 이 규정을 위반한 조직 또는 개인은 당 기율과 국가 법률의 추궁을 받아야 한다.

제41조

당의 기율적 처벌에는 경고 · 엄중경고 · 당내 직무 취소 · 당적유지 관찰 · 당적 제명 등 다섯 가지가 있다.

당적유지 관찰은 가장 길어도 2년을 넘지 못한다. 당원은 유당관찰 기간에 표결권 · 선거권 및 피선거권이 없다. 당원이 유당관찰을 통하여 확실히 자기의 과오를 고쳤을 경우에는 그의 당원 권리를 회복시켜야 하며, 자기의 과오를 고치지 않고 계속 고집할 경우에는 당적을 제명해야 한다.

당적제명은 당내의 최고 처벌이다. 각급 당 조직이 당원에 대한 당적제명 처벌을 결정 또는 비준할 때에는, 관련 자료와 의견을 전면적으로 검토하고, 극히 신중한 태도를 취하여야 한다.

제42조

당원에 대한 기율적 처벌은, 반드시 지부대회에서 토론 결정하고, 이를 기층 당위원회에 보고하여 비준을 받아야 한다. 관련되는 문제가 비교적 중요하거나 복잡할 경우, 또는 당원에게 당적제명 처벌을 할 경우에는, 상황에 따라, 이를 현급 또는 현급 이상의 당 기율검사위원회에 보고하여 심사 비준을 받아야 한다. 특수한 상황 하에서는, 현급 및 현급 이상 각급 당위원회와 기율검사위원회가 당원에 대한 기율적 처벌을 직접 결정할 권리를 갖는다.

당 중앙위원회 위원 · 후보위원에 대한 경고 · 엄중 경고 처분을 내리는 것은 중앙기율검사위원회 상무위원회의 심의를 거쳐 당 중앙위원회에 보고하고 비준을 받아야 한다. 지방 각급 당위원회 위원 · 후보위원에 대한 경고 · 엄중 경고 처분을 내리는 것은 차 상급 기율검사위원회 비준을 거치고 동시에 그의 동급 당위원회에 보고하여 등록해야 한다.

당 중앙위원회 및 지방 각급 당위원회의 위원 · 후보위원에 대한 당내 직무 취소 · 유당관찰 또는 당적제명 처벌의 적용은, 본안 소속 당위원회 전체회의의 3분의 2이상의 다수가 찬성해야 결정할 수 있다. 특수한 상황 하에서는, 당 중앙정치국 또는 지방 각급 당위원회 상무위원회가 먼저 처리 결정을 하고, 후에 열린 당위원회 전체회의에서 추인을 받을 수 있다. 지방 각급 당위원회 위원과 후보위원에 대한 상술한 처벌의 적용은 반드시 상급 기율검사위원회 상무위원회의 심의를 거쳐 해당급의 기율검사위원회가 동급 당위원회에 보고하여 등록해야 한다.

형률을 엄중하게 위반한 중앙위원회 위원 · 후보위원에 대하여는 중앙정치국이 그의 당적제명을 결정하며; 형률을 엄중하게 위반한 지방 각급 위원회 위원 · 후보위원에 대하여는 동급 위원회 상무위원회가 그의 당적제명을 결정한다.

제43조

당 조직에서 당원에게 처벌결정을 내릴 때에는, 실사구시적으로 사실을 조사 규명하여야 한다. 처벌결정의 근거가 되는 사실자료와 처벌결정을 본인에게 보여주고 본인의 상황 설명과 변호를 들어보아야 한다. 본인은 처벌결정에 불복할 경우, 신소할 수 있으며, 이에 대하여 관련 당 조직은 책임 있게 처리하거나 빨리 이송하여야 하며, 미루어 두어서는 안 된다. 확실히 그릇된 의견을 고집하고 무리한 요구를 하는 사람에 대하여서는 비평 교육해야 한다.

제44조

당 조직이 당 규율을 수호하는 면에서 자기 직책을 제대로 수행하지 못하였을 경우에는 추궁을 받아야 한다.

당 기율을 엄중하게 위반하고, 또 자체적으로 시정할 수 없는 당 조직에 대하여서는 직속 상급 당위원회가 사실을 조사 규명한 다음, 정상의 엄중정도에 따라 개조 또는 해산결정을 진행시키고, 이를 한 급 더 높은 당위원회에 보고하여 심사 비준을 받아, 정식으로 선포 집행하여야 한다.

제8장 당의 기율검사기관

제45조

당의 중앙기율검사위원회는 당중앙위원회의 영도 밑에서 사업한다. 당의 지방 각급 기율검사위원회와 기층 기율검사위원회는 동급 당위원회 및 상급 기율검사위원회의 이중적 영도 하에 업무를 진행한다.

상급 당 기술검사위원회는 하급 기술검사위원회에 대한 영도를 강화한다.

당의 각급 기율검사위원회의 매기 임기는 동급 당위원회의 임기와 같다.

당의 중앙기율검사위원회 전체회의는 상무위원회 및 서기 · 부서기를 선거하고 이를 당중앙위원회에 보고하여 비준을 받는다. 당의 지방 각급 기율검사위원회 전체회의는 상무위원회 및 서기 · 부서기를 선거하고 동급 당위원회에서 통과한 다음 이를 상급 당위원회에 보고하여 비준을 받는다. 기층 당위원회에 기율검사위원회를 두는가 아니면 기율검사위원을 두는가 하는 것은 그의 직속 상급 당 조직이 구체적 정황에 근거하여 결정한다. 당 총지부위원회 및 당 지부위원회에는 기율검사위원을 둔다.

당의 중앙 및 지방 기율 검사위원회는 동급 당 기관 및 국가 기관에 당의 기율검사조를 전면적으로 파견 주재하게 한다. 기율검사조 조장은 주재 부문 당 영도 조직의 유관 회의에 참가한다. 그들의 사업은 반드시 해당 기관 당 영도 조직의 지지를 받아야 한다.

제46조

당의 각급 기율검사위원회는 당내 전문적 감독책임기관이며, 그 주요 임무는: 당 장정 및 기타 당내 법규를 수호하고, 당의 노선 · 방침 · 정책 · 결의의 집행 상황을 검사하며, 당위원회가 추진하는 당풍 건설의 강화와 엄격한 당 운영 및 반부패 사업 조직 조절에 협조하는 것이다.
각급 기율검사위원회의 직책은 감독 · 기율집행 · 문책이며 당원들에게 기율 준수 교육을 일상적으로 진행하고, 당 기율 수호에 대한 결정을 하며; 당원 영도간부의 권력행사 진행을 감독하며 당원대중의 검거신고를 접수처리하고, 담화를 통해 각성시키며, 면담과 서신조회를 실시하고; 당 조직 또는 당원이 당 장정과 기타 당내 법규를 위반한 비교적 중요하거나 복잡한 사건을 검사 및 처리하고, 이러한 사건에 관련된 당원에 대한 처벌을 결정 또는 취소하며 문책하거나 책임을 추궁하도록 건의를 진행하며; 당원의 고소와 신소를 수리하며; 당원의 권리를 보장한다.

각급 기율검사위원회는 특별히 중요하거나 복잡한 사건을 처리하는 과정의 문제와 처리 결과를, 동급 당위원회에 보고하여야 한다. 당의 지방 각급 기율검사위원회와 기층 기율검사위원회는 동시에 또 상급 기율검사위원회에 이를 보고하여야 한다.

각급 기율검사위원회는 동급 당위원회 위원의 당 기율 위반 행위를 발견하였을 경우, 먼저 초보적으로 규명하고, 입안 검사할 필요가 있는 것은, 동급 당위원회에 보고하여 비준을 받고, 상무위원과 관련되는 것은, 동급 당위원회에 보고한 후 직속 상급 기율검사위원회에 보고하여 비준을 받아야 한다.

제47조

상급 기율검사위원회는 하급 기율검사위원회의 사업을 검사할 권리가 있으며, 안건에 대한 하급 기율검사위원회의 결정을 비준 또는 변경시킬 권한이 있다. 만일 변경시켜야 할 해당 하급 기율검사위원회의 결정이 이미 그 동급 당위원회의 비준을 받은 것이라면, 그러한 유형의 변경은 직속 상급 당위원회의 비준을 거쳐야한다.

당의 지방 각급 기율검사위원회와 기층 기율검사위원회는 안건에 대한 동급 당위원회의 처리결정에 대하여 이견이 있을 경우에는 차 상급 기율검사위원회에 재심사를 청구할 수 있으며; 동급 당위원회 또는 그 성원이 당 기율을 위반한 정황이 있음에도 동급 당위원회가 그것을 해결하지 않거나 정확히 해결하지 않는 현상을 발견하였을 경우에는, 상급 기율검사위원회에 신소하고, 그 처리의 협조를 청구할 권리가 있다.

제9장 당 조

제48조

중앙 및 지방의 국가기관 · 인민단체 · 경제조직 · 문화조직 및 기타 비당 조직의 영도기관에 당조를 성립할 수 있다. 당조는 영도핵심 역할을 발휘하여야 한다. 당조의 임무는, 주로 당의 노선 · 방침 · 정책을 책임지고 관철 집행하며; 자기 단위 당건설의 영도를 강화하고, 전면적인 엄격한 당운영 책임을 이행하며; 자기 단위의 중대한 문제를 토론 결정하며; 간부관리 업무를 잘 해나가며; 기층 당조직의 기구 설치 조정 · 당원발전 · 당원처분 등 중요사항을 토론 및 결정하고; 비당원 간부와 대중을 단합하여, 당과 국가가 맡겨준 임무를 완수하며; 영도기관 및 직속 단위 당 조직의 사업을 지도하는 것이다.

제49조

당조의 구성원은 당조의 성립을 비준한 당 조직이 결정한다. 당조에는 서기를 두며 필요할 경우 부서기를 둘 수도 있다.

당조는 그 성립을 비준한 당 조직의 영도에 복종하여야 한다.

제50조

산하 단위에 대하여 집중적 통일 영도를 실행하는 국가 사업부문에 당위원회를 설립할 수 있으며, 당위원회의 산생방법 · 직권 및 사업 임무에 대하여는 당 중앙이 따로 규정한다.

제10장 당과 공산주의청년단과의 관계

제51조

중국공산주의청년단은 중국공산당이 영도하는 선진청년의 대중적 조직이며, 광범한 청년들이 실천 가운데 중국특색의 사회주의와 공산주의를 배우는 학교이며, 당의 조수 및 후비군이다. 공청단중앙위원회는 당 중앙위원회의 지도를 받는다. 공청단 지방 각급 조직은 동급 당위원회의 지도를 받는 동시에 공청단 상급조직의 영도를 받는다.

제52조

각급 당위원회는 공청단에 대한 영도를 강화하며, 단간부의 선발과 양성에 주의해야 한다. 당은 공청단이 광범한 청년들의 특성과 수요에 근거하여, 생동 활발하게 풍부한 창조성을 가지고 업무를 진행하도록 견결히 지지해줌으로써, 돌격대로서의 역할과 광범한 청년들과 연계를 맺는 교량으로서의 역할을 충분히 발휘시켜야 한다.

단의 현급 또는 현급 이하의 각급 위원회의 서기 · 기업 사업 단위의 단위원회 서기는 당원이며, 동급 당위원회 또는 그 상무위원회의 회의에 열석할 수 있다.

제11장 당휘 당기

제53조

중국공산당의 휘장은 낫과 마치로 구성된 도안이다.

제54조

중국공산당의 당기는 깃발에 금빛 당 휘장이 새겨져있는 붉은 기이다.

제55조

중국공산당의 휘장과 당기는 중국공산당의 상징이며 표지이다. 각급 당 조직과 모든 당원들은 당의 휘장과 당기의 존엄을 수호하여야 한다. 당의 휘장과 당기는 규정대로 제작하여 사용해야 한다.

중화인민공화국 헌법

1982년 12월 4일 제 5기 전국인민대표대회 제 5차 회의 통과, 1982년 12월 4일 전국인민대표대회 공고 공포 시행; 1988년 4월 12일 제 7기 전국인민대표대회 제 1차 회의를 통과한 '중화인민공화국헌법수정안', 1993년 3월 29일 제 8기 전국인민대표대회 제 1차 회의를 통과한 '중화 인민공화국헌법수정안', 1999년 3월 15일 제 9기 전국인민대표대회 제 2차 회의를 통과한 '중화인민공화국헌법수정안', 2004년 3월 14일 제 10기 전국인민대표대회 제 2차 회의를 통과한 '중화인민공화국헌법수정안', 2018년 3월 11일 제13기 전국인민대표대회 제1차회의를 통과한 '중화인민공화국헌법수정안'에 근거 수정

목차

서언

중국은 세계에서 가장 유구한 역사를 지닌 국가 중의 하나이다. 중국의 각 민족과 인민들은 찬란히 빛나는 문화를 공동으로 창조하였고, 영광스러운 혁명 전통을 가지고 있다.

1840년 이후, 봉건제 하의 중국은 점진적으로 반식민지 반봉건적 국가로 변모하였다. 중국 인민은 국가독립 · 민족해방 및 민주자유를 위하여 전복후계의 용감한 투쟁을 진행해 왔다.

20세기에, 중국에서는 하늘과 땅이 뒤집어지는 것 같은 위대한 역사적 변혁이 일어났다.

1911년 쑨종산 선생이 이끈 신해혁명은 봉건적 제제를 폐지하고 중화민국을 수립했다. 그러나 중국 인민들의 제국주의와 봉건주의를 반대하는 역사적 임무는 아직 완성되지 못했다.

1949년 마오쩌둥 주석을 영수로 하는 중국공산당은 중국의 각 민족과 인민을 이끌고 장기간 간난곡절의 무장투쟁과 기타 형식의 투쟁을 거친 이후, 마침내 제국주의 · 봉건주의 및 관료자본주의의 통치를 무너뜨리고, 신민주주의 혁명의 위대한 승리를 획득하여 중화인민공화국을 수립했다. 이에 따라 중국 인민은 국가의 권력을 장악하고 국가의 주인이 되었다.

중화인민공화국 수립 이후, 우리 국가 사회는 신민주주의에서 사회주의에로 이행하는 과도기를 점진적으로 실현했다. 생산수단 사유 제도를 사회주의로 개조하는 작업은 이미 완성되고, 사람이 사람을 착취하는 제도도 이미 소멸되어, 사회주의제도가 확립됐다. 노동자 계급이 이끄는 노농동맹을 기초로 하는 인민민주주의 독재정권 즉, 실질적인 무산계급의 독재정권은 공고해지고 발전했다. 중국 인민과 중국 인민해방군은 제국주의 · 패권주의의 침략과 파괴 및 무력도발을 물리쳐, 국가의 독립과 안전을 지키고, 국방을 증강했다. 경제건설에 있어서도 커다란 성취를 이룩하여, 독립적이며 비교적 완전한 사회주의의 공업체계는 이미 기본이 이루어졌으며, 농업생산도 현저하게 제고됐다. 교육 · 과학 · 문화 등의 사업은 커다란 발전을 이룩하였고, 사회주의사상 교육에 있어서도 뚜렷한 성과를 거두었다. 대다수 인민의 생활은 비교적 크게 개선되었다.

중국 신민주주의 혁명의 승리와 사회주의 사업의 성취는 모두 중국공산당이 중국의 각 민족과 인민들을 영도하여, 마르크스 레닌주의 · 마오쩌둥사상의 지도와 인도 아래 진리를 견지하고, 착오를 수정하며, 수많은 어렵고 험한 장애와 싸워 이겨 얻은 것이다. 우리 중국은 장기간 사회주의 초급 단계에 처하게 될 것이다. 국가의 기본 임무는 중국 특색 사회주의 건설 노선에 따라, 역량을 집중하여 사회주의 현대화 건설을 추진하는 것이다. 중국의 각 민족과 인민은 계속하여 중국공산당의 영도 아래, 마르크스 레닌주의 · 마오쩌둥 사상 · 등소평 이론 및 '세 가지 대표' 중요사상, 과학적 발전관 · 시진핑 신시대 중국특색 사회주의사상의 지도와 인도에 따라, 인민민주주의 독재를 견지하며, 사회주의의 길을 견지하고, 개혁개방을 견지하여, 끊임 없이 사회주의 각종 제도를 개선하면서, 사회주의 시장경제를 발전시키고, 사회주의 민주주의를 발전시키며, 사회주의 법치를 건전케 하며, 신발전이념을 관철하여 자력갱생하며, 간고분투하며, 공업 · 농업 · 국방 및 과학기술의 현대화를 점진적으로 실현하고, 물질문명 · 정치문명 · 정신문명 · 사회문명 · 생태문명의 협조 발전을 추동하여, 우리나라를 부강하고 민주적이며 문명적이며 조화로운 사회주의 현대화 강국으로 건설하고, 중화민족의 위대한 부흥을 실현한다.

우리나라에서 계급을 착취하는 계급은 이미 소멸하였지만, 계급투쟁은 아직 일정한 범위 내에서 장기간 존재할 것이다. 중국 인민은 우리나라의 사회주의 제도를 적대시하고 파괴하려고 하는 국내외 적대세력과 적대분자들과 투쟁해 나아가야 한다.

대만은 중화인민공화국의 신성한 영토의 일부분이다. 조국통일의 대업을 완성하는 것은 대만 동포를 포함한 전체 중국 인민의 신성한 책무이다.

사회주의 건설 사업은 반드시 노동자 · 농민 및 지식분자에 의지해야 하며, 단결 가능한 모든 역량을 단결시켜야 한다. 장기간의 혁명 · 건설 · 개혁 과정 중에, 중국공산당이 영도하고, 각 민주당파 및 모든 인민단체가 참가하여, 모든 사회주의 노동자 · 사회주의사업 건설자 · 사회주의를 지지하는 애국자 및 조국통일을 지지하고, 중화민족의 위대한 부흥을 위해 힘써 노력하는 애국자들을 포함하는 광범위한 애국통일전선이 이미 결성되었으며, 이 통일전선은 계속해서 공고해지고 발전하게 될 것이다. 중국인민정치협상회의는 광범위한 대표성을 갖는 통일전선 조직으로서, 과거에는 중요한 역사적 역할을 해 왔으며, 금후에는 국가의 정치생활 · 사회생활 및 대외협력 활동에서, 사회주의 현대화 건설 진행 · 국가의 통일 및 단결 유지 옹호 투쟁에서, 더욱 중요한 역할을 발휘할 것이다. 중국공산당 영도의 다당합작 및 정치협상 제도는 앞으로도 장기간 유지 발전될 것이다.

중화인민공화국은 전국의 각 민족 인민이 공동으로 창건한 통일된 다민족국가이다. 평등 단결 조화의 사회주의 민족관계는 이미 확립되었고, 앞으로도 계속 강화될 것이다. 민족의 단결을 유지 옹호하는 투쟁에서, 대민족주의, 특히 대한족주의를 반대해야 하며, 또한 지방 민족주의에 대해 반대해야 한다. 국가는 모든 노력을 다해서 전국 각 민족의 공동번영을 촉진하여야 한다.

중국의 혁명 · 건설 · 개혁에 따른 성과는 세계 인민의 지지와 분리될 수 없다. 중국의 전도는 세계의 전도와 긴밀하게 연결되어 있다. 중국은 독립자주의 대외정책을 견지하고, 주권과 영토보전의 상호존중 · 상호 불침범 · 상호 내정불간섭 · 평등호혜 및 평화공존의 5개 원칙을 견지하여, 평화발전의 노선을 견지하고, 상호이익 공동승리 개방 전략을 견지하며, 각 국가와의 외교관계 및 경제 · 문화의 교류를 발전시키며; 인류문명 공동체건설을 추동하고, 제국주의 · 패권주의 · 식민주의에 대한 반대를 견지하여, 세계 각국 인민과의 단결을 강화하고, 피압박 민족과 발전도상국의 민족독립 쟁취 및 유지 옹호 · 민족경제 발전을 위한 정의의 투쟁을 지지하며, 세계평화를 유지하고 인류의 진보를 촉진하는 사업을 위해 노력한다.

이 헌법은 중국 각 민족 인민의 분투 성과를 법의 형식으로 확인한 것이고, 국가의 기본 제도와 기본 임무를 규정한 것으로, 국가의 기본법이며, 최고의 법적 효력을 가진다. 전국의 각 민족 인민 · 모든 국가기관 및 무장역량 · 각 정당 및 각 사회단체 · 각 기업사업 조직은 모두 헌법을 기본 활동 준칙으로 삼아야하고, 또 헌법의 존엄을 지키고 헌법의 실시를 보장하는 직책을 진다.

제1장 총강

제1조

중화인민공화국은 노동자계급이 영도하고, 노동자 농민연맹에 기초한 인민민주독재의 사회주의 국가이다.

사회주의 제도는 중화인민공화국의 근본 제도이다. 중국공산당 영도는 중국특색 사회주의의 가장 본질적인 특징이다. 어떠한 조직 혹은 개인이든지 사회주의 제도를 파괴하는 것은 금지된다.

제2조

중화인민공화국의 모든 권력은 인민에게 귀속된다.

인민이 국가권력을 행사하는 기관은 전국인민대표대회와 지방 각급 인민대표대회이다.

인민은 법률 규정에 따라, 각종 방법과 형식을 통해, 국가사무를 관리하며, 경제 및 문화사업을 관리하고, 사회사무를 관리한다.

제3조

중화인민공화국의 국가기구는 민주집중제의 원칙을 실행한다.

전국인민대표대회와 지방 각급 인민대표대회는 모두 민주선거에 의해 만들어지며, 인민에 대해 책임을 지고, 인민의 감독을 받는다.

국가행정기관 · 감찰기관 · 재판기관 · 검찰기관은 모두 인민대표대회에 의해 만들어지며, 인민대표대회에 대해서 책임지고, 그의 감독을 받는다.

중앙과 지방 국가기구의 직권 획분은, 중앙의 통일적인 영도 하에, 지방의 주동성 · 적극성을 충분히 발휘하는 원칙을 준수한다.

제4조

중화인민공화국의 각 민족은 일률적으로 평등하다. 국가는 각 소수민족의 합법적인 권리와 이익을 보장하며, 각 민족의 평등, 단결, 호조 관계를 유지하고 발전시킨다. 어떠한 민족차별과 압박도 금지하며, 민족 단결을 파괴하고 민족분열을 조장하는 행위를 금지한다.

국가는 각 소수민족의 특성과 필요에 근거하여, 각 소수민족의 경제와 문화의 가속적인 발전을 돕는다.

각 소수민족 집거 지방은 구역자치를 실시하며, 자치기관을 설립하고, 자치권을 행사한다. 각 민족자치 지방은 모두 중화인민공화국의 불가분리의 부분이다.

각 민족은 모두 자기의 언어문자를 사용하고 발전시킬 자유가 있으며, 자기의 풍속습관을 지키거나 개혁할 자유를 가지고 있다.

제5조

중화인민공화국은 의법치국을 실행하고, 사회주의 법치국가를 건설한다.
국가는 사회주의 법제의 통일과 존엄을 유지 보호한다.
모든 법률 · 행정법규 및 지방적 법규는 모두 헌법에 저촉되어서는 안 된다.

모든 국가기관과 무장역량 · 각 정당과 각 사회단체 · 각 기업사업 조직은 모두 반드시 헌법과 법률을 준수해야 한다. 일체의 헌법과 법률을 위반하는 행위는 반드시 추궁된다.

어떠한 조직이나 개인도 헌법과 법률을 초월하는 특권을 가질 수 없다.

제6조

중화인민공화국의 사회주의 경제제도의 기초는 생산수단의 사회주의 공유제, 즉 전인민소유제 및 노동군중의 집체소유제이다. 사회주의 공유제는 사람이 사람을 착취하는 제도를 소멸하여, 각자의 능력을 다하고 노동에 따라 분배받는 원칙을 실행한다.

국가는 사회주의 초급단계에 처하여, 공유제를 주체로 하여 여러 종류의 소유제 경제가 공동 발전하는 기본 경제제도를 견지하며, 노동에 따른 분배를 주체로 하여 여러 종류의 분배방식이 병존하는 분배제도를 견지한다.

제7조

국유경제, 즉 사회주의 전인민소유제 경제는, 국민경제 중의 주도역량이다. 국가는 국유경제의 공고화와 발전을 보장한다.

제8조

농촌 집체경제 조직은 가정승포경영을 기초로 하는 통분결합의 2중 경영체제를 실행한다. 농촌 농촌의 생산 · 공급과 판매 · 신용 · 소비 등 각종 형식의 합작경제는, 사회주의 노동군중 집체소유제 경제이다. 농촌 집체경제 조직에 참가하는 노동자는 법률 규정의 범위 내에서 자류지 · 자류산 · 가정부업 및 자류가축 사육을 경영할 권한을 가지고 있다.

도시의 수공업 · 공업 · 건축업 · 운수업 · 상업 · 서비스업 등 산업의 각종 형식 합작경제는 모두 사회주의 노동군중집체소유제 경제이다. 국가는 도시 및 농촌 집체경제 조직의 합법적인 권리와 이익을 보호하며, 집체경제의 발전을 격려 · 지도하고 돕는다.

제 9 조

광맥 · 수류 · 삼림 · 산령 · 초원 · 황무지 · 간척지 등 자연자원은 모두 국가소유, 즉 전인민 소유이다; 법률규정에 의해 집체소유에 속하는 삼림과 산령 · 초원 · 황무지 · 간척지는 예외로 한다.

국가는 자연자원의 합리적 이용을 보장하며, 진귀한 동물과 식물을 보호한다. 어떠한 조직이나 개인도 어떠한 수단을 이용하든 자연자원을 침해하거나 파괴하는 것을 금지한다.

제 10 조

도시의 토지는 국가소유이다.

농촌과 도시 근교의 토지는, 법률 규정에 의해 국가소유에 속한 것을 제외하고, 집체소유이다; 택지 및 자류지 · 자류산 또한 집체소유에 속한다. 국가는 공공이익의 필요를 위해 법률 규정에 의하여 토지에 대한 징용 또는 징용을 실시하고 보상을 줄 수 있다.

어떠한 조직이나 개인도 토지를 점유 · 매매 또는 기타 형식으로 불법 양도할 수 없다. 토지의 사용권은 법률의 규정에 따라 이전 양도할 수 있다. 모든 토지를 사용하는 조직과 개인은 반드시 합리적으로 토지를 이용해야 한다.

제 11 조

법률 규정 범위 내의 개체경제 · 사영경제 등 비공유제 경제는, 사회주의 시장경제의 중요한 조성 부분이다.

국가는 개체경제 · 사영경제 등 비공유제 경제의 합법적 권리와 이익을 보호한다. 국가는 비공유제 경제의 발전을 격려 · 지지 · 인도하며, 또한 비공유제 경제에 대한 법에 의한 감독 과 관리를 실행한다.

제 12 조

사회주의 공유재산은 신성불가침이다.

국가는 사회주의의 공공재산을 보호한다.

어떠한 조직이나 개인이든 어떠한 수단을 이용하든 국가 및 집체의 재산을 점유 또는 파괴하는 것은 모두 금지 된다.

제 13 조

공민의 합법적인 사유재산은 침범 받지 않는다.

국가는 법률 규정에 의거하여 공민의 사유재산권과 계승권을 보호한다. 국가는 공공이익의 수요를 위해서, 법률 규정에 의거하여 공민의 사유재산에 대해서 징수 또는 징용을 실행하고 보상을 줄 수 있다.

제 14 조

국가는 노동자의 적극성과 기술수준 제고, 선진적 과학기술의 확대 보급, 경제관리 체재와 기업경영관리 제도의 개선, 각종 형식의 사회주의 책임제 실행, 노동조직의 개선 등을 통해서 노동 생산성과 경제효율을 끊임없이 제고함으로써 사회생산력을 발전시킨다.

국가는 절약 행위를 격려하고 낭비를 반대한다.

국가는 축적과 소비를 합리적으로 안배하여, 국가 · 집체 및 개인의 이익을 함께 고려하며, 생산을 발전시키는 기초 위에서 인민의 물질생활과 문화생활을 점차 개선시킨다.

국가는 경제발전 수준에 상응하는 건전한 사회보장 제도를 건립한다.

제 15 조

국가는 사회주의 시장경제를 실행한다.

국가는 경제입법을 강화하고, 거시적 조정을 개선한다.

국가는 어떠한 개인 혹은 조직이 사회경제질서를 문란케 하는 것을 법으로 금지한다.

제 16 조

국유기업은 법률 규정의 범위 내에서 자주경영권을 갖는다.

국유기업은 법률 규정에 의거 직공대표대회 및 기타 형식을 통해서 민주관리를 실행한다.

제 17 조

집체경제 조직은 관련된 법률을 준수한다는 전제 아래, 독립적으로 경제활동을 진행하는 자주권을 갖는다.

집체경제 조직은 민주관리를 실시하여, 법률 규정에 따라 관리 인원을 선거하거나 파면하며, 경영관리의 중대 문제를 결정한다.

제 18 조

중화인민공화국은 외국의 기업과 기타 경제조직 또는 개인이 중화인민공화국 법률의 규정에 의거하여 중국에서 하는 투자와, 중국의 기업 또는 기타 경제조직과 하는 각종 형식의 경제 합작을 윤허한다.

중국 경내의 외국기업과 기타 외국 경제조직 및 중외합자경영 기업은, 모두 중화인민공화국의 법률을 준수해야 한다. 그들의 합법적인 권리와 이익은 중화인민공화국 법률의 보호를 받는다.

제 19 조

국가는 사회주의의 교육을 발전시키고, 전국 인민의 과학문화 수준을 높인다.

국가는 각종 학교를 설립하고, 초등 의무교육을 보급하며, 중등교육 · 직업교육 및 고등교육을 발전시키고, 동시에 취학 전 교육을 발전시킨다.
국가는 각종 교육시설을 발전시키고, 문맹을 없애며, 노동자 · 농민 · 국가 공작인원 및 기타 노동자에 대해 정치 · 문화 · 과학 · 기술 · 업무의 교육을 진행하며, 독학 인재를 격려한다.

국가는 집체경제 조직, 국가기업사업 조직과 기타 사회 역량이 법률 규정에 의거하여 각종 교육 사업을 주관하는 것을 격려한다.

국가는 전국적으로 통용하는 보통화를 널리 보급한다.

제 20 조

국가는 자연과학 및 사회과학 사업을 발전키고, 과학과 기술 지식을 보급하며, 과학연구 성과와 기술발명 창조를 장려한다.

제 21 조

국가는 의료위생 사업을 발전시키고, 현대 의약과 우리나라 전통의학을 발전시키며, 농촌 집체경제 조직 · 국가 기업사업 조직 및 가도 조직이 각종 의료위생 시설을 설립 주관하는 것을 격려하여, 대중적 의료 활동을 전개하고, 인민 건강을 보호한다.

국가는 체육 사업을 발전시키고, 대중적 체육활동을 전개하여, 인민의 체질을 증강시킨다.

제 22 조

국가는 인민을 위해서 복무하고, 사회주의를 위해서 복무하는 문학예술사업 · 신문방송TV사업 · 출판발행사업 · 도서관 박물관 문화관 및 기타 문화 사업을 발전시키고, 대중적 문화 활동을 전개한다.

국가는 명승고적 · 진귀한 문물 및 기타 중요한 역사문화 유산을 보호한다.

제 23 조

국가는 사회주의를 위해 복무하는 각종 전문가 인재를 양성하고, 지식분자 대오를 확대하며, 조건을 창조하여, 그들이 사회주의 현대화 건설 중에 역할을 충분히 발휘할 수 있도록 한다.

제 24 조

국가는 이상교육 · 도덕교육 · 문화교육 · 기율과 법제교육의 보급을 통해서, 또 도시 농촌의 각각 다른 범위의 대중 사이에서 제정되고 집행되는 각종의 수칙 · 공약을 통해서, 사회주의 정신문명의 건설을 강화한다.

국가는 사회주의 핵심 가치관을 창도하여, 조국사랑 · 인민사랑 · 노동사랑 · 과학사랑 · 사회주의 사랑의 공중도덕을 제창하고, 인민 가운데 애국주의 · 집체주의와 국제주의 · 공산주의 교육을 진행하며, 변증유물주의와 역사유물주의의 교육을 진행하여, 자본주의 · 봉건주의와 기타 진부한 사상을 반대한다.

제 25 조

국가는 계획생육을 추진하여, 인구의 증가가 경제 및 사회 발전계획에 적당하도록 한다.

제 26 조

국가는 생활환경과 생태환경을 보호 개선하며, 오염과 기타 공해를 방지한다.

국가는 식수조림을 조직 격려하며, 임목을 보호한다.

제 27 조

모든 국가기관은 간소의 원칙을 실행하며, 업무책임제를 실행하고, 업무 인원의 훈련 및 평가 제도를 실행하여, 업무 질량과 업무 효율을 끊임없이 높이고, 관료주의를 반대한다.

모든 국가기관과 국가업무 인원은 국민의 지지에 의지해야 하며, 일상 인민과의 밀접한 관계를 유지하고, 인민의 의견과 건의에 귀를 기울이며, 인민의 감독을 받아들이고, 인민을 위해 복무하도록 노력해야 한다.

국가업무 인원은 취임시 법률규정에 따라 공개적으로 헌법선서를 진행해야 한다.

제 28 조

국가는 사회질서를 유지하고, 국가전복 및 기타 국가안전을 위해하는 범죄활동을 진압하며, 사회치안을 위해하거나 사회주의 경제를 파괴하는 범죄 및 기타 범죄 활동을 제재하고, 범죄분자를 징벌하고 개조한다.

제 29 조

중화인민공화국의 무력역량은 인민에게 속한다. 그의 임무는 국방을 공고히 하고, 침략에 저항하며, 조국을 지키고, 인민의 평화적인 노동을 지키며, 국가건설 사업에 참가하고, 인민을 위한 복무에 노력한다.
국가는 무장역량의 혁명화 · 현대화 · 정규화의 건설을 강화하고, 국방역량을 증강시킨다.

제 30 조

중화인민공화국의 행정구역 획분은 아래와 같다:

(1) 전국을 성 · 자치구 · 직할시로 나며;

(2) 성 · 자치구를 자치주 · 현 · 자치현 · 시로 나누며;

(3) 현 · 자치현을 향 · 민족향 · 진으로 나눈다.

직할시와 비교적 큰 시는 구 · 현으로 나눈다. 자치주는 현 · 자치현 · 시로 나눈다.

자치구 · 자치주 · 자치현은 모두 민족자치 지방이다.

제 31 조

국가는 필요할 경우 특별행정구를 설립할 수 있다. 특별행정구 내에서 실행하는 제도는 구체적 정황에 따라 전국인민대표대회가 법률로 규정한다.

제 32 조

중화인민공화국은 중국 경내 외국인의 합법적인 권리와 이익을 보호하며, 중국 경내의 외국인은 반드시 중화인민공화국의 법률을 준수해야 한다.

중화인민공화국은 정치적 이유로 인해 피난을 요구하는 외국인에 대해서 비호 받을 권리를 부여할 수 있다.

제2장 공민의 기본 권리와 의무

제 33 조

대체로 중화인민공화국 국적을 가진 사람은 중화인민공화국의 공민이다. 중화인민공화국의 공민은 법률 앞에 모두 평등하다.

공민 누구나 헌법과 법률이 규정한 권리를 향유하고, 동시에 반드시 헌법과 법이 규정한 의무를 이행해야 한다.

제 34 조

중화인민공화국의 만18세 이상 공민은 민족 · 종족 · 성별 · 직업 · 가정출신 · 종교신앙 · 교육정도 · 재산상황 · 거주기한을 막론하고, 모두 선거권과 피선거권을 갖는다; 그렇지만 법률에 의거하여 정치 권리를 박탈당한 사람은 제외 한다.

제 35 조

중화인민공화국의 공민은 언론 · 출판 · 집회 · 결사 · 여행 · 시위의 자유를 갖는다.

제 36 조

중화인민공화국의 공민은 종교 신앙의 자유를 갖는다.

어떠한 국가기관 · 사회단체 및 개인도 공민의 종교 신앙 혹은 불신앙을 강제할 수 없고, 종교를 믿는 공민과 믿지 않는 공민을 차별해서는 안 된다.

국가는 정상적인 종교 활동을 보호한다. 어떠한 사람도 종교를 이용하여 사회질서를 파괴 하거나, 공민의 신체건강을 손해하고, 국가 교육제도의 활동을 방해해선 안 된다.

종교단체와 종교 사무는 외국세력의 지배를 받지 않는다.

제 37 조

중화인민공화국 공민의 인신자유는 침범당하지 안는다.

공민 누구도 인민검찰원의 비준 혹은 결정, 또는 인민 법원의 결정을 거치지 않고, 또한 공안기관에 의한 집행을 거치지 않고는, 체포될 수 없다. 불법 구금과 기타 방법으로 공민의 인신자유를 박탈 혹은 제한하는 것을 금하며, 불법적인 공민의 신체 수사를 금지한다.

제 38 조

중화인민공화국 공민의 인격적 존엄은 침범당하지 않는다. 어떠한 방법을 사용하든 공민에 대한 모욕 · 비방 및 무고모함은 금지한다.

제 39 조

중화인민공화국 공민의 주택은 침범을 당하지 않는다. 불법 수사 또는 불법적인 공민의 주택 침입을 금지한다.

제 40 조

중화인민공화국 공민의 통신 자유와 통신 비밀은 법률의 보호를 받는다. 국가안전 또는 형사범죄 추적조사의 필요 경우와, 공안기관 또는 검찰기관에 의한 법률 규정의 절차에 따른 통신 에 대한 조사를 진행하는 경우를 제외하고는, 어떠한 조직이나 개인도 어떠한 이유에서든 공민 의 통신자유와 통신 비밀을 침범해선 안 된다.

제 41 조

중화인민공화국 공민은 모든 국가기관과 국가공작 인원에 대한 비평과 건의를 제출할 권리를 가지며; 모든 국가기관과 국가공작 인원의 위법적인 직무상 과실 행위에 대해서 관련된 국가기관에 제소 · 고소 또는 고발을 제기할 권리가 있는데, 다만 사실을 조작하거나 왜곡하여 무고모함해서는 안 된다.

공민의 제소 · 고소 또는 고발에 대하여, 유관 국가기관은 반드시 사실을 조사해서 밝히고, 책임지고 처리해야 한다. 어떠한 사람도 압제와 타격으로 보복해선 안 된다.

국가기관과 국가공작 인원에 의해 공민 권리의 침해 손실을 입은 사람은 법률 규정에 의하여 배상 받을 권리를 갖는다.

제 42 조

중화인민공화국 공민은 노동의 권리와 의무를 갖는다.

국가는 각종 방법을 통하여, 노동 취업 조건을 창조하고, 노동 보호를 강화하며, 노동 조건을 개선하고, 또한 생산을 발전시키는 기초 위에서, 노동 보수와 복지 대우를 제고한다.

노동은 모든 노동능력을 가진 공민의 영광스런 직책이다. 국유기업과 도시와 농촌 집체경영조직의 노동자는 모두 반드시 국가의 주인다운 태도로서 자신의 노동에 임해야 한다. 국가는 사회주의 노동경쟁을 제창하여, 노동 모범과 선진 공작자를 장려한다. 국가는 공민이 의무노동에 종사하도록 제창한다.

국가는 취업 전의 공민에 대하여 필요한 노동 취업 훈련을 진행한다.

제 43 조

중화인민공화국 노동자는 휴식의 권리를 갖는다.

국가는 노동자 휴식 및 휴양의 시설을 발전시키고, 직공의 공작 시간과 휴가 제도를 규정한다.

제 44 조

국가는 법률 규정에 의거하여 기업사업 조직의 직공과 국가기관 공작 인원의 퇴휴직 제도를 실행한다. 퇴휴직 인원의 생활은 국가와 사회의 보장을 받는다.

제 45 조

중화인민공화국 공민은 노년 · 질병 또는 노동력을 상실한 상황 하에서, 국가와 사회로부터 물질적 도움을 받을 권리를 갖는다. 국가는 공민의 이러한 권리를 향수하기 위하여 필요한 사회보험 · 사회구제 및 의료위생 사업을 발전시킨다.

국가와 사회는 상이군인의 생활을 보장하고, 열사 가족을 무휼하며, 군인 가족을 우대한다.

국가와 사회는 맹인 · 농자 · 아자 및 기타 장애를 가진 공민의 노동 · 생활 및 교육을 안배하고 돕는다.

제 46 조

중화인민공화국 공민은 교육을 받을 권리와 의무를 갖는다.

국가는 청소년 · 소년 · 아동이 품덕 · 지력 · 체질 등의 방면에서 전면적인 발전을 하도록 배양한다.

제 47 조

중화인민공화국 공민은 과학연구 · 문화예술 창작 및 기타 문화 활동을 진행하는 자유를 갖는다. 국가는 교육 · 과학 · 기술 · 문학 · 예술 및 기타 문화 사업에 종사하는 공민이 인민의 창조적 업무 수행에 기여하는 것을 격려하고 도움을 준다.

제48조

중화인민공화국 부녀자는 정치적 · 경제적 · 문화적 · 사회적 및 가정적 생활 등 각 방면에서 남녀평등의 권리를 향유한다.

국가는 부녀자의 권리와 이익을 보호하고, 남녀의 동등한 업무와 동등한 보수를 실행하며, 여성 간부를 배양하고 선발한다.

제49조

혼인 · 가정 · 어머니 및 아동은 국가의 보호를 받는다.

남편과 아내 쌍방은 계획생육을 실행할 의무를 진다.

부모는 미성년 자녀를 부양할 의무를 지며, 성년 자녀는 부모를 부양 부조할 의무를 진다.

혼인의 자유를 해치는 행위를 금지하며, 노인 · 부녀 · 아동에 대한 학대를 금지한다.

제50조

중화인민공화국은 화교의 정당한 권리와 이익을 보호하며, 귀국 교포와 교포 가족의 합법적 권리와 이익을 보호한다.

제51조

중화인민공화국 공민은 자유와 권리를 행사할 때 국가적 · 사회적 · 집체적 이익 및 기타 공민의 합법적 자유와 권리를 손해해서는 안 된다.

제52조

중화인민공화국 공민은 국가 통일과 전국 각 민족의 단결을 유지 옹호할 의무를 진다.

제53조

중화인민공화국 공민은 반드시 헌법과 법률을 준수하고, 국가 비밀을 지키며, 공공재산을 아끼며, 노동규율을 준수하고, 공공질서를 준수하며, 사회공덕을 존중해야 한다.

제54조

중화인민공화국 공민은 조국의 안전 · 영예 및 이익을 유지 옹호할 의무를 지며, 조국의 안전 · 영예 및 이익을 위해해서는 안 된다.

제55조

조국을 보위하고, 침략에 저항하는 것은 중화인민공화국 모든 공민의 신성한 직책이다.

법률에 의거하여 병역에 복무하고 민병 조직에 참가하는 것은 중화인민공화국 공민의 영광스런 의무이다.

제56조

중화인민공화국 공민은 법률에 의거하여 납세의 의무를 진다.

제3장 국가기구

제 1 절 전국인민대표대회

제57조

중화인민공화국 전국인민대표대회는 최고 국가권력기관이다. 그의 상설기관은 전국인민대표대회 상무위원회이다.

제58조

전국인민대표대회와 전국인민대표대회 상무위원회는 국가 입법권을 행사한다.

제59조

전국인민대표대회는 성 · 자치주 · 직할시 · 특별행정구 및 군대로부터 선출된 대표로 구성된다.

각 소수민족은 모두 마땅히 적당한 인원수의 대표를 가져야 한다.

전국인민대표대회의 선거는 전국인민대표대회 상무위원회가 주관한다.

전국인민대표대회 대표 정원수와 대표선출 방법은 법률로 규정한다.

제60조

전국인민대표대회의 매 임기는 5년이다.

전국인민대표대회 임기 만료 2개월 전에 전국인민대표대회 상무위원회는 반드시 차기 전국인민대표대회의 선거를 완성해야 한다. 만약 선거를 진행 할 수 없는 비상상황에 처하게 된다면 전국인민대표대회 상무위원회가 전체 성원의 3분의 2 이상의 다수로 통과시켜 선거를 연기할 수 있고, 본 기 전국인민대표대회 대표의 임기를 연장 할 수 있다. 비상상황 종결 후 1년 내에 반드시 차기 전국인민대표대회 의 대표의 선거를 완성해야 한다.

제61조

전국인민대표대회 회의는 매년 한번 개최하고 전국인민대표대회 상무위원회가 소집한다. 만약 전국인민대표대회 상무위원회가 필요하다고 여기거나, 혹은 5분의 1 이상의 전국인민대표대회 대표의 제의가 있으면, 임시로 전국인민대표대회 회의를 소집할 수 있다.

전국인민대표대회가 회의를 개최할 때는 주석단을 선출하여 회의를 주재한다.

제62조

전국인민대표대회는 아래 직권을 행사한다.

(1) 헌법의 수개정;

(2) 헌법의 실시 감독;

(3) 형사 · 민사 · 국가기구 및 기타의 기본 법률 제정 및 수개정;

(4) 중화인민공화국 주석 · 부주석의 선거;

(5) 중화인민공화국 주석의 지명에 근거하는 국무원 총리의 인선 결정; 국무원 총리의 제명에 근거하는 국무원 부총리 · 국무위원 · 각부부장 · 각 위원회 주임 · 심계장 · 비서장의 인선 결정;

(6) 중앙군사위원회 주석의 선거; 중앙군사위원회 주석의 제명에 근거

하는 중앙군사위원회의 기타 구성 인원의 인선 결정;

(7) 국가감찰위원회 주임선거

(8) 최고인민법원 원장의 선거;

(9) 최고인민검찰원 검찰장의 선거;

(10) 국민경제 및 사회발전 계획과 계획 집행상황의 보고 심사 및 비준;

(11) 국가의 예산과 예산집행상황의 보고 심사 및 비준;

(12) 전국인민대표대회 상무위원회의 부당한 결정 변경 혹은 철회;

(13) 성 · 자치구 및 직할시의 설지 비준;

(14) 특별행정구의 설립 및 그 제도 결정;

(15) 전쟁과 평화의 문제 결정;

(16) 최고 국가권력기관이 마땅히 행사해야 할 기타 직권.

제63조

전국인민대표대회에게는 아래 인원을 파면할 수 있는 권한이 있다:

(1) 중화인민공화국 주석 · 부주석;

(2) 국무원 총리 · 부총리 · 국무위원 · 각부 부장 · 각 위원회 주임 · 심계장 · 비서장;

(3) 중앙군사위원회 주석과 중앙군사위원회 기타 구성 인원;

(4) 국가감찰위원회 주임

(5) 최고인민법원 원장;

(6) 최고인민검찰원 검찰장.

第64条

헌법의 수개정은 전국인민대표대회 상무위원회 또는 5분의 1 이상의 전국인민대표대회 대표가 제의하고, 또 전국인민대표대회가 전체 대표의 3분의 2 이상의 다수로 통과시킨다.

법률과 기타 의안은 전국인민대표대회가 전체 대표의 과반수로 통과시킨다.

第65条

전국인민대표대회 상무위원회는 아래 인원으로 구성된다.
위원장
부위원장 약간 명
비서장
위원 약간 명
전국인민대표대회 상무위원회의 구성 인원 중에는 마땅히 적당한 정원의 소수민족 대표가 있어야 한다.

전국인민대표대회는 전국인민대표대회 상무위원회의 구성 인원을 선거하고 또한 파면시킬 권리를 가지고 있다.

전국인민대표대회 상무위원회의 구성 인원은 국가 행정기관 · 감찰기관 · 재판기관 및 검찰기관의 직무를 담임할 수 없다.

第66条

전국인민대표대회 상무위원회의 매기 임기는 전국인민대표대회 매기 임기와 같으며, 그는 차기 전국인민대표대회가 새로운 상무위원회를 선출할 때까지 직권을 행사한다.

위원장 · 부위원장의 연임은 2기를 초과해서는 안 된다.

제67조

전국인민대표대회 상무위원회는 아래 직권을 행사한다.

(1) 헌법해석, 헌법의 실시 감독;

(2) 전국인민대표대회가 마땅히 제정해야 할 법률 이외의 기타 법률 제정 및 수개정;

(3) 전국인민대표대회 폐회 기간에 전국인민대표대회가 제정한 법률에 대하여 부분 보충 및 수개정 진행, 단 당해 법률의 기본원칙과 저촉되어서는 안 된다;

(4) 법률 해석;

(5) 전국인민대표대회 폐회 기간 국민경제 및 사회발전 계획과 국가예산의 집행과정 중 반드시 부분적으로 조정해야 할 방안의 심사 및 비준;

(6) 국무원 · 중앙군사위원회 · 국가감찰위원회 · 최고인민법원 및 최고인민검찰원의 업무 감독;

(7) 국무원이 제정한 헌법, 법률과 저촉되는 행정 법규, 결정 및 명령의 철회

(8) 헌법 · 법률 · 행정 법규와 서로 저촉되는 성 · 자치구 · 직할시 국가권력기관이 제정한 지방성 법규와 결의의 철회 취소;

(9) 전국인민대표대회 폐회 기간 국무원 총리의 지명에 근거하여, 부장 · 위원회 주임 · 심계장 · 비서장의 인선 결정;

(10) 전국인민대표대회 폐회 기간 중앙군사위원회 주석의 지명에 근거하여 중앙군사위원회 기타 구성 인원의 인선 결정;

(11) 국가감찰위원회 주임의 제청에 따라 국가감찰위원회 부주임 · 위원 임면.

(12) 최고인민법원 원장의 제청에 근거하여 최고인민법원 부원장 · 심판원 · 심판위원회 위원 및 군사법원 원장 임명;

(13) 최고인민검찰원 검찰장의 제청에 근거하여, 최고인민검찰원 부검찰장 · 검찰원 · 검찰위원회 위원 및 군사검찰원 검찰장의 임면, 그리고 성 · 자치구 · 직할시 인민검찰원 검찰장의 임면 비준;

(14) 외국주재 전권대표의 임면 결정;

(15) 외국과 체결한 조약 및 중요 협정의 비준 및 폐지 결정;

(16) 군인 및 외교 인원의 직함급제도와 기타 전문 직함급제도 규정;

(17) 국가의 훈장 및 영예칭호 수여 규정 및 결정;

(18) 특별사면 결정;

(19) 전국인민대표 폐회 기간 만약 국가가 무장침범을 당하거나 또는 국제간 침략공동방지조약을 반드시 이행해야 하는 상황이 되면 전쟁상황의 선포를 결정;

(20) 전국 총동원 또는 국부동원의 결정;

(21) 전국 또는 각급 성 · 자치구 · 직할시의 긴급상태 진입 결정;

(22) 전국인민대표대회가 부여한 기타 직권.

제68조

전국인민대표대회 상무위원회 위원장은 전국인민대표대회 상무위원회의 업무를 주재하고, 전국인민대표대회 상무위원회 회의를 소집한다. 부위원장 · 비서장은 위원장의 업무를 돕는다.

위원장 · 부위원장 · 비서장은 위원장 회의를 구성하고, 전국인민대표대회 상무위원회의 중요 일상 업무를 처리한다.

第69条

전국인민대표대회 상무위원회는 전국인민대표대회에 대하여 책임지며, 업무를 보고한다.

第70条

전국인민대표대회는 민족위원회 · 법률위원회 · 재정경제위원회 · 교육과학문화위생위원회 · 외사위원회 · 화교위원회 및 기타 설립이 필요한 전문위원회를 설립한다. 전국인민대표대회폐회 기간 에 각 전문위원회는 전국인민대표대회 상무위원회의 영도를 받는다.

각 전문위원회는 전국인민대표대회와 전국인민대표대회 상무위원회의 영도아래, 관련된 의안을 연구 · 심의 · 입안한다.

第71条

전국인민대표대회와 전국인민대표대회 상무위원회는 필요하다고 여겨질 때, 특정 문제와 관련된 조사위원회를 조직할 수 있으며, 또한 조사위원회의 보고에 근거하여, 상응하는 결의를 만들어 낼 수 있다.

조사위원회가 조사를 진행할 때, 모든 관련된 국가기관 · 사회단체 및 공민은 모두 그에게 필요한 자료를 제공할 의무가 있다.

第72条

전국인민대표대회 대표와 전국인민대표대회 상무위원회 구성 인원은 법률 규정의 절차에 의거 하여 전국인민대표대회와 전국인민대표대회 상무위원회의 직권에 속하는 범위 내의 의안을 분별하여 제출할 권리를 갖는다.

제73조

전국인민대표대회 대표는 전국인민대표대회가 개최되는 기간에, 전국인민대표대회 상무위원회 구성 인원은 상무위원회가 개최된 기간에, 법률이 규정한 절차에 의거하여 국무원 또는 국무원 각부 · 각 위원회에 대하여 질문 안을 제출할 권리를 갖는다. 질문을 받은 기관은 반드시 답변할 책임이 있다.

제74조

전국인민대표대회 대표는 전국인민대표대회 회의 주석단의 비준을 받지 않거나, 전국인민대표대회 폐회 기간에 전국인민대표대회 상무위원회의 비준을 받지 않고는, 체포되거나 형사 재판을 받지 않는다.

제75조

전국인민대표대회 대표는 전국인민대표대회 각종 회의에서 한 발언과 표결에 대하여 법률적 추궁을 받지 않는다.

제76조

전국인민대표대회 대표는 반드시 모범적으로 헌법과 법률을 준수해야 하고, 국가의 비밀을 지키며, 또한 자기가 참여하는 생산 · 업무 및 사회활동 중에서 헌법과 법률의 실시에 협조해야 한다.

전국인민대표대회 대표는 당연히 원 선거 단위 및 인민과 밀접한 관계를 유지하고, 인민의 의견과 요구를 듣고 반영하며, 인민을 위한 복무에 노력해야 한다.

제77조

전국인민대표대회 대표는 원 선거 단위의 감독을 받는다. 원 선거 단위는 법률이 규정한 절차에 의거하여 본 단위가 선출한 대표를 파면 할 권리를 갖는다.

제78조
전국인민대표대회와 전국인민대표대회 상무위원회의 조직과 업무 절차는 법률로 규정한다.

제 2 절 중화인민공화국 주석

제79조
중화인민공화국 주석 · 부주석은 전국인민대표대회가 선거한다.

선거권과 피선거권을 가진 45세 이상의 중화인민공화국 공민은 중화인민공화국 주석 · 부주석으로 선거될 수 있다.

중화인민공화국 주석 · 부주석의 매기 임기는 전국인민대표대회의 매기 임기와 같다.

제80조
중화인민공화국 주석은 전국인민대표대회의 결정과 전국인민대표대회 상무위원회의 결정에 근거하여, 법률을 공포하고 국무원 총리 · 부총리 · 국무위원 · 각부 부장 · 각 위원회 주임 · 심계장 · 비서장을 임면하며, 국가의 훈장과 영예칭호를 수여하며, 특별사면령을 발포하고, 긴급상태 진입을 선포하며, 전쟁상태를 선포하고, 동원령을 발포한다.

제81조
중화인민공화국 주석은 중화인민공화국을 대표하고, 국사활동을 진행하며, 외국 사절을 접견하고; 전국인민대표대회 상무위원회의 결정에 근거하여, 외국주재 전권대표를 파견 및 소환하며, 외국과 체결한 조약과 중요 협정을 비준하고 폐지한다.

第82조

중화인민공화국 부주석은 주석의 업무를 돕는다.

중화인민공화국 부주석은 주석의 위탁을 받아, 주석의 부분 직권을 행사할 수 있다.

第83조

중화인민공화국 주석 · 부주석은 차기 전국인민대표대회가 선출할 주석 · 부주석의 취임까지 직권을 행사한다.

第84조

중화인민공화국 주석의 궐위 시에는 부주석이 주석의 직위를 승계 취임한다.

중화인민공화국 부주석이 궐위 시에는 전국인민대표대회가 보선한다. 중화인민공화국 주석 · 부주석이 모두 궐위일 때는, 전국인민대표대회가 보선하는데; 보선 이전에는 전국인민대표대회 상무위원회 위원장이 잠시 주석의 직위를 대신한다.

제 3 절 국무원

第85조

중화인민공화국 국무원, 즉 중앙인민정부는 최고 국가권력기관의 집행기관이며 최고 국가행정기관이다.

제86조

국무원은 아래 열거한 인원으로 구성 된다

총리,

부총리 약간인,

국무위원 약간인,

각부부장,

각 위원회 주임,

심계장,

비서장.

국무원은 총리 책임제를 실행한다. 각부 · 각 위원회는 부장 · 주임 책임제를 실행한다.

국무원의 조직은 법률로 규정한다.

제87조

국무원의 매기 임기는 전국인민대표대회의 매 임기와 같다.

총리 · 부총리 · 국무위원의 연임은 2기를 초과 할 수 없다.

제88조

총리는 국무원의 업무를 영도한다. 부총리 · 국무위원은 총리의 업무를 돕는다.

총리 · 부총리 · 국무위원 · 비서장은 국무원 상무회의를 구성한다.

총리는 국무원 상무회의와 국무원 전체 회의를 소집하고 주재한다.

제89조

국무원은 아래 열거한 직권을 행사한다.

(1) 헌법과 법률에 근거한 행정시책 규정, 행정법규 제정, 결정 및 명령 발포;

(2) 전국인민대표대회 또는 전국인민대표대회 상무위원회에 의안 제출;

(3) 각부 및 각 위원회의 임무와 직책 규정, 각부 및 각 위원회의 업무 통일적 지도, 그리고 각부 및 각 위원회에 속하지 않는 전국적 행적 업무 지도;

(4) 전국 지방 각급 국가행정기관 업무의 통일적 지도, 중앙 및 성 · 자치구 · 직할시 국가행정기관 직권의 구체적인 분할 규정;

(5) 국민경제 및 사회발전계획과 국가예산 편제 및 집행;

(6) 경제업무와 도시 농촌 건설 · 생태문명 건설 영도 및 관리;

(7) 교육 · 과학 · 문화 · 위생 · 체육 및 계획생육 업무 영도 및 관리;

(8) 민정 · 공안 · 사법행정 업무 영도 및 관리;

(9) 대외사무 관리, 외국과의 조약 및 협정 체결;

(10) 국방건설사업 영도 및 관리;

(11) 민족사무 영도 및 관리, 소수민족의 평등 권리와 민족자치 지방의 자치 권리 보장;

(12) 화교의 정당한 권리와 이익 보호, 귀국 교포와 교포 가족의 합법적인 권리와 이익 보호;

(13) 각부 · 각 위원회가 발포한 부당한 명령 · 지시 및 규장의 변경 또는 철회;

(14) 지방 각급 국가행정기관의 부당한 결정 및 명령의 변경 또는 철회;

(15) 성 · 자치구 · 직할시의 구역 획분 비준, 자치구 · 현 · 자치현 · 시의 신설 및 구역 획분 비준;

(16) 법률 규정에 의거 성 · 자치구 · 직할시의 범위 내 부분 지구 긴급 상태 진입 결정;

(17) 행정기구의 편제 심의 결정, 법률 규정에 의거한 행정 인원의 임면 · 배양훈련 · 심사 및 상벌;

(18) 전국인민대표대회와 전국인민대표대회 상무위원회가 수여한 기타 직권.

제90조

국무원 각 부 부장 · 각 위원회 주임은 본 부문 업무를 책임지고; 부무회의 또는 위원회회의 · 위무회의를 소집 및 주재하여, 본 부문 업무의 중요 문제를 토론 결정한다.

각 부, 각 위원회는 법률과 국무원의 행정법규 · 결정 · 명령에 근거하여 본 부문의 권한 내에서, 명령 · 지시 및 규장을 발포한다.

제91조

국무원은 회계감사기관을 설립하고 국무원 각 부서와 지방 각급 정부의 재정수지에 대하여, 그리고 국가의 재정금융기구와 기업사업 조직의 재무수지에 대하여, 회계감사 감독을 진행한다.

회계감사기관은 국무원 총리의 영도아래 법률규정에 의거하여 독립적으로 회계감사 감독권을 행사하고, 기타 행정기관 · 사회단체 및 개인의 간섭을 받지 않는다.

제92조

국무원은 전국인민대표대회에 대하여 책임지고 또한 업무를 보고하며; 전국인민대표대회의 폐회 기간에는 전국인민대표대회 상무위원회에 대하여 책임지고 또한 업무를 보고한다.

제 4 절 중앙군사위원회

제93조

중화인민공화국 중앙군사위원회는 전국 무장역량을 영도한다.

중앙군사위원회는 아래 열거한 인원으로 구성된다.

주석

부주석 약간인

위원 약간인

중앙군사위원회는 주석책임제를 실행한다.

중앙군사위원회의 매기 임기는 전국인민대표대회의 매기 임기와 같다.

제94조

중앙군사위원회 주석은 전국인민대표대회 및 전국인민대표대회 상무위원회에 대하여 책임진다.

제 5 절 지방 각급 인민대표대회와 지방 각급 인민정부

제95조

성 · 직할시 · 현 · 시 · 시할구 · 향 · 민족향 · 진은 인민대표대회와 인민정부를 설립한다.

지방 각급 인민대표대회와 지방 각급 인민정부의 조직은 법률로 규정한다.

자치구 · 자치주 · 자치현은 자치기관을 설립한다. 자치기관의 조직과 업무는 헌법 제3장 제5 절 · 제6 절이 규정한 기본원칙에 근거하여 법률로 규정한다.

제96조

지방 각급 인민대표대회는 지방 국가권력기관이다.

현급 이상의 지방 각급 인민대표대회는 상무위원회를 설립한다.

제97조

성 · 직할시 · 구를 설립한 시의 인민대표대회는 한 등급 아래의 인민대표대회에서 선거하며; 현 · 구를 설립하지 않은 시 · 시할구 · 향 · 민족향 · 진의 인민대표대회는 선거인민이 직접 선거한다.

지방 각급 인민대표대회의 대표 인수와 대표선출 방법은 법률로 규정한다.

제98조

각급 인민대표대회의 매기 임기는 5년이다.

제99조

지방 각급 인민대표대회는 본 행정구역 내에서 헌법 · 법률 · 행정 법규의 준수와 집행을 보증하고; 법률이 규정한 권한에 의거해서, 결의를 통과 및 공포하며, 지방의 경제건설 · 문화건설 및 공공사업건설 계획을 심사 및 결정한다.

현급 이상의 지방 각급 인민대표대회는 본 행정구역 내의 국민경제 및 사회발전계획과, 예산 및 그 집행상황 보고를 심사하고 비준하며; 본급 인민대표대회 상무위원회의 부당한 결정을 변경 또는 철회 할 권리를 갖는다.

민족향의 인민대표대회는 법률이 규정한 권한에 의거하여 민족 특성에 적합한 구체적 시책을 채택할 수 있다.

제100조

성, 직할시 인민대표대회와 그 상무위원회는 헌법 · 법률 · 행정 법규와 서로 저촉되지 않는 전제 하에 지방적 법규를 제정할 수 있으며, 전국인민대표대회 상무위원회에 보고 등록한다.

구를 설치한 시의 인민대표대회와 그 상무위원회는 헌법 · 법률 · 행정 법규 및 본성 · 자치구의 지방적 법규와 저촉되지 않는 전제하에, 법률 규정에 따라 지방적 법규를 제정할 수 있고, 본성 · 자치구 인민대표대회 상무위원회에 보고하고 비준 후 시행한다.

제101조

지방 각급 인민대표대회는 각각 본급 인민정부의 성장과 부성장 · 시장과 부시장 · 현장과 부현장 · 구장과 부구장 · 향장과 부향장 · 진장과 부진장을 선출하고 또한 파면할 권리를 갖는다.

현급 이상의 지방 각급 인민대표대회는 본급 감찰위원회 주임 · 본급 인민법원 원장 및 본급 인민검찰원 검찰장을 선출하고 또한 파면하는 권리를 갖는다. 인민검찰원 검찰장을 선출 또는 파면 할 경우에는 반드시 상급 인민검찰원 검찰장에 보고하여 해당 급 인민대표대회 상무위원회의 비준을 제청해야한다.

제102조

성 · 직할시 · 구를 설립한 시의 인민대표대회 대표는 원 선거 단위의 감독을 받으며; 현 · 구를 설립하지 않은 시 · 시할구 · 향 · 민족향 · 진의 인민대표대회 대표는 선거 인민의 감독을 받는다.

지방 각급 인민대표대회 대표의 선거 단위 및 선거 인민은 법률이 규정한 절차에 의거하여 그들이 선출한 대표를 파면할 권리를 갖는다.

제103조

현급 이상의 지방 각급 인민대표대회 상무위원회는 주임, 부주임 약간 인 및 위원 약간 인으로 구성하며, 본급 인민대표대회에 대하여 책임지고 업무를 보고한다.

현급 이상의 지방 각급 인민대표대회는 본급 인민대표대회 상무위원회의 구성 인원을 선출하고 파면할 권리를 갖는다.

현급 이상의 지방 각급 인민대표대회 상무위원회의 구성 인원은 국가 행정기관 · 감찰기관 · 재판기관과 검찰기관의 직무를 담임해서는 안 된다.

제104조

현급 이상의 지방 각급 인민대표대회 상무위원회는 본 행정구역 내 각 방면 업무의 중대 사항을 토론 · 결정하며; 본급 인민정부 · 감찰위원회 · 인민법원 및 인민검찰원의 업무를 감독하고; 본급 인민정부의 부당한 결정 및 명령을 철회하며; 한 급아래 인민대표대회의 부당한 결의를 철회하고; 법률로 규정한 권한에 의거하여 국가기관 공작인원의 임면을 결정하며; 본급 인민대표대회 폐회 기간에 한 급 위 인민대표대회의 개별 대표를 파면 및 보선한다.

제105조

지방 각급 인민정부는 지방 각급 국가권력기관의 집행기관이며, 지방의 각급 국가행정기관이다.

지방 각급 인민정부는 성장 · 시장 · 현장 · 구장 · 향장 · 진장 책임제를 실행한다.

제106조

지방 각급 인민정부의 매기 임기는 본급 인민대표대회의 매기 임기와 같다.

제107조

현급 이상 지방 각급 인민정부는 법률이 규정한 권한에 의거하여 본 행정구역 내의 경제 · 교육 · 과학 · 문화 · 위생 · 체육사업 · 도시농촌건설사업 및 재정 · 민정 · 공안 · 민족사무 · 사법행정 · 계획생육 등의 행정업무를 관리하며, 결정 및 명령을 발포하고, 행정공작 인원을 임면 · 훈련 · 심사 및 상벌 한다.

향 · 민족향 · 진의 인민전부는 본급 인민대표대회의 결의와 상급 국가행정기관의 결정 및 명령을 집행하고, 본 행정구역 내의 행정업무를 관리한다.

성 · 직할시의 인민정부는 향 · 민족향 · 진의 설치 및 구역 획분을 결정한다.

제108조

현 이상의 지방 각급 인민정부는 소속 각 업무부서와 하급 인민정부의 업무를 영도하고 소속 업무부서와 하급 인민정부의 부당한 결정을 변경 또는 철회할 권리를 갖는다.

제109조

현 이상의 지방 각급 인민정부는 심계기관을 설립한다. 지방 각급 심계기관은 법률의 규정에 의거하여 독립적으로 회계감사감독권을 행사하고, 본급 인민정부와 상급 심계기관에 대하여 책임진다.

제110조

지방 각급 인민정부는 본급 인민대표대회에 대하여 책임지며 또 업무를 보고한다. 현급 이상의 지방 각급 인민정부는 본급 인민대표대회 폐회 기간에 본급 인민대표대회 상무위원회에 대하여 책임지며 또 업무를 보고한다.

지방 각급 인민정부는 상급 국가행정기관에 대하여 책임지며 또 업무를 보고한다. 전국 지방 각급 인민정부는 모두 국무원의 통일적 영도 아래에 있는 국가행정기관이며, 모두 국무원에 복종한다.

제111조

도시와 농촌의 주민거주 지구에 따라 설립하는 거민위원회 또는 촌민위원회는 기층군중성 자치조직이다. 거민위원회 · 촌민위원회의 주임 · 부주임 및 위원은 주민이 선거한다. 거민위원회 · 촌민위원회와 기층정권과의 상호관계는 법률로 규정한다.

거민위원회 · 촌민위원회는 인민의 화해 · 치안보위 · 공공위생 등의 위원회를 설립하고, 본 거주지구의 공공사무 및 공익사업을 처리하며, 민간 분규를 중재하고, 사회치안 유지에 협조하며, 또한 인민정부에 군중의 의견 · 요구 및 건의 제기를 반영한다.

제6절 민족자치지방의 자치기관

제112조

민족자치지방의 자치기관은 자치구 · 자치주 · 자치현의 인민대표대회와 인민정부이다.

제113조

자치구 · 자치주 · 자치현의 인민대표대회 중에는 구역자치를 실행하는 민족의 대표 이외에 본 행정구역 내에 거주하는 기타 민족도 마땅히 적당한 인원수의 대표를 갖는다.

자치구 · 자치주 · 자치현의 인민대표대회 상무위원회 중에는 구역자치를 실행하는 민족을 가진 공민이 마땅히 주임 또는 부주임을 담임한다.

제114조

자치구 주석 · 자치주 주장 · 자치현 현장은 구역자치를 실행하는 민족의 공민이 담임한다.

제115조

자치구 · 자치주 · 자치현의 자치기관은 헌법 제3장 제5절이 규정한 지방 국가기관의 직권을 행사하고, 동시에 헌법, 민족자치구역법 및 기타 법률이 규정한 권한에 의거하여 자치권을 행사하며, 본 지방 실제 상황에 근거하여 국가의 법률과 정책 집행을 관철한다.

제116조

민족자치지방의 인민대표대회는 해당 지역 민족의 정치 · 경제 및 문화의 특징에 근거하여 자치조례와 단행조례를 제정할 권리를 갖는다. 자치구의 자치조례와 단행조례는 전국인민대표대회 상무위원회에 보고하여 비준을 받은 후 효력을 발생한다. 자치주 · 자치현의 자치조례와 단행조례는 성 또는 자치구의 인민대표대회 상무위원회에 보고하고 비준을 받은 후 효력을 발생하며, 전국인민대표대회 상무위원회에 보고 등록한다.

제117조

민족자치지방의 자치기관은 지방재정을 관리하는 자치권을 갖는다. 대체로 국가 재정체제에 의거하여 민족자치지방의 재정수입에 속하는 것은 모두 마땅히 민족자치지방의 자치기관이 자주적으로 안배하여 사용한다.

제118조

민족자치지방의 자치기관은 국가계획의 지도아래 지방적 경제건설 사업을 자주적으로 안배 및 관리한다.

국가는 민족자치지방에서 자원을 개발하고 기업을 건설할 때, 마땅히 민족자치지방의 이익을 고려한다.

제119조

민족자치지방의 자치기관은 자주적으로 본 지방의 교육 · 과학 · 문화 · 위생 · 체육 사업을 관리하고, 민족의 문화유산을 보호하고 정리하며, 민족문화를 발전 번영시킨다.

제120조

민족자치지방의 자치기관은 국가 군사제도와 해당 지역의 실제 수요에 비추어서, 국무원의 비준을 거쳐, 본 지방의 사회치안을 유지하기 위한 공안부대를 조직할 수 있다.

제121조

민족자치지방의 자치기관이 직무를 집행할 때, 본 민족자치지방의 자치조례 규정에 의거 하여, 당해 지역에서 통용되는 하나 또는 여러 종류의 언어문자를 사용한다.

제122조

국가는 재정 · 물자 · 기술 등 방면에서 각 소수민족을 도와 경제건설과 문화건설 사업을 가속적으로 발전시킨다.

국가는 민족자치지방을 도와 당해 지역 민족 중에서 각급 간부 · 각종 전문 인재 및 기술노동자를 대량 배양한다.

제 7절 감찰위원회

제 123조

중화인민공화국 각급 감찰위원회는 국가의 감찰기관이다.

제 124조

중화인민공화국은 국가감찰위원회와 지방 각급 감찰위원회를 설립한다.

감찰위원회는 아래 열거한 인원으로 구성한다.

주임

부주임 약간인
위원 약간인
감찰위원회 주임의 매기 임기는 본급 인민대표대회의 매기 임기와 같다. 국가감찰위원회 주임은 두 기를 초과하여 연임할 수 없다.
감찰위원회의 조직 및 직권은 법률로 규정한다.

제 125조
중화인민공화국 국가감찰위원회는 최고 감찰기관이다.
국가감찰위원회는 지방 각급 감찰위원회 업무를 영도하고, 상급 감찰위원회는 하급 감찰위원회 업무를 영도한다.

제 126조
국가감찰위원회는 전국인민대표대회 및 전국인민대표대회 상무위원회에 대해서 책임을 진다. 지방 각급 감찰위원회는 그를 산출한 국가 권력기관 및 차 상급 감찰위원회에 대해서 책임을 진다.

제 127조
감찰위원회는 법률 규정에 따라, 독립적으로 감찰권을 행사하며, 행정기관 · 사회단체 및 개인의 간섭을 받지 않는다.
감찰기관은 직무 위법 및 직무 범죄 안건을 당연히 재판기관 · 검찰기관 · 법률 집행 부문과 상호 배합 · 상호 제약하여 처리한다.

제8절 인민법원과 인민검찰원

제128조
중화인민공화국 인민법원은 국가의 재판기관이다.

제129조

중화인민공화국은 최고인민법원 · 지방 각급 인민법원 및 군사법원 등 전문 인민법원을 설립한다.

최고인민법원 원장의 매기 임기는 전국인민대표대회의 매기 임기와 같으며, 연임은 2기를 초과할 수 없다.
인민법원의 조직은 법률로 규정한다.

제130조

인민법원은 안건을 심리하고, 법률이 규정한 특별한 정황을 제외하고는, 일률적으로 진행을 공개 한다. 피고인은 변호 받을 권리를 갖는다.

제131조

인민법원은 법률 규정에 의거하여 독립적으로 재판권을 행사하며, 행정기관 · 사회단체 및 개인의 간섭을 받지 않는다.

제132조

최고인민법원은 최고재판기관이다.

최고인민법원은 지방 각급 인민법원과 전문 인민법원의 재판 업무를 감독하고, 상급 인민법원은 하급 인민법원의 재판 업무를 감독한다.

제133조

최고인민법원은 전국인민대표대회와 전국인민대표대회 상무위원회에 대하여 책임진다. 지방 각급 인민법원은 그를 생산한 국가권력기관에 대하여 책임진다.

제134조

중화인민공화국 인민검찰원은 국가의 법률감독기관이다.

제135조

중화인민공화국은 최고인민검찰원 · 지방 각급 인민검찰원 및 군사검찰원 등 전문 인민검찰원을 설립한다.

최고인민검찰원 검찰장의 매기 임기는 전국인민대표대회의 매기 임기와 같으며, 연임은 2기를 초과할 수 없다.

인민검찰원의 조직은 법률로 규정한다.

제136조

인민검찰원은 법률 규정에 의거하여 독립적으로 검찰권을 행사하며, 행정기관 · 사회단체 및 개인의 간섭을 받지 않는다.

제137조

최고인민검찰원은 최고검찰기관이다.
최고인민검찰원은 지방 각급 인민검찰원과 전문 인민검찰원의 업무를 영도하며 상급 인민검찰원은 하급 인민검찰원의 업무를 영도한다.

제138조

최고인민검찰원은 전국인민대표대회와 전국인민대표대회 상무위원회에 대하여 책임진다. 지방 각급 인민검찰원은 그를 생산한 국가권력기관과 상급 인민검찰원에 대하여 책임진다.

第139条

각 민족 공민은 모두 본 민족 언어문자를 사용하여 소송을 진행할 권리를 갖는다. 인민법원과 인민검찰원은 당해 지역 통용의 언어문자에 통달하지 못한 소송 참여인에 대하여 마땅히 그들을 위해 번역을 해준다. 소수민족의 집거 또는 다민족 공동거주 지역에서는 마땅히 당해 지역 통용의 언어를 사용하여 심리를 진행하며; 기소문 · 판결문 · 포고 및 기타 문서는 마땅히 실제 필요에 근거하여 당해 지역에서 통용되는 하나 또는 여러 종류의 문자를 사용한다.

第140条

인민법원, 인민검찰원 및 공안기관은 형사 안건을 처리하며, 마땅히 업무와 책임을 분담하여, 상호 배합하고, 상호 제약하며, 정확성을 보장함으로써 유효하게 법률을 집행한다.

제 4장 국기 · 국가 · 국휘 · 수도

第141条

중화인민공화국 국기는 오성홍기이다.

중화인민공화국의 국가는 〈의용군행진곡〉이다.

第142条

중화인민공화국 국가휘장은 중간에 오성이 밝게 비추는 아래 천안문이 있고, 주위는 벼이삭과 톱니바퀴이다.

제143조

중화인민공화국의 수도는 북경이다.

|참고문헌|

이계희,『중국정치학과 중국정치』(서울: 풀빛, 2002).

江迅, "體制內改革者是中國的希望,"「亞洲週刊」(2005年 1月 23日).

江澤民, "中國共產黨80周年大會上講話"(2001년 7월 1일) http://news.xinhuanet.com/ziliao/2001_12/03/content_499021.htm.

江澤民,「論有中國特色社會主義」(北京: 中央文獻出版社, 2002).

康曉光, "中國: 改革時代的政治發展與政治穩定,"『當代中國研究』(2002年 第3期).

關海庭, 主編,『中國現代政治發展史論』(北京: 北京大學出版社, 2000).

邱家軍, "選擧民主與協商民主 : 技術路線的沿革及協同-'中國民主政治的發展路徑 : 選擧與協商'學術硏討會綜述",『人大硏究』(2008年 第3期). http://www.rdyj.com.cn/2007/rdgk-03-10.html (2008년 2월 4일 검색)

丘宏達, "中國統一問題: '一國兩制'與'中華邦聯',"『當代中國硏究』(2002年 第4期).

國務院新聞辦公室, "中國的民主政治建設"(白皮書). http://news.xinhuanet.com/politics/2005-10/19/content-3645697-1.htm.

國務院新聞辦公室, "中國的民族區域自治"(白皮書). http:/news.xinhuanet.com/zhengfu2005-02/28/content-2628105-2htm.

國防大學黨史及黨建設史研究室,『中國人民解放軍政治工作學』(北京: 國防大學出版社, 1998),

權偉太,『執政黨論』(北京: 中共黨史出版社, 2005).

吉方平, "透過表象看實質: 折'公共知識分子'論,"「解放日報」(2004年 1月 15日).

金楓, "評中國大陸民主黨組黨事件,"『北京之春』(1998年 9月號). http://bjzc.org/bjs/bc/64/44.

金楓, "中國民主黨組黨運動被鎭壓紀實,"『北京之春』(1999年 2月號). http://bjzc.org/bjs/bc/69/08

杜光, "應當怎樣認識公共知識分子,"『當代中國研究』(2002年 第3期).

杜汝楫, "懷念尊敬的張奚若老師", 孫敦恒 等 編,『張奚若文集』(北京: 清華大學出版社,1898).

騰錫堯 外, "試論鄉村治理結構在政治機制上的根本與轉型",『新視野』(2008年 第1期).
羅伯特 A. 斯卡拉皮諾, "憶錢端升教授,". 趙寶煦 等 編,『錢端升先生紀念文集』(北京: 中國政法大學出版社, 2000).
寧騷.『民族與國家』(北京: 北京大學出版社, 1995).
劉劍, "關於中國統一和未來國家結構",『當代中國硏究』(1995年第 6期).
劉軍寧, "聯省自治: 二十一世紀的聯邦主義嘗試",『戰略與管理』(2002年第 5期).
劉軍寧, "市場經濟需要聯邦主義-讀夏業良〈公共問題的經濟解讀〉",「中國經濟時報」(2003년 11일자).
柳大正, "聯省自治與國家統一",「大紀元」(2001년 12월 15일자).
柳大正, "聯省自治的制度藍本",「大紀元」(2001년 12월 22일자).
柳大正, "聯省自治與省憲運動",「大紀元」(2001년 12월 24일자).
柳大正, "聯省自治: 從過去到未來",「大紀元」(2002년 1월 4일자).
劉宜慶,『絶代風流: 西南聯大生活錄』(北京: 北京航空航天大學出版社, 2009).
劉曉波, "體制內異見力量不再沈默,"『民主中國』(2004年 7月號).
劉曉波, "宏觀穩定, 微視動蕩,"『民主中國』(2004年 12月).
劉曉波, "章詒和筆下的章 · 羅之爭" http://www.observechina.net(2010년 7월 1일 검색).
李君如, "怎樣看待當前中國政治體制改革和民主政治發展的走勢,"『戰線』http://theory.people.com.cn/GB/49150/49152/7103154.html.
李凡, 主編,『中國基層民主發展報告, 2002』(西安: 西北大學出版社, 2003).
李凡, 主編,『中國基層民主發展報告, 2003』, (北京: 法律出版社, 2004),
李凡 主編,『中國選擧制度改革』(上海: 上海交通大學出版社, 2005).
李宗仁(唐德剛 撰寫),『李宗仁回憶錄』(桂林: 廣西師範大學出版社, 2005).
李進進, "論組建反對黨,"『北京之春』(1999年 1月號). http://bjzc.org/bjs/bc/68/78.
林尙立,『國內政府間關係』(杭州: 浙江人民出版社, 1998).
林尙立,『當代中國政治形態硏究』(天津: 天津人民出版社, 2000).
林尙立,『黨內民主: 中國共產黨的理論與實踐』(上海: 上海社會科學出版社, 2002).
林志遠, "中央集權和地方分權: 聯邦主義的經驗和敎訓",『戰略與管理』(2003年 第1期).
毛澤東, "關于設中共中央副主席和總書記問題,"『黨的文獻』(1999年 第3期), pp.9-10.
民政部基層政權建設和社區建設司, "我國農村基層民主政治建設取得顯著成效,"「新華網」(2009년 3월 12일). http://zqs.mca.gov.cn/artle/cmzz/gzdt/200903/20090300028005.shtml
龐松, "民族區域自治: '共同綱領'的創造",『百年潮』(1999年 第10期).

潘小娟 外,『城市基層權力重組: 社區建設探論』(北京: 中國社會科學出版社, 2006),
範瑜, "村民自治: 中國基層民主的發展進步",「學習時報」(2008. 6. 2).
範海泉, "邦聯制'此路爲何不通-關於邦聯, 聯邦和一國兩制的選擇",「大公報」(2001년 7월 6일자, 7월 7일자).
白鋼 等, 編, 〈選擧與治理〉(北京: 中國社會科學出版社, 2001).
福建省民政廳課題組, "完善農村村民自治發展農村基層民主政治福建省村民自治工作調研報告"(2008年 6月). http://zgs.mca.gov.cn/article/cmzz/gzy/llyjdgbg/2008070001873.shtml(2011년 5월 20일 검색).
傅國湧, " 一九四九年知識分子的抉擇,"『開放』(2010年 4月號).
謝泳,『逝去的年代: 中國自由知識分子的命運』(北京: 文化藝術出版社, 1999.
謝泳,『清華三才子』(北京: 東方出版社, 2009).
謝泳,『西南聯大與中國現代知識分子』(福州: 福建教育出版社, 2009).
謝泳, "政治與學術之間: 羅隆基的命運" (http://www.observechina.net (2010년 7월 1일 검색).
史衛民 · 雷競璿,『直接選擧: 制度與過程』(北京: 中國社會科學出版社, 1999).
史衛民,『公選與直選: 鄕鎭人大選擧制度硏究』(北京: 中國社會科學出版社, 2003).
史衛民 · 劉智,『間接選擧(上)』(北京: 中國社會科學出版社, 2004).
史衛民 · 劉智,『間接選擧(中)』(北京: 中國社會科學出版社, 2004).
史衛民 · 劉智,『間接選擧(下)』(北京: 中國社會科學出版社, 2004).
徐矛,『中華民國政治制度史』(上海: 上海人民出版社, 1992).
徐湘林, "以政治穩定爲基礎的中國漸進政治改革,"『戰略與管理』(2000年 第5期).
徐水良, "關於'中國民主黨'事件, "『北京之春』(1998年 9月號). http://bjzc.org/bjs/bc/64/05.
徐勇, 『中國農村村民自治』(武漢: 華中師範大學出版社, 1997).
徐友漁, "當代中國公共知識分子的生成,"『當代中國研究』(2002年 第 4期).
徐平, "建國後中央軍委人員構成的變化,"『軍事文摘』(2003年 第1期).
石柏林 外,『中國近現代政治制度的演變與發展』(鄭州: 河南人民出版社, 1991).
蕭公權,『問學諫往錄: 蕭公權政治學漫憶』(上海: 學林出版社, 1997).
蕭功秦, "後全能體制與21世紀中國的政治發展,"『戰略與管理』(2000年 第6期).
蕭功秦, "從政治發展角度看'黨內民主化'論,"『浙江學刊』(2004年 第 2 期).
邵宗海,"中國統一模式與統一過程的評估"(http://www.future-china.org/csipf/activity/1990606/menu.htm).
蕭超然,『北京大學政治學與行政管理系系史: 1898-1998』(北京: 1998).

孫宏雲,『中國現代政治學的展開:清華政治學系的早期發展(一九二六至一九三七)』(北京:三聯書店, 2005).
孫宏雲, "民主社會主義與民國政治: 拉斯基在中國的影響,"『二十一世紀評論』(2008年 8月號).
孫敦恒 等 編,『張奚若文集』(北京: 清華大學出版社, 1989).
孫文廣,"修憲國家主席統三軍-再論修改憲法,"『新世紀』(2003년 8월 19일). http://www.ncn.org.zwglnfo/da.asp?ID=2554&ad
孫學東, "中央規範村官選擧: 首次明確縣委書記是第一責任人",『半月談』(2009년 6월 24일).
孫青, "'西政'與'中學': 西方政治學'影像'在中國的形成,"『中國社會科學』(2005年 第 3期).
孫青,『晚淸之'西政'東漸及本土回應』(上海: 世紀出版集團上海書店出版社, 2009).
楊建利, "推介中華聯邦共和國憲法(建議性草案)",「議報」(2001년 8월 8일자).
楊光斌, "中國政治30年: 變遷與反思,"『探索與爭鳴』(2008年 第12期), pp.4-10.
梁啓超,『飮冰室主人自說』(南京: 江蘇人民出版社, 1999).
楊緖盟, "中國特色政黨制度的基本功能及其實現狀況,"『當代世界與社會主義』92005年 第 2 期).
楊愛珍,『當代中國政黨制度研究』(北京: 學林出版社, 2004).
嚴家祺,『聯邦中國構想』(香港: 明報出版社, 1992).
嚴家祺,"中華聯邦共和國憲法(建議性草案)"(1994). http://pages.hotbot.com/politics/zjw/lianbang.html
嚴家祺, "從幾次修憲看武裝力量統率權,"「新世紀」(2002년 6월 11일자).
嚴家祺, "中國'憲法漏洞'要修補,"「新世紀」(2003년 1월 1일). http://www.ncn.org/zwglnfo/da.asp?ID=20679&ad
餘科傑, "試論我國民主黨派的政黨屬性,"『當代世界與社會主義』(2004年 第 4 期).
汝信 主編,『新時期中國政治學發展20年: 1980-2000』(北京: 中國社會科學出版社, 2001).
閻健, 編,『民主是個好東西: 兪可平放談錄』(北京: 社會科學文獻出版社, 2006).
葉永烈,『沈重的1957』(南昌: 百花州文藝出版社, 1992).
永治, "中南海: 專家問政漸趨制度化,"『領導文萃』(2005年 第1期).
吳稼祥, "聯邦制'第三波'",「新世紀」(2001년 11월 9일자).
吳稼祥, "用聯邦制療治國家內傷",「新世紀」(2001년 12월 21일자).
吳稼祥, "剪掉國家頭上的瓣子-通過聯邦制將國際問題國內化",「香港信報」(2001년 12월 30일자).
吳稼祥,『角力十六大: 未來中國控制權』(香港: 明鏡出版社, 2002).

吳稼祥, "制度度江堰-先聯邦化後民主化的改革思路",「新世紀」(2002년 5월 4일자).
吳稼祥, "兩種聯邦主義-手段的聯邦主義和目的的聯邦主義",「新世紀」(2002년 5월 30일자).
吳稼祥, "聯邦主義在中國三次浪潮",「新世紀」(2003년 2월 9일자).
吳競, "村官選擧走向常態化: 9億農民接受民主訓練,"「人民日報」(2008년 1월 9일).
吳大英 · 楊海蛟,『有中國特色社會主義民主政治』(北京: 社會科學文獻出版社 1999).
伍凡, "法輪功與中共鬪爭的由來及其發展," 『北京之春』(2001年 6月號). http://bjzc.org/bjs/bc/97/13
敖峰, "正在凋零的民主黨派,"『動向』(2003年 3月號).
吳漢仝, "鄧初民 〈新政治學大綱〉(1940)的學術貢獻(1)-紀念鄧初民誕辰120周年," 『政治學研究』(2009年 第 3期).
王柯,『民族與國家: 中國多民族統一國家思想的系譜』(北京: 中國社會科學出版社, 2001).
王德邦, "'大學生村官'制是對村民自治的蠶食," 『民主中國』 http://minzhuzhongguo.org/Article/ShowArticle.asp?ArticleID=2124(2011년 6월 20일 검색).
王麗萍,『聯邦制與世界秩序』(北京: 北京大學出版社, 2000).
王邦佐 · 潘世偉 主編,『二十世紀中國社會科學: 政治學卷』(上海: 上海人民出版社, 2005).
王勇兵, "縣(市)長候選人推薦人選産生方式創新: 以四川, 江蘇爲例,"「學習時報」(2006年 8月 12日).
王怡, "鄕鎭的自治和限政: 四川省步雲鄕長直選以後,"『當代中國研究』(2003年 第4期).
王一程, "政治體制改革是社會主義政治制度的自我完善和發展," 『政治學研究』(2006年第2期).
王正毅, "世界知識權力結構與中國社會科學知識系譜的建構," 『國際觀察』(2005年 第1期).
王浦劬 主編, 『中國高校哲學社會科學發展報告: 1978-2008(政治學)』(桂林: 廣西師範大學出版社, 2008).
於建嶸,"當代中國農民的維權活動與政治,"『北京之春』(2004年 7月號). http://bjzc.org/bjs/bc/134/55.txt
於建嶸, "轉型期中國社會沖突-對當代工農維權抗爭活動的觀察和分析," 「風凰周刊」(2005年 第 7 期).
於風政,『改造: 1949-1957年的知識分子』(鄭州: 河南人民出版社, 2001).
魏京生基金會, "中國民主運動海外聯席會議2005年會議簡報," 「新世紀」(2005年 4月 15日). http://www.ncn.org/asp/zwginfo/da.asp?ID-63361&ad=4/15/2005.

魏鏞, "中國政治學會之成立及其初期學術活動: 紀念中國政治學會成立六十周年,"『政治學報』,第 十四期(1993) http://capstaipei.org.tw/article-background.htm (2009년 12월 31일 검색).

俞可平, "中國公民社會的興起及其對治理的意義," 俞可平 主編, 『中國公民社會的興起及其對治理的變遷』(北京: 社會科學文獻出版社, 2003).

兪可平, "中華人民共和國六十年政治發展的邏輯,"『馬克思主義與現實』(2010年 第1期), pp.21-35.

喩希來, "中國地方自治論",『戰略與管理』(2002年 第 4期).

殷嘯虎,『近代中國憲政史』(上海: 上海人民出版社, 1997).

張桂琳, "終生的追究, 卓著的貢獻: 錢端升先生與中國現代政治學," 趙寶煦 等 編, 『錢端升先生紀念文集』(北京: 中國政法大學出版社, 2000).

張永泰, "臺灣政壇再就中國大陸贈熊貓舌戰" (http://www.voanews.com/chinese/w2008-09-10-voa39.cfm)

章詒和,『往事並不如煙』(臺北: 時報文化出版社, 2004).

張正之, "社會組織的擴張與挑戰: 執政黨面臨的重大政治課題,"『領導文萃』(2004年 第1期).

全國人大常委會法制工作委員會國家法室, 編,『縣鄉兩級人大代表換屆選擧工作問答』(北京: 民主法制出版社, 2006).

全國人大常委辦公廳聯絡局, 編,『縣鄕人大換屆選擧工作資料選編』(北京: 中國法制出版社, 2001).

鄭憲 · 王桂玲 · 孫瑞華, 『中國參政黨運行機制』(北京: 學苑出版社, 2002).

鄭永年,『中國模式: 經驗與困局』(杭州: 浙江人民出版社, 2010).

鄭永年 · 吳國光,"論中央-地方關係: 中國制度轉型中的一個軸心問題", 『當代中國研究』(1994年第6期).

趙寶煦, "中國政治學百年歷程,"『東南學術』(福州)(2000年 第3期).

趙寶煦 等 編,『錢端升先生紀念文集』(北京: 中國政法大學出版社, 2000).

趙寶煦, "拳拳愛國心殷殷報國情," 趙寶煦 等 編,『 錢端升先生紀念文集』(北京: 中國政法大學出版社, 2000).

趙秀玲,『村民自治通論』(北京: 中國社會科學出版社, 2004).

周梅燕, "中國選擧法第四次修正的背景及內容," 李 凡, 主編, 『中國基層民主發展報告, 2004』(北京: 知識産權出版社, 2005).

周陽山, "'中華國協'的新構想",『當代中國研究』(1995年 第6期).

朱正, "一九五七: 中國現代知識分子的消失,"『當代中國硏究』(2007年 第3期).
周曉東, "選擧制度民主化改革硏究: 擴大代表直選," 蔡定劍, 『中國選擧狀況的報告』(北京: 法律出版社, 2002).
中共中央臺灣工作辦公室 · 國務院臺灣事務辦公室, 『中國臺灣問題』(北京: 九洲圖書出版社, 1998).
中國大百科全書出版社編輯部 編,『中國大百科全書(政治學)』(北京; 中國大百科全書出版社, 1992).
中國社會科學院課題組, "努力構建社會主義和諧社會,"『中國社會科學』(2005年 第 3期), pp.4-16.
中華人民共和國新聞辦公室, "一個中國的原則與臺灣問題"(白皮書)(2000年 3月) (http:www.gwytb.cn/bps/bps-zgty.htm)
中華人民共和國國務院新聞辦公室, "中國的民主政治建設"(白皮書)(2005년 10월 19일). http://news.xinhaunet.com/politics/2005-10/19/content-3645619.htm
中華人民共和國國務院新聞辦公室, "中國的政黨制度"(白皮書)(2007년 11월 15일). http://news.xinhuanet.com/politics/2007_11/15/content_7078834.htm
中共遂寧市市中區委, "關於步雲鄉直接選擧鄉長工作的情況報告" http://www.chinaelections.com/printnews.asp?/NewsID-75262(2008년 2월 4일 검색).
遲福林, 田夫,『中華人民共和國政治體制史』(北京: 中共中央黨校出版社, 1998).
陳圭德, "羅隆基: 人權理論家與政治活動家"(http://www.observechina.net(2010년 7월 1일 검색).
陳麗鳳,『中國共産黨領導體制的歷史的考察』(上海: 上海人民出版社, 2008).
陳哲夫 等 主編,『現代中國政治思想流派(上卷)』(北京: 當代中國出版社, 1999).
陳哲夫 等 主編,『現代中國政治思想流派(下卷)』(北京: 當代中國出版社, 1999).
陳夏紅, "錢端升: '我大大錯了',"『二十一世紀』(2006年 1月號).
蔡國忠, "'一國兩體': 走出兩岸關係僵局的出路,"『當代中國硏究』(2002年 第1期).
蔡定劍,『中國人民代表大會制度』(北京: 法律出版社, 1998).
錢端升, "政治學", 錢端升,『錢端升學術論著自選集』(北京: 北京師範學院出版社, 1991).
錢端升, "我的自述," 錢端升,『錢端升論著自選集』(北京: 北京師範學院出版社, 1991).
錢大都 等, "回憶我們的父親," 趙寶煦 等 編,『錢端升先生紀念文集』(北京: 中國政法大學出版社, 2000).
錢振明 · 周子東, "近代中國聯邦制思想的歷史的考察",『政治學硏究』(1988年 第5期).
肖立輝,『中國基層民主創新硏究』(北京: 人民出版社, 2009).

浦薛鳳,『浦薛鳳回憶錄: 萬裏家山一夢中』(合肥: 黃山書社, 2009).

浦興祖,『中華人民共和國政治制度』(上海: 上海人民出版社, 1999).

何炳棣,『讀史閱世六十年』(桂林: 廣西師範大學出版社, 2009).

何頻, "訪著名政治學家嚴家祺", 『北京之春』(1994年 4月號). http://www.bjzc.org/bis/bc/11/05.htm).

何忠平, "中國第一例直選鎮黨委書記," 「21世紀經濟報道」(2003年 12月 30日). http://www.chinaelections,com/PrintNews.asp?NewsID=6776(2008년 2월 4일 검색)

許紀霖 等,『近代中國知識分子的公共交往(1895-1944)』(上海: 上海人民出版社, 2008).

許崇德,『中華人民共和國憲法史』(福州 : 福建人民出版社, 2003).

許耀桐, "中國民主發展模式五大特色" http://news.xinhua.com/politics/2007-04/26/content-6032396.htm

許行, "上訪潮: 中國社會的火藥庫," 『開放』(2004年 9月). http://www.open.com.hk/2004-8p26.html.

胡錦濤, "胡錦濤在中國共産黨第十七次全國代表大會上的報告". http:/cpc.people.com.cn/GB/64093/67507/6429848.html(2011. 6. 2 검색).

胡偉, "黨內民主與政治發展: 開發中國民主的體制內資源," 『複旦學報(社會科學版)』(1990年 第1期), pp.1-11.

曾鵬 · 戴利朝 · 羅觀翠, "在集體抗議的背後: 論中國轉型期沖突性集體行動的社會情境," 「當代中國研究」(2006年 第 2期).

黃建國, "淺談當前農村基層民主建設的現象與對策", 「中國人大新聞網」(2010년 7월 7일). http://npc.people.com.cn/GB/index.html

黃衛平, "中國鄉鎮長選擧方式改革的意義及困境辨析," 黃衛平, 主編, 『當代中國政治研究報告 I』(北京: 社會科學文獻出版社, 2002).

賴靜萍, "當代中國黨政關係的演進與現代國家的成長: 以領導小組的歷史變遷爲觀察点," 『政治學硏究』(2009年 第2期).

馬德普 · 黃徐强, "論協商民主對代議民主的超越," 『政治學硏究』(2016年 第1期).

習進平, "基層民主越健全社會越和諧," 「人民日報」(2006. 9. 25) http:chinaps.cass.cn/readcontent.asp?id=7465(2012. 7.10 검색).

肖立輝,『中國基層民主創新研究』(北京: 人民出版社, 2009).

燕繼榮, "中國的社會自治," 『中國治理評論』, I 輯(2012).

吳思紅 · 李韜, "村'兩委'選擧中派系賄選現象研究", 『政治學硏究』(2015年 第1期), pp. 104-113.

王敬堯,『參與式治理: 中國社區建設實證研究』(北京: 中國社會科學出版社, 2006).
兪可平, "『中國治理評論』發刊詞," 『中國治理評論』, I 輯(2012).
虞崇勝 · 吳雨欣, "上下聯動: 破解中國基層民主困局的應然路經," 『學習與實踐』(2010年 第2期).
劉務勇 · 金一蘭, "我國城市社區民主建設的現狀及對策思考," 『貴州大學報(社會科學版)』(2011年 第3期).
張瑞, "城市基層治理: 矛盾, 改革及其趨: 基于武漢市的實證考察," 『社會主義研究』(2010年 第4期).
趙秀玲, "'微自治'與中國基層民主治理," 『政治學研究』(2014年 第5期).
周慶智, "鄉村小官貪腐的體制根源," 『國家治理』(2015年 第43期).
詹成付, "關于在社區建設背景下城市居委會建設中的若干問題研究"(民政部基層政權和社區建設司司長報告)
http://zqs.mca.cn/sys/print.shtml?atitle(2012. 7. 10 검색).
浦興祖, "國家治理現代化視覺下的人民政協及其制度," 『中國政協理論研究』(2015年 第2期).
韓鵬云, "村民自治實踐樣態與轉型方向," 『中國特色社會主義研究』(2015年 第1期).
"國家新型城鎭化規劃(2014-2020)
http://news.xinhuanet.com/ziliao/2015-12/17/c-128541770-4.htm(2015. 12.7 검색).
民政部,『中國民政事業發展報告』(2009).
"城市行政區, http://news.xinhuanet.com/ziliao/2004-10/28/content-2148140.htm(2012. 7. 6 검색)
"中國人民政治協商會議章程"(http://www.cppcc.gov.cn/zxww/2018/27).
"中共中央辦公廳國務院辦公廳關于加强和改進城市社區居民委員會建設工作的意見"
http://zqs.mca.gov.cn/sys/print..shtl?atitle(2012. 7. 9 검색).
中國社會科學院, 『中國城市發展報告』(2012).
"中華人民共和國城市居民委員會組織法"
http://www.mca.gov.cn/sys/print.shtl?atitle(2012. 7. 10 검색).
"山東省村務公開條例" http://zgs.mca.gov.cn/article/cmzz/zcwj/2007110003450.shtml (2011년 6월 10일 검색).
"中共中央關於堅持和完善中國共產黨領導的多黨合作和政治協商制度的意見"

http://news.xinhuanet.com/zliao/2005-2/21/content26500060htm.
"中國共產黨章程"http://news.xixhuanet.com/newscenter/2007-10/25/content_6944081.htm.
"中國國民黨政策綱領草案'邦聯'說帖",「中央日報」(2001年 7月 8日, 9日).
"中華人民共和國村民委員會組織法". http://zfs.mca.gov.cn/article/zcwj/flxzfg/201101/20110100129001.shtml
"中華人民共和國憲法" http://news.xinhuanet.com/ziliao/2004-09/16/content-1990063.htm
「人民日報」(2006년 7월 1일) http://news.xinhuanet.com/ziliao/2002_11/18/content_633225_1.htm.
「新華日報」 (2011년 3월 30일). http://news.xinhuanet.com/politics/2011-05/11/c14170831.htm
「浙江日報」(2011년 3월 30일).
「河北日報」 (2011년 3월 14일). http://news.xinhuanet.com/politics/2011-05/11/c14131563.htm
「解放軍報」(2001년 4월 18일자).
Albrecht, Holger, "How Can Opposition Support Authoritarianism?: Lesson from Egypt," *Democratization, Vol. 12, no. 3* (June 2005), pp.378-397.
Balzer, Harry, "State and Society in Transitions from Communism: China in Comparative Perspective," in Peter Hays Gries and Stanley Rosen (eds.)(2005).
Bergere, Maric-claire (trans. by Janet Lloyd), *Sun Yat-sen* (Stanford: Stanford University Press, 1998).
Brook, Timothy and B. Michael Frolic (eds.), *Civil Society in China* (Armonk, NY: M. E. Sharp, 1997).
Chan, Anita, "The Changing Ruling Elite and Political Opposition in China," in Gary Rodan (ed.), pp.161-187.
Chase, Michael and James Mulvenon, *You've Got Dissent !: Chinese Dissent Use Of the Internet and Beijing's Counter-Strategies* (RAND, 2002).
Cheung Tai Ming, "The Influence of the Gun ; China's Central Military Commission and Its Relationship with the Military, Party and State Decision-Making System," in David M. Lampton(ed.), *The Making of Chinese Foreign and Security Policy in the Era of Reform* (Stanford : Stanford University Press, 2001).

Dahl, Robert A. ,*Poliarchy: Participation and Opposition* (New Haven: Yale Uni versity Press, 1971).

Dahl, Robert A.(ed.), *Regimes and Oppositions* (New Haven: Yale University Press, 1973).

Department of State, *China White Paper: August 1949* (Stanford: Stanford University Press, 1949).

Diamond, Larry, "Thinking about Hybrid Regimes," *Journal of Democracy, Vol. 13, no. 2* (April 2002), pp.21-35.

Diamond, Larry and Marc F. Plattner (eds.), *Democracy after Communism* (Baltimore: The Johns Hopkins University Press, 2002).

Dickson, Bruce J., "Dilemmas of Party Adaptation: The CCP's Strategies for Survival," in Peter Hays Gries and Stanley Rosen (eds.)(2005).

Dickson, Bruce J.,"Threats to Party Supremacy," *Journal of Democracy, Vol. 14, no. 1* (January 2003), pp.27-35.

Dickson, Bruce J. *Red Capitalists in China: The Party, Private Entrepreneurs, and Prospects for Change* (Cambridge: Cambridge University Press, 2003).

Dittmer, Lowell, "Modernizing Chinese Informal Politics," in Jonathan Unger (ed.), pp.3-37.

Easton, David, John G. Gunnell, and Luigi Franziano et al (eds.), *The Development of Political Science: A Comparative Survey* (New York: Routlege, 1991).

Fairbank, John King , *Chinabound: A Fifty Year Memoir* (New York: Harper & Row, 1982).

Fairbank, John Kingand Merle Goldman, *China: A New History* (Cambridge: Harvard University Press, 1992).

Fu Zhengyan, "The Sociology of Political Science in the People's Republic of China," in David Easton, John G. Gunnell, and Luigi Franziano (eds.)(1991).

Gel'man, V. Ia.,"Political Opposition in Russia: Is It Becoming Extinct?," *Russian Politics and Law, Vol. 43, no. 3* (May-June 2005), pp.25-50.

Gilley, Bruce, *China's Democratic Future: How It Will Happen and How It Will Lead* (New York: Columbia University Press, 2004).

Goldman, Merle, *Chinese Intellectuals: Advise and Dissent* (Cambridge: Harvard University Press, 1981).

Goldman, Merle, *Sowing the Seeds of Democracy in China: Political Reform in the Deng Xiaping Era* (Cambridge: Harvard University Press, 1994).

Grieder, Jerome B., *Intellectuals and the State in Modern China: A Narrative History* (New York: Free Press, 1981).

Gries, Peter Hays and Peterand Stanley Rosen (eds.), *State and Society in 21-st Century China: Crisis, Contention, and Legitimation* (New York: Routledge Curzon, 2005).

He, Baogang, *The Democratization of China* (New York: Routledge, 1996).

He, Baogang, "Chinese Political Opposition in Exile," in Gary Rodan (ed.)(1996).

Hu, Shaohua, *Explaining Chinese Democratization* (Westport, CT: Praeger, 2000).

Huntington, Samuel P., "Social and Institutional Dynamics of One-Party Systems," in Samuel P. Huntington and Cement H. Moore (eds.), *Authoritarian Politics in Modern Society: The Dynamics of Established One-Party Systems* (New York: Basic Books, 1970).

Jowitt, Ken, "Inclusion and Mobilization in European Leninist Regimes," *World Politics, Vol. 28, no. 1* (October 1975), pp.69-97.

Johnson, Charlmers, "An Intellectual Weed in the Socialist Garden: The Case of Chien Tuan-sheng," *China Quarterly. 6* (April-June, 1961).

Karl, Terry, "The Hybrid Regimes of Central America," *Journal of Democracy, Vol. 6, no. 3* (July 1995), pp.72-86.

Levy, Richard , "Village Elections, Transparency, and Anticorruption: Hennan and Guangdon Provinces," in Elizabeth G. Perry, *Political Reform in Contem porary China* (Cambridge: Harvard University Press, 2007).

Linz, Juan J., "Opposition To and Under an Authoritarian Regime: The Case of Spain," in Robert A. Dahl (ed.)(1973).

Liu, Alan P. L., *Mass Politics in the People's Republic: State and Society in Contem porary China* (Boulder: Westview Press, 1996),

Lum, Thomas G., *Problems of Democratization in China* (New York: Garland, 2000).

Luster-Oklar, Ellen, "Divided They Rule: The Management and Manipulation of Political Oppositions," *Comparative Politics, Vol. 36, no. 2* (2004), pp.159-179.

McComick, Barret L. and Jonathan Unger (eds.), *China After Socialism: In the*

Footsteps of Eastern Europe and East Asia (Armonk, NY: M. E. Sharp, 1996).

Nathan, Andrew J., "A Factional Model for CCP Politics," *The China Quarterly, No. 53* (1973), pp.33-66.

Nathan, Andrew J., *Chinese Democracy* (Berkeley: University of California Press, 19 85), pp.24-25.

Nathan, Andrew J., "*Authoritarian Resilience,*" *Journal of Democracy, Vol. 14, no. 1* (January 2003), pp.6-17.

Oren, Ido,"The Enduring Relationship Between the American (National Security) State and the State of Discipline," *PS: Political Science and Politics* (January, 2004).

Potter, Pitman B., "Belief in Control: Regulation of Religion in China," in Daniel L. Overmyer (ed.), *Religion in China* (New York: Cambridge University Press, 2003).

Reinsch, Paul Samuel Reinsch, *An American Diplomat in China* (Garden City, NY: Doubleday, Page & Co, 1922).

Rodan, Gary (ed.), *Political Opposition in Industrializing Asia* (New York: Routlege, 1996),

Roy, Denny, "Singapore, China, and the 'Soft-Authoritarian' Challenge," *Asian Sur vey, Vol. 34, no. 3* (1994), pp.231-242.

Saich, Tong, *Governance and Politics of China* (New York: Palgrave, 2001),

Sakio, Takayanagi and Tamotsu Shioya, "Japan," Uchida (ed.), *Political Science in Asia and the Pacific* (Bangkok: UNESCO Regional Office for Education in Asia and the Pacific, 1984).

Schapiro, Leonardo, "Putting the Lid on Leninism: Opposition and Dissent in the One-Party States," *Government and Opposition, Vol. 2, no. 2* (1967), pp.181-203.

Shambaugh, David, *Modernizing China's Military : Progress, Problems and Prospects* (Berkeley : University of California Press, 2002).

Shevtsova, Lilia, "Russia's Hybrid Regime," Larry Diamond and Marc F. Plattner (eds.) (2002).

Swaine, Michael D., *The Role of the Chinese Military in National Security Policy-Making* (Santa Monica : Rand, 1996)

Tang, Tsou, "Prolegomenon to the Study of Informal Groups in CCP Politics," *The China Quarterly, No. 65* (1976), pp.98-114.

Terrill, Ross, *The New Chinese Empire: And What Its Means for the United States* (New York: Basic Books, 2003).

Thornton, John L., "Long time Coming: the Prospects for Democracy in China," *Foreign Affairs, Vol. 87, no. 1* (January-February 2008).

Tong, James, "Anatomy of Regime Repression in China," *Asian Survey, Vol. 42, no. 6* (2002), pp.759-820.

Tong, Yanqi, "State. Society, and Political Change in China and Hungary," *Comparative Politics, Vol. 26, no. 3* (April 1994), pp.333-353.

Unger, Jonathan (ed.), *The Nature of Chinese Politics: From Mao to Jiang* (Armonk, NY: M. E. Sharp, 2002).

White, Gordon, Jude Howell, and Shan Xiaoyuan, *In Search of Civil Society: Market Reform and Social Change in Contemporary China* (Oxford: Oxford University Press, 1996),

Wright, Teresa, "The China Democracy Party and the Politics of Protest in the 1980's -1990's," *China Quarterly, Vol. 172* (December 2002).

Wright, Teresa,"Contending State Legitimacy in the 1990's: The China Democracy Party and the China Labour Bulletin," in Peter Hays Gries and Stanley Rosen (eds.) (2005).

Xiao, Gongqin, "The Rise of Technocrats," *Journal of Democracy, Vol. 14, no. 1* (January 2993), pp.60-65.

You Ji, "The Supreme Leader and the Military," in Jonathan Unger (ed.), *The Nature of Chinese Politics: From Mao to Jiang* (Armonk, NY: M. E. Sharpe, 2002),

Zhao Baoxu, "The Revival of Political Science in China," *PS: Political Science and Politics, Vol. 17, no. 4* (1984), pp.745-757.

Zhao Suisheng (ed.), *China and Democracy: Reconsidering the Prospects for a Democratic China* (London: Routledge, 2000).